U0122863

二不定法與
三十捨墮（上）

比丘戒研究
·第四冊·

淨業編委會 ㊔

主編：賢威

副主編：賢幫、法教

編委：賢處、法馳、賢極、賢徹、賢虛、賢爽、賢唐、法額、法愚

推薦序

道偉法師

去年底，中國智者佛教文化研究中心在天台宗祖庭玉泉寺成立了。該中心的研究範圍主要以玉泉寺祖庭文化為依託，同時涵蓋整體佛教文化、中國傳統文化以及湖北宜昌地區文化的研究。中心計劃定期舉辦佛教學術研討交流活動和文化藝術活動，開展佛學講座，培養佛學研究人才，並陸續出版一些學術研究著作。簡言之，我們成立智者佛教文化研究中心的目的，就是想為佛教教育及佛學研究做點微薄的貢獻。

深入推進新時代佛教中國化，是目前中國佛教的重要課題和發展主線。對於玉泉寺來説，它在歷史上的出現及延續本就受惠於佛教中國化，畢竟作為漢傳佛教八大宗派之一的天台宗正是佛教中國化的代表性產物。天台宗祖智者大師在這裏貢獻了智慧，玉泉寺則見證了這一大事因緣，並由此塑造出獨特的祖庭文化。如今，新時代佛教中國化成為了佛教在當代中國契理契機傳承的必由之路，在「傳統佛教如何轉型為適應現代中國社會的現代佛教」這一課題的深入研討上，玉泉寺更有着義不容辭的責任和義務。因此，我們不僅僅想讓智者佛教文化研究中心成為玉泉寺學修體系的承載平台，同時也希望該中心以推進佛教中國化作為工作主線，為弘揚社會主義核心價值觀、踐行人間佛教思想，為實現中華民族偉大復興的中國夢貢獻應有的智慧和力量！

基於這樣的理想，智者佛教文化研究中心聚集了一些志同道合的專家學者，賢威、法教、法馳、法額、法愚等法師陸續加入進來，壯大了科研隊伍。

早在中心成立之前，賢威法師等人就已經着手編撰《比丘戒研究》，數年來聚螢積雪，如今功成，將要付梓，值得祝賀。中心的其他同仁也表示這是一部佳作，值得推廣，希望能幫助推進出版事宜。他們約我寫幾句話，實在不好推辭，然而我不曾深入研究戒律學，在此謹就本書的相關情況向讀者進行一下介紹。

戒律作為佛法修學的必備基礎，其重要性無須多言。但由於時空與文化的種種隔礙，能夠準確理解戒律之內涵並在新的境況下具體行持，實屬不易。其困難來自於，雖然歷史上祖師完成了戒律的中國化——南山律在古代中國指導了戒律行持，但新時代戒律中國化的研究卻寥寥無幾。因此，修行人面臨理論與實踐方面的重重困惑，尤其需要當代對戒律的深入研究，本書即是此方面的探索。

有價值的研究必須在之前的基礎上有更豐富的研究材料，以及採取更優良的研究方法。本書採用的研究材料，除了南山律採用的當時已經翻譯的四律五論，又增加了後續翻譯的《根有律》、《巴利律》。同時利用了梵巴藏律典文獻，並借鑒了古今中外重要的律學研究成果。得益於時代的發展，本書在研究材料方面比傳統的律學研究更具優勢。

本書採用的研究方法也頗具創意。賢威法師等在多年深入南山律的基礎上，整合了教界與學界的佛學研究方法，形成了方法論的「三觀」：用無常觀涵攝史學方法，用因緣觀涵攝各類社科方法，用圓融觀指導修行實踐。應該說，本書所採用的傳統和現代結合、信仰和學術互補的綜合性研究方法，在教內外對比丘戒全體作系統性研究的著作中並不多見。教內的比丘戒研究一般遵循傳統解毗尼的方法，研究成果也就很難超越傳統結論的邊界，由於彼此立場和方法的對立，與學界的溝通也受一定限制。而學界的研究，限於對「客觀真實」的單線訴求，只求解構分析而無實踐的意識和動力，也往往造成結論的局限又無關於實際修證。本書在方法論方面的探索，能夠優化教界與學界的溝通渠道，使其更有利於理解戒律的深刻內涵，有可能成為佛學研究的優良範例。

可以說，本書所做的戒律研究是新時代佛教中國化的勇敢探索。衷心希望這本書的出版能對戒律學修有所幫助，乃至於起到實踐指導作用。

衷心感謝香港信眾黃振強、曾紅荔伉儷的大力支持，讓本書得以順利出版。

玉泉寺方丈、中國智者佛教文化研究中心發起人

釋道偉

癸卯年農曆二月廿一

編序

賢威

2009 年，我們一批戒子在香港西方寺完成了三壇大戒的受戒儀軌，從形似沙彌成為具戒比丘。想到自己成為和舍利弗、目犍連一樣的比丘，內心無比歡喜，發願要好好持守戒律。

但緊接着，關於持戒的困惑接踵而來，每天都會擔心自己犯了戒，更擔心自己因為無知犯戒而不自知，甚至因看到南山律的個別文句而擔心自己是否得戒。理工科出身的自己總是喜歡鑽牛角尖，層出不窮地產生新的戒律問題，縈繞於心不能自拔。那段時間經常因這些困惑不斷去問師父，師父也不厭其煩地回答，總算度過了最迷茫的時期。

2012 年開始，師父指導僧團研究南山律，並在研究過程中整理南山律典籍的校釋。2013 年至 2015 年，筆者帶領一個十人小組負責《四分律含注戒本》、《四分律含注戒本疏》、《拾毗尼義鈔》的研究，獲得了很多對戒律的進一步理解，得知之前的很多問題來自對律學的無知與執著，但仍然對一些持戒問題困惑不已，尤其是發現不少戒律的要求很難在實際中落實。在研究過程中，我們一開始對南山律的觀點是完全接納，毋庸置疑。但通過溯源律典原文，我們發現南山律中的一些引文過於簡略會導致理解的偏差，甚至發現祖師也會對印度文化不熟悉而產生誤解，慢慢了解到南山律雖然達到了所在時代的律學頂峰，但也存在着時代的局限。而自己和同行的持戒經歷，使筆者發現所學的律學與時空因緣有不少脱節之處，造成許多持戒的困惑，甚至誘發焦慮與恐慌。很長時間後自己才反思到，死執南山律的文句，其實完全與祖師之意背道而馳。道宣律師在反覆學習律典並精進行持的基礎上，創造性地完成了適應當時因緣的南山律，是唐代佛教戒律研究的典範。而我們作為後來的學人，沒有效學祖師的研究精神，僅將其結論作為唯一標準，其實是思想與行為的懶惰，必然導致種種困惑與矛盾。蕅益大師的感歎「《隨機羯磨》出，而律學衰，如水添乳也」，更啟發自己產生了研究律典以解決疑問的願望。在這個時代，戒律相關的各種文獻資料比過去更容易得到，對戒律背後的層層緣起可以理解得更加深入，我們有機會站在祖師的肩膀上，更深刻地理解戒律的內涵，以達成順應當下因緣的戒律實踐。

在研究戒律期間，師父也多次組織弟子們去海內外的寺院參訪，讓我們了解到，不同僧團對戒律的不同理解和行持，帶給各個僧團不同的修行氣質。由此我們大大擴展了眼界，對很多問題不再執著要找到一個標準答案，而是思考不同做法背後的現實因緣。而諸位高僧大德的智慧開示，也啟發我們深入思考，萌發了解決戒律問題的決心和自信。而解決這些問題，僅依靠南山律是不夠的，必須研究更早期的律典，並採取優良的研究方法。

研究南山律的經歷讓我們理解了傳統義理研究方法的特點。而自出家始，師父就重視弟子佛教教理的學習，除了《法華經》、《大般涅槃經》等主要的幾部大乘經典，《俱舍論》、《大智度論》、《中論》、《瑜伽師地論》也是必讀論著。同時，師父一直要求弟子掌握現代佛學研究方法，邀請了專家學者指導我們的研究，並多次邀請社會科學相關的老師授課，指導弟子學習了文獻學、語言學、思想史、哲學史、佛教史、印度史、藏經學、宗教學、法律學、印度教派義理等等各方面的知識。這些積累都成為之後研究律典的基礎。

2016 年在師父的指導下，常住組建了由筆者負責的律典研究小組。我們在研究南山律的基礎上，結合傳統和現代的研究方法，目的是指導實際的修持，解決持戒的困惑。半年時間的籌備，使我們了解古今中外對比丘戒的研究成果，結合之前修學戒律的經驗，確定了小組的研究方向。研究過程中，我們收集了各類部派律典以及戒律相關的文獻素材，為掌握研究方法學習了各類學科和相關語言，結合實際行持戒律的經驗，以及僧團中共住的經驗，通過多年的閉門專研，完成了這部《比丘戒研究》。

師父多年以來孜孜不倦的教誨和培養，大恩無言；龍泉寺常住法師們的關懷與慈悲，深恩難忘。謹以此書聊以報之！

由於是集體的研究工作，本書部分行文無法做到流暢自然。而梵語、藏語的學習是在我們研究過程中進行，不免會有失誤之處。相關結論限於知識不足，或許武斷。希望讀者能夠避開本書的不足之處，獲取所需。

除了編委會成員作為主要的研究人員，先後有多位法師參與此研究工作：賢崗、賢開、賢化、賢昌、賢擦、賢衛、賢漕、賢沖、賢海、賢山、賢蘇、賢崇、賢論、賢善、賢愧、賢承、賢潮、賢泛、賢屈、賢純、賢頒、賢懺、賢伴、賢奮、賢純、賢敏和賢恩等。法教和賢保兩位法師完成了本書文字的簡轉繁工作。

衷心感謝常住龍泉寺賢健法師的大力支持與指導，讓研究工作得以順利完成並出版。感謝禪興法師和賢然法師等諸位法師的大力支持，以及上海信眾陳亮兵、陳福琴伉儷的虔心護持，讓研究工作得以順利完成。

特別感謝天台祖庭玉泉寺、智者佛教文化研究中心道偉法師的全力推動，以及香港信眾黃振強、曾紅荔伉儷的大力支持，讓本書得以順利出版。

賢威

癸卯年農曆二月初八

前言

有志於深入研究律藏的人，現在面臨着很好的時代機遇：先有上世紀南山典籍的回歸，後有現代資訊流通和技術發展所帶來的種種便利。當代的出家人，有責任利用這些外部條件，來對比丘戒進行透徹的研究。本書即是這方面的一次嘗試和努力。撰寫本書的主要目的有二：一是深入比較諸部律典的同異；二是力求闡明和解決現代比丘戒律行持中的實際問題。前者的重點在於力求學術層面的精確性；後者則要求從戒律精神出發，將律學和實踐結合。

有了目標，接下來即要考慮研究宗旨和方法。對漢地律學的發展歷史和特點作一全景式的回顧，可以為此提供線索和指導。

一、漢傳佛教律學歷史的回顧

（一）初春——律典翻譯

佛教傳入漢地，兩百年間並沒有專門的律典被翻譯和引入。人們對戒律的認識，一方面來自對梵僧言行舉止的觀察，另一方面則是基於安世高、支樓迦讖等所譯佛經中包含的一些戒律思想，即「隨經律」。天竺沙門曇柯迦羅於曹魏嘉平年間抵達洛陽，看到的是這樣的情形：「於時魏境雖有佛法，而道風訛替，亦有眾僧未稟歸戒，正以剪落殊俗耳。」[1] 由於缺少完整的律本，僧眾只能依照模糊的戒律內容來規範行持，更沒有條件秉受大戒，僅僅以剃除鬚髮而在外相上和俗人相區別。

因曇柯迦羅能誦「大小乘經及諸部毗尼」，僧眾遂祈請他翻譯律典。然而曇柯迦羅認為：「律部曲制，文言繁廣。佛教未昌，必不承用。」[2] 所以當時並沒有翻譯廣律，只是於嘉平二年（250）在洛陽白馬寺譯出《僧祇戒心》一卷。正元年間（254–256），擅精律學的安息國沙門曇帝來到漢地，譯出《曇無德羯磨》一卷。《僧祇戒心》與《曇無德羯磨》的譯出，標誌着中國佛教的戒律典籍實現了從無到有的蛻變。漢地僧眾的戒律行持有了最基本的依據，這為即將到來的律學春天播下了種子。不久，曇柯迦羅上書乞行受戒法，並在洛陽舉辦戒會。朱士行因此成為了漢地第一位受比丘戒的出家人，被後世譽為「受戒之始」[3]。

隨着佛法的傳播，到東晉時期，出家人數日盛。此時戒法初具，但並不完備，遠遠不能滿足出家僧尼的實際需要。同時，外部的持戒環境與僧侶的持戒意識也不理想。當時以道安大師為代表的諸位佛教志士，都認識到律典

1 《高僧傳》卷 1，《大正藏》50 冊，324 頁下欄。

2 《高僧傳》卷 1，《大正藏》50 冊，325 頁上欄。

3 《佛祖統紀》卷 35，《大正藏》49 冊，332 頁上欄。

的完備對於解決僧團管理與個人持戒等問題的必要性。道安大師對於廣律有着強烈的渴求，他曾嘆道：「云有《五百戒》，不知何以不至，此乃最急。四部不具，於大化有所闕。《般若經》乃以善男子、善女人為教首。而戒，立行之本，百行之始，猶樹之有根。常以為深恨。」[1] 大師曾派弟子到天竺求取律典，但當時的律典只在部分律師群體之間口耳相傳，外國沙門對律典的外傳也非常謹慎，因此求取律典殊為不易。後來，大師得知罽賓國律師耶舍可以背誦《鼻奈耶》，即令「佛提梵書，佛念為譯，曇景筆受」[2]，於前秦建元十九年譯出《鼻奈耶》。《鼻奈耶》雖算不上是一部完整的廣律，但解決了道安大師的許多疑惑，道安大師因此感歎：「於此秦邦，三藏具焉。」[3]

因緣匯聚，經由天竺、西域與漢地諸位高僧大德的持續努力，四部完整的廣律——《十誦律》、《四分律》、《僧祇律》和《五分律》終於在二十年之內（404–424）相繼傳入漢地，並被完整地翻譯出來。首先譯出的是說一切有部的《十誦律》，其翻譯過程可謂一波三折，歷經十年（404–413）才完全譯出。姚秦弘始十二年（410），佛陀耶舍於長安譯場誦出法藏部《四分律》的梵文，涼州沙門竺佛念譯為秦言，道含筆受，於弘始十四年（412）譯出。最初譯出的《四分律》為四十五卷，後開為六十卷。早在東晉隆安三年（399），因「慨律藏殘缺」，法顯大師就踏上了西行求律之旅，並抄得大眾部《僧祇律》與彌沙塞部《五分律》兩部廣律回國。後於義熙十二年至十四年（416–418），大師與天竺沙門佛馱跋陀羅在建業[4]道場寺翻譯出《僧祇律》。遺憾的是，大師未能等到《五分律》譯出便已遷化，然其「令戒律流通漢地」的夙願最終實現。宋景平元年（423），《五分律》由「專精律品兼達禪要」的罽賓國三藏佛陀什與于闐沙門智勝譯出，道生、慧嚴等筆受。另外，到南北朝時期，律學論著《毗尼母經》、《薩婆多論》、《摩得勒伽論》、《善見論》、

1 《出三藏記集》卷 9，《大正藏》55 冊，62 頁下欄。
2 《鼻奈耶》卷 1，《大正藏》24 冊，851 頁上欄。
3 《鼻奈耶》卷 1，《大正藏》24 冊，851 頁上欄。
4 建業：今南京。

《律明了論》也紛紛被翻譯引入。至此，作為漢地律學基本典籍的「四律五論」得以完備。

「四律」的譯就使得漢地僧眾有律可習，有法可依，神州大地上湧現出了一批批律學人才。從律學的發展歷史來看，當時「律本流行，隨方不同。關內《僧祇》，江左《十誦》，《四分》一律，由在藏中」[1]。作為第一部翻譯的廣律，《十誦律》經由卑摩羅叉在江陵的講解，再加上慧觀整理其講義傳行於建康[2]，在南方得到了廣泛的學習和弘揚。在北方，最初得到弘傳的是《僧祇律》。之後法聰律師考證自己的戒體是依法藏部羯磨而來，故以「受隨一致」為由，專弘《四分律》。法聰律師也因此被後世稱為「初開律師」。慧光律師（469–538）著《四分律疏》，開創了注解《四分律》的先河，並對當時流傳的《戒本》、《羯磨》作了修訂。慧光律師弘揚《四分律》的活動對僧眾有很大的影響力，有力地促進了《四分律》在北方的發展。

佛法初傳漢地的四百年內，律學發展面臨的最大困難便是典籍不足。律典是律學發展的基礎，沒有完備的律學典籍，僧人行持便缺乏依據，律學研究也會受到限制。面對這一根本性困境，歷代高僧大德積極應對，或前往天竺求取律典，或組織譯經團隊翻譯典籍。從最初只能從「隨經律」中窺探戒律，到第一部廣律《鼻奈耶》譯出，再到南北朝時期「四律五論」得以完備，律學研究也逐步深入，為後世律學的繁榮和律宗的建立奠定了基礎。

另外，由於同時傳入了多部律典，諸部又存在固有的差異與部執，漢地僧眾對律典的實際行持需要進一步調適。諸部律典的會通、融合，將在隋唐時期進一步展開。

（二）盛夏——律宗建立

隋唐兩朝是中國佛教發展的繁盛時期，在律學研究方面也獲得了空前的

1 《四分律搜玄錄》卷 2，《卍續藏》41 冊，865 頁上欄。
2 建康：今南京。

進步，南山律宗的建立更是標誌着中國律學的發展達到了高峰。

當時「四律五論」雖已完備，但僧人在如何持戒方面仍有諸多困境：「傳度歸戒多迷體相。五部混而未分，二見紛其交雜。海內受戒，並誦法正之文。至於行護隨相，多委師資相襲。緩急任其去取，輕重互而裁斷。」[1] 僧眾對五部律的持犯理解多有混淆，並無明確標準。面對這一問題，智首律師（567–635）撰《五部區分鈔》辨析諸部同異，又著《四分律疏》二十卷會通諸律。智首律師以《四分律》為主同時融合他部律的戒律思想和研究方法，後來也為道宣律師所繼承。

法礪律師（569–635）由於常居相州[2]，因此其所創律學被稱為「相部宗」。法礪律師撰寫的《四分律疏》主要依《成實論》的思想解釋《四分律》。此疏因有十卷而被稱為「中疏」，並與慧光的「略疏」、智首的「廣疏」，統稱為「三要疏」。法礪律師的弟子定賓、曇一分別著有《四分律疏飾宗義記》與《發正義記》，用以發揚、捍衛本宗的宗義。之後，其門徒中不再有重要的著作問世。一直到北宋初期，相部律在吳越一帶仍然延續，之後逐漸消融於南山宗。

道宣律師（596–667）因曾長期隱居住長安附近的終南山，所創學派得名「南山宗」。他在律學方面主要受到智首律師的影響，於其門下學習了六年。因有感於當時的律學「準事行用，浩汗難分，學者但可望崖尋途，未通鑽仰」[3]，於626年初撰《行事鈔》，完成後到關外參學，也曾拜見過法礪律師，之後又對《行事鈔》作了修訂。《行事鈔》的完成標誌着南山律思想體系基本形成，並與《戒本疏》、《羯磨疏》合稱為「南山三大部」，加上《拾毗尼義鈔》和《比丘尼鈔》，合稱為「南山五大部」。除此之外，道宣律師還為規範僧眾的法服與儀禮作法創作《釋門章服儀》與《釋門歸敬儀》，為區分五眾物而著述《量處輕重儀》，為新學比丘撰寫《教誡新學比丘行護律儀》，為比丘如法受戒撰寫《關中創立戒壇圖經》等等。這些著作不僅使整個南山律學成為一

1 《續高僧傳》卷22，《大正藏》50冊，614頁中欄。

2 相州：鄴都，今河南安陽。

3 《量處輕重儀》卷1，《大正藏》45冊，839頁下欄。

個完備的思想理論體系，而且還將戒律理論與比丘的日常實踐相融合。道宣律師繼承了慧光律師《四分律》分通大乘的思想，並提出「五義分通」，從理論上進一步證明此觀點。他還借用古唯識的思想來詮釋戒體，令戒學大乘化的特色更為明顯。南山律思想因此更加契合漢地宗依大乘的價值取向，對於後世漢地僧人持好比丘戒產生了莫大的作用。

懷素律師（624–697），早年隨玄奘大師出家，思想上曾受玄奘大師新譯經典的影響，後隨法礪律師的弟子道成學律。懷素律師在研讀法礪律師《四分律疏》、道宣律師《行事鈔》之後，感「古人義章未能盡善」，所以撰寫《四分律開宗記》，並遵從説一切有部的宗義，廣引《俱舍論》和《大毗婆沙論》。由於與法礪律師的「舊疏」有明顯的傳承關係，故《四分律開宗記》也被稱為「新疏」。因懷素律師曾居於長安崇福寺東塔，所以其所創律學被稱作「東塔宗」。作為唐代律學三家中最晚成立的一支，東塔宗雖然在當時有較大影響，但後來並不興盛，著作也不豐富。此宗至北宋初年尚有活動，其後不傳。

通過幾代律師的探索和積澱，再加上當時文化的兼容並包以及君王對佛教寬容乃至扶持的態度，佛教義學得以空前發展。隋唐四分律學的人才積累、研究能力均具備了深厚基礎，形成了以《四分律》為中心的律學宗派。四分律宗在內部又形成三足鼎立的態勢——「律有三宗，礪、素、宣是歟」[1]，即法礪律師開創的相部宗、懷素律師的東塔宗以及道宣律師的南山宗。

唐代除四分律學的主流學派之外，還有一迥異的支流值得留意，即義淨三藏（635–713）翻譯和倡導的根本説一切有部。義淨三藏不滿於當時「諸部互牽」、「章鈔繁雜」的律學現狀，西行天竺，留學求法，取回根本説一切有部的律典，組織譯場翻譯並加以弘揚。《根有律》是傳入漢地的幾部律典中內容比較豐富的一部，極大地擴充了中國佛教戒律典籍的內容。義淨三藏根據自己的觀察，提出了專宗有部戒律行持回歸印度傳統等主張，其律學思想獨具特色。但是當時四分為主、他部補充的律學主流已經形成，律學的本土化

1 《宋高僧傳》卷 16，《大正藏》50 冊，811 頁上欄。

也是歷史發展的大勢所趨，故義淨三藏所翻譯的有部律及其戒律主張在後世律學的發展過程中並未得到發揚而趨於沉默。

隨着對外文化交流的日漸頻繁，漢地律學逐漸傳入朝鮮半島、日本等地。新羅的慈藏律師自唐回國後，創立戒壇，整頓律制，著述《四分律羯磨私記》、《十誦律木叉記》等書，講解《菩薩戒本》，被奉為新羅戒律之祖。唐代鑒真大師（688–763）赴日本傳戒，開創日本律宗。他早年不僅師從南山宗的律師學習過道宣律師的著作，也跟隨相部宗律師學習了法礪律師的著述，赴日前已有「江淮之間，獨為化主」的盛名，並且法嗣廣布。大師從 743 年開始先後六次東渡，於 753 年以六十六歲的高齡抵達日本，受到天皇的禮遇，隨後建立戒壇，正式傳戒，講演律學。

要而言之，進入隋唐時期，律學發展有了完備的典籍作為基礎，僧人可以依照「四律五論」規範個人行持，僧團管理也有了更加明確的依據和參考。然而，擺在當時僧人和律學研究者面前的是如何將「四律五論」和漢地僧人的修行作更好的結合，如抉擇一部律還是多部律，多部律之間如何會通等問題。因此，進入這一時期，律學發展的困境已經從典籍不足轉變為理論不足。律學研究者所致力的工作不再是引入律典和組織翻譯，而是如何深化理論，解決實際問題。在此驅動力下，智首、法礪、道宣、懷素等諸多律師作出了很多努力。他們或提出諸部會通的思想與方法，或為《四分律》注疏開演。其中，最值得一提的是道宣律師。他開創了南山宗，使得以戒律為主體的宗派在漢地佔有一席之地。作為一個宗派，南山律宗有着獨特的修行法門和完整的教理行果修證次第，令漢地僧眾認識到，戒律不僅是定慧之基，更是成就法身佛的正因。

(三) 深秋——中興和衰落

唐代會昌法難以及隨後的五代十國之亂，對北方佛教打擊甚重，致使典籍散失，僧侶逃遁，昔日佛教的鼎盛一去不返。南方由於戰亂較少，政治寬鬆安定，律學中心由北向南加速轉移，至北宋時形成定局。宋代的律宗已是南山律一門獨大：「天下言行事者，以南山為司南矣。」[1] 這一時期，律師研習的重點已不再是《四分律》，而是直接注疏《行事鈔》。唐代以來，對《行事鈔》注疏者傳有六十二家之多，這樣的研習規模，漢地本土僧侶撰寫的其他律學典籍無出其右。一方面表明《行事鈔》內容完善，另一方面，意味着律學趨向因循，預示着衰落的必然。不過，經歷唐末五代的短暫低迷之後，北宋律宗學人依然能夠研習律學，並融會各宗，以元照律師（1048–1116）為代表的一批南山律學的中興力量逐漸湧現出來。

元照律師早年研習天台教觀，所以兼得天台的傳承。道宣律師借《法華經》將圓教思想引入南山律學，元照律師則依天台的教義，把圓教的思想融合得更為徹底，闡發得愈加通透。元照律師觀察到當時諸家對《行事鈔》的注疏解釋多有偏差：「理致淵奧，討論者鮮得其門；事類森羅，駕説者或容遺謬。」[2] 再加上「正法下衰，人情鄙薄」[3]，為改善律學研究和僧人道風，元照律師於是撰寫《資持記》以注釋《行事鈔》，又撰寫《行宗記》、《濟緣記》分別注釋《戒本疏》、《羯磨疏》。「南山五大部」從而擴增為「南山八大部」。除了著書之外，元照律師還不遺餘力地建造戒壇，傳戒宣講，使得南山律再次得以興盛，法脈一直延續至南宋。

伴隨着天台宗的流行，元照之後的律師也多研習天台教觀，以至於對律學的認識和理解都發生了變化。例如南宋守一律師在《終南家業》開卷便有「吾祖弘律，以妙觀為本」[4] 之言。又如留學南宋的日僧俊芿（1166–1227），在《律宗問答》的發問中，已不再涉及傳統律學戒相罪行分判的問題。從中可以看出，律宗內部關注的重點漸有脱離「戒學」本位的傾向。另外，宋代禪淨流行，崇尚實修之風濃厚。比如，元照律師在個人的修持上以淨土為歸，自稱「生弘律範，死歸安養，平生所得，唯二法門」[5]，是「淨律雙修」的典範。

---

1 《宋高僧傳》卷 16，《大正藏》50 冊，812 頁上欄。

2 《四分律行事鈔資持記校釋》，8 頁。

3 《芝園集》卷 2，《卍續藏》59 冊，662 頁下欄。

4 《終南家業》卷 1，《卍續藏》59 冊，717 頁下欄。

5 《佛祖統紀》卷 29，《大正藏》49 冊，297 頁下欄。

後代律師在修持上則由兼修淨土轉向以淨土為主。因此，在宋朝宗派融合的背景下，律宗在理論以及實踐上逐漸式微，宗派主體性面臨着難以為繼的窘境。

早期禪僧都是附居於律寺別院，「至曹溪已來，多居律寺」[1]。唐代百丈懷海禪師在獨居百丈山之後，「始立天下叢林規式，謂之清規」[2]。清規作為禪宗獨創的僧團管理制度，一方面沿襲大小乘戒律的思想和規範，另一方面結合漢地的倫理道德，並和當時的社會環境相適應。禪宗具有隱居山林、農禪並舉的作風，因此受到法難、戰亂衝擊的程度較輕，加之簡練深邃、講求實行的特點，之後逐漸成為漢地最為繁盛的一宗，受到上至王公將相，下至平民百姓的追捧。相形之下，律宗受到冷落，以至宋代逐漸出現了律寺改為禪院的情況。這些因素加劇了律宗在宋代的衰落。

元代朝廷雖對佛教持親和態度，但是經過多年戰亂，宋元年間南山典籍散佚，漢地律學傳承遭到破壞。元代僧人戒行鬆弛，文化水平整體較低，缺乏專研律學的律師，因此並無重要的律學著述出現。在禪淨興盛的背景下，律學重要性進一步低落，戒律主要由其他宗派的僧人延續，律宗宗派主體性趨於消失。與此對比，元代叢林清規興盛，逐漸取代南山律著對僧團行事的指導作用。其中《敕修百丈清規》因官方推行而天下叢林皆遵從，對後世有較大影響。而省悟律師的《律苑事規》結合了戒律行事和禪宗清規，是南山後人在當時環境下試圖傳承南山律著的一種努力。

整體來看，宋元年間的律學發展面臨多方面的壓力。首先是理論困境。自道宣律師已降，雖有多達六十二家為《行事鈔》作疏釋義，然而後代律師的注解漸漸偏於理論詮釋，遠離了道宣律師「以行事為中心」的初衷，弱化了指導僧人實際行持的作用。元照律師觀察到此類問題，為重振南山宗風，回歸道宣律師本意，「仰承行事之旨」，撰述靈芝三記，中興律學。其次是僧人的行持方向。淨土宗、禪宗的興盛使得當時的僧人更加注重禪、淨的修

---

1 《（重雕補註）禪苑清規》卷 10，《卍續藏》63 冊，550 頁上欄。

2 《釋門正統》卷 4，《卍續藏》75 冊，312 頁中欄。

持，戒律僅作為三學之基。律宗在此過程中逐漸隱沒於他宗之中，漢地本土的清規則愈漸興盛。再次是外部壓力。政府和禪師主導的「革律為禪」，也使律宗寺院減少，研律氛圍變淡。因此，宋元期間的律學，一方面有元照律師等人的中興之舉，另一方面在多方壓力作用下開始走向衰落。

（四）嚴冬——困境中的應對

明清時期，漢地律學在傳承不明、佛教整體衰落的緣起下迎難前進。明代律學遭遇三次戒壇封禁的低谷，後經諸多律師圓融應對，實現了短暫復興。清代廢除試經和度牒制度，降低了出家門檻，再加上經懺佛事的盛行，僧人行持難以保障，研律之風寡淡，律宗徹底進入寒冬。

明代期間革律為教，導致律學進一步衰落。明中後期鬻牒度僧氾濫，試經制度廢棄，由此僧尼素質低下，戒律廢弛。至嘉靖時期，皇帝崇道抑佛、寺院亂傳戒律等種種內外因素交織，最終導致戒壇三次封禁。第一次（1526年）和第二次（1546年），封禁範圍限於北京。而第三次封禁（1566年）的範圍擴展至全國寺院，封禁時間長達四十八年，造成佛教界數十年未開壇傳戒的局面，對戒律傳承造成重大打擊。

面對戒壇封禁的無常，雲棲蓮池、古心如馨等諸位大德積極應對，為律宗的寒冬尋找溫暖，最終促成了律宗及「萬曆佛教」（1573–1620）的短暫復興。

蓮池大師一方面主動配合官方政策，遵守法令，內斂變通，隨緣創造出一套求戒、受戒新模式——「佛像前受戒」[1]，另一方面整頓戒律，將戒律的學修和持守融入清規，制定出《雲棲共住規約》。書中的求戒式、受戒式、學戒式、誦戒儀和律堂等規約[2]，體現了禪宗叢林的戒律實踐。在蓮池大師及其住持的雲棲寺影響下，一批律學研究者與律學著作湧現。蓮池大師所著《戒疏

1 《雲棲法彙》卷22，《嘉興藏》33冊，171頁下欄。
2 《雲棲法彙》卷22，《嘉興藏》33冊，171頁下欄。

發隱》、《沙彌律儀要略》、《沙彌沙彌尼戒錄要》、《具戒便蒙》等成果乃是大師統籌考慮戒律、清規、時代緣起及出家人根器而作，契理契機，填補了當時教界的空缺。蓮池大師的努力彌補了當時律學傳承的缺失。

在蓮池大師等祖師的應對與帶動下，更多僧人深入律藏，使律學不斷向前發展。藕益、法藏、元賢和弘贊等諸師對律學有進一步思考和研究，其律學成果主要包括：法藏禪師調和禪律而落實於受戒、傳戒儀軌的《弘戒法儀》，元賢禪師的《四分戒本約義》和以羯磨法為研究重點的《律學發軔》，以及弘贊禪師的《四分戒本如釋》、《四分律名義標釋》、《沙彌律儀要略增註》等多部律學著作。

律學義理上，藕益大師提出五戒、十戒、比丘戒和菩薩戒都要同等重視，同等持守，「四級重樓，級級皆圓頓境，八萬細行，行行與法界周」。[1] 藕益大師將戒律與禪淨會通，著有律學成果《重治毗尼事義集要》和《閱藏知津》。

如馨一系的探索則系統而持續。如馨律師發心重振戒律，於五台山獲文殊菩薩授記而得戒。萬曆四十一年（1613），神宗皇帝詔請其赴五台山傳戒、講律，至此戒壇禁令終於解除。如馨律師將戒法傳於三昧寂光後，漢地戒律才真正回歸到傳統的南山法脈上。寂光律師將剛恢復的傳戒活動繼續發揚光大，大振律學，創建律宗道場寶華山千華派，並培養了大批律學人才。

見月讀體律師（1601–1679）繼承寂光律師衣鉢，大力推進規範傳戒，所著的《三壇傳戒正範》成為後世傳戒準則，影響深遠。福聚律師（1686–1765）推動了寶華山律學著作收入《乾隆大藏經》。這一輪律學發展到康熙年間達到頂峰，後又逐漸沒落。乾隆年間廢除試僧和度牒制度，僧人質素難以保證，戒律廢弛。

清末，持續十幾年之久的太平天國運動給佛教帶來了致命的摧殘，其所到之處「無廟不焚，無像不毀」，無數的寺院、佛塔、經書、典籍被毀。晚

1 《重治毗尼事義集要》卷 1，《卍續藏》40 冊，344 頁下欄。

清、民國時期兩次大規模「廟產興學」運動，導致大量寺產被侵吞佔用，使佛教的命運遭遇重大危機。由於國勢衰微、內外交困，佛教積弊叢生，到了清末民國期間，漢地大部分僧團的戒律已經廢弛。

總之，明清期間，律學發展走入低谷，其原因主要來自外部。政府下令鬻牒度僧，廢除試經制度，使得出家眾良莠不齊，僧人行持難以保障，引發社會譏嫌；三次封禁戒壇，更是給律學的傳承、僧種的延續造成極大的打擊；太平天國運動、「廟產興學」運動等都為佛教的發展帶來了阻礙。面對這些困境，幸有蓮池大師、如馨律師兩系積極應對，努力變通，延續了律學的命脈，並為近現代律學的復興奠定了基礎。

（五）復興——近現代之努力

春夏秋冬又一春，律學的發展在經歷寒冬的考驗後，又迎來了春天。近代中國在恢復漢地律學方面進行了諸多探索與努力，主要有以下幾個方面：以弘一律師為代表的對南山律學的堅守與弘傳、以太虛大師為代表的佛教僧伽制度改革、虛雲大師在禪林對戒律精神的重振，以及印光大師對戒律精神與儒家倫理所作的融合。近代的漢地律學雖然面臨着很多挑戰，但也充滿了機遇，這些高僧大德的努力為現代律學發展奠定了基礎。

宋元年間，大部分南山典籍雖然在漢地散佚，但在日本一直流傳下來。近代徐蔚如居士將南山律典從日本請回，並創立刻經處付梓流通，使得深入律學研究有了文本典籍的基礎。

被後人尊為「律宗十一祖」的弘一律師（1880–1942），出家後接觸藕益大師和見月律師的著作，發心學律。弘一律師早年重視有部律，曾引義淨三藏的說法來糾正南山律，後自悟有「輕謗古德」之過，又逐漸認識到「南山一派，尤深契此土機宜」，並經徐蔚如居士勸請，於 1931 年在佛前發願棄捨有部專學南山。弘一律師傾全力於南山典籍的整理、研究、教學、弘揚。他從多方收集古刻本精審點校，對律典進行表釋、科判、略釋、集釋等整理和簡化工作。經過整理後的南山律典版本精良、注釋完善、有條理、易學習，為人們學習南山律典提供了極大方便，對南山律學的復興起到了至關重要的作用。同時，弘一律師編纂《戒相表記》、《扶桑集釋》等律著，並廣開講筵，創建「南山律學苑」，講述南山律學著作，培育律學僧才。弘一律師還為在家信眾編成《南山律在家備覽》，闡揚南山宗義。弘一律師對律宗的復興、對近代中國佛教的提振，居功至偉。他以自己的言傳身教，實現了「誓捨身命，弘護南山四分律教久住神州」之夙願。

太虛大師（1889—1947）是中國近代著名的佛教改革者，他重視以南山律學規範佛教僧團，並對此提出了改革和重建計劃。大師在重視戒律持守的同時，強調對律學進行與時代相應的研習。大師在1915年撰寫完成的《整理僧伽制度論》中，提出了改良佛教律制建設的諸多構想，包括出家資格、出家流程、受戒流程和懺悔還淨等。大師在律典、祖師著作的基礎之上，結合近代中國的時代因緣，提出了很多改革辦法。雖然在當時這些舉措未能實現，但卻為今天的律制建設和律學研究提供了寶貴的參考。

虛雲大師（1840—1959）看到當時佛教衰敗的原因之一是傳戒不如法：「佛法之敗，敗於傳戒不如法。若傳戒如法，僧尼又嚴守戒律，則佛教不致如今日之衰敗。」他致力於規範傳戒，比如在鼓山湧泉寺將戒期由原來的八天改成三十天，加強戒期教育，廢止寄戒、不剃髮搭衣等不良風氣。虛雲大師還對僧制進行改良，並開辦戒律學院。

圓拙法師（1909—1997）曾經跟隨弘一大師學習南山律。圓拙法師介紹妙因法師，後者抄錄《四分律行事鈔資持記通釋》、《鈔記濟覽》二書，完成弘一律師遺作《四分律行事鈔資持記扶桑集釋》。在宗教政策恢復後，圓拙法師不遺餘力地推動傳戒工作，主張並推動按照律制三人一壇受戒以及二部僧傳戒。圓拙法師還在廣化寺組織五比丘專研南山律典，培養律學人才，其中的演蓮法師、界詮法師、濟群法師至今仍是弘揚南山律的中流砥柱。現在漢地律學研學較好的寺廟，很多和圓拙法師有一定淵源。

近幾年，龍泉寺在律學研究等方面進行了一些探索。弘一律師校勘南山律時，由於條件所限只利用了有限的敦煌寫本。龍泉寺在已出版的南山律典校釋系列中，最大限度地彌補了這一缺憾，採用了全面的敦煌寫本，以及日本、美國所藏的各種宋刊本、古刻本、寫本一切經等。在本書中，我們一方面力求對比丘戒作系統、全面的對比分析，另一方面也嘗試在新時代背景下重新審視比丘戒的行持問題。

二、漢傳佛教律學的特點

上文簡要回顧了比丘戒在漢地傳入、發展、興盛、衰落而又復興的歷史脈絡，從中可以看到漢地律學的一些特點。

（一）四分為主，博採他部

在三大語系佛教中，藏傳佛教和南傳佛教的戒律傳承都是專宗一部，而漢傳佛教大部分時間以四分為主，兼容他部。雖然也有義淨三藏主張專宗一部，但是主流的做法還是諸部會通。漢傳佛教這種多律型的特點是由歷史和現實需要等多重因素形成的。

首先，在短短二十年內，幾部廣律被相繼引入和翻譯，律師們都進行了研習，其中不乏博通多部之人。多部並習的情況，自然會產生會通的需求。四分律師中，法礪律師主張綜合諸部觀點，智首律師遍學五部而不局四分一宗之見，這些律師都具有融合諸部的思想。道宣律師曾經在《行事鈔》中列舉了之前四分律師們的六種做法：「一、唯執《四分》一部，不用外宗。二、當部缺文，取外引用。三、當宗有義，文非明了。四、此部文義具明，而是異宗所廢。五、兼取五藏，通會律宗。六、終窮所歸，大乘至極。」《行事鈔》主要採取第三、第六兩種觀點，即在大乘思想的基礎上，以《四分律》為宗，同時「餘亦參取，得失隨機」，必要的時候也會採用他部。[1]

會通諸部的思想基礎，也來自律師對於諸律同源的認識。漢地律師面對幾部廣律的態度與印度律師有所不同。漢地律師並無律典的宗派觀念，而是將幾部廣律視作一個整體來看待。如《行事鈔》：「統明律藏，本實一文，但為機悟不同，致令諸計岳立。所以隨其樂欲，成立己宗。競采大眾之文，用

1　《四分律刪繁補闕行事鈔校釋》，宗教文化出版社，2015 年 9 月，35 頁至 36 頁。

集一家之典。」[1] 既然同出一源，只是因為後世根機不同而產生差異，那麼自然可以通過綜合諸部來還原和把握律學原始統一的面貌。這是歷代律師對四律五論進行會通的原動力之一。

會通諸部的做法，還受到現實需要的驅動。諸律之間的差異，多是部派佛教為應對不同外部環境所作出的不同取捨，是律師們有意識的選擇，故可以説，部派律典是不同的律學實踐經驗的總集。中國漢地的地理、人文環境和印度差異很大，單靠一部廣律來指導所有的行持實踐是有困難的，因此會通諸部成了後世律學很自然的選擇。

總之，漢地律學「四分為主，博採他部」的抉擇，一方面可以弱化部派色彩，更好地把握佛陀的制戒精神，回歸佛陀本懷；另一方面可以靈活應對實踐中的各種情況，既增加了更多的參考點，又能夠在取捨過程中作出更加符合緣起的抉擇。

（二）比丘戒和菩薩戒並行

中國是大乘佛教流布的地區，菩薩戒和比丘戒約在同一時期傳入漢地。兩晉南北朝時期是菩薩戒經典集中翻譯的階段，鳩摩羅什譯出《梵網經盧舍那佛説菩薩心地戒品》，曇無讖譯出《菩薩地持經》、《菩薩戒本》、《優婆塞戒經》，竺佛念譯出《菩薩瓔珞本業經》。唐貞觀年間，玄奘大師譯《瑜伽師地論》，標誌着中國菩薩戒經典的翻譯趨於完整。

菩薩戒不僅出家僧尼受習，隨着佛教的昌盛也融入到整個社會生活之中，上至帝王、士大夫階層，下至尋常百姓都受持奉行。兩個主要的菩薩戒系統中，梵網菩薩戒的內容與漢地的孝道精神相契合，並經天台、華嚴兩宗高僧的弘揚，成為漢地菩薩戒的主流；瑜伽菩薩戒次第明晰，戒條內容和比丘戒互補性強，也利於漢藏佛教間的互通和交流，在近代得到太虛大師等的

1 《四分律刪繁補闕行事鈔校釋》，31 頁。

重視。

大乘佛法的開展，菩薩戒和比丘戒並行，一方面秉持大乘教理，另一方面按照聲聞戒律行持，這兩者如何結合一直是漢地佛教面臨的問題。在漢地，要推行比丘戒就必須融會大小乘，故歷代律師多致力於研究兩者的會通——在大乘思想的背景下來闡述和完善比丘戒的律學體系。在戒相判斷上，比丘戒重行而菩薩戒重心，故道宣律師以《四分律》傾向按心判罪等理由而判其分通大乘。道宣律師又依唯識思想建立南山律戒體理論，並提倡三聚淨戒而將比丘戒納於攝律儀戒。元照律師以天台圓教進一步發展南山律戒體理論，將菩薩戒納入南山律學體系。南山律以大乘思想融會比丘戒，這是其取得後世律學主流地位的重要原因。

實踐方面，大乘思想及菩薩戒對漢地比丘律學也產生了深刻的影響。後世三壇大戒的傳戒形式，是漢地比丘戒和菩薩戒並重和融合互補的集中體現。南山律的懺罪之法包含了大乘內涵的化懺，即在比丘戒原有懺罪方法的基礎上作了擴充。六祖慧能提出「無相戒」，深刻地影響了漢地出家眾的戒律觀。比丘戒律允許食用魚肉，而漢地僧眾素食的傳統則是受大乘思想和菩薩戒影響。

（三）戒律和僧制雙軌並行

佛教傳入漢地不久便出現了僧制。漢傳佛教的僧制起始於道安大師創立的「三例」，其內容包括講經、行香、六時共修、布薩、懺悔等多方面的軌則。當時僧團日益擴大，而諸部廣律尚未被翻譯進來，僧團管理與僧人行持對戒律的需求無法被滿足，道安大師便制定僧制管理僧團，規範僧人行持，統領大眾修行。

此後，「僧制」在漢傳佛教的發展歷史中從未中斷，至唐朝百丈懷海禪師時演變為「清規」。「叢林清規」最早出現在唐朝的禪宗叢林，後逐漸擴展至各宗派。其最初的內容包括僧團管理架構、普請法等制度，後逐漸增加禪門規矩、執事職責、佛事活動等多個方面。清規最能反映漢地僧團的僧制特色，經不斷發展、完善，一直沿用至今。

僧制是戒律精神在漢地僧團本土化的體現。《五分律》記載：「雖是我所制，而於餘方不以為清淨者，皆不應用；雖非我所制，而於餘方必應行者，皆不得不行。」[1] 佛法的覺悟精神是一味的，但不同的弘化地區面臨着不同的環境與問題。漢地和古印度環境的不同，給佛法住世和僧人修行方式帶來了不同的影響。漢地僧團的僧制便是在「餘方」國土對戒律最好的補充與開演，與戒律雙軌並行。

首先，僧制非常注重對戒律精神的把握和持戒環境的營造。如宋代《禪苑清規》：「參禪問道，戒律為先……受戒之後常應守護，寧有法死，不無法生。」[2] 警策僧眾在參禪之前先打好持戒的基礎，應如守護生命般守護戒體。又如《教苑清規》：「香錢、油錢不得互用，亦任施主隨心喜捨，切勿苦覓，令生厭心。」[3] 這裏則要求僧眾嚴謹遵守「三寶物不得互用」的盜戒。

其次，僧制對戒律的落實起到補充與細化作用。如宋代《入眾日用》涉及睡眠、飲食、衣鉢等威儀方面的內容，是對律典中相關規定的補充。以鉢為例，《四分律》中用鉢威儀的規定有如下幾條：「平鉢受食，應當學。平鉢受羹，應當學……不得挑鉢中而食，應當學……不得視比坐鉢中食，應當學。當繫鉢想食，應當學。」[4]《入眾日用》進一步細化為：「先展鉢單，仰左手，取鉢安單上。以兩手頭指拼取鐼子，從小次第展之，不得敲磕作聲，仍護第四指第五指為觸指，不得用鉢，拭摺令小，並匙箸袋，近身橫放。入則先匙，出則先箸……兩手捧鉢受食，想念偈云：『若受食時，當願眾生，禪悅為食，法喜充滿。』」[5] 可見，《入眾日用》對於用鉢過堂的規定更加詳細，並且結合了漢地使用湯匙的特點，這些細緻的規定和條文可令僧眾在過堂用鉢時保持正念，努力用功。

---

1 《五分律》卷 22，《大正藏》22 冊，153 頁上欄。

2 《(重雕補註)禪苑清規》卷 1，《卍續藏》63 冊，523 頁上欄至中欄。

3 《增修教苑清規》卷 1，《卍續藏》57 冊，315 頁下欄。

4 《四分律比丘戒本》，《大正藏》22 冊，1021 頁上欄至中欄。

5 《入眾日用》，《卍續藏》63 冊，557 頁上欄。

再次，僧制體現了戒律在漢地的變通。以普請法為例，普請法是叢林的集體勞作制度。由於古印度盛行乞食制度，僧人無須從事勞作，而漢地的風俗則難以接受乞食行為。百丈山在當時又恰好處在交通不便的山區，於是懷海禪師便組織僧眾集體從事農業生產，自給自足。在務農過程中，僧人難免觸犯「掘地」等遮戒，懷海禪師解釋：「不得定言有罪，亦不得定言無罪。有罪無罪，事在當人。若貪染一切有無等法，有取捨心在，透三句不過，此人定言有罪；若透三句外，心如虛空，亦莫作虛空想，此人定言無罪。」[1] 事實上，佛陀制定此戒主要是因為傷害土地的行為受到古印度人的譏嫌。律典記載，在有三寶事緣時，佛陀也開緣掘地。因此，懷海禪師創立的「普請法」也是對「掘地戒」的善巧變通，並不違背佛陀的制戒本意，且能夠保證僧團的住世與發展。

漢傳佛教的僧制是漢地律學發展歷史中深具特色的內容。它對戒律在漢地的落實起到了很好的輔助作用，提醒僧人重視戒律，持守戒律。在「隨方毗尼」的原則下，僧制結合漢地僧人的學修生活特點，對戒條的內容作出更加細緻的規定，並對漢地難以落實或影響僧團住世和僧人學修的遮戒作出變通。戒律與僧制雙軌並行的模式是漢地律學發展中的寶貴財富。

(四) 律宗的形成

律宗是漢傳佛教八宗之一，南山律學成為獨立宗派，是漢地律學的又一特點。南山律宗宗派主體的形成，既有外部條件的驅動，也有自身律學體系內在因素的作用。

隋唐佛教義學發達，形成了諸多學派，對律宗理論的成熟起了很大的孕育作用。比如，道宣律師借用唯識理論建立了南山戒體觀。唐朝擁有穩定的律師群體，他們對諸部廣律都有深入研究，其律學思想也漸趨成熟。道宣律

1　《古尊宿語錄》卷 1，《卍續藏》68 冊，8 頁上欄至中欄。

師構建的南山律是以前代律師的研究成果為基礎的。南山律會通諸部的思想理論，在道宣律師之前的法礪律師、智首律師等著作中已有相關表述。道宣律師師承智首律師研習《四分律》多年，《行事鈔》對智首律師的《四分律疏》也多有借鑒和繼承。元照律師在完善南山律學體系的時候，也吸收了時代的教理營養。要而言之，佛教義學包括律學整體研究的成熟和發達，是南山律宗得以成立的外部條件。

南山律宗自身完整、豐富的理論體系，是其能夠形成獨立宗派的關鍵內因。太虛大師曾說：「一切佛法，以教、理、行、果四字攝盡。」南山律以《四分律》為宗，融合大小乘，以大乘發心持守聲聞戒，三聚圓修，最終成就佛果，即蘊含了教、理、行、果四個要素而構成完整的修學體系。擁有自己的判教體系是宗派成熟的標誌之一，道宣律師將佛法判為化制二教，又分為「神足輪」、「說法輪」、「憶念輪」，通過「二教」、「三輪」，建立了南山律宗判教體系。特別地，南山律宗戒體觀在教理層面成功地會通大小乘，一定程度上祛除了律學實踐中產生的重大輕小的流弊，解決了大乘比丘持守聲聞戒律的疑惑，對後世漢地律學作了重要的理論指引。

後代學人的傳承和發揚是律宗得以延續的必要條件。道宣律師創建南山律學之後，弟子門人如文綱律師、道岸律師等，憑藉自己淵博的學識以及對僧俗二眾的影響力，促進了南山律在北方的進一步發展，並將四分律學推進至南方地區。後又有鑒真大師等將南山律傳播至日本，為近代南山律典籍的回歸埋下了伏筆。道宣律師的弟子大慈律師著《行事抄記》，開啟了唐宋六十二家南山律疏的序幕。律師群體對南山典籍不斷深入研習和傳承實踐，使南山律宗在歷史的長河中逐漸確立了優勢地位。

律宗的成立是律學研究成熟和發達的標誌。反過來，南山律宗的出現，也使得漢地比丘戒研究的重心發生轉向。研究對象從廣律等律學原典轉向南山典籍，研究取向上也以理解和承襲祖師思想為主，律學研究的活力和開創性逐漸減弱，這種情況一直延續到了今天。

三、關於本書

關於佛教義理研究可循之路徑，太虛大師嘗言：「先以恢復初唐之故有，進之遍究全藏，旁探錫蘭、中國藏地，而溯巴利文、梵文原典，當非復宗派傳統之可拘蔽，而入世界佛學之新時代矣。」[1]

如前所述，律學於隋唐達到頂峰之後，律家的重點即轉向南山律的注疏。本書則繼承隋唐律師的研究成果和研究方法，回歸律藏原文，對諸部律典作系統性的對比研究。在具體取捨上，本書仍遵循「四分為宗，博採他部」的漢地律學傳統，並承襲傳統律學中多律型之開放態度。在此基礎上，本書積極吸收當今世界佛學研究的成果與方法，並參考和借鑒其他語系的律典，這一方面可算本書在祖師著作基礎上向外所做的拓展。

最終呈現給讀者的這十二冊書，是著者過去幾年對比丘戒進行系統梳理、研究的成果。希望以此為中國佛教律學的復興盡一份綿薄之力。囿於研究水平和時間所限，不足之處敬請教內外大德不吝指正。

1 《太虛大師全書》，宗教文化出版社，2005 年，1 冊，17 頁。

目錄

01　長衣戒 / 111

02　離衣宿戒 / 167

03　月望衣戒 / 207

04 取非親尼衣戒 / 237

05　使非親尼浣故衣戒 / 275

06　從非親俗人乞衣戒 / 307

07　過分取衣戒 / 341

08 勸居士增衣價戒 / 371

09　勸二家增衣價戒 / 403

10　過限急索衣戒 / 425

11　綿作臥具戒 / 475

12　黑毛卧具戒 / 513

13　白毛卧具戒 / 537

14　減六年臥具戒 / 563

表目錄

凡例

一、對於古今用法存在差異的文字，本書採用區別對待原則：出現在引文中的文字，尊重原文；非引文中的文字，按照現代漢語的語法規則使用。如現代漢語常用的「皈依」、「三皈」等詞，在引文中保留「歸依」、「三歸」等古代用法；又如「蓄積」的「蓄」，引文中保留原來的「畜」。

二、所有引文都加了現代標點。正文及引文的標點主要參考了《古籍標點釋例》（中華書局）和《中華人民共和國國家標準．標點符號用法》(GB/T 15834-2011) 中的規則，並適當採取了一些靈活處理。

三、主要人名在各篇初次出現時，以括號加注其生卒年。若年份無法確定者，則用「？」表示。

四、文中出現的年號，在首次出現時，後面括號中加注公元年份。

五、引用中出現的佛典，被收錄入 CBETA2016 版者，標注相應藏經的冊、頁、欄；未收錄入 CBETA2016 版者，則用一般古籍通用引用方式處理。

六、對於《大正藏》中的部分錯誤，本書參考《高麗藏》再雕版作了校勘，並附校勘記。

七、線裝古籍或古籍影印本，如沒有頁碼則直接寫卷數，但注明相關版本。有一些古籍一頁包含正反兩面者，則分別將正反面用 a、b 表示。

八、現代校點整理的古籍，在引用時注明了點校者、出版社、版本和頁碼。如對原作者的標點和文字做了修改，在注釋中說明。

九、現代出版專著，在腳注中注明了作者、專著名、出版社、出版時間、頁碼。

十、期刊論文或叢書中某一單篇論文，標注了作者、題目、期刊名及該期時間、刊號、發表時間、頁碼。

十一、外文標點符號的使用遵循外文的習慣用法。中外文混排，在中文中夾用一些外文單詞、短語，使用中文標點；整句、整段引用外文，按所引文種的規定使用標點符號。

十二、外文專著標注順序為責任者與責任方式、專著名、出版地、出版者、出版時間、頁碼，書名用斜體，其他內容用正體；外文析出文獻標注順序為責任者與責任方式、析出文獻題名、所載書名或期刊名及卷冊、出版時間，頁碼，析出文獻題名用英文引號標示，期刊名或書名用斜體，其他內容用正體。

十三、當同一部書第二次引用時，使用簡引，只標明書名和頁碼。

十四、因正文中引用了大量律典的原文，為了簡化，在每一戒條緣起、戒本、辨相部分標注其所在律典的起始範圍，若後文中出現這一範圍內的引文，將不再標注。未在此範圍內或引自其他原典的引文，按正常格式標注。

十五、注釋的編碼緊跟被注字、詞的右上方，或者句子末尾點號右上方，內容呈現於當頁腳注。

十六、正文中，《巴利律》相對應的腳注為《經分別》、《犍度》、《附隨》。

十七、為了敘述簡潔，以下藏經和典籍用了簡稱：

1. 藏經：《大正藏》（《大正新修大藏經》），《卍續藏》（《卍新纂續藏經》），《高麗藏》（再雕版《高麗大藏經》）。

2. 典籍：以下書名使用簡稱，不用全稱，未列出的典籍均使用全稱。

原名稱	簡稱
《彌沙塞部和醯五分律》	《五分律》
《摩訶僧祇律》	《僧祇律》
《摩訶僧祇律大比丘戒本》	《僧祇比丘戒本》
《十誦比丘波羅提木叉戒本》	《十誦比丘戒本》
《善見律毗婆沙》	《善見論》
《薩婆多部毗尼摩得勒伽》	《摩得勒伽》
《薩婆多毗尼毗婆沙》	《薩婆多論》
《律二十二明了論》	《明了論》
《根本説一切有部毗奈耶》	《根有律》
《根本説一切有部毗奈耶……事》	《根有律……事》
《根本説一切有部戒經》	《根有戒經》
《根本薩婆多部律攝》	《根有律攝》
藏文《根本説一切有部毗奈耶》	藏文《根有律》
麗江版藏文大藏經《甘珠爾》第五函的《別解脱經》	藏文《根有戒經》
梵文、巴利文戒經使用的簡稱	梵文《説出世部戒經》 梵文《根有戒經》 梵文《有部戒經》 巴利《戒經》
《四分律刪繁補闕行事鈔》	《行事鈔》
《四分律含注戒本疏》	《戒本疏》
《四分律刪補隨機羯磨疏》	《羯磨疏》
《四分律比丘含注戒本》	《含注戒本》
《四分律刪補隨機羯磨》	《隨機羯磨》
《四分律比丘尼鈔》	《比丘尼鈔》
《四分律拾毗尼義鈔》	《義鈔》
《四分律刪繁補闕行事鈔資持記》	《資持記》
《四分律含注戒本疏行宗記》	《行宗記》
《四分律刪補隨機羯磨疏濟緣記》	《濟緣記》

二不定法引言

「二不定法」本質上是處理居士對比丘舉罪的審罪程序法，其本身沒有特定的罪性，具體的判罰要等確定實際罪行後才能歸屬相應的篇聚進行判罰。

從「二不定法」可以看出，佛陀和僧團接受信眾對比丘行為的監督。這種外部監督對於促進比丘精嚴持戒以及僧團的清淨都是有利的。另外，「二不定法」的緣起故事中舉報人都是優婆夷。考慮到佛世時，印度婦女社會地位低下，「二不定法」中對可信優婆夷舉報的重視，充分展現了佛教平等和開放的精神。

具體來看，諸律中「二不定法」的緣起記載比較一致。緣起比丘和女人在露處或者屏處共坐，其犯戒內因均與淫欲心有關，犯戒外緣都是與對方私人關係密切或者交往頻繁。主要不同點體現在兩個方面：首先，各律典對舉罪人的要求不一，有些律典認為只要是可信優婆夷就可以，有些律典則要求舉罪人必須證得聖果；其次，在審罪和處理程序方面，當比丘的自我陳述和舉報內容有出入時，諸律有兩種不同的採信方法，《四分律》等大多數律典偏重於相信舉罪人的舉報，《巴利律》等四部律典則偏向於相信比丘的陳述。

由於「二不定法」的程序法特性，本書在編排這部分內容時沒有像其他篇聚那樣採用五緣成犯（所犯境、能犯心、方便加行、究竟成犯、犯戒主體）的判罪體系，而是從審罪流程的角度，以舉罪人、被舉罪人、所舉罪行和僧團的處理這四個方面，來闡述整個辨相。

借鑒《摩得勒伽》和《根有律攝》的相關內容，並結合現實緣起，本書對「二不定法」的內涵作了擴充。一、只要是可信的居士，就可以作為舉罪人。二、舉罪對象可以是比丘，也可以是沙彌。《四分律》中的被舉罪對象僅為比丘，但考慮到沙彌也是僧團成員，行為不當對外界也會造成不良影響，因此也應當接受居士的監督。三、對於居士所舉的犯戒內容，《四分律》都是淫欲相關的行為。在現代社會背景下，考慮到其他一些嚴重的犯戒行為，乃至於觸犯國家法律的行為，會造成很大的負面影響，受到世人譏嫌，因此舉報內容也應該包括這些行為。

在審罪和調查的具體操作上，僧團應向舉罪人、被舉比丘以及各方的證人等，詳細詢問舉報內容的時間、地點、情節等各種細節，還可以使用一些現代科技手段來輔助判斷，如參考閉路電視片段、照片等物證。審罪過程中可能會產生三種不同的情況：第一，比丘承認犯全部被舉罪行；第二，比丘完全不承認犯被舉罪行；第三，比丘承認犯部分被舉罪行。僧團應根據實際情況進行不同的判罪處理。如果被舉比丘確實可疑，舉罪人的舉報可信度很高，可以對當事比丘作「覓罪羯磨」，促使其認罪；如果發現比丘無罪，就應當撤銷對比丘的指控，並以羯磨或公告的形式還其清白。

總體而言，僧團需要慎重對待外部檢舉，積極應對出現的問題。在審罪和判罰過程中，僧團則要堅持僧事僧斷的原則，如法如律地進行最終判罰。並且，還要注意對外溝通，控制可能出現的不良影響。比如，如果居士是因為誤解而認為比丘有罪，僧團在核實相關情況後，應當向居士澄清事實，消除誤會。

二不定法

一、緣起

（一）緣起略述

1. 屏處不定

《四分律》只有一個本制。佛在舍衛國祇樹給孤獨園時，迦留陀夷與一位叫「齋」的在家女人互有曖昧之心，兩人在屏處「共牀坐」說淫欲事，毗舍佉母發現此事後稟報佛陀，佛因此集僧制戒。[1]

2. 露處不定

《四分律》只有一個本制，情節與「屏處不定」類似，不同之處是迦留陀夷與「齋」在「露現處坐共語」，說淫欲事。[2]

3. 制戒地點

（1）屏處不定

《四分律》中制戒地點為「舍衛國祇樹給孤獨園」，《鼻奈耶》[3]、《巴利律》[4]與《四分律》相同，《十誦律》[5]為「舍衛國」，《五分律》[6]和《僧祇律》[7]為「舍衛城」，《根有律》[8]為「室羅伐城逝多林給孤獨園」。

---

1 《四分律》卷 5，《大正藏》22 冊，600 頁中欄至 601 頁上欄；卷 47，《大正藏》22 冊，915 頁中欄至下欄。

2 《四分律》卷 5，《大正藏》22 冊，601 頁上欄至中欄。

3 《鼻奈耶》卷 6，《大正藏》24 冊，874 頁上欄至中欄。

4 《經分別》卷 3，《漢譯南傳大藏經》1 冊，263 頁至 268 頁。

5 《十誦律》卷 4，《大正藏》23 冊，28 頁中欄至 29 頁上欄；卷 53，《大正藏》23 冊 386 頁下欄至 388 頁中欄。

6 《五分律》卷 4，《大正藏》22 冊，22 頁下欄至 23 頁上欄。

7 《僧祇律》卷 7，《大正藏》22 冊，289 頁下欄至 291 頁中欄。

8 《根有律》卷 16，《大正藏》23 冊，710 頁上欄至 711 頁上欄。

（2）露處不定

除《根有律》[1]為「王舍城」外，其他律典[2]的記載與「屏處不定」相同。

4. 緣起比丘

（1）屏處不定

《四分律》中緣起比丘為「迦留陀夷」，《鼻奈耶》、《十誦律》與《四分律》相同，《僧祇律》、《巴利律》為「優陀夷」，《五分律》為「跋難陀」，《根有律》為「鄔陀夷」。

（2）露處不定

除《十誦律》為「尸利比丘」，《根有律》為「室利迦苾芻」之外，其他律典的記載與「屏處不定」相同。

5. 犯戒對象

（1）屏處不定

《四分律》中犯戒對象為「齋優婆私」，《鼻奈耶》為「浮帶優婆夷」，《十誦律》為「掘多憂婆夷」，《僧祇律》為「婆羅門女」，《五分律》為「居士婦」，《根有律》為「故二笈多」，《巴利律》為「施主家女」。

（2）露處不定

除《十誦律》為「修闍多居士婦」，《根有律》為「長者婦善生」之外，其他律典的記載與「屏處不定」相同。

6. 緣起情節

（1）屏處不定

諸律與《四分律》結構相同，都只有一個本制。在緣起情節方面，相比

1 《根有律》卷 16，《大正藏》23 冊，711 頁上欄。

2 《鼻奈耶》卷 6，《大正藏》24 冊，874 頁中欄；《經分別》卷 3，《漢譯南傳大藏經》1 冊，269 頁至 273 頁；《十誦律》卷 4，《大正藏》23 冊，29 頁上欄至下欄；《五分律》卷 4，《大正藏》22 冊，23 頁上欄；《僧祇律》卷 7，《大正藏》22 冊，290 頁中欄至 291 頁上欄。

《四分律》，略有不同。《鼻奈耶》中是優婆夷欲與緣起比丘共行不淨，緣起比丘有意但「恐犯戒而不從之」。《五分律》中鹿子母看見緣起比丘的行為後，出於護法的善心讓「婆羅門那鄰伽」向佛匯報。《十誦律》中鹿子母向佛匯報以後，佛為其「說種種法示教利喜」。《根有律》中鹿子母向佛匯報以後，並祈請佛陀「為諸聖眾制其學處」。《巴利律》，緣起比丘施主的女兒嫁到另一施主家，有一天緣起比丘主動去找該女人，並在「秘密可淫屏處一對一而坐」，被鹿子母看到。

差距最大的是《僧祇律》，一個本制中包含「屏處不定」與「露處不定」兩條戒的緣起。與《四分律》不同的是緣起比丘的「舊知識婆羅門」請其去看望他剛出嫁卻「愁憂不樂」的女兒，緣起比丘應允。次日緣起比丘到她家，「於房內坐，與其共語言」。之後緣起與《四分律》相似。

（2）露處不定

《四分律》與《鼻奈耶》、《十誦律》、《根有律》、《巴利律》均只有一個本制，情節與「屏處不定」類似。不同的是，《根有律》沒有緣起故事的內容，只是與「屏處不定」進行了同異對比。

《五分律》是以「餘皆如上說」的方式將本制省略。

（二）緣起比丘形象

1. 屏處不定

《四分律》記載了緣起比丘「顏貌端正」，居士對其有「信樂之心」。

《鼻奈耶》中的緣起比丘有意行不淨行，但「恐犯戒而不從」，可見其煩惱粗重但敬重戒律。

《僧祇律》中「毗舍佉鹿母」說要檢舉其過失時，緣起比丘不僅不承認自己的錯誤，還反過來誣陷對方：「優陀夷言：『我見鹿母與男子露處共坐語。』毗舍佉鹿母言:『何等男子？』答言:『我非男子耶？』」表現出緣起比丘狡辯、不承認錯誤的一面。

其他律典沒有明確記載。

2. 露處不定

與「屏處不定」相似。

(三) 犯戒內因

1. 屏處不定

《四分律》中，緣起比丘的犯戒內因是淫欲心粗重，如：緣起比丘與「齋優婆私」說「非法語」。除《巴利律》，其他律典均與《四分律》相似。如：《鼻奈耶》中緣起比丘與「浮多優婆夷欲為不淨行，共一處坐。時迦留陀夷可其意」;《五分律》記錄了緣起比丘「說淫欲、粗惡語」;《十誦律》、《僧祇律》中，佛陀呵責緣起比丘「隨順淫欲」;《根有律》中，緣起比丘說法時還與其故二「壓膝而坐」，從這種極其親密的舉止來看，應該是淫欲煩惱在作祟。

《巴利律》則沒有明確說明犯戒內因。

(2) 露處不定

同「屏處不定」。

(四) 犯戒外緣

1. 屏處不定

《四分律》中，緣起比丘由於與犯戒對象私人關係密切而犯戒。如「迦留陀夷先白衣時有親友婦……迦留陀夷繫意在彼，彼優婆私亦繫意在迦留陀夷」。《十誦律》、《根有律》與《四分律》類似。《十誦律》記載「與掘多憂婆夷舊相知識」;《根有律》記載，犯戒對象是緣起比丘的「故二」。

《五分律》中，緣起比丘跟犯戒對象交往頻繁是犯戒外緣，如：「跋難陀常出入一居士家。」《鼻奈耶》、《巴利律》與《五分律》類似，《鼻奈耶》記載：「時尊者迦留陀夷數至浮帶優婆夷舍。」《巴利律》記載：「長老優陀夷往來於舍衛城甚多施主家。」

《僧祇律》是緣起比丘的「舊知識」請緣起比丘去看望他的女兒，如：「我今俗人多事不能得往，願阿闍梨數數往看。」

2. 露處不定

與「屏處不定」相似。

（五）犯戒後的影響

1. 屏處不定

《四分律》中，「毗舍佉母」擔心緣起比丘的行為被「夫主」看見後「呵罵其婦，生不信心」。

《五分律》中，「毗舍佉鹿子母」擔心居士見後，「必生惡心向餘比丘，使其長夜受諸苦痛」，而讓「婆羅門那鄰伽」向佛舉報。《十誦律》中的「毗舍佉鹿子母」擔心「若有長者」見後，「必當知是比丘作惡事竟，若欲作惡」。《根有律》中的「毗舍佉」擔心緣起比丘的非法行會「長眾譏嫌」。

《僧祇律》中的「毗舍佉鹿母」好心勸諫緣起比丘，卻被拒諫。《巴利律》中亦有相似記載。

《鼻奈耶》中，「比舍長者」對緣起比丘的德行產生了質疑：「此沙門釋子自稱歎『我精進無疇匹』，今與婦女在屏猥處坐，必當有以。」

2. 露處不定

與「屏處不定」相似。

（六）佛陀考量

《十誦律》中佛陀呵責緣起比丘：「我常說法教人離欲，汝尚不應生心，何況乃作起欲、恚、癡結縛根本不淨惡業？」佛陀通過反問的語氣，增強呵責力度，目的是希望緣起比丘能夠認識到錯誤的嚴重性。

《十誦律》、《五分律》中，佛陀在接受舉報後，對舉報人開示種種妙法，一是為了安慰舉報人，希望其不要因為個別比丘的不如法行為，而喪失對佛法的信心；二是鼓勵舉報人，繼續發揮對教團的監督作用。

《僧祇律》中，佛陀呵責緣起比丘：「俗人尚知出家宜法應行不應行，汝出家人而更不知坐起言語，應與不應與。」佛陀通過與在家人對比，目的是讓緣起比丘生慚愧心，認識到自己行為不如法，進而能夠改過。之後，佛陀還特意重申制戒十利，也是希望緣起比丘和其他比丘，體會佛陀制戒意趣，通過精嚴持戒，讓正法久住。

（七）文體分析

1. 屏處不定

《四分律》有一個因緣，除《根有律》有一個因緣和一段伽陀外，其他律典與《四分律》相同。

《四分律》、《十誦律》、《五分律》、《根有律》中，對目擊者見到緣起比丘不如法行為時的心理活動均有詳細的記述。如《十誦律》提到：「若有長者見是坐處，必當知是比丘作惡事竟，若欲作惡。我今當往白佛。」可見目擊者對緣起比丘的憂心。如《根有律》：「若有不信之人見斯事者，定謂苾芻與女人於私屏處共行非法，長眾譏嫌。」

另外《根有律》在沒有敘述緣起故事之前，用一段伽陀把整個戒條的關鍵內容進行了總攝。這樣不僅方便讀者對緣起故事的整體把握，同時也有助於學人憶持戒條。

2. 露處不定

《四分律》和《十誦律》記載了整個緣起故事的前因後果，故事結構完整。《巴利律》記述了緣起故事的前半部分，剩下的內容，以「同第一不定」的方式省略。《五分律》和《根有律》沒有以因緣的文體來記錄，而是直接進行同異對比。《僧祇律》則是一個因緣中包含了兩條戒的內容。

二、戒本

屏處不定

《四分律》中，本戒的戒本為：「若比丘，共女人獨在屏覆處、障處、可作淫處坐，說非法語。有住信優婆私，於三法中一一法說，若波羅夷，若僧伽婆尸沙，若波逸提。是坐比丘自言：『我犯是罪。』於三法中，應一一治，若波羅夷，若僧伽婆尸沙，若波逸提；如住信優婆私所說，應如法治是比丘。是名不定法。」

（一）若比丘，共女人獨在屏覆處、障處、可作淫處坐，說非法語

《四分律》作「若比丘，共女人獨在屏覆處、障處、可作淫處坐，說非法語」，意思是：如果比丘，與女人單獨在隱蔽、有隔障、可以行淫的地方坐，說不如法的話。

與《四分律》相似：

《新刪定四分僧戒本》[1]作「若比丘，共女人獨在屏覆、障處、可作淫處坐，說非法語」，《四分律比丘戒本》[2]作「若比丘，共女人獨在屏處、覆處、障處、可作淫處坐，說非法語」。

《四分僧戒本》[3]作「若比丘，共女人獨在靜處、覆處、可作淫處坐，說非法語」，在表述上以「靜處、覆處」對應《四分律》的「屏覆處、障處」。

與《四分律》有部分差異：

《解脫戒經》[4]作「若比丘，共一女人獨在覆障處、無人見處坐，說欲事」，

---

1 《新刪定四分僧戒本》，《卍續藏》39 冊，264 頁下欄。

2 《四分律比丘戒本》，《大正藏》22 冊，1017 頁上欄。

3 《四分僧戒本》，《大正藏》22 冊，1024 頁下欄。

4 《解脫戒經》，《大正藏》24 冊，661 頁上欄。

比《四分律》少了「可作淫處」，其中「無人見處」對應《四分律》中「屏覆處」，「說欲事」對應「說非法語」。

以下律典與《四分律》相比，均缺少「說非法語」。

《十誦律》作「若比丘，獨共女人坐屏覆內、可行淫處」。《十誦比丘戒本》[1] 作「若比丘，共一女人獨屏覆處、可淫處坐」。

《僧祇律》、《僧祇比丘戒本》[2] 作「若比丘，與女人獨屏覆處、可淫處坐」。

《五分律》、《彌沙塞五分戒本》[3] 作「若比丘，共一女人獨屏處、可淫處坐」。

《根有律》、《根有戒經》[4]、《根有律攝》[5] 作「若復苾芻，獨與一女人在於屏障、堪行淫處坐」。

以上律典與《四分律》相比，在「屏覆處、障處、可作淫處」的表述上略有差異。

梵文《說出世部戒經》[6] 作 "yo puna bhikṣu mātṛgrāmeṇa sārdhaṃ praticchannāsane alaṃkarmaṇīye eko (ekā)ya raho niṣadyāṃ kalpeya"，梵文《有部戒經》[7] 作 "yaḥ punar bhikṣur mātṛgrāmeṇa sārdham ekaikena rahasi praticchanne āsane niṣadyāṃ kalpayed alaṃ gama(n)īyena"，梵文《根有戒經》[8] 作 "yaḥ punar bhikṣur mātṛgrāmeṇa sārdham eka ekikayā rahasi praticchanne āsane niṣadyāṃ kalpayed alaṃ kāmayitum"，以上三部梵文戒經的意思都是：任何比丘，獨自與一女人秘密地坐在隱秘的、十分容易行淫的坐處。

---

1 《十誦比丘戒本》，《大正藏》23 冊，472 頁中欄。

2 《僧祇比丘戒本》，《大正藏》22 冊，550 頁下欄。

3 《彌沙塞五分戒本》，《大正藏》22 冊，196 頁上欄。

4 《根有戒經》，《大正藏》24 冊，502 頁中欄。

5 《根有律攝》卷 4，《大正藏》24 冊，550 頁中欄。

6 Nathmal Tatia, *Prātimokṣasūtram of the Lokottaravādimahāsāṅghika School,* Tibetan Sanskrit Works Series, no. 16, p. 12.

7 Georg von Simson, *Prātimokṣasūtra der Sarvāstivādins Teil II,* Sanskrittexte aus den Turfanfunden, XI, p. 181.

8 Anukul Chandra Banerjee, *Two Buddhist Vinaya Texts in Sanskrit,* p. 23.

巴利《戒經》[1] 作“yo pana bhikkhu mātugāmena saddhiṃ eko ekāya raho paṭicchanne āsane alaṅkammaniye nisajjaṃ kappeyya”，意思是：任何比丘，獨自與一女人秘密地坐在一個隱秘的、十分容易行淫的坐處。

相比《四分律》對「獨」的表述，以上四部梵語、巴利語戒經均表述為「獨自與一女人」。

藏文《根有戒經》[2] 作“ཡང་དགེ་སློང་གང་བུད་མེད་ཀྱི་ཡུལ་དང་ལྷན་ཅིག་གཅིག་པུ་གཅིག་དང་དབེན་པ་སྦས་པ་ཡོད་པ་ན་འདོད་པ་བྱར་རུང་བ་སྟན་ལ་འདུག་པར་བྱེད་ཅིང་།”，意思是：任何比丘，與女人單獨在寂靜處、有遮擋、適合行淫的地方坐着。

與《四分律》差異較大：

《鼻奈耶》作「若比丘，與婦女屏猥處坐」。其中的「屏猥處坐」與《四分律》中「屏覆處、障處、可作淫處」的表述略有差異，另外，《四分律》的「女人」這裏寫作「婦女」，此外還缺少「獨」坐的表述。

（二）有住信優婆私，於三法中一一法說，若波羅夷，若僧伽婆尸沙，若波逸提

《四分律》作「有住信優婆私，於三法中一一法說，若波羅夷，若僧伽婆尸沙，若波逸提」，意思是：「（對佛法）有堅固信心的女居士說（比丘犯了）三法中的某一法：波羅夷、僧伽婆尸沙或是波逸提。」

與《四分律》相似：

《四分僧戒本》、《新刪定四分僧戒本》、《四分律比丘戒本》作「有住信優婆夷，於三法中一一法說，若波羅夷，若僧伽婆尸沙，若波逸提」。

《解脫戒經》作「有信優婆夷，三法中一一法說，若波羅夷，若僧伽婆尸沙，若波逸提」。

《僧祇律》作「可信優婆夷，於三法中一一法說，若波羅夷，若僧伽婆尸沙，若波夜提」，《僧祇比丘戒本》作「可信優婆夷，於三法中一一如法說，

1 Bhikkhu Ñāṇatusita, *Analysis of The Bhikkhu Pātimokkha*, p. 97.

2 麗江版《甘珠爾》（འཇང་བཀའ་འགྱུར།）第 5 函《別解脫經》（སོ་སོར་ཐར་པའི་མདོ།）7b。

若波羅夷，若僧伽婆尸沙，若波夜提」。

《十誦律》作「若可信優婆夷，說是比丘三法中一一法，若波羅夷，若僧伽婆尸沙，若波夜提」，《十誦比丘戒本》作「可信優婆夷，是比丘應三法中若一一法說，若波羅夷，若僧伽婆尸沙，若波夜提」。

《五分律》、《彌沙塞五分戒本》作「可信優婆夷見，於三法中一一法說，若波羅夷，若僧伽婆尸沙，若波逸提」。這裏相比《四分律》多出了「見」的內涵。

《根有律》、《根有戒經》、《根有律攝》作「有正信鄔波斯迦，於三法中隨一而說，若波羅市迦，若僧伽伐尸沙，若波逸底迦」。

梵文《有部戒經》作“taṃ ca śrāddheyavacanopāsikā trayāṇāṃ dharmāṇām anyatamānyatamena dharmeṇa vadet pārājikena vā saṃghāvaśeṣeṇa vā pātayantikena vā”，意思是：又有言語可信的女居士以三法中任何一個法來說，或波羅夷，或僧伽婆尸沙，或波逸提。

梵文《根有戒經》作“sacec chrāddheyavacanopāsikā trayāṇāṃ dharmāṇām anyatamānyatamadharmeṇa vadet pārājikena vā saṃghādiśeṣeṇa vā pāyantikena vā”，意思是：如果有言語可信的女居士以三法中任何一個法來說，或波羅夷，或僧伽婆尸沙，或波逸提。

藏文《根有戒經》作“དེ་ལ་གལ་ཏེ་དགེ་བསྙེན་མ་ཡིད་ཆེས་པའི་ཚིག་དང་ལྡན་པས་ཆོས་གསུམ་པོ་ཕམ་པར་འགྱུར་བ་འམ། དགེ་འདུན་ལྷག་མ་འམ། ལྟུང་བྱེད་ལས་ཆོས་གང་ཡང་རུང་བས་སྨྲས་པར་གྱུར་ལ།”，意思是：如果有言語可信的女居士，於他勝、僧殘、單墮這三法中任何一法而指控。

《解脫戒經》及之後的律典，對女居士的描述為「有信」、「可信」等，與《四分律》的「住信」略有不同。

梵文《說出世部戒經》作“tam enaṃ śraddheyavacasā upāsikā dṛṣṭvā trayāṇāṃ dharmāṇām anyatarānyatareṇa dharmeṇa vadeya pārājikena vā saṃghātiśeṣeṇa vā pācattikena vā”，意思是：有言語可信的女居士看見後，以三法中的任何一個法來說，或波羅夷，或僧伽婆尸沙，或波逸提。

巴利《戒經》作“tam-enaṃ saddheyyavacasā upāsikā disvā tiṇṇaṃ dhammānaṃ aññatarena vadeyya: pārājikena vā saṅghādisesena vā pācittiyena vā”，意思是：一位言語可信的女居士看見後，用三法中任何一個法來說（該比丘），或波羅夷，或僧伽婆尸沙，或波逸提。

以上兩部梵語、巴利語戒經對女居士的描述均為「言語可信」，並且多出了「女居士看見後」的表述。

與《四分律》差異較大：

《鼻奈耶》作「受婦女語，說棄捐，說僧決斷，說貝逸提」，此處並沒有指出舉報比丘的「婦女」是否為住信或者可信的女居士。

（三）是坐比丘自言：「我犯是罪。」於三法中，應一一治，若波羅夷，若僧伽婆尸沙，若波逸提；如住信優婆私所說，應如法治是比丘

《四分律》作「是坐比丘自言：『我犯是罪。』於三法中，應一一治，若波羅夷，若僧伽婆尸沙，若波逸提；如住信優婆私所說，應如法治是比丘」，意思是：「那位（與女人在屏處）坐的比丘自己（承認）說：『我犯了這個罪』，應（按其承認的罪）以三法中的波羅夷、僧伽婆尸沙或波逸提，一一（對應）治罪；（或是）按照（對佛法）有堅固信心的女居士所說的，如法對這位比丘（進行）治罪。」

與《四分律》相似：

《四分僧戒本》、《新刪定四分僧戒本》、《四分律比丘戒本》作「是坐比丘自言：『我犯是罪。』於三法中，應一一治，若波羅夷，若僧伽婆尸沙，若波逸提；如住信優婆夷所說，應如法治是比丘」。

《解脫戒經》作「是坐處比丘自言：『我犯是罪。』於三法中，應一一治，若婆羅夷，若僧伽婆尸沙，若波夜提；如有信優婆夷所說，應如法治是比丘」。

《根有律》、《根有戒經》、《根有律攝》作「彼坐苾芻自言其事者，於三法中，應隨一一法治，若波羅市迦，若僧伽伐尸沙，若波逸底迦；或以鄔波斯迦所說事治彼苾芻」。與《四分律》相比，少了「如法」一詞。

與《四分律》有部分差異：

《十誦律》作「若是比丘自言：『我坐是處。』應三法中，隨所說治，若

波羅夷，若僧伽婆尸沙，若波夜提；若隨可信優婆夷所說法治」，《十誦比丘戒本》作「若比丘自言：『我坐是處。』應三法中，隨所說法治，若波羅夷，若僧伽婆尸沙，若波夜提；隨可信優婆夷所說，種種餘法治是比丘」。

《僧祇律》作「比丘自言:『我坐是處。』三法中，一一如法治，若波羅夷，若僧伽婆尸沙，若波夜提；應隨可信優婆夷所說，如法治彼比丘」，《僧祇比丘戒本》作「比丘自言：『我坐是處。』於三法中，一一如法治，若波羅夷，若僧伽婆尸沙，若波夜提；應隨可信優婆夷所說法，治彼比丘」。

梵文《有部戒經》作“niṣadyāṃ bhikṣuḥ pratijānamānas trayāṇāṃ dharmāṇām anyatamānyatamena dharmeṇa kārayitavyaḥ pārājikena vā saṃghāvaśeṣeṇa vā pātayantikena vā yena yena dharmeṇa vā śrāddheyavacanopāsikā taṃ bhikṣuṃ vadet tena tena sa bhikṣuḥ k(ā)rayitavyaḥ”，意思是：比丘承認（與女人）坐，以三法中任何一個法處治，或波羅夷，或僧伽婆尸沙，或波逸提；或是以言語可信的女居士所說這個比丘的種種法來治罰這個比丘。

梵文《根有戒經》作“niṣadyāṃ bhikṣuḥ prati(jānamānaḥ) trayāṇāṃ dharmāṇām anyatamānyatamena dharmeṇa kārayitavyaḥ pārājikena vā saṃghāvaśeṣeṇa vā pāyantikena vā yena yena vā punaḥ śrāddheyavacanopāsikā taṃ bhikṣuṃ dharmeṇa vadet tena tena dharmeṇa sa bhikṣuḥ kārayitavyo”，意思是：比丘承認（與女人）坐，以三法中任何一個法處治，或波羅夷，或僧伽婆尸沙，或波逸提；或是以言語可信的女居士所說這個比丘的種種法來治罰這個比丘。

巴利《戒經》作“nisajjaṃ bhikku paṭijānamāno tiṇṇaṃ dhammānaṃ aññatarena kāretabbo：pārājikena vā saṅghādisesena vā pācittiyena vā, yena vā sā saddheyyavacasā upāsikā vadeyya, tena so bhikkhu kāretabbo”，意思是：比丘承認（與女人）坐，以三法中任何一個法處治，或波羅夷，或僧伽婆尸沙，或波逸提;或者根據那個言語可信的女居士所說（的罪）來治罰這個比丘。

藏文《根有戒經》作“དགེ་སློང་གིས་འདུག་པར་ཁས་བླངས་ན་ཆོས་གསུམ་པོ་ཐམ་པར་གྱུར་པ་འམ། དགེ་འདུན་གྱི་ལྷག་མ་འམ། ལྟུང་བྱེད་ལས་ཆོས་གང་ཡང་རུང་བས་བྱེད་དུ་གཞུག་ཅིང་། དགེ་སློང་དེ་ལ་དགེ་བསྙེན་མ་ཡིད་ཆེས་པའི་ཚིག་དང་ལྡན་པས་ཆོས་གང་དང་གང་

གིས་སྨས་པར་གྱུར་པའི་ཆོས་དེ་དང་དེས་དགེ་སློང་དེ་བྱེད་དུ་གཞུག་སྟེ།”，意思是：如果比丘承認（與女人）坐，應於三法中的任何一法而治，即他勝、僧殘、單墮；或由言語可信的女居士所指控的種種罪來治這個比丘。

梵文《說出世部戒經》作“niṣadyāṃ bhikṣuḥ pratijānamāno trayāṇāṃ dharmāṇām anyatarānyatareṇa dharmeṇa kārāpayitavyo pārājikena vā saṃghātiśeṣeṇa vā pācattikena vā yena yena vā punar asya śraddheyavacasā upāsikā dṛṣṭvā dharmeṇa vadeya, tena so bhikṣu dharmeṇa kārāpayitavyo”，意思是：比丘承認（與女人）坐，以三法中任何一個法處治，或波羅夷，或僧伽婆尸沙，或波逸提；或是以這個言語可信的女居士看見後所說的法來治罰這個比丘。相比《四分律》，這裏多出了「女居士看見後」的表述。

以上律典中比丘僅承認自己坐在該處，而不是《四分律》中的承認「我犯是罪」。

與《四分律》差異較大：

《五分律》作「若比丘言：『如優婆夷所說。』應三法中，隨所說法治」，《彌沙塞五分戒本》作「若比丘言：『如優婆夷所說。』應三法中，隨所說治」。這兩部律典中，比丘言說的內容是直接要求「如優婆夷所說」來治自己的罪，與《四分律》及其他律典均不相同。

《鼻奈耶》作「比丘坐聽此三法：棄捐、僧決斷、捨墮」，缺少與《四分律》「如住信優婆私所說，應如法治是比丘」相對應的內容。

（四）是名不定法

《四分律》、《四分僧戒本》、《新刪定四分僧戒本》、《四分律比丘戒本》作「是名不定法」，意思是：這就是不定法。

與《四分律》相同：

《五分律》、《解脫戒經》、《根有律》、《根有戒經》、《根有律攝》作「是名不定法」。

與《四分律》相似：

《十誦律》、《十誦比丘戒本》、《僧祇律》、《僧祇比丘戒本》、《彌沙塞五分戒本》作「是初不定法」。

梵文《說出世部戒經》作“ayaṃ dharmo aniyato”，梵文《有部戒經》作“ayaṃ dharmo ‘niyataḥ”，梵文《根有戒經》作“‘yaṃ dharmo ‘niyataḥ”，意思都是：這是不定法。

巴利《戒經》作“ayaṃ dhammo aniyato”，意思是：這是不定法。

藏文《根有戒經》作“འདི་ནི་མ་ངེས་པའི་ཆོས་སོ། །”，意思是：這是不定法。

《鼻奈耶》作「此者，阿尼竭」，這裏的「阿尼竭」應該是梵文“aniyata（不定）”的音譯。

露處不定

《四分律》中，本戒的戒本為：「若比丘，共女人在露現處、不可作淫處坐，作粗惡語。有住信優婆私，於二法中一一法說，若僧伽婆尸沙，若波逸提。是坐比丘自言：『我犯是事。』於二法中，應一一法治，若僧伽婆尸沙，若波逸提；如住信優婆私所說，應如法治是比丘，是名不定法。」

《五分律》中並沒有直接給出本戒的戒本，作：「第二不定法，與女人在露處坐，除若波羅夷，餘皆如上說。」據此，結合上一條「屏處不定」的表述，還原出本戒的戒本為：「若比丘，與女人在露處坐。可信優婆夷見，於二法中，一一法說：若僧伽婆尸沙，若波逸提。若比丘言：『如優婆夷所說。』應二法中，隨所說法治，是名不定法。」

（一）若比丘，共女人在露現處、不可作淫處坐，作粗惡語

《四分律》、《四分律比丘戒本》[1] 作「若比丘，共女人在露現處、不可作淫處坐，作粗惡語」，意思是：如果比丘，與女人在露天開闊、不可以行淫的地方坐，說粗惡（淫欲）的語言。

1 《四分律比丘戒本》，《大正藏》22 冊，1017 頁上欄。

與《四分律》相似：

《新刪定四分僧戒本》[1]作「若比丘，共女人在露現處、不可作淫處坐，說粗惡語」。

與《四分律》有部分差異：

《四分僧戒本》[2]作「若比丘，共女人在不覆處、不可作淫處坐，作粗惡語，說淫欲事」，此處用「不覆」處代替了《四分律》的「露現處」，意思相同，且比《四分律》多了「說淫欲事」的描述。

《十誦比丘戒本》[3]作「若比丘，共一女人非屏覆處、不可淫處坐，是比丘與女人，說粗惡淫欲語」，《彌沙塞五分戒本》[4]作「若比丘，共一女人獨露處坐，說粗惡淫欲語」。與《四分律》相比，這兩部戒本都強調共「一女人」坐和說「粗惡淫欲」語。此外，《彌沙塞五分戒本》中還少了「不可作淫處坐」的描述。

以下律典中，都沒有與《四分律》的「作粗惡語」相同或類似的表述。

《十誦律》作「若比丘，獨共一女人露地坐，不可行淫處」。

《僧祇律》、《僧祇比丘戒本》[5]作「若比丘，與女人獨露現處、不可淫處坐」，《根有律》、《根有戒經》[6]、《根有律攝》[7]作「若復苾芻，獨與一女人，在非屏障、不堪行淫處坐」。

《五分律》作「若比丘，與女人在露處坐」，《解脫戒經》[8]作「若比丘，共一女人不覆處坐」。這兩部戒本中都缺少與《四分律》「不可作淫處」相對應的內容。

以上《十誦律》、《解脫戒經》、《根有律》、《根有戒經》、《根有律攝》

---

1 《新刪定四分僧戒本》，《卍續藏》39 冊，264 頁下欄。

2 《四分僧戒本》，《大正藏》22 冊，1024 頁下欄。

3 《十誦比丘戒本》，《大正藏》23 冊，472 頁中欄。

4 《彌沙塞五分戒本》，《大正藏》22 冊，196 頁上欄。

5 《僧祇比丘戒本》，《大正藏》22 冊，551 頁上欄。

6 《根有戒經》，《大正藏》24 冊，502 頁中欄。

7 《根有律攝》卷 4，《大正藏》24 冊，550 頁下欄至 551 頁上欄。

8 《解脫戒經》，《大正藏》24 冊，661 頁上欄。

中都強調共「一女人」坐。

梵文《有部戒經》[1] 作 "na ca rahasi praticchanne āsane niṣadyāṃ kalpayen nāla(ṃ) gamanīyena api tu taṃ m(ā)tṛgrāmaṃ duṣṭhulayā vācā ābhāṣeta pāpikayā asabhyayā maithunopasaṃhitayā"，意思是：另外，(如果) 在不是秘密的、不適合行淫的地方坐，但是對那個女人說粗惡的言詞，(涉及) 罪惡、下流、淫欲交媾 (的內容)。梵文《有部戒經》中缺少與「若比丘」直接對應的內容。

梵文《說出世部戒經》[2] 作 "na haiva kho punaḥ praticchannāsanaṃ bhavati, nālaṃ karmaṇīyaṃ, alaṃ kho puna mātṛgrāmaṃ duṣṭhullāya vācāya obhāṣituṃ pāpikāya maithunopasaṃhitāya | tathārūpe ca bhikṣu āsane mātṛgrāmeṇa sārdham eko ekāya raho niṣadyāṃ kalpeya"，意思是：另外，在任何不是隱蔽的、不適合行 (淫) 的地方坐，但是卻對女人說粗惡的言詞，(涉及) 罪惡、淫欲交媾 (的內容)，如是比丘獨自與一女人秘密地共坐在這樣的一個的地方。

巴利《戒經》[3] 作 "na heva kho pana paṭicchannaṃ āsanaṃ hoti nālaṅkammaniyaṃ, alañ-ca kho hoti mātugāmaṃ duṭṭhullāhi vācāhi obhāsituṃ. Yo pana bhikkhu tathārūpe āsane mātugāmena saddhiṃ eko ekāya raho nisajjaṃ kappeyya"，意思是：即使一個地方既不隱蔽，也不適合行 (淫)，但適合說粗惡語，任何比丘獨自與一女人秘密地共坐在這樣的一個適合 (說粗惡語) 的地方。

相比其他律典，梵文《說出世部戒經》與巴利《戒經》更強調比丘是「獨自與一女人」，「秘密地」坐着。

---

1 Georg von Simson, *Prātimokṣasūtra der Sarvāstivādins Teil II,* Sanskrittexte aus den Turfanfunden, XI, p. 182.

2 Nathmal Tatia, *Prātimokṣasūtram of the Lokottaravādimahāsāṅghika School,* Tibetan Sanskrit Works Series, no. 16, p. 12.

3 Bhikkhu Ñāṇatusita, *Analysis of The Bhikkhu Pātimokkha,* p. 100.

與《四分律》差異較大：

《鼻奈耶》作「若比丘，共婦女露地敷坐」，與《四分律》相比，主要缺少「不可作淫處」和「作粗惡語」。

梵文《根有戒經》[1] 作“yaḥ punar bhikṣur mātṛgrāmeṇa sārdham eka ekikayā rahasi praticchanne āsane niṣadyāṃ kalpayen nālaṃ kāmayitum”，意思是：任何比丘，獨自與一女人秘密地坐在隱秘的、不適合行淫的坐處。

藏文《根有戒經》[2] 作“ཡང་དགེ་སློང་གང་བུད་མེད་ཀྱི་ཡུལ་དང་ལྷན་ཅིག་གཅིག་པུ་གཅིག་དང་དབེན་པ་སྐབས་ཡོད་པ་ན་འདོད་པ་བྱར་མི་རུང་བར་སྐྱན་ལ་འདུག་པར་བྱེད་ཅིང་།”，意思是：任何比丘，與女人單獨在寂靜處，有遮擋的、不可行淫的地方坐着。

梵文《根有戒經》以及藏文的《根有戒經》將比丘與女眾坐的地方描述為「安靜的、秘密的」，這一表述與《四分律》的「露現處」完全不同。此外，也缺少與「作粗惡語」相對應的內容。

（二）有住信優婆私，於二法中一一法說，若僧伽婆尸沙，若波逸提

《四分律》作「有住信優婆私，於二法中一一法說，若僧伽婆尸沙，若波逸提」，意思是：（對佛法）有堅固信心的女居士說（比丘犯了）兩法中的某一法，僧殘，或是波逸提。

與《四分律》相似：

《四分僧戒本》、《新刪定四分僧戒本》、《四分律比丘戒本》作「有住信優婆夷，於二法中一一法說，若僧伽婆尸沙，若波逸提」。

《解脫戒經》作「有信優婆夷，二法中一一法說，若僧伽婆尸沙，若波逸提」。

《僧祇律》作「可信優婆夷，於二法中一一法說，若僧伽婆尸沙，若波夜提」，《僧祇比丘戒本》作「可信優婆夷，於二法中一一如法說，若僧伽婆尸

1 Anukul Chandra Banerjee, *Two Buddhist Vinaya Texts in Sanskrit*, p. 23.

2 麗江版《甘珠爾》（འདུལ་བཀའ་འགྱུར།）第 5 函《別解脫經》（སོ་སོར་ཐར་པའི་མདོ།）7b-8a。

沙，若波夜提」。

《十誦律》作「若可信優婆夷說，是比丘二法中一一法，若僧伽婆尸沙，若波夜提」，《十誦比丘戒本》作「可信優婆夷，二法中一一法說，若僧伽婆尸沙，若波夜提」。

《五分律》、《彌沙塞五分戒本》作「可信優婆夷見，於二法中一一法說，若僧伽婆尸沙，若波逸提」。這兩部律典相比《四分律》多出了「見」的內涵。

《根有律》、《根有戒經》、《根有律攝》作「有正信鄔波斯迦，於二法中隨一而說，若僧伽伐尸沙，若波逸底迦」。

梵文《有部戒經》作“taṃ ca śrāddheyavacanopāsikā dvayor dharmayor anyatamānyatamena dharmeṇa vadet saṃghāvaśeṣeṇa vā pātayantikena vā”，意思是：又有言語可信的女居士以二法中任何一個法來說，或僧伽婆尸沙，或波逸提。

梵文《根有戒經》作“sacec chrāddheyavacanopāsikā dvayor dharmayoḥ anyatamānyatamadharmeṇa vadet saṃghāvaśeṣeṇa vā pāyantikena vā”，意思是：如果有言語可信的女居士以二法中任何一個法來說，或僧伽婆尸沙，或波逸提。

藏文《根有戒經》作“དེ་ལ་གལ་ཏེ་དགེ་བསྙེན་མ་ཡིད་ཆེས་པའི་ཚིག་དང་ལྡན་པས་ཆོས་གཉིས་པོ་དགེ་འདུན་ལྷག་མ་འམ། ལྟུང་བྱེད་ལས་ཆོས་གང་ཡང་རུང་བས་སྨྲས་པར་གྱུར་ལ།”，意思是：如果有言語可信的女居士，於僧殘、單墮，這二法中任何一法而指控。

《解脫戒經》及之後的律典，對女居士的描述為「有信」、「可信」等，與《四分律》的「住信」略有不同。

梵文《說出世部戒經》作“tam enaṃ śraddheyavacasā upāsikā dṛṣṭvā dvinnāṃ dharmāṇām anyatarānyatareṇa dharmeṇa vadeya saṃghātiśeṣeṇa vā pācattikena vā”，意思是：有言語可信的女居士看見後，以二法中的任何一個法來說，或僧伽婆尸沙，或波逸提。

巴利《戒經》作“tam-enaṃ saddheyyavacasā upāsikā disvā dvinnaṃ dhammānaṃ aññatarena vadeyya saṅghādisesena vā pācittiyena vā”，意思是：然後一位言語可信的女居士看見後，用二法中任何一個法來說，或僧伽婆尸

沙，或波逸提。

以上兩部梵語、巴利語戒經對女居士的描述均為「言語可信」，並且比《四分律》多了「女居士看見後」。

與《四分律》有部分差異：

《鼻奈耶》作「聽婦女語說二法，僧伽婆施沙、貝逸提」，與《四分律》相比缺少對女居士「住信」的描述，並且也沒有提到「一一法說」。

（三）是坐比丘自言：「我犯是事。」於二法中，應一一法治，若僧伽婆尸沙，若波逸提；如住信優婆私所說，應如法治是比丘。是名不定法

《四分律》作「是坐比丘自言：『我犯是事。』於二法中，應一一法治，若僧伽婆尸沙，若波逸提；如住信優婆私所說，應如法治是比丘。是名不定法」，意思是：「那位（與女人在露處）坐的比丘自己（承認）說『我犯了這個罪』，應（按其承認的罪）以二法中的僧伽婆尸沙或波逸提，一一（對應）治罪；（或是）按照（對佛法）有堅固信心的女居士所說，如法對這位比丘（進行）治罪，這就是不定法。」

與《四分律》相似：

《四分律比丘戒本》作「是坐比丘自言：『我犯是事。』於二法中，應一一法治，若僧伽婆尸沙，若波逸提；如住信優婆夷所說，應如法治是比丘。是名不定法」，《四分僧戒本》、《新刪定四分僧戒本》作「是坐比丘自言：『我犯是罪。』於二法中，應一一治，若僧伽婆尸沙，若波逸提；如住信優婆夷所說，應如法治是比丘。是名不定法」。

《解脫戒經》作「是坐比丘自言：『我犯是罪。』二法中，應一一治，若僧伽婆尸沙，若波逸提。如有信優婆夷所說，應如法治是比丘。是名不定法」。

《根有律》作「彼坐苾芻自言其事者，於二法中，應隨一一法治彼苾芻，若僧伽伐尸沙，若波逸底迦；或以鄔波斯迦所說事治彼苾芻。是名不定法」。《根有戒經》、《根有律攝》作「彼坐苾芻自言其事者，於二法中，應隨一一法治，若僧伽伐尸沙，若波逸底迦；或以鄔波斯迦所說事治彼苾芻。是名不定法」。《根有律》、《根有戒經》、《根有律攝》與《四分律》相比，少了「如法」一詞。

與《四分律》部分差異：

《十誦律》作「若是比丘自言:『我坐是處。』應隨所說治，若僧伽婆尸沙，若波夜提；若隨可信優婆夷所說治。是二不定法」，《十誦比丘戒本》作「若比丘自言:『我坐是處。』應二法中，隨所說法治，若僧伽婆尸沙，若波夜提；隨可信優婆夷所說，種種餘法治是比丘。是二不定法」。

《僧祇律》作「比丘自言:『我坐是處。』二法中，一一如法治，若僧伽婆尸沙，若波夜提;應隨可信優婆夷所說，如法治彼比丘。是二不定法」,《僧祇比丘戒本》作「比丘自言:『我坐是處。』於二法中，一一如法治，若僧伽婆尸沙，若波夜提；應隨可信優婆夷所說法治彼比丘。是二不定法」。

梵文《有部戒經》作"niṣadyāṃ bhikṣuḥ pratijānamāno dvayor dharmayor anyatamānyatamena dharmeṇa kārayitavyaḥ saṃghāvaśeṣeṇa vā pā(t)ayantikena vā yena yena dharmeṇa vā śrāddheyavacanopāsikā taṃ bhikṣuṃ vadet tena tena sa bhikṣuḥ kārayitavyaḥ ayam api dharmo 'niyataḥ"，意思是：比丘承認（與女人）坐，以二法中任何一個法處治，或僧伽婆尸沙，或波逸提；或是以言語可信的女居士所說這個比丘的種種法來治罰這個比丘，這也是不定法。

梵文《根有戒經》作"niṣadyāṃ bhikṣuḥ pratijānato (dvayor dharmayoḥ) saṃghāvaśeṣeṇa vā (pāyantikena vā) yena yena vā punaḥ śrāddheyavacanopāsikā (taṃ) bhikṣuṃ dharmeṇa vadet tena tena dharmeṇa sa bhikṣuḥ kārayitavyo 'yam api dharmo 'niyataḥ"，意思是：比丘承認（與女人）坐，以二法，或僧伽婆尸沙，或波逸提；或是以言語可信的女居士所說這個比丘的種種法來治罰這個比丘，這也是不定法。

巴利《戒經》作"nisajjaṃ bhikkhu paṭijānamāno dvinnaṃ dhammānaṃ aññatarena kāretabbo saṅghādisesena vā pācittiyena vā, yena vā sā saddheyyavacasā upāsikā vadeyya, tena so bhikkhu kāretabbo, ayam-pi dhammo aniyato"，意思是：比丘承認（與女人）坐，用二法中相符的法來治，

或僧伽婆尸沙，或波逸提；或者以言語可信的女居士所說（的罪）來處治這個比丘，這也是不定法。

藏文《根有戒經》作“དགེ་སློང་གིས་འདུག་པར་ཁས་བླངས་ན་ཆོས་གཉིས་པོ་དགེ་འདུན་ལྷག་མ་འམ། ལྟུང་བྱེད་ལས་ཆོས་གང་ཡང་རུང་བས་བྱེད་དུ་གཞུག་ཅིང་། དགེ་སློང་དེ་ལ་དགེ་བསྙེན་མ་ཡིད་ཆེས་པའི་ཚིག་དང་ལྡན་པས་ཆོས་གང་དང་གང་གིས་སྨྲས་པར་གྱུར་པའི་ཆོས་དེ་དང་དེས་དགེ་སློང་དེ་བྱེད་དུ་གཞུག་སྟེ། དེ་ཡང་མ་ངེས་པའི་ཆོས་སོ། །”，意思是：如果比丘承認做（這件事），應用二法中的任何一法治，即僧殘、單墮；或由言語可信的女居士所指控的種種罪來治這個比丘，這也是不定法。

梵文《說出世部戒經》作“niṣadyāṃ bhikṣuḥ pratijānamāno dvinnāṃ dharmāṇām anyatarāntareṇa dharmeṇa kārāpayitavyo saṃghātiśeṣeṇa vā pācattikena vā, yena yena vā punar asya śraddheyavacasā upāsikā dṛṣṭvā dharmeṇa vadeya, tena tena so bhikṣu dharmeṇa kārāpayitavyo। ayaṃ pi dharmo aniyato”，意思是：比丘承認（與女人）坐，以二法中任何一個法處治，或僧伽婆尸沙，或波逸提；或是以這個言語可信的女居士看見後所說的種種法來治罰這個比丘，這也是不定法。較《四分律》多出了「女居士看見後」。

以上律典中比丘僅承認自己坐在該處，而不是《四分律》中的承認「我犯是事」。相比《四分律》的「是名不定法」，都表述成「是二不定法」或「也是不定法」。

與《四分律》差異較大：

《五分律》作「若比丘言：『如優婆夷所說。』應二法中，隨所說法治。是名不定法」，《彌沙塞五分戒本》作「若比丘言：『如優婆夷所說。』應二法中，隨所說治。是二不定法」。這兩部律典中，比丘言說的內容是直接要求「如優婆夷所說」來治自己的罪，與《四分律》及其他律典均不相同。此外，《彌沙塞五分戒本》中將《四分律》中的「是名不定法」表述為「是二不定法」。

《鼻奈耶》作「若比丘聽此二法者，阿尼竭」，缺少與《四分律》「如住信優婆私所說，應如法治是比丘」相對應的內容。

三、關鍵詞

(一) 住信優婆私

梵文《有部戒經》作"śrāddheyavacanopāsikā"，該詞由三個語詞連接而成"śrāddheya（可信的）vacana（言詞）upāsikā（女居士）"，意思是：言詞可信的女居士（英譯：female lay-follower whose words can be trusted）。巴利《戒經》作"saddheyya（可信的）vacasā（言詞）upāsikā（女居士）"，語義和梵文戒經完全相同。藏文《根有戒經》作"དགེ་བསྙེན་མ་（近事女、女居士）ཡིད་ཆེས་པའི་（信任、信賴的）ཚིག་（話、言語）དང་ལྡན་པ（具有）"，意思是：具有可信言語的女居士（英譯：female lay-follower whose words can be trusted ）。

在梵巴藏戒經中「住信」所對應詞的含義為言語可信。

《四分律》戒本中「住信」一詞在關鍵詞解釋中變成了「信樂」，並作如下說明：「信樂優婆私者，信佛法僧，歸依佛法僧，不殺、不盜、不邪淫、不妄語、不飲酒，善憶持事，不錯所說，真實而不虛妄。」其含義是指皈依三寶、受持五戒（主要指受持妄語戒）、記憶力好的女居士。相比詞源分析中的「住信」，在含義上發生了比較大的變化。

《十誦律》記載：「可信優婆夷者，歸依佛、歸依法、歸依比丘僧，得道得果，是人終不為身，若為他人，若以小因緣，若為財利故，故作妄語。」《五分律》記載：「可信者，見四真諦，不為身、不為人、不為利而作妄語。優婆夷者，受三自歸，絕於邪道。」《根有律》記載：「有正信鄔波斯迦者，謂於佛法僧深起敬心，得不壞信，於四真諦無有疑惑，得見諦果，假令失命因緣不故妄語。」《僧祇律》記載：「可信優婆夷者，成就十六法，名可信優婆夷。何等十六？歸佛、歸法、歸僧、於佛不壞淨、於法不壞淨、於僧不壞淨、僧未得利能令得、已得利能令增長、僧未有名稱能令名聞遠著、僧有惡名能速令滅、不隨愛、不隨瞋、不隨怖、不隨癡、離欲、向成就聖戒，是十六法成就者，是名可信。」《巴利律》解釋為：「『可信』者，已達證果、得正見、解教法也。『優婆夷』者，歸依佛、歸依法、歸依僧之信女者。」《根有律攝》記載：「正信鄔波斯迦者，謂見諦人。有說設是異生有忠信者，言行無濫，亦信其語。隨一而說者，或女人見事不忍而說。或護彼苾芻不肯自言，為證之時方隨事說。」[1]《善見論》解釋為：「得果人也，是名可信優婆夷。」[2]

綜上所述，「住信優婆私」在詞源分析中，梵巴藏戒經含義一致，都是指言語值得信賴的女居士。《四分律》中指皈依三寶、受持五戒（主要指受持妄語戒）、記憶力好的女居士。《十誦律》、《僧祇律》、《五分律》、《根有律》、《根有律攝》、《巴利律》、《善見論》中解釋雖然略有差異，但都要求是已經證得聖果的女居士。通過上述分析，我們可以看到「住信優婆私」一詞的含義可能有一個歷史演變的過程，從「言辭可信的女居士」變成「聖者女居士」。

（二）不定法

梵文戒經均作“anyata”，有「不固定、不確定」的意思（英譯：undetermined, unfixed, uncertain）。巴利《戒經》作“aniyata”，詞義與梵文完全相同。藏文《根有戒經》作“མ་ངེས་པའི་（不一定的、未決定的）ཆོས་（法、事物）”，意思是：不一定或未決定的法（英譯：an undetermined matter）。

《四分律》中，面對優婆夷對居士的舉罪「若波羅夷，若僧伽婆尸沙，若波逸提」，如果比丘承認所犯，即按照比丘所言治罪，如：「若比丘自言所趣向處、自言所到處、自言坐、自言卧、自言作，即應如比丘所語治。」如果比丘部分承認或者不承認犯戒，則按照優婆夷所說罪制罰，如：「若比丘自言所趣向處、自言所到處、自言坐、自言卧，不自言作，應如優婆私所說治。……若比丘不自言所趣向處、不自言所到處，不自言坐、不自言卧、不自言作，應如優婆私所說治。」上述的舉罪過程「無定法，故言不定」，指的是優婆夷舉罪，但舉哪個篇聚的哪條戒不確定，即舉罪不定。

1 《根有律攝》卷 5，《大正藏》24 冊，550 頁下欄。
2 《善見論》卷 14，《大正藏》24 冊，771 頁上欄。

《十誦律》記載：「不定者，云何名不定？可信優婆夷，不知犯、不知何處起、不知犯名字，但言：『我見女人是處來去坐立，亦見比丘來去坐立。不見若作淫欲，若作偷奪，若奪人命，若觸女人身，若殺草木，若過中食，若飲酒。』如是事中不決定故，是名不定。」即優婆夷雖舉罪，但對比丘是否有犯罪行為、犯罪起因、犯什麼罪，不完全確定。《薩婆多論》與《十誦律》內涵一致。

《五分律》解釋為：「不定者，若於三法中說一事，諸上坐比丘，應問是比丘：『汝往彼家不？』若言：『往。』未應治，復應軟語問：『汝與女人獨屏處坐、粗惡語、行淫欲不？』若言：『不。』上坐、下坐比丘，應切語問：『汝實語，莫妄語！如優婆夷說不？』若言：『如優婆夷說。』然後乃應隨所說法治。」根據舉罪優婆夷所說的三種罪中的某罪來治罰，即舉罪不定。

《根有律》解釋為因舉罪優婆夷能說出比丘具體的惡行，而對於犯罪起因、犯什麼罪都不確定，所以稱為「不定」。《根有律攝》記載「是名不定法者，言此罪體無定相故，容有多罪不可定言」，與《根有律》一致。

《巴利律》記載「不定者，或波羅夷，或僧殘，或波逸提，非確定也」，即不確定比丘具體犯了上述三種戒中的哪一條戒，即舉罪不定。

其他律典中沒有相關解釋。

綜上所述，諸律典對於「不定法」解釋的角度與方式略有差異，但內涵是一致的，都是指優婆夷雖向僧團舉罪，但具體舉什麼罪不確定，即舉罪不定。

（三）屏覆處與露處

在「屏處不定」中，「屏覆處」在梵文《有部戒經》作“rahasi（孤獨、隱秘的）praticchanne（覆藏、掩蓋的）”，意思是：隱秘、遮蔽的地方（英譯：where is secret and concealed）。其他兩部梵文戒經雖然語序上有些差異，但用詞一致。巴利《戒經》中為“raho paṭicchanne”，詞意與梵文基本相同。

在「露處不定」中，「露處」在梵文戒經中對應表述不太一致，其中梵文《說出世部戒經》和梵文《有部戒經》在整個句子中增加了否定詞“na”，所以表述的意思完全相反：不隱秘、遮蔽的地方（英譯：where is not secret and concealed）。巴利《戒經》同樣如此。

但梵文《根有戒經》比較特殊，其中的表述與前一條戒完全相同，並沒有增加否定詞或否定前綴，都是「隱秘、遮蔽的地方」。這一點在藏文《根有戒經》中也有印證，藏文《根有戒經》作“དབེན་པ་（寂靜處）སྦས་（掩蔽）ཡོད་（有）ན་（場所處格）”，意思是：寂靜處中有遮擋的地方（英譯：a solitary protected place）。同樣，藏文《根有戒經》中沒有關於「露處」的表述，都是「屏覆處」。

《四分律》中的「屏覆」有兩種「一者見屏覆，二者聞屏覆」，其中，「見屏覆」解釋為「若塵，若霧，若黑暗中不相見也」，也就是導致看不見的障礙；「聞屏覆」解釋為「乃至常語不聞聲處」，也就是導致聽不見的障礙，並列舉出這些障礙「若樹，若牆壁，若籬，若衣，及餘物障」。同時，《四分律》記載：「露處者，無牆壁，若樹木，無籬障及餘物障。」與「屏覆」的含義相對。

《十誦律》記載：「屏處者，是處有壁，有籬席障、薄障、衣幔障，如是等種種餘障，是名屏覆處。」《僧祇律》記載：「屏覆者，若暗處，若覆障處。」《巴利律》：「屏處者，以壁，或以戶，或以鋪物，或以圍幕，或以木，或以柱，或以袋等任何物遮覆之處也。」這三部律典中「露處」的含義也都是「屏處」的相對面。

《五分律》中「屏處」解釋為「眼所不見處」，「露處」解釋為「眼所見處」。

《根有律》記載：「在屏障者，有五種屏處：一、牆；二、籬；三、衣；四、叢林；五、暗夜。」《根有律攝》除了有《根有律》中的內涵外，還強調「隱覆處，堪障其形，得為淫事」[1]。這兩部律典中沒有對「露處」進行解釋。

其他律典沒有相關記載。

綜上所述，詞源分析中，梵文《有部戒經》、梵文《說出世部戒經》、

---

1 《根有律攝》卷 5，《大正藏》24 冊，550 頁中欄。

巴利《戒經》中「屏覆處」與「露處」是一對含義相反的詞，其中「屏覆處」的內涵是隱秘、遮蔽的地方，「露處」含義與其相反，即不隱秘、不遮蔽的地方。這一點，漢譯律典中，《四分律》、《十誦律》、《僧祇律》、《巴利律》、《五分律》的解釋方式與上述三部戒經相同，兩個詞含義相反，但在內涵上比上述三部戒經中更具體，其中《四分律》、《十誦律》、《僧祇律》、《巴利律》一致，「屏處」都是指導致看不見或聽不見的種種障礙，「露處」內涵與之相反。而《五分律》中只提及「導致看不見的種種障礙」一種內涵。梵文《根有戒經》、藏文《根有戒經》中「屏處」內涵與上述三部戒經一致，但「露處」不同，這兩部戒經中，「露處」與「屏處」是同一詞。《根有律》及《根有律攝》中只有「屏處」解釋，內涵與《四分律》一致，但沒有記載「露處」的含義。

（四）不可作淫處

三部梵文戒經和巴利《戒經》都是在「可作淫處」的語詞前面加入否定詞“na”，變成相應的「不可作淫處」。對於「可作淫處」，三部梵文戒經各不相同：其中梵文《有部戒經》作“alaṃ（十分、非常）gamanīyena（可及的、合適的）”，梵文《根有戒經》作“alaṃ（十分、非常）kāmayitum（行淫的）”，梵文《說出世部戒經》作“alaṃ（十分、非常）karmaṇīye（合適的）”。詞意上，梵文《根有戒經》的表述最明確，梵文《有部戒經》中“gamanīya”一詞暗指行淫，梵文《說出世部戒經》中表述最隱晦，需要根據上下文確定「行淫」的意思。巴利《戒經》中的表述與梵文《說出世部戒經》的表述相似，作“alaṅkammaniye”，該詞由“alaṃ（十分、非常）”和“kammaniya（合適的）”構成，暗指方便行淫的地方。巴利《戒經》中在上述「可作淫處」的基礎上加“na”，變成“nālaṅkammaniyaṃ”一詞，即「不可作淫處」。藏文《根有戒經》作“འདོད་པ་བྱར་（施行欲望）མི་རུང་བར་（不適合）སྟན་ལ་（可以坐下的地方）”，意思是：不適合施行欲望的地方（英譯：the place which is not suitable for the carrying out of lustful desires）。

《四分律》解釋為「不容行淫處」，意思是：不適合行淫的地方。《十誦律》

作「是中有所羞恥，不得作淫」，《僧祇律》作「若男女共事可羞恥處」，《巴利律》作「不得為不淨行處之謂」。這三部律典的解釋與《四分律》相似，都是指不適合行淫的地方。

其他律沒有相關解釋。

綜上所述，詞源分析中，梵文《根有戒經》和藏文《根有戒經》中含義一致，表達也最為直接、明確，意為不適合行淫的地方；梵文《有部戒經》、梵文《說出世部戒經》以及巴利《戒經》的表達比較隱晦，暗指不方便行淫的地方。上述漢譯律典中含義一致，都是指不適合行淫的地方。

四、辨相

（一）屏處不定

「屏處不定」，其實是一套審罪程序，僧團用這套程序來處理俗眾對比丘的舉罪。分為如下幾個部分：

1. 舉罪人，指對舉罪者的要求，只有符合標準的人，才具有舉罪資格；

2. 被舉罪人，指被居士舉罪的人，一般指比丘；

3. 所舉罪行，指舉罪人指控比丘所犯的過失；

4. 僧團的處理，指僧團面對居士的舉罪，應該如何對比丘進行審判（比丘承認了該如何處理，不承認又該如何處理）。

有關不定法的分析只包括《四分律》等十一部律典，不包括《明了論》、《毗尼母經》、藏傳《苾芻學處》，這三部律典沒有「二不定法」的相關記載。

1. 舉罪人

除《鼻奈耶》沒有對舉罪人作要求外，諸律對舉罪人的要求標準，可以分為三種：(1) 可信優婆夷；(2) 五戒優婆夷；(3) 聖者優婆夷。

（1）可信優婆夷

《摩得勒伽》[1] 只要求是「可信」的優婆夷，比《四分律》少了持「五戒」的要求。

《根有律攝》[2] 中對舉罪人除了聖者優婆夷的要求外，還記載了一種低標準的舉罪人「設是異生有忠信者，言行無濫，亦信其語」。

---

1 《摩得勒伽》卷 2，《大正藏》23 冊，572 頁中欄至下欄；卷 9，《大正藏》23 冊，617 頁中欄至下欄。

2 《根有律攝》卷 5，《大正藏》24 冊，550 頁中欄至 551 頁上欄；卷 14，《大正藏》24 冊，608 頁上欄。

（2）五戒優婆夷

《四分律》中，舉罪人必須是持守「不殺、不盜、不邪淫、不妄語、不飲酒」戒的可信優婆夷。

（3）聖者優婆夷

《十誦律》等八部律典中，舉罪者不僅要求必須是優婆夷，而且還要求必須是證果的聖人。如《十誦律》中，要求舉罪人為「得道得果」的優婆夷，「是人終不為身，若為他人，若以小因緣，若為財利故，故作妄語」。《僧祇律》中，要求舉罪人是「成就十六法」的優婆夷，具體要求是「歸佛、歸法、歸僧，於佛不壞淨、於法不壞淨、於僧不壞淨，僧未得利能令得、已得利能令增長、僧未有名稱能令名聞遠著、僧有惡名能速令滅，不隨愛、不隨瞋、不隨怖、不隨癡、離欲、向成就聖戒」。《五分律》中，要求舉罪人為「見四真諦」的優婆夷。《根有律》中，要求舉罪人為「於四真諦無有疑惑得見諦果」，乃至於「假令失命因緣不故妄語」的優婆夷。《根有律攝》中，要求舉罪人為「見諦」的優婆夷。《巴利律》中，要求舉罪人為「已達證果」的優婆夷。《善見論》[1] 中，要求舉罪人為「得果」的優婆夷。《薩婆多論》[2] 則要求舉罪人為「成就無漏信」的「聖人」優婆夷。

綜上所述，《摩得勒伽》和《根有律攝》的第二標準中，對舉罪人的要求最低，只要是可信的優婆夷就行。而《四分律》與前者相比更加嚴格，增加了舉罪人持守五戒的要求。

《十誦律》等八部律典中，對舉罪人的要求最為嚴格：不僅要求舉罪人是優婆夷，而且必須是證果的聖人。

2. 被舉罪人

《四分律》中，被舉罪人為比丘。除《五分律》外，其他律典與《四分律》相同。《五分律》中，比丘與沙彌都可以被舉罪。

---

1 《善見論》卷 14，《大正藏》24 冊，770 頁下欄至 771 頁上欄。

2 《薩婆多論》卷 4，《大正藏》23 冊，525 頁中欄至下欄。

3. 所舉罪行

《四分律》中，所舉罪為：比丘獨自與一個女人，在「屏覆處」、「障處」及「可作淫處」坐，說「淫欲法」，所犯的前三篇戒。

《十誦律》、《根有律》及《根有律攝》中，都要求與比丘在一起的女人「堪行不淨行」，《四分律》對此沒有要求。

（1）與《四分律》相似的律典

《十誦律》等六部律典與《四分律》相比，少了比丘與女人說淫欲法的內容。如《十誦律》中，所舉罪為：比丘獨自與一個女人在「屏覆處」、「可行淫處」坐，所犯的前三篇戒。《僧祇律》中，所舉罪為：比丘獨自與一個女人，坐在「屏覆處、可淫處」，所犯的前三篇戒。《五分律》中，所舉罪為：比丘獨自與一個女人，坐在「屏處、可淫處」，所犯的前三篇戒。《根有律》和《根有律攝》中，所舉罪為：比丘獨自與一個女人，坐在「屏障、堪行淫處」，所犯的前三篇戒。《巴利律》中，所舉罪為：比丘獨自與一個女人，坐在「秘密、可淫」的「屏處」，所犯的前三篇戒。

《鼻奈耶》中，所舉罪為：比丘與「婦女」在「屏猥處」坐，所犯的前三篇戒。與《四分律》相比，此律沒有要求比丘獨自與一個女人坐在一起。

（2）與《四分律》差異較大的律典

《摩得勒伽》通過案例來說明所舉罪行。所列舉的案例中，所舉罪包括了「四波羅夷」及「後四篇罪」，也就是所有的戒。與《四分律》相比，此律允許舉罪的範圍更廣。

《薩婆多論》中，所舉罪為：比丘與女人在屏處坐所犯下的過失。具體是什麼過失，此律沒有明確說明。與《四分律》相比，此律沒有明確規定舉罪的範圍。

《善見論》中，所舉罪為：比丘獨自與一個或多個女人在「堪行淫」的「屏處」，或「坐」，或「眠」。與《四分律》相比，《善見論》中的「不定法」，是「與女屏坐戒」的審罪程序，而非前三篇戒的審罪程序。

綜上所述，《四分律》的所舉罪行為：比丘所犯的和女人有關的前三篇戒。《鼻奈耶》、《十誦律》、《五分律》、《根有律》、《根有律攝》、《巴利律》

與《四分律》相同。而《摩得勒伽》中，所舉罪行包括了所有的戒條，且沒有要求必須和女眾有關；《薩婆多論》中，所舉罪行和女眾有關，但沒有說明是前三篇罪；《善見論》的所舉罪則被限定為「與女屏處坐戒」。

4. 僧團的處理

諸律中有關僧團的審罪方法，除了《鼻奈耶》沒有記載外，其他律典均有記載，可以分為三類。

（1）比丘完全承認優婆夷所舉罪行

按比丘所承認的罪行來治罪，諸律的處理方式完全一致。

（2）比丘只是部分承認所舉罪行

《四分律》中，如果比丘部分承認被舉的罪行，「應如優婆私所說治」，也就是應當按照舉罪人所舉的罪行，為比丘治罪。《根有律》與《四分律》相同，如果有可信優婆夷舉罪，「此等皆依鄔波斯迦所說治之」；如果比丘面對舉罪不承認，就要為比丘作「覓罪羯磨」迫使其認罪。

《十誦律》中，先「善急問」比丘是否如舉罪人所說，在舉報的犯罪地點犯了罪。如果比丘承認自己有罪，但不承認自己去了「彼處」（被舉報的犯罪地點）；或是承認自己去了彼處，但不承認自己有犯罪：這兩種情況都按照比丘的話來治罪。此外，如果有兩個可信優婆夷同時在場，但只有一個人舉罪，此時應該找另一個人求證。如果兩人所說相同，「應隨信語優婆夷治，應與實罪相羯磨」；如果兩人所說不同，就按照比丘的回答治罪。

《僧祇律》中，問比丘是否犯了被舉的罪行，如果比丘部分承認被舉罪行，就按照比丘的話來治罪。

《摩得勒伽》中沒有規定此戒的審罪方法，只是舉了許多案例，以案例法的形式來說明如何審罪。從這些案例中，可以提取出僧團的審罪原則。如果舉罪人舉報比丘在某處犯了罪，比丘雖承認自己到了某處，但是所承認的罪行與被舉罪行不一致；或是承認自己到了彼處，但是自己未犯罪。在這兩種情況下「不應用是優婆夷語治是比丘」，不能僅憑舉報來判罪，應當讓比丘自己承認。如果有兩個可信優婆夷同時在場，而只有一個人舉罪，此時應該找另一個人求證。不管兩人所說相同還是不同，都按比丘所承認的罪行來治罪。總之，《摩得勒伽》的審罪原則就是需要比丘「自言」承認罪行，否則不可為其治罪。

《巴利律》中，問比丘是否犯了被舉罪行，如果比丘部分承認被舉的罪行，按比丘所說來治罪。《善見論》與《巴利律》相同，「若一一罪，隨比丘語治，不得隨優婆夷語治」，因為舉罪人所見未必真實，「見聞或不審諦故」。

《五分律》中，先問比丘：「汝往彼家不？」以此確認比丘是否到了彼處。如果比丘承認了自己往彼處，就繼續「軟語」詢問比丘是否犯了被舉罪行。如果比丘不承認，就「切語」嚴厲地逼問比丘是否犯了罪，如果比丘承認，就為比丘治罪。此律沒有記載比丘不承認應該如何處理，也沒有記載要用「覓罪羯磨」使比丘認罪。

《根有律攝》中，審罪時，先詢問比丘犯了什麼罪，之後隨比丘所承認的罪行為其治罪，即「隨自言事應可治之」。

（3）比丘完全否認所舉罪行

《四分律》中，如果比丘完全不承認被舉的罪行，「應如優婆私所說治」，也就是應當按照舉罪人所舉的罪行，為比丘治罪。《根有律》與《四分律》相同，如果有可信優婆夷舉罪，「此等皆依鄔波斯迦所說治之」；如果比丘面對舉罪不承認，就要為比丘作「覓罪羯磨」使其認罪。

《十誦律》中，先「善急問」比丘是否如舉罪人所說，在舉報的犯罪地點犯了罪。如果比丘完全不承認自己去了「彼處」（被舉報的犯罪地點），也不承認自己有罪，就應當為此比丘作「實覓法」，使其認罪。

《薩婆多論》中，先問比丘是否如舉罪人所說，在舉報的犯罪地點犯了罪。如果比丘完全不承認，就作「實覓毗尼」使其認罪；如果比丘「初言爾，後言不爾」語言前後矛盾，也要為其作「實覓毗尼」使其認罪。

《僧祇律》中，如果比丘完全不承認被舉罪行，就為其作「覓罪相羯磨」使其認罪。

《巴利律》中，如果比丘完全否認被舉的罪行，按比丘所說來治罪。《善見論》與《巴利律》相同，「若一一罪，隨比丘語治，不得隨優婆夷語治」，因為舉罪人所見未必真實，「見聞或不審諦故」。

《根有律攝》中，如果比丘「於此三中不自言者」，也就是完全不承認自己犯有前三篇之中的任何一罪，就需要為其作「求罪自性白四羯磨」使其認罪。之後需要找舉罪人問明「顏色、形容、進止處所」，也就是比丘犯罪的細節。如果在場的還有第二個人，需要再找第二個在場的人來詢問比丘的犯罪細節，如果二人所說不一致，就「斯皆取彼苾芻語治」，按照比丘所說來治罪。如果二人所說相符，就按照此二人的舉報為比丘治罪。

《摩得勒伽》的審罪原則就是需要比丘「自言」，即自己承認罪行，否則不可為其治罪。《五分律》中沒有記載比丘不承認的處理方式。

（二）露處不定

《四分律》中，「露處不定」與「屏處不定」的區別在於：所舉罪行中的「屏處、覆處」對應「露現處」，「可作淫處」對應「不可作淫處」，所舉罪行由前三篇罪轉變為僧殘、波逸提罪。除《善見論》和《薩婆多論》、《摩得勒伽》外，其他律典與《四分律》相同，都是將所舉罪行作了上述轉變。

《善見論》中，此戒的所舉罪行為：比丘與女人在「可作粗惡語」的「非覆藏處」坐，旁邊沒有「有知男子」陪同。

《薩婆多論》的「露處不定」與「屏處不定」的差別僅在於「處」，也就是舉罪場所「露處」和「屏處」的差別，如律文：「第二不定法，正以『處』二法為異，一切盡同；與實覓毗尼，亦同。」

《摩得勒伽》中沒有「屏處不定」與「露處不定」的區別，只有一些案例說明該如何處理「不定法」。

五、原理

(一) 不定法的舉罪機制

「二不定法」中的「屏處不定」，比丘單獨與女眾在屏處坐，這種行為本身就會犯到「屏處與女人坐戒」這條波逸提戒；另外，由於坐處隱蔽，也就會給比丘提供犯戒機會，他就可能犯到「大淫戒」這條波羅夷罪，也可能會犯到「故出精戒」、「摩觸戒」、「粗語戒」和「歎身索供戒」這四條僧殘罪。在「露處不定」中，因為坐處顯露，比丘不容易犯到「大淫戒」、「漏失戒」和「摩觸戒」，但比丘單獨與女眾坐在露現處，這種行為本身犯了「與女露坐戒」；另外，如果他人不在場，比丘也有可能犯到「粗語戒」和「歎身索供戒」這兩條僧殘罪。

可見，在「二不定法」中，比丘確定會犯戒，只是不能確定犯戒的輕重，或是波羅夷，或是僧伽婆尸沙，或是波逸提，具體是什麼罪需要經過調查才能確認。「二不定法」本身沒有特定的罪性，只能根據最終確定所犯的戒條來進行判罰。它不屬於單獨的罪聚，而是作為一種審查所犯罪輕重的程序方法來安立的。《明了論》記載：「不定聚能通一切罪。」[1]「二不定法」中雖然只涉及「屏處不定」、「露處不定」這兩條戒，但是由此兩戒已經能夠清楚顯示出判罪程序運作的基本規則，因此，能包含所有的戒條。如《十誦律》等律顯示，舉罪範圍不限於淫行相關，還包括殺、盜、大妄語、飲酒等罪行[2]，可信的在家弟子發現了，也可以舉發。「二不定法」之所以只例舉兩條與淫戒相關

1 《明了論》，《大正藏》24 冊，666 頁下欄。

2 《十誦律》卷 4:「若作淫欲，若作偷奪，若奪人命，若觸女人身，若殺草木，若過中食，若飲酒。」《大正藏》23 冊，28 頁下欄。《摩得勒伽》卷 9：「可信優婆夷語諸比丘：『我見某甲比丘犯後四篇罪。』亦應令是比丘自言，用是語治。」《大正藏》23 冊，617 頁下欄。《根有律》卷 16：「隨一一法說者，謂四他勝、十三僧殘、九十墮罪，於此罪中隨一有犯。然此正信鄔波斯迦於罪不識，亦復不識犯罪因起，但見彼苾芻自稱得上人法，共女人身相觸或時飲酒、掘地、壞生或非時食。此是不定，事無指准故，彼苾芻應如法治令其說悔。」《大正藏》23 冊，710 頁下欄。

的戒，是因為這兩條戒與比丘的情染、淫欲事有關，最易引發世俗的譏嫌和輿論的關注，所以在此特別標示出來。

(二) 不定法的文本生成

從律典的結構來看，「二不定法」列於四根本與僧殘之後，但其形成可能比較晚。從戒條中「於三法中一一法說，若波羅夷，若僧伽婆尸沙，若波逸提」可以推測，「二不定法」至少是在波羅夷、僧伽婆尸沙、波逸提這三篇戒罪成立之後才產生的。

《摩得勒伽》中說「後四篇罪」也包含在「不定法」中。[1]《優波離問經》和《佛說苾芻五法經》這兩部比較「古型」的律典裏，沒有「不定法」的內容。[2]《佛說大般泥洹經》[3]裏把「不定法」排在三十捨墮法、九十一墮法、四悔過法和眾學法之後。這就說明「二不定法」很可能是在律典的結集過程中，作為一個很重要的審罪原則而增補到現在的律典當中，最晚甚至可能在眾學法結集之後。

《僧祇律》中，把「二不定法」中的兩條戒放在一起解說，沒有像其他律一樣單獨分開解釋，也在提示「二不定法」很可能是作為一個整體的原則來看待的。另外，雖然傳統上有看法認為「二不定法」是單獨的罪聚，但是《明

---

1 《摩得勒伽》卷 9：「可信優婆夷語諸比丘：『我見某甲比丘犯後四篇罪。』亦應令是比丘自言，用是語治。」《大正藏》23 冊，617 頁下欄。

2 「尼薩耆波逸提與波逸提的分立（仍不妨稱為一部），是繼承舊制五部而自然形成的。不定法 "aniyata-dharma"、滅諍法 "adhikaraṇaśamathā-dharma"，意義卻大為不同。《優波離問經》、《佛說苾芻五法經》所傳的波羅提木叉的條目，無疑為古型的，卻都沒有不定法與滅諍法，這是最值得重視的！」釋印順：《原始佛教聖典之集成》，載《印順法師佛學著作全集》卷 14，中華書局，2009 年 8 月，124 頁。

3 《佛說大般泥洹經》卷 3，《大正藏》12 冊，869 頁中欄。

了論》及《毗尼母經》等律論中沒有「二不定法」罪聚。[1]

諸律中，將「二不定法」放置在波羅夷與僧殘罪之後、其他三罪聚之前，處於「承接」前後的位置，五篇七聚通攝於此，不能不説是出自律典結集者的一番良苦用心。因為前二篇戒是重戒，「自體及因皆粗弊可惡」[2]，比丘一旦犯罪，一方面對社會所產生的影響比較大；另一方面比丘自己也面臨着被滅擯或需要經過嚴格的出罪程序才能懺悔的處罰。所以，前二篇是需要嚴加防範的戒。將「二不定法」放在前二篇之後，是對比丘的一個提醒，在戒律的行持上，對比丘來説什麼是需要重點防範的，在處理非法比丘時，僧團會經過一個什麼樣的審查程序。同時，也能夠對比丘起到一種震懾作用。將「二不定法」放在後三罪聚之前，總攝後幾篇涉及面非常廣的行為規範，它可以起到提醒比丘努力防護細戒、注意日常威儀的作用。

（三）舉報內容的可靠性和僧團的最終決定權分析

在確定比丘到底犯什麼罪時，來自舉罪人（居士）與被舉罪人（比丘）雙方的資訊可靠與否，就成為一個保證程序公正與否的重要因素了。因為只有證據確鑿，僧團才能給比丘以確定的判罪。在實際操作中，僧團需要在舉罪人與被舉比丘之間權衡，判斷誰的話語更可信，最終給被舉比丘一個確定的判罪。

從諸律來看，律中對舉罪人提供資訊的準確度要求非常高，對比丘的審

1 《毗尼母經》卷 3：「犯戒有七種：一、波羅夷；二、僧伽婆尸沙；三、尼薩耆波逸提；四、波逸提；五、偷蘭遮；六、波羅提提舍尼；七、突吉羅。」《大正藏》24 冊，813 頁中欄。
《明了論》：「律中説罪聚有七：一、波羅夷聚，謂四波羅夷；二、僧伽胝施沙聚，謂十三僧伽胝施沙；三、偷蘭遮耶聚，謂一切三聚不具分所生偷蘭遮耶；四、尼薩耆波羅逸尼柯聚，謂三十尼薩耆波羅逸尼柯；五、波羅逸尼柯聚，謂九十波羅逸尼柯；六、波胝提舍尼聚，謂四波胝提舍尼；七、非六聚所攝罪，及六聚不具分所生罪及學對。」《大正藏》24 冊，666 頁下欄。

2 在「覆藏他粗罪戒」中，對粗罪的定義，參考《根有律》卷 38：「粗惡罪者有二種：『謂波羅市迦罪、僧伽伐尸沙罪。何故此二名為粗惡？自體及因皆粗弊可惡，故言粗惡。』」《大正藏》23 冊，834 頁上欄。

罪，也會根據居士所舉報的內容進行嚴格的勘驗。從這種對事實真相的探索可以看出，僧團最終希望達到的效果是「令罪人折伏惡心，又令苦惱不覆藏罪，又令梵行者得安樂住，又膩將來令惡法不起」。

但是，當舉罪人的證詞與比丘所承認的行為不一致時，事情就會變得複雜。比如，事件發生在光線太暗的地方，即使是當事人也不能確認對她施暴的是誰，很可能只根據一些片段的資訊（如聲音、衣服）來猜測，慌亂中更增加了誤判的可能性。即使有第三知情人的證詞，但因為是屏覆處，證人得到的資訊也可能不全面，所以不能作為唯一的標準。如律中鹿子母「踟躕戶外，戶孔中見房內有人剃髮著染衣，睞瞬細語，知是出家人」，看不清是比丘還是比丘尼。[1] 可見，即使是像鹿子母這樣證聖果的證人，也有可能會受限於客觀條件，提供不了完整、確鑿的資訊。如果是凡夫，則更容易產生相似的認知局限[2]。如《善見論》記載，一位凡夫比丘在屋外「遙見」一位證果比丘與優婆夷相對，就認為他們「共同牀坐」，而他們實則並未共坐在一處。因此，《善見論》認為舉罪人也有「見聞或不審諦」、「見而不可信」的時候，舉罪人的證詞不能作為唯一的證據。

---

1 《僧祇律》卷 7，《大正藏》22 冊，290 頁上欄。

2 「目擊者的證詞通常不準確嗎？無辜的人由於目擊者錯誤的證詞而在監獄裏煎熬歲月，這樣的故事並不罕見（Brandon & Davies, 1973; Doyle, 2005; Well & others, 2006）。七十年前，耶魯大學的法律教授埃德溫・博查德（Borchard, 1932）考察了後來被證實無罪的六十五個人的判罪記錄（以及一些得到寬恕而釋放的和在重審之後被釋放的人）。大部分的案件是由錯誤辨認所致，有一些人在即將被執行死刑的最後時刻被解救出來。在當今社會，DNA 檢測已經解救了二百五十多名被判刑但事實上無罪的人，其中 76% 是由目擊者錯誤辨認所致。（Garrett, 2011）」「目前，研究者已經做過多次這類研究，有時結果令人不安（Spord, 2008）。例如，在加利福尼亞州立大學的海沃德，一百四十一名學生目擊了一起「騷擾」教授的案件。七周後，羅伯特・巴克霍特（Buckhout, 1974）讓他們從六張照片中辨認那個攻擊者，60% 的學生選出了一個與案件無關的人。在實際的案件中，目擊者指證的那個人有時並不是他們看到的那個人，這並不奇怪。後來的研究同樣證實，目擊者在指認罪犯時常因過於自信而有失準確。例如，伯恩斯坦和齊克福斯（Bornstein & Zickafoose, 1999）發現，讓學生回憶一名不久之前來過教室的參觀者，確信自己的回憶正確的人的比例達到 74%，但實際上回憶正確的人只有 55%。在英國和威爾士進行的三個現場系列實驗表現出了顯著的一致性。大約 40% 的目擊者識別出了嫌疑犯，另外有 40% 的目擊者認為嫌疑犯不在其中。雖然已經提前告知實驗參與者，嫌疑犯可能並不在給出的一系列照片之中，依然有 20% 的實驗參與者的指認是錯誤的。（Valentine & others, 2003）」《社會心理學》，553 頁、554 頁。

另一種情況是，當事人或證人對比丘懷有瞋恨或偏見，可能會故意誣陷比丘，此時證人的言辭就更不可靠。如《根有律》「非時入聚落」戒中，迦留陀夷對一位婆羅門的女兒「摩觸彼身，嗚唼其口」，當童女的欲望被激起而迦留陀夷卻不滿足她時，「女懷瞋忿，遂以指甲自攫身形」，誣陷比丘侵犯了她。《雜寶藏經》也有一個故事說，舍利弗、目犍連尊者進入一個山洞避雨，有一位牧牛女也在山洞深處，但他們不知道，牧牛女愛慕比丘，漏失不淨。第二天比丘出山洞，牧牛女也在後面跟着出來，一位名為仇伽離的外道看見了，就誹謗比丘：「尊者舍利弗、目連淫牧牛女。」[1]

當出現這些複雜情況，難以確定比丘的罪行時，有的律典重視可信居士的意見，有的律典重視比丘的言辭。如《巴利律》把比丘所承認的行為作為唯一的判罰標準，如果比丘既不認為自己有與女人共坐的相關行為，也不認為自己犯過其他相關的罪，那麼僧團只能判他無罪。[2]《四分律》則要完全按照可信居士的證詞來治罰。並且，《巴利律》與《四分律》都沒有記載是否要用「覓罪羯磨」來給比丘覓罪。從字面意思來看，《巴利律》對比丘的重視可能會造成「漏網之魚」，《四分律》對居士的偏重則可能造成無辜的人被判罰。當然，也許這兩種判罰的不同反映出部派之間的差異：《巴利律》給予比丘更高的地位，所以以比丘的言辭來判斷；《四分律》則可能認為與其相信一位凡夫比丘，不如相信證聖果的居士。

如果是沒有證聖果的居士，其言語的真實性就存在疑問。其對比丘的舉罪，就存在着誹謗的可能性；另外證據的不確定，也容易造成僧團內部意見的不一致，嚴重的甚至會導致僧團分裂。《十誦律》中提到有居士的介入，會使僧團諍事難滅[3]。《僧祇律》認為諍事生起，長期僵持不下的時候，先要請求「大德比丘」來共滅諍，其次選擇「多聞比丘」或「阿練若比丘」來共滅諍。

1　《雜寶藏經》卷 3，《大正藏》4 冊，461 頁上欄。

2　《經分別》卷 3：「認到、不認坐、不認罪者，不應處罰。」《漢譯南傳大藏經》1 冊，268 頁。

3　《十誦律》卷 49：「有五事諍難滅：共諍比丘依恃官、恃白衣、恃白衣故惱上座、與白衣衣食不與法、不如法求諍，是名五諍難滅。有五事諍易滅：不恃官、不恃白衣、不惱僧、與白衣法不與衣食、如法求諍，是名五諍易滅。」《大正藏》23 冊，362 頁上欄。

運用僧團內部的力量是首選，求助居士只是不得已的最後選擇，如碰到勢力強大的惡比丘，僧團才不得不求助於「大勢力優婆塞」、「王」、「大臣有勢力者」[1]。可見，律中對居士參與僧團的管理，持一種很謹慎的態度。

綜上所述，結合實際，從僧團的管理來說，居士的舉罪與對比丘的勘驗均須十分嚴格的對待，僧團應當參考俗眾的意見，但是不能被這種意見所限制和左右，必須經過審慎、嚴格的程序，才能夠最終採納。並且，做出這種選擇判斷的主體是僧團，僧團具有最終的決定權。

(四)從世間倫理角度的考量

《四分律》「屏處不定」中，緣起比丘與女居士彼此「繫意」，兩人一起單獨坐在屏覆處，毗舍佉母對比丘「在非法處坐，又說非法言」的行為產生擔憂，「若此夫主見，當呵罵其婦，生不信心」。從此情節可以看出，比丘的行為可能會影響信眾夫妻間的關係，比丘與他人妻子之間的不恰當行為，會讓其丈夫覺得恥辱與憤怒。

《十誦律》中也記載，人們對於男女間行為的合法性，都有一種社會共通的認知，對比丘的不如法行為很敏感：「若其夫，若其子，若奴，若子弟，若典計人，見是處坐，必當知是比丘作惡事竟，若欲作惡。」可見，世俗大眾對比丘的行為有着一種自然的關注與監督，因為在他們的認知中比丘過着獨身的生活，不應與女子保持過分親密的來往。從世俗倫理的角度來講，在家人對一些可能引起誤會的男女親近行為，尚且知道應該很謹慎地迴避，比丘更應該注意防護，如《僧祇律》中，毗舍佉鹿母對比丘說：「佛不制我不與男子共坐，然阿闍梨是出家人，應護沙門法。」佛陀呵斥不護細行的比丘：「俗人尚知出家宜法，應行不應行，汝出家人而更不知坐起言語，應與不應與。」

---

1 《僧祇律》卷 12：「若自思量無上諸力，諍事起已久，其人剛強非可卒滅，當求大德比丘共滅此事。若無大德比丘者，當求多聞比丘；若無多聞者，當求阿練若比丘；若無阿練若比丘者，當求大勢力優婆塞，彼諍比丘見優婆塞已，心生慚愧諍事易滅；若復無此優婆塞者，當求於王，若大臣有勢力者，彼諍比丘見此豪勢，心生敬畏諍事易滅。」《大正藏》22 冊，328 頁上欄。

佛陀的用意是在教導比丘，應該尊重世俗社會中共許的行為法則，對一些可能引起不良後果的行為，要心懷警惕。

最後，以《薩婆多論》來說明此戒的意趣：「與諸比丘結戒者：一、為止誹謗故；二、為除鬥諍故；三、為增上法故，比丘出家跡絕俗穢，為人天所宗，以道化物，而與女人屏處私曲鄙碎，上違聖意、下失人天宗向信敬；四、為斷惡業次第法故，初既屏處，漸染纏綿，無所不至，是以防之。」

（五）僧團對外部監督的開放性

佛陀時代的比丘們在外遊行、托鉢乞食，平時與女眾接觸的機會多，容易發生與情染、淫欲相關的問題，並且這些問題常常是由居士發現並向僧團反映，因此「二不定法」作為一個以僧團為主導，同時參考居士意見的審罪程序便應時而立。它能夠及時地處理來自世俗大眾所反饋的資訊，應對僧團中出現的問題，維護僧團清淨和合。

佛陀時代的印度，婦女的社會地位低下。從緣起故事來看，佛陀接受毗舍佉鹿子母的建議，給比丘制戒，表明了佛陀建立的僧團能夠接受來自社會各個方面的批評、建議與監督，即使是在家女居士的意見也給予足夠的重視。[1]同時，如《十誦律》中，比丘涉及的偷奪、奪人命、損害草木、過中食（非時食）、飲酒等問題，居士皆可以舉報，說明居士對比丘的舉罪範圍很廣泛；《摩得勒伽》中甚至把居士可以舉報的犯戒行為擴展到眾學法。

因此，結合諸律可以看出，來自俗眾的各種監督，大到最容易惹爭議的淫戒相關的問題，小到比丘不如法的威儀，僧團皆應以包容的精神接受。

1 Ṭhānissaro Bhikkhu, *The Buddhist Monastic Code I*, p. 187.

六、總結

（一）諸律差異分析

1. 緣起差異

（1）結構差異

①屏處不定

《四分律》有一個本制。其他律典與《四分律》相同。

②露處不定

《四分律》有一個本制。其他律典與《四分律》相同。

（2）情節差異

①屏處不定

《四分律》的本制情節是緣起比丘與親友婦在屏處「共牀坐」說淫欲事，被毗舍佉母窺見，稟報佛陀，佛因此集僧制戒。其他律典主要情節與《四分律》相似，在一些細節上存在差異。《四分律》、《五分律》記載了緣起比丘與女居士在屏處坐說淫欲、粗惡語，但《鼻奈耶》、《十誦律》、《僧祇律》、《根有律》、《巴利律》中都沒有相關的內容。《四分律》、《五分律》的相關情節很容易讓人誤認為和女居士說淫欲、粗惡語是毗舍佉母舉報緣起比丘的主要因素，而對比《鼻奈耶》、《十誦律》、《僧祇律》、《根有律》、《巴利律》的緣起情節，毗舍佉母舉報緣起比丘的原因是兩人在「屏處」共坐，並不一定要說「非法語」。因此，參考多數律典的情節，將緣起比丘和女居士說淫欲、粗惡語這一細節從緣起故事中刪除。

②露處不定

《四分律》中，除地點是在露現處外，本戒的情節與「屏處不定」相似，也有關於緣起比丘和親友婦「說非法語」的情節，《五分律》以「餘皆如上說」的方式將本制情節省略掉，從《五分律》「屏處不定」內容來推論，也應當包含「說淫欲、粗惡語」的情節。《鼻奈耶》、《十誦律》、《僧祇律》、《根有律》、

《巴利律》同樣也沒有這方面的內容，根據「屏處不定」的處理方式，也將這一情節從緣起故事中刪除。

（3）結論

綜上所述，「屏處不定」和「露處不定」仍以《四分律》的緣起結構和情節為準，刪除緣起比丘與親友婦說淫欲事的情節。

2. 戒本差異

「屏處不定」中，《四分律》的「說非法語」，僅在《四分僧戒本》、《新刪定四分僧戒本》、《四分律比丘戒本》和《解脫戒經》中有相同或相似的表述，其他律典中都沒有這一內容。同時，《解脫戒經》相比其他律典，缺少「可作淫處」的限定。「露處不定」中，《四分律》的「作粗惡語」，《鼻奈耶》、《十誦律》、《僧祇律》、《僧祇比丘戒本》、《五分律》、《根有律》、《根有戒經》、《根有律攝》中都沒有與之對應的內容，其他律典與之相同或相似。其中，《四分僧戒本》相比《四分律》多出了「說淫欲事」;《五分律》、《解脫戒經》中缺少「不可作淫處」的內容。此外，梵文《根有戒經》、藏文《根有戒經》對「露現處」的表述與前一條「屏處不定」中的完全相同，這意味着與《四分律》「露現處」的意思完全相反。

另外，整體來看兩條不定法的戒本，相比《四分律》中對證人女居士要求的「住信」，《鼻奈耶》中缺乏相關內容，《解脫戒經》作「有信」，《根有律》、《根有戒經》、《根有律攝》作「正信」，其他戒本都作「可信」或相似的描述。

將兩條戒相互對比來看，《四分律》兩條戒分別作「說非法語」和「作粗惡語」，《鼻奈耶》、《十誦律》、《僧祇律》、《僧祇比丘戒本》、《五分律》、《根有律》、《根有戒經》、《根有律攝》的兩條戒戒本中都沒有相關的描述。雖然《十誦律》、《五分律》這兩部廣律的戒本中沒有相對應的內容，但是《十誦比丘戒本》和《彌沙塞五分戒本》在第二條中，卻又多出與「作粗惡語」類似的表述。

此外，幾部非漢文戒本中，第一條「屏處不定」，都沒有與「說非法語」

相關的內容；第二條「露處不定」，梵文《說出世部戒經》、梵文《有部戒經》、巴利《戒經》中都有清晰的對應「作粗惡語」的內容，但梵文《根有戒經》和藏文《根有戒經》中沒有對應「作粗惡語」的內容。

眾多戒本間差異的原因，除了各個部派戒本文字本身的流變以外，也不排除律典譯者在翻譯時有調整或刪減內容的可能。

「屏處不定」中，《四分律》的「屏覆處、障處」，借鑒《五分律》、《彌沙塞五分戒本》等的表述，將其精簡為「屏處」。此外，結合《四分律》緣起中記載的情節，「說非法語」這一內容應該是一個描述性的語言，但是很容易讓人誤解為是一條限定性的規定，即只有發現比丘和女人「說非法語」時，才能舉比丘的罪。結合《四分律》的辨相以及其他律典的闡述，這種理解有偏頗。為了避免這種誤解，這裏借鑒《十誦律》、《僧祇律》、《五分律》、《根有律》等的表述，將「說非法語」刪去。「住信」的「住」字，依《十誦律》等統一改為「可」字，使文意更加淺白。「優婆私」、「優婆夷」，雖然都是梵語"upāsikā（女居士）"一詞的音譯，但後者「優婆夷」更為通用，因此據《四分僧戒本》、《新刪定四分僧戒本》等統一將「私」改為「夷」字。文末「如住信優婆私所說，應如法治是比丘」一句，參考幾部非漢文戒本的表述，實際上是與前文「是坐比丘自言」構成並列的條件，表達二者之間隨其中一種情況的意思。為了讓這一並列關係更為清晰，依《根有律》等將「如」字改為「或以」；「所說」之後「應」字，容易讓人誤以為不管比丘發露與否，一定要遵照女居士所說的來治罪，故依《十誦比丘戒本》、《根有律》等將其刪除。

「露處不定」中，為了與上一條戒相同條件的表述統一，「共女人」之後，依《十誦律》等補入「獨」字；「我犯是事」的「事」字，據《四分僧戒本》、《新刪定四分僧戒本》等改為「罪」；「應一一法治」中的「法」字，依《四分僧戒本》、《新刪定四分僧戒本》刪去。此外，「露現處」借鑒《五分律》等，將其精簡為「露處」。「不可作淫處坐作粗惡語」一句中的「作粗惡語」，同樣是對制戒緣起的一句描述，但也會讓人誤以為只有發現比丘與女人「作粗惡語」才能夠舉罪，因此，依《十誦律》等將其刪除。其他調整的原因與前一條「屏處不定」相同。

3. 審罪

（1）舉罪人

《根有律攝》的第二標準和《摩得勒伽》中，對舉罪人的要求最低，只需要是可信的優婆夷。《四分律》與前者相比更嚴格，增加了舉罪人持守五戒的要求。《根有律攝》的第一標準及《十誦律》、《薩婆多論》、《僧祇律》、《五分律》、《根有律》、《巴利律》、《善見論》中，對舉罪人的要求最為嚴格，要求舉罪的「可信優婆夷」證得聖果。《鼻奈耶》中沒有對舉罪人作要求。

諸律之中舉罪人標準的差異往往會帶來不同的影響。按照《四分律》、《摩得勒伽》、《根有律攝》的標準，客觀上強化了居士對比丘的監督作用，但可能會發生居士在煩惱的驅使下誣陷比丘的事情。《十誦律》、《僧祇律》等幾部律典則把舉罪人的標準定得很高，有助於貫徹「僧事僧斷」的處事原則，避免居士對僧團內部事務的隨意干涉，並且減少了比丘被惡意誣陷的可能性。但是，由於現實中的「聖人優婆夷」非常稀有，很可能會造成比丘的罪行被掩蓋，由此引發種種過失。

在實際行持中，如果舉罪人可信或者所舉的證據比較充分，就應當引起重視並進行處理。因而，《根有律攝》的第二標準和《摩得勒伽》值得借鑒：只要是可信的居士，就可以作為舉罪人。

（2）被舉罪人

《四分律》的被舉罪人為比丘，沒有明確說明沙彌是否可以被舉罪。《五分律》中，比丘與沙彌都可以被舉罪。在實際行持中，比丘和沙彌都是僧團成員，沙彌的犯罪行為同樣需要接受僧團的處分，自然也應當允許舉其罪行。這樣，對整個僧團成員都能起到監督作用。因此，將比丘和沙彌都列為被舉罪人更為合理。

（3）所舉罪行

①屏處不定

《四分律》的所舉罪為：比丘單獨與一個女人坐在一起時，所犯的前三篇戒，《鼻奈耶》、《十誦律》、《僧祇律》、《五分律》、《根有律》、《根有律攝》、《巴利律》與《四分律》相同。《摩得勒伽》中，所舉罪行包括了「四波羅夷」及「後四篇罪」的所有戒條。《薩婆多論》中沒有明確所舉罪的具體所指。《善見論》的所舉罪，則被限定為「與女屏處坐戒」。

在實際行持中，除了與女眾相關的罪行容易引發譏嫌之外，其他的一些嚴重的、不如法的乃至於觸犯法律的行為，同樣會引發大眾譏嫌。如果僅允許舉報與女眾相關的犯戒行為，而對更嚴重的過失卻置之不理，可能會招致更大的非議。因此，借鑒《摩得勒伽》的規定，擴大「不定法」的處理範圍，即舉罪人根據見、聞、疑三根所獲取的比丘與淫欲相關的罪行，以及其他的一些較嚴重的罪行，乃至於觸犯法律的行為。

②露處不定

《四分律》中，「露處不定」與「屏處不定」的區別在於：所舉罪行中的「屏覆處、障處」對應為「露現處」，「可作淫處」對應為「不可作淫處」；所舉罪行由前三篇罪轉變為僧殘、波逸提罪。除《薩婆多論》和《摩得勒伽》、《善見論》外，其他律典與《四分律》相同。

《善見論》中，所舉罪為：比丘與女人在「非覆藏處」坐，旁邊沒有「有智男子」陪同。《薩婆多論》中僅存在「露處」和「屏處」的差別。《摩得勒伽》中沒有「屏處不定」與「露處不定」的區別，只有一些案例説明該如何處理「不定法」。

（4）僧團的處理

諸律所記載的審罪程序，根據比丘是否承認優婆夷所舉罪行可分為三大類：

①比丘完全承認優婆夷所舉罪行

按比丘所承認的罪行治罪，諸律的處理方式完全一致。

②比丘只是部分承認所舉罪行

不同律典有不同的判罪方式。《四分律》、《根有律》按照優婆夷所舉的罪行對比丘進行治罪，《十誦律》、《摩得勒伽》、《僧祇律》、《五分律》、《根有律攝》、《巴利律》、《善見論》七部律典則按照比丘所承認的罪行來治罪。

③比丘完全否認所舉罪行

諸部律典的治罰方式差異較大，分為三種方式。《四分律》按照優婆夷所舉內容對比丘治罪；《巴利律》採信比丘所說，判為無罪；《十誦律》、《薩婆多論》、《僧祇律》、《根有律》、《根有律攝》則傾向於認為比丘有罪，為其作「覓罪相羯磨」。另外，《十誦律》還提到當有兩個舉罪人的時候，如果兩個舉罪人所說不同，就按照比丘的回答治罪。

綜上所述，《四分律》中不管比丘承認與否，完全以居士的舉報來治罪的方式與「自言治」的精神相違背，並且，即便是聖者居士也有誤判的可能性，從而導致清淨的比丘被冤枉。與此相反，《巴利律》這種完全按照比丘所說的來判罪的方式，雖然在客觀上強調了僧團相對於俗眾的獨立地位，能夠避免俗眾干涉僧團內部事務，但容易導致真正有過失的比丘藉機逃避治罰。並且，居士的舉報機制也形同虛設，很難達到合理利用居士群體的監督作用來淨化僧團的目的。

結合現實緣起，同時借鑒多部律典的觀點，比較合理的審罪程序應該是：如果比丘完全承認所舉罪行，應該按照比丘所說來治罪；如果比丘部分或者完全不承認所舉罪行，或者前後言語相違，僧團經過進一步的綜合調查取證後，發現被舉比丘確實可疑，或者是同時有其他證人提供了強有力的證據，可以證明比丘有罪，在這種情況下，為了促使其認罪，應當為其作「覓罪羯磨」。

4. 諸律內部差異

各律典此戒的緣起、戒本以及辨相三部分相符。

（二）調整文本

通過以上諸律間觀點同異的對比與分析，文本在《四分律》的基礎上作如下調整：

1. 緣起

（1）屏處不定

佛在舍衛國祇樹給孤獨園時，尊者迦留陀夷出家前就與一位叫齋的親友婦互有曖昧之心。一次到其家中乞食，兩人在屏處「共牀坐」，被毗舍佉母窺見後稟報佛陀，佛因此集僧制戒。

（2）露處不定

佛在舍衛國祇樹給孤獨園時，尊者迦留陀夷與一位叫齋的親友婦在露現處「坐共語」，被毗舍佉母窺見後稟報佛陀，佛因此集僧制戒。

2. 戒本

（1）屏處不定

若比丘，共女人獨在屏[1]處、可作淫處坐[2]。有可[3]信優婆夷[4]，於三法中一一法說，若波羅夷，若僧伽婆尸沙，若波逸提。是坐比丘自言：「我犯是罪。」於三法中，應一一治，若波羅夷，若僧伽婆尸沙，若波逸提；或以[5]可[6]信優婆夷[7]所說[8]，如法治是比丘。是名不定法。

---

1 「屏」後，底本有「覆處、障」，據《五分律》、《彌沙塞五分戒本》刪。

2 「坐」後，底本有「說非法語」，據《十誦律》、《十誦比丘戒本》、《僧祇律》、《僧祇比丘戒本》、《五分律》、《彌沙塞五分戒本》、《根有律》、《根有戒經》、《根有律攝》、梵文《說出世部戒經》、梵文《有部戒經》、梵文《根有戒經》、巴利《戒經》、藏文《根有戒經》刪。

3 「可」，底本作「住」，據《十誦律》、《十誦比丘戒本》、《僧祇律》、《僧祇比丘戒本》、《五分律》、《彌沙塞五分戒本》改。

4 「夷」，底本作「私」，據《四分僧戒本》、《新刪定四分僧戒本》、《十誦律》、《十誦比丘戒本》、《僧祇律》、《僧祇比丘戒本》、《五分律》、《彌沙塞五分戒本》、《解脫戒經》改。

5 「或以」，底本闕，據《根有律》、《根有戒經》、《根有律攝》加。

6 「可」，底本作「住」，據《十誦律》、《十誦比丘戒本》、《僧祇律》、《僧祇比丘戒本》改。

7 「夷」，底本作「私」，據《四分僧戒本》、《新刪定四分僧戒本》、《十誦律》、《十誦比丘戒本》、《僧祇律》、《僧祇比丘戒本》、《解脫戒經》改。

8 「說」後，底本有「應」，據《十誦比丘戒本》、《根有律》、《根有戒經》、《根有律攝》刪。

（2）露處不定

若比丘，共女人獨[1]在露[2]處、不可作淫處坐[3]。有可[4]信優婆夷[5]，於二法中一一法說，若僧伽婆尸沙，若波逸提。是坐比丘自言：「我犯是罪[6]。」於二法中，應一一[7]治，若僧伽婆尸沙，若波逸提；或以[8]可[9]信優婆夷[10]所說[11]，如法治是比丘。是名不定法。

3. 關鍵詞

（1）屏處不定

①可信優婆夷：言語值得信任的女居士。

②不定法：優婆夷向僧團舉罪，但具體舉什麼罪是不確定的，即舉罪不定。

③屏處：隱秘、遮蔽的地方。

（2）露處不定

①露處：與「屏處」相對，即不隱秘、不遮蔽的地方。

②不可作淫處：不能行淫的地方。

---

1 「獨」，底本闕，據《十誦律》、《僧祇律》、《僧祇比丘戒本》、《彌沙塞五分戒本》、《根有律》、《根有戒經》、《根有律攝》、梵文《根有戒經》加。

2 「露」後，底本有「現」，據《五分律》、《彌沙塞五分戒本》刪。

3 「坐」後，底本有「作粗惡語」，據《十誦律》、《僧祇律》、《僧祇比丘戒本》、《根有律》、《根有戒經》、《根有律攝》、梵文《根有戒經》、藏文《根有戒經》刪。

4 「可」，底本作「住」，據《十誦律》、《十誦比丘戒本》、《僧祇律》、《僧祇比丘戒本》、《五分律》、《彌沙塞五分戒本》改。

5 「夷」，底本作「私」，據《四分僧戒本》、《新刪定四分僧戒本》、《十誦律》、《十誦比丘戒本》、《僧祇律》、《僧祇比丘戒本》、《五分律》、《彌沙塞五分戒本》、《解脫戒經》改。

6 「罪」，底本作「事」，據《四分僧戒本》、《新刪定四分僧戒本》、《解脫戒經》改。

7 「一一」後，底本有「法」，據《四分僧戒本》、《新刪定四分僧戒本》刪。

8 「或以」，底本闕，據《根有律》、《根有戒經》、《根有律攝》加。

9 「可」，底本作「住」，據《十誦律》、《十誦比丘戒本》、《僧祇律》、《僧祇比丘戒本》改。

10 「夷」，底本作「私」，據《四分僧戒本》、《新刪定四分僧戒本》、《十誦律》、《十誦比丘戒本》、《僧祇律》、《僧祇比丘戒本》、《解脫戒經》改。

11 「說」後，底本有「應」，據《十誦律》、《十誦比丘戒本》、《根有律》、《根有戒經》、《根有律攝》刪。

4. 審罪

（1）舉罪人

只要是可信的居士，或者有可靠證據的人都可以充當舉罪人。

（2）被舉人

比丘、沙彌都是被舉罪人。

（3）所舉罪行

舉罪人以見、聞、疑三根所獲取的比丘與淫欲相關的罪行，或是其他的一些較嚴重的乃至於觸犯法律的行為。

5. 審罪方法

（1）對於證人與證詞的規定

如果舉罪人指認比丘犯戒，僧團需要對所舉報的相關資訊進行核實，並據此對涉事比丘進行初步詢問。在審罪時，除證人的言證外，為了保證審罪結果的可靠，在可能的情況下，也應當參考相關的閉路電視片段、照片，乃至指紋等物證來協助決定此案的判斷。

（2）對於判斷權衡各種情況的規定

如果被舉比丘完全承認被舉罪行，就按照被舉比丘所説來治罪。如果被舉比丘部分或者完全不承認被舉罪行，或者前後言語相違，此時，僧團應當綜合衡量各方面的因素，以證人提供的可信證據為主，同時結合被舉比丘過往行為，以及審罪過程中比丘的具體表現，綜合決定是否相信居士的舉罪。

（3）最終的判定

如果被舉比丘如實承認，就按照比丘的供述來治罪。如果被舉比丘只是部分承認或者完全否認所舉罪行，同時又拿不出證據來證明自己無罪，在經過綜合考量後，如果僧團認為被舉比丘確實可疑，應當為其作「覓罪羯磨」。此羯磨的具體規定可參考專題「覓罪羯磨」。如果僧團在經過綜合調查之後，發現被舉比丘確實無罪，就應當以羯磨或公告的形式還其清白。

七、現代行持參考

「二不定法」作為審罪程序，在現代的僧團管理中，仍然可以發揮重要的作用。運用得當，可以達到藉助外部力量來維護僧團內部清淨的目的。

（一）資訊核查及審罪程序的啟動

一方面，對於居士舉報的比丘犯戒乃至觸犯法律的資訊，僧團需要慎重處理，核實其真實性。除了律典中講的可信居士的舉報，通過公開渠道（如網絡論壇）等發布的資訊，也應視作廣義的舉報。證據方面，除了舉報人的言辭、文字等傳統的證據形式，現代社會的有效證據形式還包括照片、指紋和錄音、錄影片段等。在資訊核實過程中，如有需要應繼續和舉報方接觸，請對方提供更多的材料來證實其舉報的真實性。

另一方面，從啟動審罪程序到最終判決，僧團應秉持僧事僧斷的原則。居士提供的資訊可以作為重要參考，但最終的判罪結果由僧團根據各方面的資訊綜合決定。在處理過程中，應注重對當事比丘的保護，避免對其修行產生嚴重傷害。

如果舉報人是因為誤解而認為比丘有罪，僧團應當向其澄清事實，消除誤會。如果資訊是通過公開渠道（如網絡論壇）等發布的，僧團應酌情考慮通過相關渠道發布調查結果，消除可能產生的不良影響。

互聯網時代資訊的傳播速度很快，對於容易引發大眾非議的事情，僧團若接到舉報或者看到相關資訊，應盡快調查澄清。平時也可根據僧團的具體情況，建立風險預控和突發事件應對機制。

（二）對於犯罪比丘的處理

如果通過如法、合理的舉報及審罪程序證明比丘確實違犯了相關戒律，應該按照戒律精神，結合僧團管理制度如法處理。對於犯輕罪的比丘，可以由糾察師或上座法師對其進行教育或勸諫；對於觸犯了根本戒的比丘，應當將其滅擯，或作「學悔法」羯磨。

如果有惡比丘不服從僧團的判罰與管理，乃至於蓄意鬧事，僧團可用種種善巧方便來處理此事。不得已時，可以藉助司法手段，以免造成更嚴重的後果。不過在使用這些手段時，還是應當秉承佛法一貫的慈悲原則，盡量避免對該比丘造成過大的傷害。

捨墮引言

本篇共三十條戒，諸律戒條數目相同。這些戒條的主要作用是規範比丘蓄用衣鉢、資具等物品的行為。其中，有十八條戒與衣相關，五條戒與卧、坐具相關，兩條與鉢相關，三條與錢寶相關，一條與七日藥相關，另外一條為「迴僧物入己戒」。比丘持守好本篇戒條，一方面可以防止貪欲、保護道業，另一方面可避免因這方面的不當行為遭世人譏嫌。

捨墮戒條在諸律戒本中的排列順序稍有差異。和《四分律》相比，《鼻奈耶》、《十誦律》、《僧祇律》、《根有律》、《巴利律》中戒條順序上的差異，主要集中在「七日藥戒」、「過前求雨浴衣戒」、「急施衣戒」、「蘭若有疑離衣戒」、「迴僧物入己戒」這五條戒。《五分律》將有關卧具、羊毛、錢寶的戒條置後，和其他律典差別較大。

本篇相關戒條中存在幾個重點，如「離衣宿戒」中的染礙、「勸二家增衣戒」是否要求增衣價才正犯，卧具戒中的「卧具」所指為何，七日藥藥體和受七日藥法的正確理解，諸律錢寶説淨法的異同，迴僧物入己的準確判罰等，本書作了專門地分析和論證，以下略作介紹。

攝衣界中的染礙，是傳統律學中比丘護衣的四種障礙之一。道宣律師

《羯磨疏》中將其定義為「無男有女，是為染礙」，即女眾進入攝衣界若周圍無男眾即構成染礙，導致攝衣界失效。在道宣律師之後，染礙的概念又有所強化，只要攝衣界內有女即成染礙。但律典中沒有關於染礙的直接記載，與染礙有一定相關性的文本也僅指攝衣界不能包括村界。歷史上，義淨三藏根據在印度的見聞，對染礙也提出過質疑。回歸律典本意，只要比丘與衣在明相時分同在一個攝衣界內，就不會有因女眾而失衣的問題。

「勸二家增衣戒」中，是兩家合衣價後再增價才觸犯捨墮，還是只要合衣價就犯？在戒條和辨相層面，皆是「兩家合一」，沒有提到「合而再增」。「合而再增」的理解與增衣價的內涵也有雷同之處。另外「合衣就犯」可制約比丘鑽增衣價的漏洞，轉求兩家合衣以獲得更好衣服的行為，與佛陀制戒規律相符順。因此勸二家增衣戒按照「兩家合即犯」理解更為合理。

卧具戒中的「卧具」或者「敷具」，具體指什麼物品，向來有爭議。道宣律師根據《薩婆多論》、《僧祇律》中的記載，認為卧具並非前人所理解的被褥，而是三衣。無論是通過詞源分析還是據律典的記載都可以看出，卧具和三衣是不能等同的，和卧具有關的戒條最初就是針對卧具而制。隨着佛教從恒河流域向高緯度地區持續傳播，為了更好地禦寒，相關地區的比丘開始採用厚實的氈布製作三衣，三衣和卧具在材質上逐漸趨同，一些部派律典也因此將三衣納入卧具戒所攝，不過大多數律典的卧具戒還是保留了原來的內涵。

部分律典中記載了七日藥的口受法，由此產生一種觀點，認為七日藥是由時藥經口受法轉變而來。不過「七日藥戒」的律典文本中並沒有將時藥加法轉成七日藥的內涵。佛陀開許七日藥是因為其自身的滋補功效，有利於病比丘的調養，其實質上等同於現在的營養品。從律典的記載來看，比丘有病緣就可以直接蓄用七日藥，七日之內不需作法也免於殘宿、失受、惡觸等過失。律典中七日藥「口受法」有無的不同記載，體現出了部派之間的差異。此外，幾部律典的辨相中都提及了七日藥的淨施法，類似長衣的淨施法，七日藥淨施後不再受七日的限制可以長期蓄用。

絕大部分律典中都記載了錢寶的說淨法。其中《薩婆多論》、《根有律》、

《根有律攝》都開許對比丘說淨，且說淨後可以自持錢寶，較其他律典更為寬鬆。從部派內部看，《薩婆多論》較《十誦律》寬鬆，《根有律攝》又較《根有律》寬鬆，可以看到，後出的律論在廣律說淨法的基礎上又有變化。在現代社會，比丘不得不面對蓄用錢寶的問題。最理想的方式是集體蓄有，按需使用。倘若無此條件，比丘可參考《根有律攝》記載的做法說淨後再持有。

「迴僧物入己戒」中，比丘迴「已許僧物」入己犯本戒，而「已與僧物」屬僧團所有物，比丘「迴己」犯盜。因此施主的供養物何時成為「已許僧物」和「已與僧物」，是決定比丘犯什麼戒的兩個關鍵時間點。傳統觀點認為，居士發心供養但還沒有明確決定是供養僧還是供養個人時，供養物即為「已許僧物」；如果居士內心決定要供養僧，即為「已與僧物」。不過這樣的理解在具體實踐中存在一定困難，而且從律典各方面的記載來看也沒有有力的理論支持。更合理的界定方式為：如果施主發心施僧並且已經向僧團或者僧團中的比丘說明，則為「已許僧物」；如果居士已經轉交所有權給僧團（實物或者契約），則為「已與僧物」。

捨墮戒條的具體內涵，和佛陀制戒時古印度的社會經濟、文化習俗和地理氣候等因素相關性很大。在兩千多年後的中國漢地，有些戒條如「過前求雨浴衣戒」已經不適用了，而「蓄錢寶戒」、「販賣戒」等戒條對現代比丘而言仍然具有較強的現實意義。對於辨相受環境因素影響比較大的戒條，現代比丘在實際行持時一方面應秉持原有的戒律精神，另一方面在具體做法上可更多地考慮時代和社會背景的不同，進行適當調整或者拓展。以下試舉幾例。

「長衣戒」的意趣在於制約比丘對衣服的貪著。佛陀最初弘化的地區氣候炎熱，三衣足以資身辦道。隨着佛法弘傳到更冷的地區，佛陀開許通過作淨法蓄持長衣。中國大部分地區三衣不足以禦寒，而且漢地比丘的三衣基本上僅在上殿、過堂、法會等場合使用，因此比丘還需要蓄有大褂、短褂等長衣來護體禦寒。因此，比丘對「長衣戒」的持守重點在於防護貪欲，在此前提下根據實際需要如法說淨蓄衣即可。

佛世比丘的三衣，主要用於遮體避寒，是比丘生存所需的基本物資。古代生產力低下，比丘得衣不易，若不慎失衣，比丘將難以正常生活，進而影響修行，因此「離衣宿戒」在當時具有非常重要的作用和意義。對現代的漢地比丘而言，三衣一般僅用作法服，而且衣物在現代也更容易獲得，可以說失衣對比丘的影響不大。現在的比丘護衣，更多是從尊重戒律的角度出發，但是在不方便護衣的情況下可適當調整，比如遠行不便帶衣則可將三衣臨時作法捨，回來後重新受持。

「綿作卧具戒」的意趣在於，比丘在製作衣物的過程中應避免傷害生命。現在漢地的比丘一般不會直接參與製作衣物，信眾的護生觀念普遍較強，因此比丘應該避免主動購買或者求索絲綢製品。對於供養所得的絲綢製品，本着為施主培福的心，根據一些律典記載也開許使用。至於皮草類的製品在大部分地區容易遭到譏嫌，比丘應避免穿著。

依據「貿寶戒」的內涵，現代的金融投資即屬該戒所攝。現代比丘參與投資、理財、基金等現代金融交易，若是為己私利，即犯此戒；個人為了方便保管而將錢存入銀行而得利息，則不犯本戒。寺院在三寶物管理過程中，合理的保值和交易等行為，是律中所許。不過寺院的財務管理應該本着安全、保值的原則，不宜冒險追求厚利。比如以銀行儲蓄的方式獲得合理的利息，這樣既可靠，也不會受到譏嫌。同理，現代比丘進行物品交易，也當以發起心判斷其是否犯「販賣戒」。若為私利則正犯此戒，若為三寶則不犯。寺院管理的一些運營機構如流通處，應當避免商業化，多從提供服務的角度出發，如此和本戒精神才不相違。

01

長衣戒

一、緣起

（一）緣起略述

《四分律》有一個本制和一個隨制。本制為六群比丘蓄了很多長衣，受到其他比丘的譏嫌、呵責，佛因此制戒，比丘不得蓄長衣。後來阿難得到一件貴價糞掃衣，想供養給大迦葉尊者，但是尊者外出，阿難向佛匯報，並說尊者十日後會回來，佛因此增制此戒，比丘可以蓄長衣十日。[1]

諸律緣起差異比較：

1. 制戒地點

《四分律》中制戒地點為「舍衛國祇樹給孤獨園」，《鼻奈耶》[2]、《根有律》[3]與《四分律》相同，《十誦律》[4]為「王舍城」，《僧祇律》[5]為「毗舍離」，《五分律》[6]為「舍衛城」，沒有提到給孤獨園，《巴利律》[7]為「毗舍離瞿曇廟中」。

2. 緣起比丘

《四分律》、《十誦律》、《五分律》、《巴利律》緣起比丘為「六群比丘」，《鼻奈耶》為「跋難陀」，《僧祇律》為「難陀」和「優波難陀」，《根有律》為「諸苾芻」。

---

1 《四分律》卷 6，《大正藏》22 冊，601 頁下欄至 603 頁上欄。

2 《鼻奈耶》卷 6，《大正藏》24 冊，874 頁中欄。

3 《根有律》卷 16，《大正藏》23 冊，711 頁上欄至 712 頁上欄。

4 《十誦律》卷 5，《大正藏》23 冊，29 頁下欄至 31 頁中欄；卷 53，《大正藏》23 冊，388 頁中欄。

5 《僧祇律》卷 8，《大正藏》22 冊，291 頁上欄至 293 頁下欄。

6 《五分律》卷 4，《大正藏》22 冊，23 頁上欄至下欄。

7 《經分別》卷 4，《漢譯南傳大藏經》1 冊，275 至 279 頁；《附隨》卷 1，《漢譯南傳大藏經》5 冊，52 頁。

3. 緣起情節

《十誦律》中只有一個本制，與《四分律》本制基本相同。

《根有律》、《巴利律》有一個本制和一個隨制，與《四分律》基本相同。

《鼻奈耶》只有一個本制，跋難陀的衣裳由於存放時間太久，發霉，腐爛，受到長者譏嫌。

《僧祇律》中有四個緣起、一個本制。第一個緣起是，難陀、優波難陀裝了滿滿一車衣運回僧團，車聲驚動了佛陀，後來佛陀根據自己實際的體驗制定比丘蓄三衣。第二個緣起是，優波難陀為二摩訶羅比丘分衣，自己拿走了大部分衣，受到其他比丘譏嫌，佛陀為大眾講述了優波難陀過去世也曾欺負二比丘的本事故事。第三個緣起中，世尊巡視比丘寮房，發現難陀蓄積了很多衣物，佛因此規定，比丘蓄長衣只能經一宿，並向大眾比丘講述了難陀過去多蓄衣的本事故事。第四個緣起是，國王的夫人供養世尊一千五百張氈，佛讓阿難把這些氈分給諸比丘，諸比丘不敢接受，阿難以此因緣白佛，佛因此規定，比丘十日作一次淨施法，即可蓄衣。本制情節為毗舍離人供養比丘衣物，而比丘不接受，佛因此正式制戒。

《五分律》中有一個本制、兩個隨制。本制中，六群比丘在食前、食後、晡時，皆穿著不同的衣服，有比丘譏嫌，佛陀因此制戒比丘不可蓄長衣過一天。第一個隨制是阿那律因為擔心犯戒而不敢取衣，以及波利邑的諸比丘安居後來拜見佛陀，因三衣粗重，倍感疲憊，佛因以上二事而增制此戒，比丘功德衣期間可以蓄長衣。第二個隨制是，阿難得到二張劫貝衣，想供養舍利弗尊者，恰巧舍利弗在別處住，十日內將會返回，佛因此增制此戒，比丘可蓄衣十日。

（二）緣起比丘形象

《四分律》記載緣起比丘「畜長衣，或早起衣，或中時衣，或晡時衣，彼常經營莊嚴如是衣服藏舉」，可見緣起比丘對衣服比較貪著和講究。

《鼻奈耶》、《十誦律》、《五分律》、《根有律》、《巴利律》記載緣起比丘的特點與《四分律》相同。

除此之外，《五分律》中緣起比丘在受到其他比丘的質問時，找種種理由為自己開脱，刻劃出喜歡強詞奪理的形象。如：「我亦聞之，但我此衣，或僧中得，或居士間得，或是糞掃衣，彼以著故與我，本不使我為五家畜。」

（三）犯戒內因

據《四分律》記載，緣起比丘蓄種種長衣，可看出內因是對衣服的貪心，這種貪心或許與其出家前王族的身分有關。對衣服過分考究、奢侈的生活習慣等也可能是其犯戒的原因。

其他律典與《四分律》基本相同。如《鼻奈耶》：「時跋難陀釋子貯畜衣裳，積久朽敗，蟲蠹鼠嚙。」《十誦律》、《五分律》中六群比丘一天換好幾套衣服等。

（四）犯戒外緣

《四分律》及其他律中都沒有涉及外緣的內容。

（五）犯戒後的影響

對於緣起比丘來説，首先，受到了僧團中少欲知足比丘的譏嫌。《四分律》中，諸比丘嫌責六群比丘：「如來聽持三衣，汝等云何畜長衣、早起衣、中時衣、晡時衣？』」《十誦律》記載：「云何名比丘多畜衣服，入聚落著異衣，出聚落著異衣？」

其次，遭到居士的譏嫌。《鼻奈耶》記載：「諸長者見，各懷嫌恨，自相謂言：『此沙門釋子衣裳節儉，而今貯畜衣裳，積久朽敗，蟲蠹鼠嚙。』」

其他律典沒有明確記載。

（六）佛陀考量

《四分律》中，六群比丘蓄長衣，受到了其他比丘的譏嫌，佛因此制戒，或許有出於協調比丘之間嫌隙的考慮。畢竟佛世時衣服是很難得到的，而六群比丘有着廣泛的社會關係，得到衣服相對容易，蓄種種衣會令其他比丘心理不平衡，進而引起譏嫌。另外，此種情況也與修行人少欲知足的精神相違背，很容易受到在家人的譏嫌。

《鼻奈耶》、《十誦律》、《五分律》、《巴利律》中，佛陀的考量與《四分律》相同。

此外，《根有律》中，比丘由於衣服太多而忙於整理，因此荒廢了道業：「於此等時各別著衣，舒張卷疊多有營務，廢修善品讀誦思惟。」受到了其他比丘的譏嫌，佛因此制戒並教誡比丘要少欲知足，可見佛陀也有出於關心比丘修行的考慮。

（七）文體分析

在諸律敘述的制戒緣起中，除《僧祇律》有因緣和本事，《五分律》有因緣和譬喻外，其他律典都只有因緣。

其中，《四分律》、《根有律》、《巴利律》有兩個因緣，《鼻奈耶》、《十誦律》有一個因緣，以上諸律描寫都比較簡單，沒有太細緻的情節。

《僧祇律》中有五個因緣，描寫較詳細。第一個因緣裏，描寫佛陀聽到難陀、優波難陀載滿衣服的車子聲音；第二個因緣裏，刻劃了優波難陀借為比丘分衣之際而投機取巧的形象。另外還有兩個本事，但敘述簡略。

《五分律》中有四個因緣和一個譬喻，整體描寫比較簡單。

二、戒本

《四分律》中，本戒的戒本為：「若比丘，衣已竟，迦絺那衣已出，畜長衣經十日，不淨施得畜。若過十日，尼薩耆波逸提。」

（一）若比丘，衣已竟

《四分律》、《四分僧戒本》[1]、《新刪定四分僧戒本》[2]、《四分律比丘戒本》[3]作「若比丘，衣已竟」，意思是：如果比丘衣已經做完（可引申為三衣已具足）。

與《四分律》相同：

《僧祇律》、《解脫戒經》[4]作「若比丘，衣已竟」。

與《四分律》相似：

《十誦律》、《僧祇比丘戒本》[5]作「若比丘，衣竟」。

《根有律》、《根有戒經》[6]、《根有律攝》[7]作「若復苾芻，作衣已竟」。

《五分律》、《彌沙塞五分戒本》[8]作「若比丘，三衣竟」。這兩部律典明確把「衣」描述為「三衣」。

梵文《說出世部戒經》[9]作"kṛtacīvarehi bhikṣūhi"，梵文《有部戒經》[10]、

1 《四分僧戒本》，《大正藏》22 冊，1025 頁上欄。

2 《新刪定四分僧戒本》，《卍續藏》39 冊，264 頁下欄。

3 《四分律比丘戒本》，《大正藏》22 冊，1017 頁上欄。

4 《解脫戒經》，《大正藏》24 冊，661 頁中欄。

5 《僧祇比丘戒本》，《大正藏》22 冊，551 頁上欄。

6 《根有戒經》，《大正藏》24 冊，502 頁中欄至下欄。

7 《根有律攝》卷 4，《大正藏》24 冊，551 頁上欄。

8 《彌沙塞五分戒本》，《大正藏》22 冊，196 頁上欄。

9 Nathmal Tatia, *Prātimokṣasūtram of the Lokottaravādimahāsāṅghika School*, Tibetan Sanskrit Works Series, no. 16, p. 13.

10 Georg von Simson, *Prātimokṣasūtra der Sarvāstivādins Teil II*, Sanskrittexte aus den Turfanfunden, XI, p. 184.

梵文《根有戒經》[1] 均作“niṣṭhitacīvareṇa bhikṣuṇā”，意思都是：比丘已經做完衣服。

巴利《戒經》[2] 作“niṭṭhitacīvarasmiṃ bhikkhunā”，意思是：比丘已經做完衣服。

藏文《根有戒經》[3] 作“དགེ་སློང་ཆོས་གོས་ཟིན་པས”，意思是：比丘法衣已經做完。

與《四分律》有部分差異：

《鼻奈耶》作「若比丘，有三衣」。

《十誦比丘戒本》[4] 作「若比丘，三衣具足訖」。

（二）迦絺那衣已出

《四分律》、《四分僧戒本》、《新刪定四分僧戒本》、《四分律比丘戒本》作「迦絺那衣已出」。在《漢語大詞典》中，「出」有「捨棄，完成」等意思，此句可以有不同的理解方式，意思是：迦絺那衣已經完成。或是：迦絺那衣已經捨棄（可引申理解為享有迦提五利的時間已經結束，即過了迦提月）。

與《四分律》相似：

《解脱戒經》作「出迦絺那衣」。

《根有律》、《根有戒經》、《根有律攝》作「羯恥那衣復出」，這裏的「羯恥那衣」對應《四分律》的「迦絺那衣」。

《十誦律》作「已捨迦絺那衣」。《僧祇律》、《僧祇比丘戒本》作「迦絺那衣已捨」。《五分律》、《彌沙塞五分戒本》作「捨迦絺那衣已」。

梵文《說出世部戒經》作“uddhṛtasmin kaṭhine”，梵文《有部戒經》、梵文《根有戒經》均作“uddhṛte kaṭhine”，以上三部梵文戒經的意思是：迦

1 Anukul Chandra Banerjee, *Two Buddhist Vinaya Texts in Sanskrit*, p. 25.

2 Bhikkhu Ñāṇatusita, *Analysis of The Bhikkhu Pātimokkha*, p. 105.

3 麗江版《甘珠爾》（འདང་བཀའ་འགྱུར།）第 5 函《別解脱經》（སོ་སོར་ཐར་པའི་མདོ།）8a。

4 《十誦比丘戒本》，《大正藏》23 冊，471 頁中欄。

絺那衣已捨。

巴利《戒經》作“ubbhatasmiṃ kaṭhine”，意思是：迦絺那衣已捨。

藏文《根有戒經》作“སྲ་བརྐྱང་ཕྱུང་ན།”，意思是：迦絺那衣已捨。

《十誦律》及之後律典中的「捨」與《四分律》的「出」略有差異，但含義相同。

與《四分律》差異較大：

《十誦比丘戒本》作「迦絺那衣時」，其中「時」對應《四分律》的「已出」。

《鼻奈耶》作「及一日成衣」。

（三）畜長衣經十日，不淨施得畜

《四分律》、《四分律比丘戒本》作「畜長衣經十日，不淨施得畜」，意思是：蓄存三衣以外的衣服，不作淨施（最多）可以蓄十天。

與《四分律》相似：

《四分僧戒本》作「畜長衣經十日，不淨施得持」，《新刪定四分僧戒本》作「得長衣經十日，不淨施得畜」。

《根有律》、《根有戒經》、《根有律攝》作「得長衣齊十日，不分別應畜」，此處的「不分別」，對應《四分律》的「不淨施」。

梵文《根有戒經》作“daśāhaparamaṃ atirekacīvaram avikalpitaṃ dhārayitavyaṃ”，意思是：多餘的衣服，沒有（作）分別（法），（比丘）最多可以持有十天。

與《四分律》有部分差異：

《十誦律》作「畜長衣得至十日」，《十誦比丘戒本》作「長衣乃至十日應畜」。

《僧祇律》作「若得長衣得至十日畜」，《僧祇比丘戒本》作「若得長衣十日畜」。

《五分律》、《彌沙塞五分戒本》作「長衣乃至十日」，省略了《四分律》中提到的「畜」字。

《解脫戒經》作「畜長衣經十日得持」。

梵文《說出世部戒經》作“daśāhaparamaṃ bhikṣuṇā atirekacīvaraṃ dhārayitavyaṃ”，意思是：比丘可以持有多餘的衣服最多十天。

梵文《有部戒經》作“daśāhaparamam atiriktaṃ cīvaraṃ dhārayitavyaṃ”，意思是：多餘的衣服（比丘）最多可以持有十天。

巴利《戒經》作“dasāhaparamaṃ atirekacīvaraṃ dhāretabbaṃ”，意思是：多餘的衣服（比丘）最多可以持有十天。

藏文《根有戒經》作“ཞག་བཅུའི་བར་དུ་གོས་ལྷག་པ་རྣམ་པར་མ་བརྟགས་པ་བཅང་བར་བྱའོ།”，意思是：多餘之衣十日之內可以持有蓄用是無疑的。

相比《四分律》，以上律典中都缺少「不淨施」。

與《四分律》差異較大：

《鼻奈耶》作「得終身持」，與《四分律》及其他律典都不相同。

（四）若過十日

《四分律》、《四分律比丘戒本》作「若過十日」，意思是：如果超過十天。

與《四分律》相似：

《僧祇律》作「過十日者」。

與《四分律》有部分差異：

《四分僧戒本》、《新刪定四分僧戒本》、《鼻奈耶》、《僧祇比丘戒本》作「若過者」。

《十誦律》作「若過是畜者」，《十誦比丘戒本》、《解脫戒經》作「若過畜」，《根有律》、《根有戒經》、《根有律攝》作「若過畜者」。

《五分律》、《彌沙塞五分戒本》作「若過」。

梵文《說出世部戒經》作“taduttariṃ dhāreya”，梵文《有部戒經》作“tata uttaraṃ dhārayen”，梵文《根有戒經》作“tataḥ uttari dhārayen”，以上三部梵文戒經的意思是：如果持有超過如上（期限）。

巴利《戒經》作“taṃ atikkāmayato”，意思是：如果超過了（十日）。

藏文《根有戒經》作“དེ་ལས་འདས་པར་བཅངས་ན་”，意思是：如果從那時起持、蓄過了時限。

以上律典相比《四分律》都少「十日」的描述，但從戒條整體意思看與《四分律》相同。

（五）尼薩耆波逸提

《四分律》、《四分僧戒本》、《新刪定四分僧戒本》、《四分律比丘戒本》作「尼薩耆波逸提」，為梵文的音譯，意思是：（犯）捨墮（罪）。

與《四分律》相同：

《五分律》、《彌沙塞五分戒本》、《解脫戒經》作「尼薩耆波逸提」。

與《四分律》相似：

《鼻奈耶》作「尼薩耆貝逸提」。

《十誦律》、《十誦比丘戒本》、《僧祇律》、《僧祇比丘戒本》作「尼薩耆波夜提」。

《根有律》、《根有戒經》、《根有律攝》作「泥薩祇波逸底迦」。

梵文《說出世部戒經》作“nissargikapācattikaṃ”，梵文《有部戒經》作“niḥsargikā pātayantikā”，梵文《根有戒經》作“naisargikā pāyantikā”，以上三部梵文戒經意思是：捨墮。

巴利《戒經》作“nissaggiyaṃ pācittiyaṃ”，意思是：捨墮。

藏文《根有戒經》作“སྤང་བའི་ལྟུང་བྱེད་དོ།།”，意思是：捨墮。

三、關鍵詞

(一) 長衣

梵文《説出世部戒經》和梵文《根有戒經》均作“atirekacīvara”，該詞由“atireka（多餘的、過剩的）”和“cīvara（衣服）”構成，意思是多餘的衣服（英譯：extra robe）。

巴利《戒經》作“atirekacīvara”，用詞和意思與梵文戒經相同。

藏文《根有戒經》作“གོས་（衣服）ལྷག་པ་（多餘）”，意思是多餘的衣服（英譯：extra robe）。

《四分律》中解釋：「長衣者，若長如來八指，若廣四指是。」意思是：長度超過如來八指，寬度超過四指的衣。若不足上述的大小，則不算是長衣。

《十誦律》中解釋：「長衣者，除僧伽梨、鬱多羅僧、安陀衛，餘殘衣名為長衣。」也就是説除去三衣以外的衣，皆名為長衣。《五分律》中，「長者，三衣之外，皆名長；衣者，劫貝衣、欽波羅衣、野蠶綿衣、紵衣、麻衣」，其內涵與《十誦律》相同。

《僧祇律》中解釋：「長衣者，除所受持衣，餘衣是。」《根有律》：「長衣者，謂受持衣外別有餘衣，作分別法應畜。」《根有律攝》記載：「言長衣者，謂守持衣外得所餘衣，體應淨物，是合分別。」[1]《巴利律》記載：「長衣者，非受持衣，未經説淨也。」此四部律典對「長衣」解釋相同。

綜上所述，詞源分析中，梵巴藏戒經內涵一致，都是指多餘的衣服。漢譯律典中，有關「長衣」的解釋可分兩種：1.《四分律》中給出明確的大小：「長如來八指，若廣四指」；2.《十誦律》、《五分律》中所指的是比丘受持三衣（僧伽梨、鬱多羅僧、安陀衛）以外的其他衣。其中，《僧祇律》、《根有

1 《根有律攝》卷 5，《大正藏》24 冊，553 頁上欄。

律》、《根有律攝》、《巴利律》中所指比丘受持衣以外的其他衣，此處所提到的受持衣，就是指比丘的三衣，因此這四部律典與《十誦律》、《五分律》內涵一致。

（二）衣已竟

梵文《說出世部戒經》中為“kṛtacīvara”，該詞由“kṛta（做完）”和“cīvara（衣服）”組成，意思是：衣已作完（英譯：robe has been finished）。梵文《有部戒經》和《根有戒經》都作“niṣṭhitacīvara”，類似地，該詞也由“niṣṭhita（做完）”和“cīvara（衣服）”構成，意思與梵語《說出世部戒經》相同。巴利《戒經》中對應為“niṭṭhitacīvara”，該詞由“niṭṭhita（做完）”和“civara（衣）”兩個詞組成，意思與梵文戒經相同。藏文《根有戒經》作“ཆོས་གོས་（法衣）ཟིན་པས་（已完成）”，意思是：法衣已經做完（英譯：robes being already accomplished）。

《四分律》記載：「衣竟者，三衣、迦絺那衣已出。」意思是比丘的三衣已經製作完成或迦絺那衣已捨。《巴利律》與之相同。《五分律》記載：「三衣竟者，浣、染、縫竟。」此律只提到三衣已經製作完成，沒有提到迦絺那衣。《根有律》與《五分律》一致。《僧祇律》記載：「衣已竟者，比丘三衣已成，是名衣竟；不受迦絺那衣亦名衣竟；已捨迦絺那衣亦名衣竟；浣、染衣訖，亦名衣竟。」此律提到了四種「衣已竟」：1. 比丘三衣已經製作完成；2. 不受迦絺那衣；3. 已捨迦絺那衣；4. 衣服已經浣、染完成。

綜上所述，詞源分析中，梵巴藏戒經內涵一致，都是指衣服已經作完。《四分律》、《巴利律》包含三衣已製作完成、迦絺那衣已捨兩層含義。《五分律》、《根有律》只有三衣製作完成一種內涵。《僧祇律》中的內涵最為豐富，「衣已竟」有四種情況。

(三) 迦絺那衣已出

梵文《有部戒經》、梵文《根有戒經》均作“uddhṛta（捨去）kaṭhina（迦絺那衣）”，意思是：迦絺那衣已經捨去（英譯：kaṭhina has been abandoned）。梵文《說出世部戒經》中為“uddhṛta（出）kaṭhina（迦絺那衣、功德衣）”，意思是：迦絺那衣已捨。《巴利律》中對應為“ubbhatasmim（已捨去）kathine（迦絺那衣、功德衣）”，意思是：功德衣已捨去。

藏文《根有戒經》作“སྲ་བརྐྱང་（迦絺那衣）ཕྱུང（除去、棄捨、移動）”，意思是：迦絺那衣已經捨去（英譯：kaṭhina has been removed）。

《四分律》、《十誦律》、《僧祇律》、《根有律》中沒有「迦絺那衣已出」詳細解釋。

《五分律》特別提到迦絺那衣需要白二羯磨捨。《巴利律》中，捨迦絺那衣有兩種情況：「從八事中之一事而捨，或由僧於中間捨。」

綜上所述，詞源分析中，梵巴藏戒經內涵相同，指迦絺那衣已經捨去。漢譯律典中，《五分律》記載捨迦絺那衣需白二羯磨，《巴利律》中則記載可以僧中捨迦絺那衣，也可以從「八事」中一事而捨。

(四) 尼薩耆波逸提

梵文《有部戒經》作“niḥsargikā pātayantikā”，其中“niḥsargikā”意為「捨」，音譯為「尼薩耆」，“pātayantikā”意為「墮」，音譯為「波逸提」，引申的含義是需要捨棄的墮罪（英譯：transgression causing fall and involving forfeiture）。梵文《說出世部戒經》作“nissargikapācattika”，梵文《根有戒經》作“nissargikā pācattikā”，意思與梵文《有部戒經》相同。

巴利《戒經》作“nissaggiya pācittiya”，其中“nissaggiya”意為「捨」，“pācittiya”根據義注中解釋為「令心墮落為波逸提（pāteti cittan'ti pācittiyaṃ）（Pv. A. 339）」，不過該詞的詞源並不明確，也有可能來自吠陀梵語的“práyaścitta”一詞，由此而解釋成：應悔（英譯：involving expiation）。

藏文《根有戒經》作“སྤང་བའི་（棄捨）ལྟུང་བྱེད་（墮落）”，意思是：（應）棄捨（財產）的墮落之（罪）（英譯：a sin which involves forfeiture）。

《四分律》中沒有相關解釋。

《十誦律》中解釋為：「尼薩耆波夜提者，是衣應捨，波夜提罪應悔過。」

《僧祇律》中解釋為：「尼薩耆波夜提者，是長衣應僧中捨，波夜提罪懺悔，不捨而悔者，越比尼罪；波夜提者，能墮惡道，開罪、現罪、舉罪、施設罪名也。」

《根有律》中解釋為：「若過畜泥薩祇波逸底迦者，此物應捨，其罪應說。」

《善見論》中解釋為：「尼薩耆者，漢言捨，此是律法，波夜提罪應懺悔。」[1]

綜上所述，梵文戒經與藏文《根有戒經》意思都是需要捨棄的墮罪。巴利《戒經》可能有兩種解釋：令心墮落為波逸提或者應悔。漢文律典的內涵一致，都包含「長財應捨和波逸提罪應懺悔」兩重含義。

1　《善見論》卷 14，《大正藏》24 冊，772 頁上欄。

四、辨相

(一) 犯緣

具足以下五個方面的犯緣便正犯本戒：

1. 所犯境

《四分律》中，所犯境是長衣。

《鼻奈耶》中，所犯境為「三衣及一日成衣」之外的衣，也就是長衣。

藏傳《苾芻學處》[1]的所犯境是比丘的應量衣，「所持物是衣。因清淨、應量（一肘以上），是自所有，現前自在，不可希望滿足衣，或雖可希望而無望處，未作加持，或雖作加持為他所染」。

《明了論》沒有此戒的記載，下不贅述。

其他律典所犯境與《四分律》相同。

2. 能犯心

（1）發起心

《四分律》中沒有提到本戒的發起心。

《根有律攝》[2]中，發起心為：「多煩惱，貪染纏心，或愚癡，或惛沈，或心放逸。」

《僧祇律》中，比丘即使沒有主動的發起心，「愚暗故」也會正犯此戒。

藏傳《苾芻學處》的發起心為：「無所顧忌，隨意受持，其心相續未斷。」

其他律典與《四分律》相同。

---

1 《苾芻學處》，《宗喀巴大師集》卷 5，71 頁至 72 頁。

2 《根有律攝》卷 5，《大正藏》24 冊，551 頁上欄至 555 頁上欄。

（2）想心

《四分律》中沒有提到想心相關的犯緣。

《鼻奈耶》、《十誦律》、《薩婆多論》[1]、《摩得勒伽》[2]、《五分律》、《根有律》、《毗尼母經》與《四分律》相同。

《善見論》[3]記載：「長衣不受持不淨施……不以想脫，知過十日得罪，不知過十日亦得罪。」

《僧祇律》記載：「不失失想、失不失想，若失失想，皆不犯，過十日無罪。不失不失想，過十日，尼薩耆波夜提。」由此可知，此律的想心為：對未失的長衣作不失想。另外，若「比丘不受迦絺那衣謂受想、捨迦絺那衣不捨想、不受衣謂受想、不作淨謂淨想、不與謂與衣想、不記識謂記識想」，也正犯此戒。

《根有律攝》中，「作未得想」，不犯。因此，此律的想心為知道自己蓄有長衣。

《巴利律》中，按實際情況結罪，不以想心結罪：「於過十日有過想者，捨墮；於過十日有疑想者，捨墮；於過十日有不過想者，捨墮。於非受持有受持想者，捨墮。於不說淨有說淨想者，捨墮。於不捨有捨想者，捨墮。於不失有失想者，捨墮。於不壞有壞想者，捨墮。於不燒有燒想者，捨墮。於不被奪有被奪想者，捨墮。」

藏傳《苾芻學處》為「想不錯亂」。

3. 方便加行

《四分律》中，方便加行為蓄長衣超過十日。

《鼻奈耶》中，方便加行為持有長衣。

藏傳《苾芻學處》中，加行是「若由自力或由染力受持十夜相續不斷」。

1 《薩婆多論》卷 4，《大正藏》23 冊，525 頁下欄至 528 頁中欄。

2 《摩得勒伽》卷 2，《大正藏》23 冊，572 頁下欄。

3 《善見論》卷 14，《大正藏》24 冊，771 頁中欄至 773 頁上欄。

其他律典與《四分律》相同。

4. 究竟成犯

《四分律》中究竟成犯為蓄長衣到第十一日明相出。

《鼻奈耶》中，究竟成犯為「若過者」，但「過者」的具體內涵《鼻奈耶》沒有詳細說明。

《毗尼母經》中，「若過十日不作淨施，犯尼薩耆；若復放逸故不說淨者，以心惡故，不滿十日皆犯捨墮」[1]。

藏傳《苾芻學處》中，「若由自力或由染力過量後夜分成犯」，具體期限為「至十日明相出時」。

《僧祇律》為「過十日」。

其他律典與《四分律》相同。

《善見論》中還有關於結罪次數的記載：「若多衣縛束一處，過十日得一罪；若散衣不縛束，計衣多少隨得罪，捨已然後懺悔。」

《僧祇律》另外提到，如果是和別人一起分衣服、購買衣服、別人要送自己衣服、請別人織衣服、從供僧物中分到衣服等情況，都是從衣服實際入手的那一刻開始算蓄長衣的時間，之前等待的時間不算。

本戒究竟成犯中的期限，有兩種情況：一是長衣自身蓄滿十日到第十一日明相出而過限；二是後得衣被前面所得長衣「染污」，後得衣犯捨墮的實際期限須取前衣距犯捨墮的期限，可能不滿十天（詳情見後文專題「律典中長衣被染的方式和時限的計算」）。對於有長衣被染概念的律典，本辨相中所提及的「過限」、「十日」，按染後的實際期限理解。在此作統一說明，為行文簡潔，其他地方不再單獨解釋。

5. 犯戒主體

《四分律》中，犯戒主體是比丘，比丘尼同犯。

---

1 《毗尼母經》卷 4，《大正藏》24 冊，820 頁下欄。

《薩婆多論》、《五分律》、藏傳《苾芻學處》與《四分律》相同。另外，藏傳《苾芻學處》中，「犯戒人是未張羯恥那衣者」。

其他律典犯戒主體是比丘，沒有提比丘尼的情況。

（二）輕重

1. 所犯境

《四分律》中，蓄有長衣，犯捨墮。沒有提到犯輕的情況。

《鼻奈耶》中，持有「三衣及一日成衣」之外的衣，也就是長衣，即犯捨墮。沒有提到犯輕的情況。

《十誦律》、《僧祇律》、《根有律》、《巴利律》、《毗尼母經》與《四分律》相同。

《善見論》中，蓄長衣結捨墮罪。

《摩得勒伽》中，蓄長衣，捨墮；若是「不淨物雜作衣，謂駱駝毛、牛毛」，則結突吉羅罪。

《薩婆多論》中，應量衣過蓄，捨墮；不應量衣過蓄，犯突吉羅。「應量衣應捨、對手作波逸提懺；不應量衣應捨，作突吉羅懺。」「一、牛嚼衣，二、鼠嚙衣，三、火燒衣，此三糞掃衣，長過十日得捨墮。二種衣不得捨墮，一、男女初交會污衣，二、女人產污衣，過十日得突吉羅。」

《五分律》中，長三衣，捨墮。「除長三衣，若長餘衣乃至手巾，過十日，皆突吉羅」。

《根有律攝》中，長衣，犯捨墮。此外，「若衣縷雜駝毛者，過十日時但得惡作，以不淨故」。

藏傳《苾芻學處》的所犯境是比丘的應量衣，「所持物是衣。因清淨、應量（一肘以上），是自所有，現前自在，不可希望滿足衣，或雖可希望而無望處，未作加持，或雖作加持為他所染」。另外，此律還記載：「如未滿一肘，無所望處；或不能覆三輪之半量；或因不清淨，如駝毛等所作衣；或希望不成者具足希望而受持，過十夜是十日持衣之惡作罪。如栽絨毯等希望不成者亦犯十日持衣罪。」

2. 能犯心

（1）發起心

《四分律》中沒有提到本戒的發起心。除《僧祇律》、《根有律攝》和藏傳《苾芻學處》外，其他律典與《四分律》相同。

《僧祇律》中，比丘就算「愚暗故，不作淨」，也會正犯捨墮。從此處記載可以看出，《僧祇律》中此戒不需要主動的發心，只要比丘沒認真防護此戒，就會正犯。

《根有律攝》中，「或多煩惱貪染纏心，或愚癡，或惛沈，或心放逸不為分別者，咸得本罪」。

藏傳《苾芻學處》中，「無所顧忌，隨意受持，其心相續未斷」，犯捨墮。

（2）想心

《四分律》中沒有想心的判罪記載。

《僧祇律》中，不失不失想，過十日，尼薩耆波逸提。比丘不受迦絺那衣謂受想、捨迦絺那衣不捨想、不受衣謂受想（三衣不受但是作已受想）、不作淨謂淨想、不與謂與衣想（沒有給塔、僧、人等）、不記識謂記識想（以為自己所得衣不屬於長衣的類型），都犯捨墮。

《根有律攝》中，比丘知道自己蓄有長衣，犯捨墮。此外，「若已分別作未分別想，但得墮罪，而不須捨，由此無有治罰事故」。

《巴利律》中，過十日有過想、疑、不過想，或是於非受持有受持想、不說淨有說淨想、不捨有捨想、不失有失想、不壞有壞想、不燒有燒想、不被奪有被奪想，均犯捨墮。此外，「不過十日而有過想者，突吉羅；不過十日而有疑想者，突吉羅」。

《善見論》記載：「此戒從身心口起，長衣不受持不淨施，過十日得罪，不以想脫，知過十日得罪，不知過十日亦得罪。」

藏傳《苾芻學處》中「想不錯亂」，犯捨墮。

其他律典沒有想心的相關記載。

3. 方便加行

《四分律》中，如果蓄長衣超過十日，犯捨墮。另外，如果犯捨墮的衣服不捨去而是去換了其他的衣服，則犯一個捨墮和一個突吉羅。

《根有律》中，犯捨墮後所得到的衣物乃至其他生活用品，會被已犯捨墮衣染污而犯捨墮。「若苾芻畜長衣已犯捨墮不為三事，凡所得衣，若鉢、鉢絡、水羅、腰絛乃至隨有所得沙門資具養命之緣，並泥薩祇波逸底迦，由前染故。」

《僧祇律》中，藏衣未及時取超過十日，捨墮。「若比丘道路行恐畏處，藏衣而去，過十日取者，尼薩耆波夜提。若有人取是衣物，持來與比丘者，亦尼薩耆波夜提。」非處作淨（俗人、畜生、沒有認知能力的人等處作淨），犯捨墮。如果作淨時心言口不言，屬於非法淨，得越毗尼罪。「內心說淨，而口不言，是名非法淨，犯越比尼罪。若口說者，無罪。」

《巴利律》中，「捨墮衣，不捨而受用者，突吉羅」。

《善見論》中，「若犯捨墮，衣不捨不懺悔，隨著，一一突吉羅罪；若一著不脫乃至破，一突吉羅罪」。

《薩婆多論》中，「地了時捨衣、罪已悔過、次續心斷，向暮更求得衣」，或者「若衣已捨、次續已斷、罪未悔過，正使多日得衣」，均結突吉羅罪，且衣應該捨。

《摩得勒伽》中，「頻日得衣，先尼薩耆罪未懺悔，離衣宿已不受三衣過十夜，尼薩耆」。這裏的「頻日得衣」是指連續數日得衣。這段引文是指比丘犯了離衣宿戒，不懺悔，也不受三衣，過十天後此三衣也成為捨墮衣。

諸律方便加行的正犯情況，如犯緣中所述。

4. 究竟成犯

《四分律》中，蓄長衣不淨施過十日，至第十一日明相出，犯捨墮。

《鼻奈耶》中，究竟成犯為「若過者」時，犯捨墮，但是律文中沒有說明「過者」的具體所指。

《毗尼母經》中，「若過十日不作淨施，犯尼薩耆；若復放逸故不說淨者，以心惡故，不滿十日皆犯捨墮」。

《僧祇律》中，「過十日，一切尼薩耆波夜提」。

其他律典與《四分律》相同。除此以外，《根有律攝》還記載：「若作是念『此衣齊至某日，我當分別[1]，或至十日我當分別』者，中間無犯。若不生心為分齊者，於日日中得惡作罪。」

5. 犯戒主體

《四分律》中的犯戒主體是比丘，比丘尼同犯。式叉摩那、沙彌、沙彌尼，突吉羅。《薩婆多論》、《五分律》與《四分律》相同。其中，《薩婆多論》還記載，沙彌「若得應量、不應量衣，亦至十日，過十日，長物捨，作突吉羅懺」。

藏傳《苾芻學處》中，「犯戒人是未張羯恥那衣者」。此律中，比丘、比丘尼同犯捨墮。

其他律典中，比丘犯捨墮。

（三）不犯

1. 所犯境不具足

《四分律》中，如果比丘三衣有損失，所得衣不算長衣故不犯。如律文：「若奪衣、失衣、燒衣、漂衣，取著，若他與著，若他與作，彼不犯」。十日內所得衣，「失衣」、「故壞」或作了「非衣」，不犯。

《薩婆多論》中，若缺三衣，蓄衣不犯。「又缺衣故，過十日無長衣罪。」

《巴利律》中，「失、壞、燒、被奪而取〔衣〕、以親厚想取」，不犯，與《四分律》同。

《善見論》中，「於十日內若說淨，若失，是名無罪」。另外，有些衣物不需說淨，過限蓄不犯：「尼師檀受持不須說淨；覆瘡衣不須說淨，瘡差已說

1 分別：這裏是指為長衣作淨。

淨；敷具受持不須說淨；朱羅波利迦羅衣受持不須說淨；手巾受持不須說淨。」

《根有律攝》中，借穿不犯，因非己物：「或時施主作如是言：『此是我物，仁當受用。』雖不分別，用之無犯。」「十日內衣有損失者，無犯。」衣服不應量，不犯：「或時物少不滿一肘……斯皆無犯。」

《摩得勒伽》中，「若燒若失」，不犯。

2. 能犯心不具足

發起心方面：

《根有律攝》中，「若為三寶畜衣，非犯」。

想心方面：

《四分律》中，以為所得衣已經失去或損壞，不犯：「若賊奪想，若失想，若燒想，若漂想，不淨施、不遣與人，不犯。」另外：「如是若遣與人（句亦如上）、若失衣（句亦如上）、若故壞（句亦如上）、若作非衣（句亦如上）、若作親友意取（句亦如上）、若忘去（句亦如上），盡尼薩耆。」意思是「遣與人」至「忘去」等情況，和前文十日內得衣「淨施」與否的判法相同；從此可以推出「遣與人」至「忘去」等也不犯。

《僧祇律》中，若不失作失想，或是失作不失、失想，均不犯。如律文：「不失失想、失不失想，若失失想，皆不犯，過十日無罪。」

《根有律攝》中，「不憶者無犯」。「未得想」，不犯。

《巴利律》：「不過十日而有不過想者，不犯也。」

3. 方便加行不具足

《四分律》中，「齊十日內，若轉淨施，若遣與人」，不犯。

除《鼻奈耶》中無此開緣外，其他律典與《四分律》相同，即若十日內淨施、與人、受持等，不犯。

4. 犯戒主體不具足

《四分律》：「不犯者，最初未制戒，癡狂、心亂、痛惱所纏。」

《五分律》、《根有律》與《四分律》相同。

《根有律攝》：「或復聾盲而不聞見」，不犯。此外，「得衣五日即顛狂者，後若得心，更開五日。餘義通塞，准事應思。」

《薩婆多論》：「若彼心亂、心病、壞心，若不解擯，不得本心，乃至命盡不犯此戒。」

《摩得勒伽》中，「若狂，若心散亂，若苦病癡騃者」，不犯。此外，如果得長衣後「十夜內無常」，不犯。如果得長衣之後在十日內發狂，在此比丘「得本心（即恢復正常）」之前，不犯。

《巴利律》：「癡狂者、最初之犯行者，不犯也。」

《十誦律》中也有「比丘狂心、散亂心、病壞心」不犯的描述，如：「問：『若比丘得長衣五日，是比丘狂心、散亂心、病壞心，齊何數作十日？』答：『數得自心日。』」

5. 開緣

《四分律》中，如果迦絺那衣未捨棄，則蓄長衣過十日不犯。除《鼻奈耶》、《薩婆多論》、《摩得勒伽》外，其他律典在這點上與《四分律》相同。其中，《四分律》、《十誦律》、《五分律》、《根有律》、《根有律攝》、《巴利律》的開緣出自戒條或關鍵詞。

《四分律》中，由於客觀原因而不能在期限內對長衣作淨施或送給別人，不犯。如：「彼受付囑衣者，若命終，若遠出，若休道，若為賊強將去，若為惡獸所害，若為水漂溺。」

《薩婆多論》中，「若初日得衣，上入天宮，北至鬱單越住。彼若至命盡，不犯此戒；後歸本處，計日成罪」。

《僧祇律》中，如果長衣未入手，不犯。此律為這一開緣列舉了許多例子，如律文：「若比丘二人共物，未分不犯。」「若比丘，婆羅門舍請僧食並施衣物。有病比丘，囑人取衣分，是比丘持衣分來，雖久未與，不犯。」「若比丘聞若師、若弟子送衣與，未得，雖久不犯。」「若比丘買衣，雖價決了，未得，不犯。」「若比丘於佛生處、得道處、轉法輪處、阿難設會處、羅云設會處、五歲會處，大得布施諸衣物，是物入僧末分者，雖久不犯。」此外，此律還記載了兩個開緣：「若比丘為賊所逐，遂便捨衣走，過十日已有人得衣，來還比丘者，無罪。」「是物已分，多人共得一分，中有善毗尼人，能為眾人同意作淨者，無罪。」

《根有律攝》中，若長衣寄存在別人那裏而無法及時處理，不犯。

五、原理

（一）對貪煩惱的遮止

「長衣戒」是一條遮戒，主要防範比丘的貪煩惱，通過遮止比丘過多地蓄用衣服來對治貪欲。同時，避免比丘因為蓄衣過多引發種種繁雜事務，妨礙修行。《根有律攝》中闡明了此戒的制戒意趣：「言棄捨者，若人稟性愛多衣者，三衣之外並應捨棄，由貪好衣嬈亂心故，增長耽著，障道眼故，應著糞掃衣。愛細滑衣者，應著氈毛衣。著糞掃衣人及住屍林人，僧祇好物不應受用，所謂衣帔雜色褥等。」通過破除貪欲煩惱，修行者才能夠專心向道。

（二）社會、地理氣候對本戒的影響

本戒的制定也受到了古印度的社會和地理氣候的較大影響。

1. 社會背景分析

當時的印度社會，各種宗教盛行，很多外道以苦行為主，比如裸形外道，認為人不應該有任何私有財產，甚至連衣服也不應該有。在家人之所以供養出家人，也是基於對他們能夠捨棄世俗享樂而追求精神境界的敬佩。作為以解脫生死為根本目標的佛教比丘，在資具用度方面雖然不像苦行派那麼苛刻，但也不能奢華、沒有限度，否則必然引來多方的譏嫌。

2. 社會經濟狀況

在距今兩千多年的古印度社會，生產力水平低下。衣服在當時屬於貴重物品。比丘一般不從事勞動生產，日常所需全靠居士供養。如果居士的身分是財力雄厚的國王、長者，供養幾件衣十分容易，但更多的居士只是普通的社會大眾，供養一件衣服十分不易。因此，比丘如果過度蓄衣，會加重居士的經濟負擔。此戒通過限制比丘蓄衣的數量來保護居士，使居士不至於負擔過重。

3. 地理氣候的影響

印度地處南亞次大陸，大部分地區屬於熱帶季風氣候，天氣炎熱，人們不需要穿過多的衣服。如《僧祇律》中，佛陀在「冬中八夜大寒雨雪」的一天做實驗，觀察到在最冷的天氣狀況下比丘有三件衣就足夠了。

另外，印度面臨印度洋，空氣異常濕熱，蟲類活動頻繁，繁殖速度很快，衣物很容易生蟲，長時間存放容易發霉，甚至腐爛。《四分律》、《鼻奈耶》、《十誦律》、《五分律》等多部律中就記載了比丘蓄種種衣，因存放太久而使其「朽爛蟲壞」。

（三）長衣說淨法的內涵

通過諸律的緣起可知，六群比丘過多貪蓄衣服，佛陀為了讓比丘能夠蓄用長衣，又不增長貪心，於是規定比丘可以通過說淨法淨施後蓄作長衣。淨施有真實淨、展轉淨兩種，其原理都是通過作法施衣，名義上讓他人「管護」長衣，以此來對治比丘對衣物的佔有欲。

關於長衣的說淨法，《薩婆多論》中提到：「一切淨施，九十六種，無淨施法，佛大慈大悲方便力故，教令淨施，是方便施，非是真施也。」由此看出展轉淨並非是真正將衣施與對方，而是一種方便的做法。另外，《薩婆多論》中還提到佛為何要開此方便：「佛法以少欲為本，是故結戒不畜長財，而眾生根性不同，或有眾生多須畜積，而後行道得證聖法。是故如來先為結戒而後方便，於佛法無礙，眾生得益。」

因此，在有實際需求的情況下，比丘可以蓄用長衣，但需要作淨來破除對衣的貪著。另外，當有多餘衣服時，可以布施給那些缺衣的比丘，發揮長衣的最大價值。

（四）比丘與糞掃衣的關係

糞掃衣，指被扔掉的衣服，「糞」這裏指掃除。在佛陀成立僧團初期，最初的五比丘已經習慣了在尸陀林中的苦行生活，皆穿糞掃衣。[1]

隨着僧團不斷發展壯大，信眾逐漸增多，開始有居士主動供養比丘衣服，但最初，比丘不敢接受。《四分律》記載：「時舍衛長者見，心生慈愍，以多好衣棄置巷陌，若廁上，為比丘故，使人守護，不令人取。」[2] 這種「好衣」與居士所穿差不多，佛陀開許比丘著這種衣。《五分律》中記載：「從今諸比丘欲著家衣，聽受，然少欲知足著糞掃衣，我所讚歎。」[3] 佛陀允許比丘接受供養的「家衣」，但仍讚歎著糞掃衣。

比丘有時候也會遇到品質好的糞掃衣。如《四分律》：「時阿難從人得一貴價糞掃衣，欲以奉大迦葉。」

迦葉尊者著糞掃衣是為了給後世比丘樹立一種榜樣，讓他們知道過去上座比丘得六神通，以奉行智慧梵行的生活為快樂，不以苦行而生抱怨。後世比丘「淨心隨喜」，對自己出家修行的道路也就更加充滿信心。[4]

---

1 《四分律》卷 39：「五人白佛：『我等當持何等衣？』佛言：『聽持糞掃衣及十種衣。』」《大正藏》22 冊，849 頁中欄。

2 《四分律》卷 39，《大正藏》22 冊，849 頁中欄。

3 《五分律》卷 20，《大正藏》22 冊，134 頁中欄。

4 《雜阿含經》卷 41：「迦葉尊者白佛言：『世尊，我觀二種義，現法得安樂住義，復為未來眾生，而作大明。未來世眾生當如是念：「過去上座六神通，出家日久，梵行純熟，為世尊所歎，智慧梵行者之所奉事。彼於長夜習阿練若，讚歎阿練若、糞掃衣、乞食，讚歎糞掃衣、乞食法。諸有聞者，淨心隨喜，長夜皆得安樂饒益。」』」《大正藏》2 冊，301 頁下欄。

六、專題

專題1：佛世時比丘衣的演變歷程

（一）佛世時比丘衣的歷史

1. 糞掃衣

（1）最初的僧服——糞掃衣

佛成道之後，遵照往昔的誓言，來到鹿野苑中度化昔日的五比丘（憍陳如、阿濕婆、跋提、摩訶男拘利以及十力迦葉）。佛於此初轉法輪，為五人宣說四聖諦和八正道，令其捨離苦行而行中道，憍陳如等五比丘正式成為佛的弟子。從此，僧團建立。

五比丘捨離苦行而行中道，開始了乞食的生活。他們長期在鹿野苑中苦修，早已衣不蔽體，因而，找合適的衣服成為當務之急。於是，五比丘向佛請示，應該穿什麼樣的衣服，如《四分律》:「五人白佛:『我等當持何等衣？』」佛因此第一次為比丘們定下了衣服的樣式，即「糞掃衣及十種衣」。五比丘已經習慣了苦行，佛陀自然會給他們一個適應的階段，糞掃衣最恰當，既不會太奢華，又很實用。佛當初六年苦行「衣服弊壞」，當他準備放棄苦行時，得到的第一件衣也是糞掃衣。如《方廣大莊嚴經》卷7中，「菩薩復作是念，六年勤苦衣服弊壞，於尸陀林下見有故破糞掃之衣，將欲取之」，得衣後，佛親自洗浣，如經中：「然菩薩欲使將來諸比丘眾不令他人洗浣故衣，即便自洗，不與帝釋。」[1] 對於剛剛結束苦行的比丘來說，糞掃衣應該是最容易獲取的衣服。對於少欲比丘來說，只要能夠保證基本生活的需要就可以了。但是也有比丘剛剛從世俗的五欲生活中出離，佛制定此衣，也是令初期進入僧團的比丘盡快適應離欲的生活。

1 《方廣大莊嚴經》卷7，《大正藏》3冊，583頁中欄。

佛世時的出家人都是從居士乞食來解決飲食的問題，如果再向居士索取衣物，會帶給居士很大壓力，容易引起居士的譏嫌，這對剛剛建立的僧團不利。另外，乞食佔據比丘很多時間，如果比丘再去乞衣，又會浪費更多時間，不利於修行。此外，《行事鈔》引用《十住毗婆沙論》的內容，說明比丘穿糞掃衣具有十種功德好處：「一、慚愧；二、障寒熱毒蟲；三、表示沙門儀法；四、一切天人見法衣，尊敬如塔；五、厭離心者染衣，非貪好；六、隨順寂滅，非為熾然煩惱；七、由著法衣，有惡易見；八、更不須餘物莊嚴故；九、隨八聖道故；十、我當精進行道，不以染污心於須臾間。」[1]

（2）糞掃衣的材質和類型

糞掃衣，衣如其名，可以最大限度消除人的貪心和慢心。簡單來講，糞掃衣就是別人丟棄不要的衣服，比丘往往從死人身上，從垃圾堆裏，從道路、曠野等地方撿來。因此，糞掃衣的材質和類型也是各式各樣。諸律中，根據糞掃衣的材質不同，可以分為多種，如《四分律》中有拘舍（奢）衣、劫貝衣、欽跋羅衣、芻摩衣、叉摩衣、舍兔（㲰）衣、麻衣、翅夷羅衣、拘攝羅衣、嚫羅鉢尼衣。《十誦律》、《僧祇律》、《五分律》以及《巴利律》亦有六到十種可蓄的糞掃衣類型。具體材質如表 4-1。

表 4-1　比丘可蓄的十種衣及其材質

《四分律》	類型	1. 拘舍衣；2. 劫貝衣；3. 欽跋羅衣；4. 芻摩衣；5. 麻衣；6. 拘遮羅衣；7. 翅夷羅衣；8. 舍兔（㲰）衣；9. 叉摩衣；10. 差羅波尼衣
	相應材質	1. 野蠶絲綿；2. 木棉布；3. 毛絲雜織；4. 麻類、草羊毛；5. 青麻、黃麻；6. 細布；7. 細布；8. 樹皮似麻而織；9. 粗布衣；10. 灰水、樹葉

1　《四分律刪繁補闕行事鈔校釋》，1621 頁。

〈續上表〉

《十誦律》	1. 憍施耶衣；2. 劫貝衣；3. 欽跋羅；4. 芻摩衣；5. 赤麻衣；6. 俱遮羅衣；7. 翅夷羅衣、頭頭羅衣、鉢兜路衣、白麻衣
《巴利律》	1. 憍奢耶；2. 古貝衣；3. 欽婆羅；4. 芻麻；5. 麻布、沙尼（粗麻布）
《僧祇律》	1. 憍舍耶衣；2. 劫貝衣；3. 欽婆羅衣；4. 芻摩衣；5. 麻衣；8. 舍那衣、軀牟提衣
《五分律》	1. 俱舍耶衣；2. 劫貝衣；3. 欽婆羅衣；4. 芻摩衣；5. 麻衣；8. 婆舍那衣、芻彌衣（布衣）、阿呵那衣（新衣）、瞿荼伽（國名）衣
注：各種衣參考《四分比丘尼戒本註解》、《四分律名義標釋》、《翻梵語》，序號相同者為同種衣。	

對比丘而言，有多種類型的糞掃衣可以持用。《四分律》中，可以持的糞掃衣有十種（如表 4-2），即「牛嚼衣、鼠嚙衣、燒衣、月水衣、產婦衣、神廟中衣若為鳥銜風吹離處者、冢間衣、求願衣、受王職衣、往還衣」[1]。《五分律》、《根有律》、《巴利律》中糞掃衣的分類與《四分律》相似。《十誦律》中的記載與《四分律》則有較大的不同，有四種類型的糞掃衣比丘可以蓄「一、冢間衣；二、往還衣；三、無主衣；四、弊納衣。」同又有五種糞掃衣不應該蓄：「一、火燒；二、牛嚼；三、鼠嚙；四、初嫁女不淨衣；五、產衣，是五種不應畜。」其中，「冢間衣」是指丟棄在冢間的死人身上所裹的衣服；「往還衣」是指將裹死人的衣服拿去供養給比丘，相當於是間接的冢間衣；「無主衣」是指在聚落或空地上，不屬於任何人的衣；「弊納衣」是指被人丟棄的衣；「求願衣」是指「將衣往鬼神所求願後，即棄樹上者」[2]。

---

1 《四分律》卷 39，《大正藏》22 冊，850 頁上欄。

2 《四分律行事鈔批》卷 12，《卍續藏》42 冊，985 頁上欄。

表 4-2　部分律典中糞掃衣種類對比

（注：可蓄與不可蓄僅為《十誦律》的規定）

《四分律》	《十誦律》		《五分律》	《巴利律》
冢間衣	可蓄	冢間衣	冢間衣	冢間衣
往還衣		往還衣	新嫁女所棄故衣	往來衣
求願衣		無主衣	巷中衣	灌頂衣
受王職衣		弊納衣	王受位時所棄故衣	市場衣
神廟中衣			覆冢衣	塔衣
牛嚼衣	不可蓄	牛嚼	牛嚼衣	牛嚼衣
鼠嚙衣		鼠嚙	鼠咬衣	鼠嚙衣
燒衣		火燒	火燒衣	火燒衣
月水衣		初嫁女不淨衣	女嫁時顯節操衣	蟻嚙衣
產婦衣		產衣	產婦衣	山羊嚼衣

（3）糞掃衣的獲取方式

比丘除了乞食之外，主要依靠自己的力量獲取糞掃衣，並不向居士索取。

冢間是比丘獲得衣的一個重要來源，雖然死人的衣服沒有人願意要，但是比丘想要順利取衣，有時候也並不容易。《四分律》中，比丘「去冢不遠，見未壞死人有衣，即取而去」，結果死人站起來，並對比丘窮追不捨，直至精舍。佛因而「不聽比丘取未壞死人衣」。後來，有比丘以為正在睡眠的牧牛人已死而屍體未壞，但又想取死人的衣，於是，「取死人臂骨打此牧牛人頭破」，結果牧牛人反過來痛打比丘。[1] 因此，從死人身上取衣服的時候，不能從新死者處取，也不能為了得衣，而將屍體打壞。

比丘在冢間取死人衣，如果直接從死人身上剝取衣服，很容易引起死者

1 《四分律》卷 39，《大正藏》22 冊，849 頁下欄至 850 頁上欄。

家人的不滿。《四分律》中，「以幡蓋衣物裹祖父母、父母塔」，比丘見到後「剝去之」，引起居士的譏嫌。若比丘從死者家屬處得衣，則不會受到非議。如《四分律》：「時糞掃衣比丘見煙已，喚餘比丘共往冢間取糞掃衣去。彼言：『可爾。』即共往至彼，默然一處住。時居士見，即與比丘一貴價衣。」[1]

比丘取糞掃衣，可能會被誤認為是偷盜。《五分律》中，比丘取覆冢衣，被冢主呵責「諸比丘偷我先人衣」。此外，對於「冢上幡、冢間衣、神廟中物」等有主守護物，比丘都是不應該取的。[2]《四分律》中，有比丘看到「居士浣衣已著牆上曬，糞掃衣比丘見，謂是糞掃衣，即持去」，結果又被居士追回。[3]《十誦律》中，有耕田者將衣放在地上，比丘看到後以為是無主物，就拿走了，耕田者遠遠看到後，追上比丘，責問：「汝比丘法，不與取耶。」[4]

在取得糞掃衣的過程中，除了要處理好與居士之間的關係之外，也要處理好比丘之間如何分配的問題。比丘們常常一起去尋找糞掃衣，佛要求比丘要根據實際情況來分配所得，並非簡單的歸個人或歸所有的比丘共分。如《巴利律》中「一類諸比丘為得糞掃衣，入於冢間，一類諸比丘不俱往」，兩群比丘因衣發生爭執，佛便規定「若不欲，許不分與不俱往者」，也就是說，比丘如果不願意的話，可以不分給沒有一起去的比丘。此外，《巴利律》中對比丘如何分配糞掃衣還有幾條原則：先入者先得，可以不分給後入沒有得到衣的比丘；若事先有約定，應該分與未得者；一起同時入冢間，得衣者應分給未得衣者；一起去，但一部分比丘在外等候，得衣者也應分與等待的比丘。[5]《四分律》中也有類似的原則：先到先得；若事先有約定，則按照約定分；若同時都看見，同時都去取，則應共分。此外，《四分律》還提到，若從居士得糞掃衣，則按照居士當時供養的作意來分配。

一般糞掃衣的特點就是笨重、破舊、垢膩不淨。得到糞掃衣只是第一

---

1 《四分律》卷 39，《大正藏》22 冊，850 頁下欄、850 頁中欄。

2 《五分律》卷 21，《大正藏》22 冊，142 頁下欄。

3 《四分律》卷 56，《大正藏》22 冊，979 頁下欄。

4 《十誦律》卷 1，《大正藏》23 冊，7 頁中欄。

5 《犍度》卷 8，《漢譯南傳大藏經》3 冊，368 頁至 369 頁。

步，得新衣後，首先要洗浣乾淨，否則久了容易生蟲，臭味熏人；破舊、開裂的糞掃衣，還需要縫補之後再受持。如《十誦律》中，有比丘「即持針縷近祇林門間，補帖糞掃衣」[1]。當然，比丘有時也能夠獲得一些貴價的糞掃衣，如《四分律》記載：「比丘在道行，去冢不遠，見貴價糞掃衣，畏慎不敢取。」又如：「阿難從人得一貴價糞掃衣。欲以奉大迦葉。」[2] 可見糞掃衣中也有好衣。

（4）可受檀越施衣

比丘剛開始只是尋找糞掃衣，而不從居士乞衣，逐漸地，比丘少欲知足的行為被城中的居士讚歎，進而利用各種間接的方式將衣送到比丘手中。比如，《四分律》中，城中有長者因慈愍比丘，假裝將好衣丟棄在比丘行走的街巷或廁所邊上，並在旁邊守護，不讓其他人取，提醒比丘取。諸比丘目不旁視，居士還在旁邊提示「大德！何不左右顧視也」，比丘們則「畏慎不敢取」，佛為此開許這種情況下比丘可以取衣。[3] 實際上，這種方式已經很接近直接從居士那裏獲得供養了。

《四分律》中還記載，耆婆童子醫術超群，將國王波羅殊提的病治好，國王為表謝意贈送他一件貴價衣。耆婆童子將此衣供養給佛陀，並請求佛陀開許比丘「隨意著檀越施衣、糞掃衣」。佛接受了耆婆童子的建議，正式開許比丘可以接受居士供養的衣。[4]《巴利律》也有同樣的故事，居士獲悉比丘們可接受衣物供養之後，都非常的歡喜，如：「彼眾人歡喜踴躍念：『今我等應奉布施，行善業，世尊許諸比丘居士衣故也。』王舍城於一日中奉數千衣服。……地方一日中奉數千衣矣。」[5] 可見居士們第一次的供養在當時也是一件非常轟動的事情。這與佛陀的教化和僧團不斷擴大的影響力是相關的，佛陀也是順應當時的因緣，為令比丘和居士歡喜而慈悲開許。

---

1 《十誦律》卷 27，《大正藏》23 冊，195 頁上欄。
2 《四分律》卷 39，《大正藏》22 冊，849 頁中欄；卷 6，《大正藏》22 冊，601 頁下欄。
3 《四分律》卷 39，《大正藏》22 冊，849 頁中欄至下欄。
4 《四分律》卷 40，《大正藏》22 冊，853 頁上欄至中欄、854 頁下欄。
5 《犍度》卷 8，《漢譯南傳大藏經》3 冊，366 頁至 367 頁。

2. 三衣

（1）統一樣式——割截衣

隨着比丘人數增多，逐漸形成較大的僧團，如《五分律》中提到佛與「大比丘僧千二百五十人俱，遊行南方人間」，信仰佛教的居士數量也隨之增加，在佛陀聽許比丘接受居士供養衣之後，即有居士供養「種種好衣」給比丘。一般都是按照人數平均分配，如果有特別的貴價衣，數量稀少，難以均分，佛陀便令比丘採用割截的方式分衣，如《四分律》：「時有王所著大貴價衣不可分，佛言：『聽截破分。自今已去，聽以刀截衣。』」[1]

由於居士供養的衣服種類多樣，佛弟子穿著居士供養的衣服，實際上和世間人、外道難以區分。由於裝不統一，信眾們也難以分辨出到底是佛弟子還是外道，由此帶來很多不便。比如，《十誦律》記載：「王信佛恭敬，時有外道梵志從道而來，王遙見謂是沙門，便敕御者住象，欲下禮拜……大臣言：『大王，是非佛弟子，外道梵志耳。』王羞愧。」瓶沙王地位尊貴，因為對方著裝的問題而分辨不出是比丘還是外道，頗為尷尬。隨着比丘愈來愈多，也會給更多的信眾帶來困擾。瓶沙王建議佛陀：「願令僧衣與外道衣異，使可分別。」僧團統一著裝，成了亟待解決的問題。佛陀了知其中的因緣，至南山國土遊行時，看到山附近的「稻田畦畔齊整」，便令阿難模仿田相做衣，作為比丘們的法服。[2]《四分律》中，當佛返回王舍城時，看到比丘們都穿著割截衣，遂讚歎阿難聰明智慧，並為比丘講說割截衣的殊勝意義。比如，講到過去和未來的「諸如來、無所著、佛弟子，著如是衣」。割截衣還能夠防止被劫賊偷搶，如「刀截成沙門衣，不為怨賊所剝」。[3]《僧祇律》亦有記載：「過去諸佛、如來、應供、正遍知，衣法正應如是，從今日後作衣當用是法。」《五分律》亦有類似的說法。並且，以割截的方式做衣在比丘分衣的時候也更加容易分配。如此，比丘衣的樣式便確定下來，之後佛集僧，正式告

1 《四分律》卷 40，《大正藏》22 冊，855 頁上欄。

2 《十誦律》卷 27，《大正藏》23 冊，194 頁下欄至 195 頁上欄。

3 《四分律》卷 40，《大正藏》22 冊，855 頁上欄至中欄。

知眾僧應該穿割截衣，如《十誦律》:「從今日聽著割截衣，不著割截衣不得入聚落。」[1]

（2）三衣的受持與穿著

佛開許比丘可以接受供養之後，比丘們逐漸蓄積了很多衣服。《四分律》記載:「諸比丘在道路行多擔衣，有頭上戴，或有肩上擔，或有帶著腰中。」[2]《僧祇律》中難陀等「遊諸聚落，多得衣物滿車載來」。佛看到其中的過患，為防止比丘因貪心而障道，有意為比丘們制定新的規矩。

於是佛陀親自到了維耶離國（即現在恆河北岸的巴莎爾），彼時正值寒冬時節，如《四分律》:「世尊初夜在露地坐，著一衣；至中夜覺身寒，即著第二衣；至後夜覺身寒，著第三衣。」[3]《十誦律》也有記載:「佛身寒，告阿難:『持第三割截衣來。』」佛親自試驗後，認為三件衣足夠禦寒，便集僧規定比丘應蓄三件衣，不可以少，也不可以多。[4] 三衣的做法也有細緻的區分，即「一重安陀會，一重鬱多羅僧，二重僧伽梨」[5]。

穿著三衣時，要按照一定的次序。比丘將三衣重疊而著時，應先著涅槃僧和僧祇支，此二衣為助身衣，襯身而著，次著五衣，再次七衣，最後才是大衣。《四分律》記載了比丘欲入村時著三衣的情況，「當取安陀會舒張抖擻看，勿令有蟲蛇蜂諸惡蟲」，「次取腰帶、僧祇支、鬱多羅僧舒張抖擻看」，「應疊僧伽梨著頭上若肩上」，然後取鉢，盛絡囊中或者用手巾裹。[6]

《五分律》中，入聚落時要著三衣。有記載六群比丘沒有著三衣，被諸比丘質問:「世尊不制，不著三衣，不得入聚落耶？」[7]《僧祇律》也有「或有罪是聚落非阿練若者，不著僧伽梨入聚落」[8] 的記載。但是在蘭若有疑恐怖處，

1 《十誦律》卷 27，《大正藏》23 冊，195 頁上欄。
2 《四分律》卷 40，《大正藏》22 冊，856 頁下欄。
3 《四分律》卷 40，《大正藏》22 冊，856 頁下欄至 857 頁上欄。
4 《十誦律》卷 27，《大正藏》23 冊，195 頁上欄。
5 《四分律》卷 40，《大正藏》22 冊，857 頁中欄。
6 《四分律》卷 33，《大正藏》22 冊，801 頁下欄。
7 《五分律》卷 21，《大正藏》22 冊，142 頁下欄。
8 《僧祇律》卷 25，《大正藏》22 冊，431 頁上欄。

比丘不需要著三衣，在一些特殊情況下，還可以離衣宿，自然不需要三衣都穿。《五分律》中，「若僧伽梨，若優多羅僧，隨所重寄一衣」[1]。《根有律雜事》中，比丘在白天的時候遊行，如果不是很遠的路程，比丘也可以離三衣，比如「苾芻若向晝日遊處，或暫向餘寺，或寺內經行，或詣隨近村坊，即擬還者，任不將去」[2]。

三衣作為法服，用於區分沙門和外道，已經成為佛教僧團的象徵。有了統一的著裝，再加上比丘們莊嚴的威儀，外出乞食，或入聚落，或經行，所到之處都能夠給人信心。

（3）比丘尼衣

與比丘不同的是，比丘尼需要受持五衣。隨着比丘尼僧團的出現，在實際需求的驅動下，也逐漸出現了更多新樣式和更實用的衣。除了三衣之外，諸律對另外兩衣的記載又有所差別。如表 4-3 所示：

表 4-3　諸律中比丘受持三衣、比丘尼受持五衣對比

律典	比丘／比丘尼受持三衣			比丘尼受持其餘二衣	
《四分律》	僧伽梨	鬱多羅僧	安陀會	僧祇支	覆肩衣
《十誦律》	僧伽梨	鬱多羅僧	安陀會（安陀衛）	俱修羅（下裙）	覆肩衣
《僧祇律》	僧伽梨	鬱多羅僧	安陀會	僧祇支	雨浴衣
《五分律》	僧伽梨	優多羅僧	安陀會	水浴衣	覆肩衣
《根有律》	僧伽胝	嗢呾羅僧伽	安呾婆娑	僧腳崎	厥蘇洛迦（下裙）

1　《五分律》卷 5，《大正藏》22 冊，32 頁中欄。
2　《根有律雜事》卷 5，《大正藏》24 冊，224 頁下欄。

〈續上表〉

律典	比丘／比丘尼受持三衣			比丘尼受持其餘二衣	
《巴利律》	僧伽梨	鬱多羅僧	安陀會	僧祇支 （覆肩衣）	水浴衣
《鼻奈耶》	僧迦梨	憂多羅僧	安陀羅衛	—	—

最初比丘尼穿著的是和比丘一樣的衣，但由於性別的原因，比丘尼在衣服方面會有自己的一些特殊需求。和比丘完全一樣的穿著不能很好地滿足這些需要，比丘尼因此受到了很多的非議乃至羞辱。因此，除了三衣之外，佛又陸續開許比丘尼可以穿著僧祇支（掩腋衣）、覆肩衣、俱修羅（厥蘇洛迦、下裙）、水浴衣、月華衣等，以避免比丘尼被譏嫌。

3. 長衣

（1）不許蓄長衣

佛制比丘受持三衣，不能多亦不能少。佛開許比丘從居士處受衣之後，比丘們所穿的衣也愈加貴重，除了厚重的糞掃衣之外，愈來愈多的比丘會得到居士供養的好衣，乃至貴價衣。由此也帶來了一些過患，使得比丘們的貪心不斷膨脹。《四分律》中，六群比丘便蓄了很多的長衣，「或早起衣，或中時衣，或晡時衣」。古印度氣候濕熱、多蟲，衣服不打理，很容易壞掉，比如《鼻奈耶》中，跋難陀蓄了很多衣，導致「積久朽敗，蟲蠹鼠嚙」。《十誦律》中，六群比丘的收藏則更加豐富，蓄了大量衣服：「入聚落著異衣，出聚落著異衣，食時著異衣，食竟著異衣，但鉢那時著異衣，但鉢那竟著異衣，食前著異衣，食後著異衣，初夜著異衣，中夜著異衣，後夜著異衣，入廁著異衣，出廁著異衣，洗大便時著異衣，洗大便竟著異衣，小便時著異衣，小便竟著異衣，入浴室著異衣，出浴室著異衣，畜積如是種種餘衣，朽爛蟲壞不用。」《僧祇律》、《五分律》、《根有律》以及《巴利律》中亦有諸比丘貪求多蓄長衣，而偏離了修行的本意。佛陀為此制戒，不許蓄長衣。

（2）蓄長衣與淨施法

隨着佛法傳播的範圍愈來愈廣，比丘僧團也逐漸擴大，從恒河流域擴展到西北印度，與最初佛制三衣時的毗舍離相比，比丘數量增多，生活的區域分佈更廣。比如，為了尋得寂靜之處，比丘也常常會到高山中住，《根有律》中，「有苾芻得世俗通者，便往妙高山而修靜慮」[1]，而生活於高緯度或山區的比丘可能會面臨更加寒冷的氣候。此外，不同區域人們的風俗習慣也有較大的差異，佛也會因地制宜，做出不同的規定。比如，《根有律》記載：「若在中國，諸皮裘衣及熊羆等皮，皆不應畜……若在邊方聽苾芻受用諸皮。」[2]可見，比丘對衣的需求也更加多樣化，最初所制的三衣已經難以滿足實際需要。

隨着僧團影響力的擴大，信仰三寶的居士愈來愈多，供養也更加豐厚。對比丘來説，物資不像過去那麼緊缺，隨着比丘們出家日久，老齡比丘也愈來愈多，根據需要而開許蓄長衣也更利於比丘修行。此外，加入僧團的比丘愈來愈多，其根器差異也比較大。有的比丘能夠少欲知足乃至行頭陀行，數十年如一日地著糞掃衣；但也有很多比丘並不能完全適應嚴苛的物質條件，即使能勉強為之但也難以堅持長久，若強作要求反而不能令其安住修行。又有比丘體弱多病，或生活環境惡劣，對於蓄長衣有客觀的需求。《根有律攝》記載了佛陀開許比丘蓄長衣的多種情況，比如「少財利人，或生來習樂，或從意樂天墮，或身多病苦，或多垢膩，或多蟣蝨，或多寒熱處，或營作人，或於衣服性多愛玩」。對這些比丘來講，開許蓄長衣能夠幫助他們安穩身心。

後來，阿難得到一件貴價糞掃衣，想要供養給大迦葉尊者，但是大迦葉尊者還需要十天才能回來。如《四分律》中，阿難不知道如何處理這種情況：「我今得此貴價糞掃衣，欲以奉大迦葉。大迦葉常頭陀，著此衣而不在，不知云何。」阿難因而問佛。在此因緣下，佛開許長衣可以蓄十天，過了十天不淨施，犯捨墮罪。《根有律》中的記載與此相似。《僧祇律》中，則有不同的因緣，「睒彌王夫人以五百張氎奉上世尊」，佛令分給諸比丘，但由於之前不許蓄長衣的規定，諸比丘不敢接受，因此佛允許長衣蓄十日。[3]

---

1 《根有律》卷 44，《大正藏》23 冊，866 頁下欄。

2 《根有律》卷 5，《大正藏》24 冊，554 頁上欄。

3 《僧祇律》卷 28，《大正藏》22 冊，452 頁上欄。

在「長衣戒」中，佛陀並不是非常嚴格地要求比丘不可以蓄長衣，而是開許可蓄十日，十日之後再蓄，則需要作淨施。其中淨施又分為真實淨與展轉淨，作淨時，內心作意將物品捨給別人，自己則屬於借用物品，這樣可以降低比丘的貪染心。展轉淨，使物品名義上歸別人所有，而實際的使用權和管理權都是本人所有；真實淨，則是將物品交給名義所有者保管，本人使用時需要經得名義所有者同意才能取用。

對於作淨的真實內涵，諸比丘一開始並不是十分清楚。《十誦律》記載：「比丘有衣應與他者，與六群比丘中一人，是人受衣已便不肯還，餘比丘亦得懊惱，不能得好同心比丘故。」得衣者將衣據為己有，沒有分清楚衣的使用權歸屬。因此，比丘告知佛陀後，佛明確了淨施的內涵：「是施不名真實，為清淨因緣故與。即時是比丘應還索取，若得者，好；若不得者，應強奪取，應教彼作突吉羅罪悔過。」[1]《五分律》中，跋難陀將衣淨施與達摩比丘，達摩比丘因前事嫌怨跋難陀，不願意還衣。佛知道後呵責跋難陀：「實淨施與不可信人不？」也就是佛認為淨施主應該是一個可靠的人，另外也呵責達摩比丘，不應該不還衣。[2]《巴利律》中亦有類似的記載：「跋難陀釋子親自以衣淨施於比丘，不還與〔彼〕而著用。」[3]《根有律攝》：「此乃為作淨法故捨，非決心捨，諸餘捨法，准此應知。」[4] 雖然名義上將衣捨給其他比丘，而實際的使用者都是比丘本人，因此淨施法只是一種形式化的授予。

（3）長衣的類型

為了滿足比丘們日常生活的需要，除了三衣之外，佛開許了很多類型的衣供比丘們使用。如《五分律》中，優波離問佛應該受持哪些衣，佛說：「三衣應受持；襯身衣、被衣、雨浴衣、覆瘡衣、蚊幬、敷經行處衣、障壁蝨衣、單敷衣、坐具、護髀衣、護衣、護頭衣……如此諸衣，若似衣，皆應受持。」[5]

---

1 《十誦律》卷 16，《大正藏》23 冊，115 頁上欄。

2 《五分律》卷 9，《大正藏》22 冊，68 頁下欄至 69 頁上欄。

3 《附隨》卷 1，《漢譯南傳大藏經》5 冊，31 頁。

4 《根有律攝》卷 8，《大正藏》24 冊，572 頁中欄。

5 《五分律》卷 20，《大正藏》22 冊，138 頁上欄。

與《五分律》中相似，《根有律攝》中提到十三種長衣：「一、僧伽胝；二、嗢呾羅僧伽；三、安呾婆娑；四、尼師但那；五、裙；六、副裙；七、僧腳崎衣；八、僧副腳崎衣；九、拭身巾；十、拭面巾；十一、剃髮衣；十二、覆瘡衣；十三、藥直衣。」

凡是合理的，有利於比丘正常的生活和修道的衣，佛一般都會開許弟子們蓄用。為了使用的方便，佛陀也開許使用繫帶、腰帶、帽子等物。《四分律》中，有比丘入聚落不繫僧祇支，導致衣脱落露出形體來，佛因此規定比丘「不應不繫衣入聚落，聽安帶若縫」；又有比丘因為頭冷痛，佛開許「以毳，若劫貝作帽裹頭」。[1] 對於腰帶，《僧祇律》記載了佛開許的緣起，有一比丘乞食「一手捉鉢、一手捉俱鉢」，導致身上的安陀會被風吹走了，佛說「應著腰帶」。[2]《四分律》中，佛開許可以按照一定的規格做衣，包括其長度、寬度、厚度，縫合或者紐玦等，如：「廣二指繞腰三周，若得已作者，應作二疊、三疊、四疊，若三、四疊亂，聽縫合；若短者，聽作繩續；若帶細軟，數結速斷，應安紐，若玦。」此外，對於材質，佛不開許用寶做，但是可以「用骨，若用牙，若角，若鐵，若銅，若白鑞，若鉛錫，若線，若木，若胡膠作」。[3] 此外，有五比丘入聚落乞食的時候「衣長曳地土所污，腳躡頭墮地著不周正」，因此佛聽許可以在長衣上「施鞁、紐，施近緣」，並且佛親自做了鞁、紐，位置是「前去緣四指施鞁，後八指施紐」。[4]

但是也有很多弟子以各種不合理的理由蓄衣或不穿衣，被佛呵止。比如，有比丘想要著各種皮衣，世間人穿的衣和飾品，純色的衣等，佛都沒有開許。《四分律》中，六群比丘想蓄「上色染衣」、「上色錦衣」，佛不聽許，並強調「應染作袈裟色畜」。《四分律》中還記載有比丘著各種類型的衣，請求佛開許，比如「串頭衣」、「皮衣」、「襖」、「褶」、「褌」、「編髮螺髻」、「草

---

1 《四分律》卷 40，《大正藏》22 冊，855 頁下欄、858 頁上欄。
2 《僧祇律》卷 31，《大正藏》22 冊，484 頁下欄。
3 《四分律》卷 40，《大正藏》22 冊，855 頁中欄。
4 《十誦律》卷 38，《大正藏》23 冊，274 頁下欄。

衣」、「人髮欽婆羅衣」、「馬毛、犛牛尾、欽婆羅衣」等種種白衣和外道所著衣，佛都予以駁斥。六群比丘想要蓄「廣大長毛氍氀」，佛沒有許可，但是又開許可以「畜氍氀，廣三肘、長五肘，毛長三指者，應淨施畜」。[1] 此外，對於「不截須衣」、「錦作衣須」、「頗那陀施衣」，佛都不開許。對於一些貴價衣，比丘也不應該索取，比如《十誦律》中，拘睒彌國的「綿貴、縷貴、衣貴、繭貴」，比丘索取這些材質的衣，給居士造成了很大的困擾，遭到譏嫌。[2]

佛常常讚歎要少欲知足。有的比丘雖然能夠少欲，但也會走入極端，不僅不蓄衣，而且認為連衣服也不應該穿，想要裸形，佛呵斥他們不要學外道法（當時的裸形外道等認為修行者不應該有任何的私財，衣服也不應該有，以天為衣，所以就裸形）。

比丘們在接受施衣的時候還有一些原則。比如，對於樂於布施但是本身比較貧窮的出家或在家眾，不應從乞，或「癲狂人施不應受，若知父母現在者應受」，或「矯詐人、博弈人、好鬥人、盜賊、屠膾、旃荼羅等，持物來施」也不應受；在邊地開許「受用諸皮」，在「中國」，則不可蓄皮衣。

（二）社會習俗

1. 氣候因素

橫亙在古印度北面的喜馬拉雅山脈，流淌了千年的恆河，孕育了古印度幾千年的文明。當春季轉暖，印度洋的海風夾帶着大量的水汽，從西南吹向內陸，遇到高山的阻擋，氣流上升，將攜帶的水汽灑落在古印度的大地上。

印度的一年大體上可以分為四季，分別是冷季（十二月至次年二月）、熱季（三至六月）、雨季（七至九月）和西南風退卻季（十至十一月）。熱帶季風是影響這片大陸氣候的主導因素，這也導致其氣候差異很大，雨季普遍有幾千毫米的降雨量，局部地區如乞拉朋齊年降雨量高達一萬毫米以上。這樣高強度的降雨有時候是災難性的，洪水淹沒土地、房屋，並傳播瘟疫，蚊

---

1 《四分律》卷 40，《大正藏》22 冊，858 頁上欄至下欄、854 頁下欄至 855 頁上欄。

2 《十誦律》卷 7，《大正藏》23 冊，47 頁下欄。

蟲繁殖迅速，同樣成為很多疾病的病源。比丘的衣除了禦寒之外，也是為了防虻、蚊、蛇、鼠等外在的侵擾。[1] 尤其是印度河中下游地區，更是受到洪水和乾旱的雙重考驗。佛教就在這片土地上孕育而生。

夏季從三月份開始，雨水較少，天氣乾燥悶熱，大部分地區氣溫可高達 40℃ 以上（以現代印度的氣候為代表）。而在雨季，幾個月時間就完成了全年 80% 左右的降雨量。[2] 因此，像雨浴衣這樣專門用於洗浴的衣非常實用。

到了冬季，氣候比較溫和，最冷的一月份，北方平均氣溫為 15℃，南部平均氣溫則高達 27℃，氣候乾燥，為印度最佳旅遊季節。佛陀於毗舍離為比丘制定了只可以蓄三衣的規定，因為三件衣足以抵禦當時比丘們所處環境的寒冷。而隨着比丘生活區域的擴大，在不同的氣候條件下，比丘對衣的需求也逐漸趨向於多樣化。尤其在古印度西北部（今天的巴基斯坦）和恆河流域的西部地區，氣溫達到 0℃ 以下，這對於古代的修行者來講，非常不利。在這些溫度較低的區域，比丘僅擁有三衣已經難以抵禦寒冷。這些區域的比丘多蓄長衣，乃至蓄「皮衣」，長衣已經成為正常生活的需要。因而，氣候條件是佛陀制定和比丘蓄衣相關戒條時，需要考慮的重要因素（如衣的種類、材質、數量等）。

2. 服飾材質與穿衣方式

農業是印度河流域經濟的主要組成部分，充沛的雨量和肥沃的土地為農業生產提供了優越的條件。古印度河流域的達羅毗荼人還培育出了棉花，這是很重要的農業成就。據考古發現，印度很早就已經開始種植棉花，在新石器時代就學會了紡線、織布。[3] 進入印度河文明時期，除棉花外，還出現了麻、毛和絲等材質的衣服，這個時期的印度男女都有佩戴各種裝飾品的習慣。到了吠陀時期，衣服的類型也開始增多，分內衣、外衣和斗篷三部分，用各種材質，如棉花、鹿皮或羊毛製成，外衣用金線刺繡，並且有了紗麗和

---

1 屈大成：《原始佛教僧團生活導論》，渤海堂文化事業有限公司，2011 年，167 頁至 168 頁。

2 A. L. 巴沙姆：《印度文化史》，商務印書館，1997 年，6 頁至 7 頁。

3 王樹英：《印度文化與民俗》，中國社會科學出版社，2007 年，74 頁。

陶迪，顏色豐富多彩。

印度人穿戴方式以簡單的圍繞、搭掛為主，佛世時，比丘以偏袒右肩的方式著衣，表示恭敬。比如在禮佛和禮上座的時候，都要偏袒右肩。《四分律》提到，禮拜上座時要「偏露右肩，脱革屣，右膝著地，捉兩腳如是言:『大德我禮』」。[1]《五分律》中也有類似的記載，佛告訴比丘受依止時「應偏袒右肩，脱革屣，胡跪合掌」。[2]《僧祇律》中提到，齊整著衣時，應當「通肩被，著紐，齊兩角左手捉，捉時不得手中出角頭如羊耳」。[3] 如果「通肩」披衣，到佛前或上座前，都要改成偏袒右肩。

(三) 漢地比丘衣

隨着佛教傳入中國，來自印度的服飾和穿著方式，同佛法一樣勢必要與當時中國的文化、風俗習慣相結合。由於印度和中國氣候差異很大，如果完全依照佛世時比丘的穿衣習慣，出家人是難以適應的。著三衣，偏袒右肩的方式，與漢地風俗迴異，這也使得僧人的形象在很長時間內難以被大眾接受。這種由服飾引發的牴觸乃至衝突持續了很久，有保守者，也有改革者。隨着漢地出家僧人增多，僧人服飾也漸漸吸收了漢地的風格，三衣之外出現了海青、大褂、小褂等漢地樣式的僧服，這些僧服最初很可能是為了禦寒，也可能是為了袒右時不至於露體。總之，在種種的因緣之下，僧人的服飾漸漸地本土化。直至今日，偏袒右肩的袈裟（三衣）仍然是僧眾特有的標識。

佛教自東漢傳入中國，當時來到中國的印度僧人屬於法藏部，穿赤色袈裟，因此當時的中國僧眾都是穿赤色僧衣。之後，在漢地寬袖大袍的傳統服裝基礎上，稍微改變其式樣而成為僧人們日常穿著的服裝，顏色為紫墨色。後來，隨着佛教的興盛，朝廷也會授予僧人不同顏色的公服，比如唐宋時，僧人以得到朝廷賜的「紫衣」為豪。到明朝末年，漢傳佛教僧衣的顏色才基

1 《四分律》卷 49，《大正藏》22 冊，931 頁中欄。
2 《五分律》卷 16，《大正藏》22 冊，113 頁中欄。
3 《僧祇律》卷 21，《大正藏》22 冊，399 頁下欄。

本定下來。現代出家人日常穿的長褂、短褂主要是黃、灰、藍色，海青以黃色和黑褐色為主，三衣以黑褐色、木蘭色較多。其中僧伽梨比較特殊，在法事活動中大和尚穿的僧伽梨多為紅色。

三衣的披著方法與佛世時也有所不同。佛世時，比丘入聚落前一般情況下要按照次第，有層次地穿上三衣。有些情況下，也可以寄存一件衣，但身上至少要穿兩件衣。在某些特殊情況下，佛開許可以離衣。佛世時，比丘所穿的衣由居士供養，但並非直接穿著，需要進行割截，並重新染成壞色，以提醒出家人要少欲知足，常生慚愧心。

在實用性上，三衣本身也是出家人日常生活的需要。而現代的漢地僧團與佛世時已有較大的不同，三衣同時穿著的情況除了登壇受戒之外已很少遇到，在各種法事活動中一般也只需一件衣。此外，海青作為漢傳僧服的特色之一，從中國古代寬袍大袖的袍服變化而來，配合三衣使用，成為漢傳佛教的特色服裝，在誦經、布薩、上殿等比較正式的場合都會著用。比丘睡臥時，也不用披蓋三衣取暖，平時則著大褂和小褂，大褂和小褂也逐漸成為出家人最常用的服飾。

佛世時，對於日常生活中需要的衣，佛一般都會開許比丘蓄用，比如雨浴衣、腰帶、帽子、覆瘡衣等。但是，對於顏色鮮亮或者某些動物材質的衣物，以及在家人穿的各種奇裝異服，佛則不開許。所以，顏色比較華麗鮮艷，或者款式和俗人衣服過於雷同的衣服，比丘一般不宜穿著。如果只是日常穿在裏面的毛衣、內衣等，則沒有問題。除了三衣以外，海青、大褂、小褂這些傳統服飾，以及秋衣、秋褲、內褲、汗衫、毛衣、棉衣等都算是長衣，應作淨蓄用。至於帽子、襪子、手套、洗臉巾、拭腳巾、手帕、眼鏡布等，屬於非衣，只需點淨就可蓄用。當然，隨着現代社會衣著服飾的豐富，出於實用性以及弘法的需要，出家人穿著的服飾，本身也是值得研究的。

在漢傳比丘的服飾中，大褂、小褂和佛世時的衣大有不同，二者都是佛教與中國本土文化結合的產物，歷經數百年保持下來。到了現代社會，它們與在家人的穿著相比，又成了截然不同的服飾。大褂和小褂從中國人自己的傳統中保留下來，本身也承載着中國傳統文化，一襲長袍也成為出家人的特色，在其功能和實用性上，與佛世時的三衣更加接近。而三衣、海青作為法服則獨立出來，代表着一種法的傳承，代表着對佛陀的皈依和尊敬，是一個受具足戒的比丘身分的象徵，同時也提策比丘牢記「離染還淨，普度眾生，續佛慧命」的誓願。

專題 2：律典中長衣被染的方式和時限計算

簡單而言，「長衣被染」即長衣雖未到期限，但被各種因素所染污而提前犯捨墮的情況。《四分律》、《十誦律》、《薩婆多論》、《摩得勒伽》、《僧祇律》、《五分律》、《根有律》、《根有律攝》、藏傳《苾芻學處》中有「長衣被染」的概念，細節有所差異。《鼻奈耶》、《巴利律》、《善見論》中沒有「長衣被染」的概念。

綜合諸律，長衣被染的方式按照染源可以分為以下幾種情況：

1.「長染」：還未到期限的長衣為染源，染污後得長衣。先得長衣一旦過限犯捨墮，後得長衣馬上一起犯捨墮。

2.「墮染」：已經過限犯捨墮的衣為染源。犯捨墮衣要經過捨罪和悔過，並且隔一夜後，新得長衣才不被其染污。捨罪、悔過、隔宿三個條件中沒有滿足任何一個，新得長衣都將被染而犯捨墮。

3.「心染」：比丘已經有衣犯捨墮，雖已經捨罪、悔過、隔宿，但如果比丘的求衣心未斷，新得衣會被染而犯捨墮。

4.「貼染」：以未作淨的長衣料重縫已有的衣服，此衣須重新作淨或受持，否則過十日犯捨墮。

5.「自染」：衣服重新縫製（加一層，或者減一層），須重新作淨或受持，否則過十日犯捨墮。

第一種「長染」，在諸律中最為普遍，具體情形複雜多樣。其核心特徵是能染源日日都有、相續不斷。從第一天得長衣不作淨施開始，從第二天到第十天，每天開始時都有前面所積未作淨施的長衣。如果在某一天所有長衣都被作淨，日日相續即斷，再得長衣即成為新的相續周期的開始，犯捨墮期限重新開始計算。在「染源日日相續不斷」的共性上，「長染」按照首日所得長衣（首日衣）的不同情況，分為下面兩類：

1.「首攝染」：首日衣一直持續到第十天不淨施，則十天內的所有後得衣若不淨施都將被此首日衣染污，首日衣和後得衣在第十一日都犯捨墮。首日衣的染污勢力統攝全程，一直持續到最後犯墮，故稱為「首攝染」。

2.「接力染」：首日衣在第二天或者之後某天淨施，但是被此首日衣染污的衣服，將接續首日衣所發動的染污勢力使不中斷，成為新的染源。以此類推，十天內染源或時有更替但染污勢力相續不斷。第十日所餘長衣若不淨施，第十一日都犯捨墮。

諸律典中所描述的長衣被染的情形，都是上述幾種染污類型的具體例子。下面是一些律典中實際的例子：

「首攝染」，如《四分律》：「若比丘一日得衣，二日不得，三日得衣，四日得，如是乃至十日得衣，至十一日明相出，九日中所得衣盡尼薩耆。」

「接力染」，如《僧祇律》：「若比丘一日得衣，二日作淨；二日復得衣，三日作淨；三日復得衣，四日復作淨；四日復得衣，五日作淨；五日復得衣，六日作淨；六日復得衣，七日作淨；七日復得衣，八日作淨；八日復得衣，九日作淨；九日復得衣，十日作淨；十日復得衣，至十一日，一切盡尼薩耆波夜提，以相續不斷故。」

「墮染」，如《根有律》：「若苾芻犯泥薩祇衣，此衣不捨，不經宿，其罪不說悔，若得餘衣皆犯捨墮。若苾芻其泥薩祇衣雖捨，而不經宿，罪不說悔，餘所得衣並犯捨墮。若捨衣、經宿而罪不說悔，得所餘衣並犯捨墮，由前染故。」

「心染」僅在《薩婆多論》中有記載：「若即日捨衣、即日悔過、求衣心不斷，乃至一月，若所求衣來，若意外來，盡是次續，此衣故於先衣邊得捨墮，即得衣日得罪，不須經日。」

「貼染」，如《十誦律》：「若比丘得故衣，作四重僧伽梨、二重鬱多羅僧、二重安陀衛、四重尼師壇，若更以新衣重縫，是比丘重縫衣故，突吉羅；若過十日，尼薩耆波逸提。」

「自染」，如《根有律攝》:「或作是念『更覓餘衣以充其複』，遂便摘去第二重者，得惡作罪，至十一日便得捨墮。若作是念『為浣、染已，還持此物重帖斯衣』者無犯。至十一日若不帖者，得捨墮罪。」

各律典在犯相分別中提到了上述幾種長衣被染類型，如下表：

表 4-4　諸律提到的長衣被染方式一覽

律典	首攝染	接力染	墮染	心染	貼染	自染
《四分律》	有					
《十誦律》	有	有			有	有
《薩婆多論》		有		有	有	
《摩得勒伽》			有			
《僧祇律》		有				
《五分律》	有					
《根有律》	有		有			
《根有律攝》					有	有
藏傳《苾芻學處》	有					

七、總結

（一）諸律差異分析

1. 緣起差異

（1）結構差異

《四分律》、《根有律》、《巴利律》有一個本制、一個隨制。《鼻奈耶》、《十誦律》只有一個本制。《僧祇律》有四個緣起、一個本制。《五分律》有一個本制、兩個隨制。

（2）情節差異

《鼻奈耶》、《十誦律》、《根有律》、《巴利律》的故事情節與《四分律》相似，在個別細節上存在差異。《鼻奈耶》中，比丘多蓄長衣的行為引起長者的譏嫌：「此沙門釋子衣裳節儉，而今貯畜衣裳，積久朽敗，蟲蠹鼠嚙。」《十誦律》中，也有比丘所蓄衣服「朽爛蟲壞不用」的描寫，這也是佛制本戒的一個重要因素，可以補充到《四分律》的本制情節中。

《僧祇律》的四個緣起和本制情節與《四分律》的本制和隨制的情節都不一樣，《僧祇律》第一個緣起是難陀、優波難陀多得衣服，佛陀根據自己實際的體驗制定比丘蓄三件衣就足夠了。第二個緣起是優波難陀為二摩訶羅比丘分衣，自己拿走了大部分衣。第三個緣起是，世尊巡視房，看見難陀蓄積了很多衣物，因此佛規定「若有長衣，聽一宿」。第四個緣起是國王夫人供養世尊一千五百張氎，佛讓阿難把這些氎衣分給諸比丘，諸比丘不敢受，因此佛規定「若得長衣，聽至十日」。本制情節是毗舍離人供養比丘衣物，而比丘不接受。《四分律》的本制中只記載「世尊聽諸比丘持三衣」，但並沒有聽蓄三衣的情節，因此將第一個緣起中佛陀根據自己實際的體驗制定比丘蓄三件衣的情節，補充到《四分律》的本制情節中。

《五分律》的本制和第二個隨制與《四分律》的本制和隨制的故事情節相似，《五分律》比《四分律》多了一個故事情節，眾僧作羯磨分衣，阿那律因為擔心犯戒而不敢取衣；諸比丘安居結束前來拜見佛陀，因三衣粗重，導致行道疲憊，佛以這兩件事而重制，聽許「受迦絺那衣，聽畜長衣」。

（3）結論

綜上所述，本戒的緣起結構和情節仍以《四分律》為準，增加《僧祇律》的第一個緣起「佛制三衣」和比丘蓄長衣朽爛蟲壞引發長者譏嫌的故事情節。

2. 戒本差異

諸律間主要的差異體現在「迦絺那衣已出」和「畜長衣經十日，不淨施得畜」的表述上。其中的「迦絺那衣已出」，多數律典都譯為「出」，而《十誦律》、《僧祇律》、《僧祇比丘戒本》、《五分律》、《彌沙塞五分戒本》以及五部梵巴藏戒本都譯作「捨」，《鼻奈耶》和《十誦比丘戒本》則與其他律典的表述差異較大。

《四分律》「畜長衣經十日，不淨施得畜」的表述上，《根有律》、《根有戒經》、《根有律攝》、梵文《根有戒經》以「不分別」對應其中的「不淨施」，而《十誦律》、《十誦比丘戒本》、《僧祇律》、《僧祇比丘戒本》、《五分律》、《彌沙塞五分戒本》、《解脫戒經》，以及除梵文《根有戒經》之外的四部梵巴藏戒本中都沒有與「不淨施」相對應的內容，另外《鼻奈耶》中對應的表述為「得終身持」。

《四分律》中「衣已竟」一句，依《根有律》等增加「作」字，將文意補足完整，避免誤解。「迦絺那衣已出」的「出」字，為了表述更為精確，依《僧祇律》、《五分律》等改為「捨」。對於「畜長衣經十日，不淨施得畜」中「不淨施」的內容，因為制戒緣起中沒有涉及，並且大部分戒本中都沒有相應的內容，所以借鑒《十誦律》的表述，將其修訂為「畜長衣得至十日」。「若過十日」為了簡約、統一和順暢，據《四分僧戒本》、《新刪定四分僧戒本》等改為「若過者」。

3. 辨相差異

（1）所犯境

《四分律》中沒有長衣以外其他衣物的判罰。但是，其他的律典中有相應的規定。例如：《薩婆多論》針對不應量衣過蓄，判突吉羅；《摩得勒伽》中，駱駝毛、牛毛作的衣，結突吉羅；《五分律》中，三衣以外的衣，甚至手巾等，均判作突吉羅。

這些對非長衣的判罪，能減少比丘對財物的貪著，可以作為很好的補充。

（2）能犯心

諸律中，比丘因多種不同的發心，均會引發正犯。如《根有律攝》中「多煩惱，貪染纏心，或愚癡或惛沈，或心放逸」，《僧祇律》中「愚暗」，藏傳《苾芻學處》中「無所顧忌，隨意受持，其心相續未斷」，這些情況，過十日均會正犯。可見無論比丘是被動的放逸懈怠或是主動的蓄衣之心，其關鍵都是比丘對蓄衣的期限沒有重視，因此超過十日而犯戒。其他如《四分律》等律典則沒有明確提到此戒的發起心。而本戒是以蓄衣十日為期限，比丘應當對此給予重視，因此，本戒的發起心可設定為「不護過限之心」。

（3）方便加行

《四分律》中，如果不捨捨墮衣而用其換其他的衣服，則犯一個捨墮和一個突吉羅。各律典中都提到，比丘後得的長衣會被捨墮衣染污，犯捨墮；而《根有律》中還提到，乃至其他生活用品，也會被染污而犯捨墮。《僧祇律》中，非處作淨（俗人、畜生、沒有認知能力的人等處作淨）的情況，犯捨墮；如果作淨時心言口不言，屬於非法淨，得越毗尼罪。這些規定值得參考。

（4）不犯

《四分律》、《僧祇律》、《根有律攝》中，由於客觀因素比丘不能在十日內處理長衣，不犯。《僧祇律》是被賊所逐而捨衣，過十日別人將其送來；《根有律攝》是「己物寄他」，不能作淨；其他律中沒有相關記載。比丘由於不可抗力而無法作淨施，判罰不犯是合理的，故採用這幾部律典的判法。

《根有律攝》中，為三寶蓄、別人借給自己，均不犯。其他律典沒有提及。從物權歸屬的角度，這些情況不算比丘的長衣，列為開緣是合理的。

《四分律》中，如「若賊奪想，若失想，若燒想，若漂想，不淨施、不遣與人」。還有「失衣」、「故壞」、「作非衣」、「作親友意取」（被人以親友意取走）、「忘去」等情況不犯的記載，其中「故壞」、「作親友意取」其實都是失衣的內涵。《僧祇律》提到，「失想」不犯。《根有律攝》提到未作得想不犯。本戒對這些不犯的情況都加以採納。

4. 諸律內部差異

《四分律》、《十誦律》、《僧祇律》、《根有律》、《根有律攝》、《巴利律》的緣起中都沒有提到迦絺那衣的開緣，而在戒本和辨相中都有開緣。

《四分律》辨相中「長衣」解釋為「若長如來八指，若廣四指是」，而在緣起和戒本中沒有規定衣服的尺寸。從緣起中其他比丘與六群比丘的對話來看，「長衣」在緣起中應該不是指長度，而是指三衣之外的其他衣，如：「佛聽持三衣，不得長。」

《四分律》的戒本中提到「不淨施得畜」，辨相中有比丘十日內作淨施不犯的記載，與戒本一致。而緣起中則沒有「不淨施」的說明，與戒本和辨相有所不同。《十誦律》、《僧祇律》、《五分律》、《根有律》在辨相中有淨施的作法，而在戒本和緣起中都沒有提到。

（二）調整文本

通過以上諸律間觀點同異的對比與分析，文本在《四分律》的基礎上作如下調整：

1. 緣起

（1）本制

佛在舍衛國祇樹給孤獨園，隆冬夜天降雨雪，非常寒冷，佛初夜著一衣，至中夜時，感覺有些冷，於是穿著第二衣，到後夜時又感覺有些冷，於是穿第三衣，感覺正好合適，於是佛聽許持三衣，但不得蓄長衣。六群比丘知道佛聽許持三衣後，就蓄了很多長衣，「朽爛蟲壞不用」，引起長者的譏嫌。諸比丘將此事向佛匯報，佛因此制戒：「若比丘畜長衣者，尼薩耆波逸提。」

（2）隨制

阿難得到一件貴價糞掃衣，想以此供養大迦葉尊者，但是尊者外出十日以後才能返回，佛以此制戒，規定「畜長衣得至十日」。

2. 戒本

若比丘，作[1]衣已竟，迦絺那衣已捨[2]，畜長衣得至十日[3]。若過者[4]，尼薩耆波逸提。

3. 關鍵詞

（1）長衣：比丘受持三衣以外的衣。

（2）作衣已竟：三衣已製作完成。

（3）迦絺那衣已捨：功德衣已捨去。

（4）尼薩耆波逸提：犯戒罪名中的一種，也叫捨墮，包含長財應捨和波逸提罪應懺悔兩重含義。

4. 辨相

（1）犯緣

本戒具足六緣成犯：一、是己長衣；二、是應量衣；三、迦絺那衣已捨；四、蓄衣；五、不護過限之心；六、過十日成犯。

---

1 「作」，底本闕，據《根有律》、《根有戒經》、《根有律攝》、梵文《說出世部戒經》加。

2 「捨」，底本作「出」，據《十誦律》、《僧祇律》、《僧祇比丘戒本》、《五分律》、《彌沙塞五分戒本》改。

3 「得至十日」，底本作「經十日，不淨施得畜」，據《十誦律》改。

4 「者」，底本作「十日」，據《四分僧戒本》、《新刪定四分僧戒本》、《鼻奈耶》、《僧祇比丘戒本》改。

（2）辨相結罪輕重

①是己長衣

比丘為自己蓄，正犯；若為三寶蓄，不犯。

②是應量衣

比丘蓄應量衣，捨墮；不應量衣，突吉羅。此外，若蓄含有駱駝毛、牛毛的不淨衣，以及手巾等非衣，過十日，結突吉羅罪。其中，應量衣是指，尺寸為長如來八指、寬四指以上的衣。

③迦絺那衣已捨

迦絺那衣已捨，蓄衣過時限捨墮；迦絺那衣未捨，不犯。

④蓄衣

⑤不護過限之心

若比丘無護過限之心，捨墮。若有護過限之心但偶然迷忘，不犯。若作未得想或已失想，不犯。

⑥過十日

蓄長衣，超過十日，犯捨墮；若十日內說淨，不犯。

若犯捨墮，衣不捨，持更貿餘衣，一尼薩耆波逸提、一突吉羅。

後得衣會被捨墮衣染，而犯捨墮。

若非處作淨（俗人、畜生、沒有認知能力的人等處作淨），捨墮；作非法淨，突吉羅。

⑦犯戒主體

比丘、比丘尼若犯，捨墮；式叉摩那、沙彌、沙彌尼若犯，突吉羅。

⑧不犯

若比丘三衣不足或者受損，所得衣受持為三衣，不說淨，過十日不犯。

非己物，借用，不犯。

十日內將長衣受持為新的三衣，將長衣做成非衣，說淨、捨去、送人、被人取走，或者損壞，或者忘去，不犯。

客觀不可抗力造成沒有在十日內作淨，不犯。

最初未制戒，癡狂、心亂、痛惱所纏，不犯。

八、現代行持參考

佛世時，此戒要求比丘在無開緣的情況下不可以多蓄衣服，這對於氣候炎熱的印度來說沒有問題。但對於大部分地區屬於溫帶和亞熱帶的中國來說，四季溫差大，僅僅三件衣服無法滿足人的基本需要。在漢地，三衣早已成為了儀式性用衣，其原有的實用性已經被大褂、小褂和其他衣物所代替。所以應把握本戒的精神，保持合理的衣物數量，避免貪多，滿足正常需求即可。盡量減少在外緣上耗費不必要的精力和時間。有條件的僧團，可以在蓄用長衣時用說淨法作淨，以起到防護的作用。

比丘宜秉持中道的原則，不應貪求物質享受，也不應過度惜福而損害健康，陷入極端的苦行主義，應以良好的身心狀況投入到修行辦道和弘法利生的事業中去。

02

離衣宿戒

一、緣起

（一）緣起略述

《四分律》有一個本制和一個隨制。本制是六群比丘把自己的衣託付給親友比丘後，去各地遊行。受付囑比丘為了防止這些衣物被蟲咬壞，常常拿到太陽下晾曬。其他比丘得知後，嫌責六群比丘，並匯報佛陀，佛因此制戒。

後來，有一位得了乾痟病的比丘有因緣要出行，但他的糞掃僧伽梨衣很重，如果隨身攜帶，以他的身體狀況則無法負擔。佛陀知道這件事後，便允許病比丘在眾僧羯磨許可後離衣。[1]

諸律緣起差異比較：

1. 制戒地點

《四分律》中制戒地點為「舍衛國祇樹給孤獨園」。《巴利律》[2]與四分律相同。《鼻奈耶》[3]為「王舍城竹園迦蘭陀所」，《十誦律》[4]為「王舍城」，《僧祇律》[5]為「舍衛城祇洹精舍」，《五分律》[6]為「舍衛城」，《根有律》[7]為「室羅伐城

---

1 《四分律》卷 6，《大正藏》22 冊，603 頁上欄至 604 頁中欄；卷 35，《大正藏》22 冊，819 頁下欄至 820 頁上欄；卷 43，《大正藏》22 冊，877 頁下欄至 878 頁上欄；卷 59，《大正藏》22 冊，1006 頁中欄。

2 《經分別》卷 4，《漢譯南傳大藏經》1 冊，279 頁至 285 頁；《犍度》卷 2，《漢譯南傳大藏經》3 冊，144 頁至 146 頁；卷 2，《漢譯南傳大藏經》3 冊，334 頁；《附隨》卷 15，《漢譯南傳大藏經》5 冊，320 頁。

3 《鼻奈耶》卷 6，《大正藏》24 冊，874 頁中欄至下欄。

4 《十誦律》卷 5，《大正藏》23 冊，31 頁中欄至 33 頁中欄；卷 22，《大正藏》23 冊，158 頁中欄至 159 頁上欄；卷 53，《大正藏》23 冊，388 頁中欄至下欄；卷 54，《大正藏》23 冊，398 頁上欄至中欄、400 頁上欄。

5 《僧祇律》卷 8，《大正藏》22 冊，293 頁下欄至 298 頁中欄；卷 16，《大正藏》22 冊，353 頁下欄；卷 20，《大正藏》22 冊，390 頁上欄；卷 25，《大正藏》22 冊，431 頁上欄。

6 《五分律》卷 4，《大正藏》22 冊，23 頁下欄至 24 頁中欄；卷 18，《大正藏》22 冊，124 頁上欄至中欄；卷 22，《大正藏》22 冊，153 頁上欄至中欄。

7 《根有律》卷 17，《大正藏》23 冊，712 頁中欄至 714 頁下欄。

逝多林給孤獨園」。

2. 緣起比丘

《四分律》中，緣起比丘為「六群比丘」，《十誦律》與其相同，《鼻奈耶》為「摩呵厲葉」，《僧祇律》、《巴利律》為「諸比丘」，《五分律》為「十七群比丘」，《根有律》為「諸苾芻」。

3. 緣起情節

《鼻奈耶》與其他律典不同，只有一個本制。即摩呵厲葉比丘有因緣從耆闍崛山至竹園辦事，但未帶僧伽梨，當日遇到大雨，次日才回到住處。懷疑自己失衣，告知佛陀，佛制本戒。摩呵厲葉在離衣的第二天便懷疑：「我不失僧迦梨婆？」這至少能説明在此之前僧團已經有了不能離衣宿的規定，只是《鼻奈耶》中沒有記載。

《十誦律》本制與《四分律》相似，特別提到受付囑比丘由於晾曬衣服而「妨廢讀經、坐禪、行道」。「除僧羯磨」有兩個情節：第一個情節是大迦葉尊者有因緣至竹園，而將僧伽梨留在耆闍崛山，遇到大雨導致離僧伽梨宿，佛以此因緣允許「一布薩共住處結不離衣羯磨」；第二個情節是長老舍利弗因病無法攜帶沉重的僧伽梨遠行，佛以此因緣，允許為老病比丘作「一月不離僧伽梨宿羯磨」。

《僧祇律》中有四個緣起和一個本制。第一個緣起是有婆羅門經宿供養諸比丘，並布施衣物，諸比丘打算將新得衣受作三衣，於是只穿著上下衣去應供。佛巡房時發現諸比丘離衣宿，遂規定不應離衣。第二個緣起是安居後，一比丘因氣候適宜，只穿著上下衣來問訊世尊，世尊呵責。第三個緣起是舍利弗在那羅聚落安居，由於七日連續下雨，擔心僧伽梨被淋濕變重，而他又體弱無法攜帶，害怕離衣宿，天晴之後才去竹園精舍頂禮世尊，世尊因此聽許作不離衣宿界。第四個緣起是有一比丘欲到界外一處坐禪，怕犯離衣宿，便隨身攜帶三衣前去，佛看見後制定可作不失衣羯磨。本制情節是，諸比丘將阿練若處和聚落結為同一不失衣界，並將衣放在城中，後城中失火，城中人都擔着衣物出城，諸比丘為取衣卻逆向入城，遭到譏嫌。佛知道後，制定本戒。

《五分律》中有一個本制、一個隨制。本制情節是十七群比丘安居結束後，僅著一衣遠行，將其他衣物「置於架上」，並託付給別的比丘，六群比丘發現後匯報佛陀，佛因此制戒不得離衣宿。隨制的情節是某位糞掃衣比丘要去娑竭陀邑，因衣太重無法帶走，佛令僧為其作不失衣羯磨，後來，諸比丘經常作羯磨，離衣宿，乃至「盡離三衣」，佛因此增制此戒。

《根有律》中有一個本制和一個隨制。本制故事與《十誦律》、《四分律》、《五分律》相似。諸比丘安居後，把多餘的衣物寄託給其他比丘後「著上下二衣遊行人間」，其他比丘因要晾曬打理多餘的衣物而荒廢道業，佛因此制戒。隨制是大迦攝波比丘年邁衰老，渡河時僧伽梨被水打濕後過於沉重，不堪持行，導致在説戒時遲到，佛因此事制定可為年老比丘作不失衣羯磨；此時會中的舍利子亦提出他有風患，不堪擔負重僧伽梨，佛因此事制定可為病比丘作不失衣羯磨。

《巴利律》有一個本制和一個隨制，本制故事與《四分律》基本一致，部分細節略有不同，比如諸比丘出遊時著安陀會及鬱多羅僧，阿難巡房發現比丘曬衣而告知佛陀，佛因此制戒。隨制為住在憍賞彌的病比丘，因病不能帶三衣去其親友處療病，佛為此聽許為病比丘作離衣羯磨。

（二）緣起比丘形象

從諸律的本制來看，《四分律》、《十誦律》、《五分律》、《根有律》、《巴利律》的緣起比丘犯戒故事大同小異。講述比丘外出遊行，而將衣寄放在其他比丘處，並未考慮到會給他人帶來很多麻煩，表現出其自私、懶惰的一面。比如，《四分律》記載：「受付囑比丘得此衣，數數在日中曬。」《十誦律》記載受寄舊比丘「以是因緣妨廢讀經、坐禪、行道」。《根有律》記載：「主人苾芻為彼藏舉，曝曬開張多有作務，遂廢讀誦攝念思惟。」《巴利律》記載：「其衣久置有污損，諸比丘曬其衣。」《五分律》中提到受付囑比丘管理衣物：

「十七群比丘安居竟，遊行人間，不能持去，留寄我耳。」

《鼻奈耶》中，緣起比丘外出沒有帶僧伽梨，因為下大雨不能返回住所而導致離衣，比丘懷疑失衣，於是匯報佛陀，展現出緣起比丘自律的特點。

《僧祇律》中，緣起比丘將衣寄放在舍衛城中，在城中失火的情況下，擔心衣被燒而冒險入城，可見其護衣心很強。另外，比丘作羯磨，將阿蘭若與聚落結成一界，這樣人和衣就在一個界內了，可見諸比丘為了不帶衣，想了種種辦法，同時也說明存在比丘錯解羯磨的情況。刻劃出持戒但鑽戒律漏洞的比丘形象。

（三）犯戒內因

《四分律》、《十誦律》、《僧祇律》、《五分律》、《根有律》、《巴利律》中，緣起比丘犯戒的主要原因是懶惰、懈怠。《僧祇律》和《五分律》中還提到，佛陀之前已經強調過離衣的問題，但是緣起比丘並不重視。

《鼻奈耶》中緣起比丘原以為能夠當天返回，卻出現意外情況而不能及時返回。緣起比丘最初之所以不帶衣，應該也是因為怕麻煩，對護衣不夠重視。

（四）犯戒外緣

《四分律》、《十誦律》、《五分律》、《根有律》和《巴利律》中，犯戒外緣是比丘要外出遊行。《僧祇律》中阿蘭若比丘將衣寄放在城中，因城中失火而無法會衣。《鼻奈耶》中緣起比丘外出，受大雨的影響，而無法回去會衣。

（五）犯戒後的影響

比丘將衣寄託給其他人，自己出門遠行，對自己來說是一種方便，卻給受寄存衣的比丘增加了很大的負擔。如前文所述，《十誦律》、《根有律》、《巴利律》都提到受付囑比丘因曬衣而耽誤了修行。

緣起比丘的這種行為也遭到了諸比丘的嫌責和佛的呵斥。《四分律》中，諸比丘嫌責緣起比丘「汝等云何以衣付囑親友比丘，離衣人間遊行」，告知佛陀後，佛亦呵責緣起比丘。《五分律》中，佛種種呵責「汝等愚癡，不聞我說，比丘應與三衣鉢俱」，這也說明佛之前已經規定不可離衣，諸比丘為此已經達成共識，而緣起比丘的行為顯然違背了佛制。《十誦律》中佛呵責六群比丘「趣著弊衣無有威儀」。《根有律》中諸比丘譏嫌緣起比丘「如何苾芻多畜長衣，妨他正業」。《巴利律》中諸比丘遭到長老阿難譏嫌，佛也呵責「何以其愚人等以衣託於比丘等之手」。

《僧祇律》中的諸比丘在舍衛城失火的情況下，與往城外逃生的人流相逆而行，入城取衣，而被世人譏嫌：「此沙門輩不順正理，欲取人物。」「伺人災患向城而走，是壞敗人有何道哉。」

（六）佛陀考量

三衣是比丘修行生活的保障，也是比丘身分的象徵。因此，佛陀要求比丘三衣隨身。《五分律》中佛陀提到，比丘不可離衣，「譬如鳥飛，毛羽自隨」。《僧祇律》也提到「鳥之兩翼，恒與身俱」。比丘未能體會到佛陀的用意，將衣寄放他處，獨自出行，於是佛陀制戒遮止這種行為。

此外，《四分律》等律典都提到緣起比丘將衣寄放到其他比丘處，給受囑託的比丘帶來諸多不便，甚至影響到他們的修行。《十誦律》中佛陀制戒時還專門呵斥了緣起比丘，說他們妨礙受囑託比丘「讀經、坐禪、行道」。這也是佛陀制戒的一個原因。

佛陀制戒後，有老病比丘，或比丘有特殊因緣，不能三衣隨身，佛陀再次開緣，這也體現出佛陀制戒的靈活。

（七）文體分析

在本戒的緣起故事中，《四分律》、《根有律》、《巴利律》有兩個因緣，

《鼻奈耶》、《十誦律》有一個因緣，《僧祇律》有五個因緣、三個譬喻，《五分律》有兩個因緣、一個譬喻。

《四分律》、《巴利律》故事最為簡潔。《十誦律》中，對六群比丘行為惡劣性的描寫比較突出。《根有律》中對故事起因的交代比較詳細，提到緣起比丘如何多得衣，並打包衣物交給寄宿比丘。

《僧祇律》的緣起故事最多，五個故事各有側重。尤其在本制故事中描寫了舍衛城失火事件，用簡練的語言交代了各方面的緣起，包括當時混亂的場景和比丘非法結界的行為，乃至居士的譏嫌和心理活動都有體現，比較有畫面感。《鼻奈耶》的故事最為簡略，沒有羯磨詞的部分。

二、戒本

《四分律》中，本戒的戒本為：「若比丘，衣已竟，迦絺那衣已出，三衣中，離一一衣，異處宿，除僧羯磨，尼薩耆波逸提。」

（一）若比丘，衣已竟，迦絺那衣已出

《四分律》、《四分僧戒本》[1]、《新刪定四分僧戒本》[2]、《四分律比丘戒本》[3] 作「若比丘，衣已竟，迦絺那衣已出」，意思是：如果比丘，衣已經做完（可引申理解為三衣已具足），迦絺那衣已經捨去（可引申理解為享有迦提五利的時間已經結束，即過了迦提月）。

與《四分律》相似：

《解脫戒經》[4] 作「若比丘，衣已竟，出迦絺那衣」。

《根有律》、《根有戒經》[5]、《根有律攝》[6] 作「若復苾芻，作衣已竟，羯恥那衣復出」。

《十誦律》作「若比丘，衣竟，捨迦絺那衣已」，《僧祇律》作「若比丘，衣已竟，迦絺那衣已捨」，《僧祇比丘戒本》[7] 作「若比丘，衣竟，迦絺那衣已捨」，《五分律》、《彌沙塞五分戒本》[8] 作「若比丘，三衣竟，捨迦絺那衣已」。

梵文《說出世部戒經》[9] 作 "kṛtacīvarehi bhikṣūhi uddhṛtasmin kaṭhine"，

---

1 《四分僧戒本》，《大正藏》22 冊，1025 頁上欄。

2 《新刪定四分僧戒本》，《卍續藏》39 冊，265 頁上欄。

3 《四分律比丘戒本》，《大正藏》22 冊，1017 頁上欄。

4 《解脫戒經》，《大正藏》24 冊，661 頁中欄。

5 《根有戒經》，《大正藏》24 冊，502 頁下欄。

6 《根有律攝》卷 5，《大正藏》24 冊，555 頁上欄。

7 《僧祇比丘戒本》，《大正藏》22 冊，551 頁上欄。

8 《彌沙塞五分戒本》，《大正藏》22 冊，196 頁上欄。

9 Nathmal Tatia, *Prātimokṣasūtram of the Lokottaravādimahāsāṅghika School*, Tibetan Sanskrit Works Series, no. 16, p. 13.

梵文《有部戒經》[1] 作“niṣṭhitacīvaro bhikṣur uddhṛte kaṭhine”，梵文《根有戒經》[2] 作“niṣṭhitacīvaro bhikṣuḥ uddhṛtakaṭhine”，以上三部梵文戒經的意思都是：比丘已經做完衣服，迦絺那衣已捨。

巴利《戒經》[3] 作“niṭṭhitacīvarasmiṃ bhikkhunā ubbhatasmiṃ kaṭhine”，意思是：比丘已經做完衣服，迦絺那衣已捨。

藏文《根有戒經》[4] 作“དགེ་སློང་ཆོས་གོས་ཟིན་པས་སྲ་བརྐྱང་ཕྱུང་ན།”，意思是：比丘法衣已做完，迦絺那衣已捨。

《十誦律》及之後律典中的「捨」與《四分律》的「出」略有差異，但含義相同。

與《四分律》差異較大：

《十誦比丘戒本》[5] 作「若比丘，三衣具足訖迦絺那衣時」，此處的「時」對應《四分律》的「已出」，另外，這裏還明確描述「衣」為「三衣」。

《鼻奈耶》作「若比丘，不著三衣及一日成衣」。

（二）三衣中，離一一衣，異處宿

《四分律》、《四分律比丘戒本》作「三衣中，離一一衣，異處宿」，意思是：（比丘）離開三衣中任何一件衣，在其他地方過夜。

與《四分律》相似：

《新刪定四分僧戒本》作「於三衣中，若離一一衣，異處宿」，《十誦比丘戒本》、《僧祇比丘戒本》作「三衣中，若離一一衣，餘處宿」。

1 Georg von Simson, *Prātimokṣasūtra der Sarvāstivādins Teil II*, Sanskrittexte aus den Turfanfunden, XI, p. 184.

2 Anukul Chandra Banerjee, *Two Buddhist Vinaya Texts in Sanskrit*, p. 25.

3 Bhikkhu Ñāṇatusita, *Analysis of The Bhikkhu Pātimokkha*, p. 111.

4 麗江版《甘珠爾》（འཇང་བཀའ་འགྱུར།）第 5 函《別解脫經》（སོ་སོར་ཐར་པའི་མདོ།）8a。

5 《十誦比丘戒本》，《大正藏》23 冊，472 頁下欄。

與《四分律》有部分差異：

下述律典與《四分律》相比，直接表述出經過「一宿」或「一夜」的條件。

《四分僧戒本》作「比丘於三衣中，若離一一衣，異處宿，經一夜」。

《解脫戒經》作「於三衣中，離一一衣，異處經一宿」，《僧祇律》作「若三衣中，離一一衣，餘處一宿」。

《十誦律》作「三衣中，若離一衣，乃至一夜宿」，《五分律》作「三衣中，若離一一衣，宿過一夜」，《彌沙塞五分戒本》作「三衣中，離一一衣宿，過一夜」。

梵文《說出世部戒經》作"ekarātraṃ pi ced bhikṣuḥ trayāṇāṃ cīvarāṇām anyatarānyatareṇa vipravaseya"，意思是：如果比丘離開三衣中的任意一件，即使是一夜的時間。

梵文《有部戒經》作"ekarātram api trayāṇāṃ cīvarāṇām anyatamānyatamasmāc cīvarād vipravased"，意思是：離開三衣中的任何一件衣服，即使是一夜的時間。

巴利《戒經》作"ekarattam-pi ce bhikkhu ticīvarena vippavaseyya"，意思是：如果比丘離開三衣，即使是一夜的時間。

上述《十誦律》及以下的戒本中，缺少與《四分律》「異處」相對應的內容。

以下律典與《四分律》相比，除了明確「一夜」的時間條件之外，還以「界外」對應《四分律》中的「異處」。

《根有律》、《根有戒經》、《根有律攝》作「於三衣中，離一一衣界外宿，下至一夜」。

梵文《根有戒經》作"ekarātram api cet trayāṇāṃ cīvarāṇām anyatamānyatamasya cīvarād bahiḥsīmāṃ vipravased"，意思是：如果（比丘）離開了三衣中的任何一件衣，即使是在界外一夜的時間。

藏文《根有戒經》作"གལ་ཏེ་ཞག་གཅིག་ཀྱང་ཆོས་གོས་གསུམ་ལས་ཆོས་གོས་གང་ཡང་རུང་བ་དང་མཚམས་ཀྱི་ཕྱི་རོལ་ཏུ་འབྲལ་བར་བྱེད་ན། "，意思是：令三衣中的任何一件衣，於界外分離，即使是一夜的時間。

與《四分律》差異較大：

《鼻奈耶》作「至他家一宿者，不持僧迦梨、憂多羅僧、安陀羅衛去者」。

（三）除僧羯磨，尼薩耆波逸提

《四分律》、《四分僧戒本》、《新刪定四分僧戒本》、《四分律比丘戒本》作「除僧羯磨，尼薩耆波逸提」，意思是：除了僧團作羯磨（同意）以外，犯捨墮罪。

與《四分律》相同：

《五分律》、《彌沙塞五分戒本》、《解脫戒經》作「除僧羯磨，尼薩耆波逸提」。

與《四分律》相似：

《僧祇律》、《僧祇比丘戒本》作「除僧羯磨，尼薩耆波夜提」。

《根有律》、《根有戒經》、《根有律攝》作「除眾作法，泥薩祇波逸底迦」，這裏的「眾作法」，對應《四分律》的「僧羯磨」。

梵文《說出世部戒經》作"anyatra saṃghasaṃmutīye, nissargikapācattikaṃ"，梵文《有部戒經》作"anyatra saṃghasaṃmatyā niḥsargikā pātayantikā"，梵文《根有戒經》作"anyatra saṃghasaṃmatyā naisargikapāyantikā"。以上三部梵文戒經的意思都是：除非僧作羯磨（的情況），捨墮。

藏文《根有戒經》作"དགེ་འདུན་གྱིས་གནང་བ་མ་གཏོགས་ཏེ་སྤང་བའི་ལྟུང་བྱེད་དོ།།"，意思是：除非僧作羯磨（的情況），捨墮。

巴利《戒經》作"aññatra bhikkhusammutiyā, nissaggiyaṃ pācittiyaṃ"，意思是：除非得到僧團的許可，否則捨墮。

《十誦律》作「尼薩耆波逸提，除僧羯磨」，《十誦比丘戒本》作「尼薩耆波夜提，除僧羯磨」，此處語序與《四分律》不同。

與《四分律》有部分差異：

《鼻奈耶》作「除其僧使，尼薩耆波逸提」，此處的「僧使」對應《四分律》中的「僧羯磨」。

三、辨相

（一）犯緣

具足以下五個方面的犯緣便正犯本戒：

1. 所犯境

《四分律》中的所犯境是比丘自己三衣中的任何一件衣。

藏傳《苾芻學處》[1]：「所離衣是三衣中隨一，應量，有正加持，非是於阿蘭若有恐怖時於餘處所存之大衣。」

其他律典與《四分律》相同。

2. 能犯心

（1）發起心

《四分律》並未提到本戒的發起心。

《根有律攝》[2]中也未提到本戒的發起心，但提到「失念離者，於安衣處更不重憶」，即比丘忘記衣物的位置，若離衣宿也正犯。判罪是依據離衣的事實，而不在於內心的作意。

藏傳《苾芻學處》提到，本戒的發起心是「恣意欲離，相續未斷」，即內心故意離衣，且一直相續沒有遮止。這與《根有律攝》差別較大。

《僧祇律》記載，比丘在寺門外無法進入會衣時「當疾捨衣，寧無衣犯越比尼罪，以輕易重故」，如果不捨衣就正犯捨墮。此時比丘並無故意離衣之心，甚至想方設法要入寺會衣，但仍會犯戒。在這個案例中，沒有發起心亦

1 《苾芻學處》，《宗喀巴大師集》卷 5，73 頁至 74 頁。

2 《根有律攝》卷 1，《大正藏》24 冊，527 頁中欄；卷 2，《大正藏》24 冊，531 頁上欄；卷 5，《大正藏》24 冊，552 頁中欄、555 頁上欄至下欄。

被判為正犯。

另外，據《善見論》[1]記載：「若遣沙彌或白衣，為比丘持衣行，或避路或眠熟，至明相出失衣，應捨。」比丘並無發起心，但仍屬於正犯。該論中還記載：「云何迷惛？與未受具足戒人，過二宿不知，是名迷惛得罪。有迷惛不知時與非時，離衣宿亦復不知，是名迷惛。」即使比丘迷惛，若離衣宿也屬於正犯。

其他律典沒有發起心的記載。

（2）想心

《四分律》中未提到想心。

《巴利律》中提到了想心，但不依想心判罪。不論是有離衣想、疑，不離衣想，只要三衣在事實上已經離宿，便屬於正犯。如果三衣不捉、不捨、不被奪、不失、不燒、不壞，而有捉想、捨想、奪想、失想、燒想、壞想，而離衣宿，亦屬於正犯。

藏傳《苾芻學處》則認為要「想不錯亂」，如離衣有離衣想，才判為正犯。這兩部律典之間差異較大。

其他律典中沒有想心的記載。

3. 方便加行

《四分律》中，本戒的方便加行是「離衣宿」，即比丘與三衣在不同的攝衣界而經一夜。其他律典的記載與此相同。

對於離衣時間的描述，《四分律》比丘戒部分僅提到「宿」字，而且沒有具體解釋。參考究竟成犯的內容，這裏的「宿」應該指一夜的意思。

其他律典，除《善見論》、《毗尼母經》[2]和《明了論》[3]外，均提到離衣的時

---

1 《善見論》卷 14，《大正藏》24 冊，773 頁上欄至下欄；卷 16，《大正藏》24 冊，786 頁上欄。

2 《毗尼母經》卷 2，《大正藏》24 冊，811 頁上欄；卷 4，《大正藏》24 冊，821 頁中欄至下欄、822 頁上欄；卷 7，《大正藏》24 冊，843 頁下欄；卷 8，《大正藏》23 冊，845 頁上欄、846 頁中欄至下欄。

3 《明了論》，《大正藏》24 冊，668 頁中欄至下欄、670 頁下欄、671 頁中欄。

間達到「一宿」或「一夜」才正犯本戒。如《十誦律》戒條「若離一衣，乃至一夜宿」便正犯，《僧祇律》戒條中，「離一一衣餘處，一宿」便正犯，《五分律》戒條「若離一一衣宿，過一夜」便正犯，《根有律》戒條「離一一衣界外宿，下至一夜」便正犯。有三部律典在關鍵詞中對這個概念作了解釋。《十誦律》的解釋為：「一夜者，從日沒至明相未出。」《僧祇律》的解釋為：「一宿者，從日未沒至明相出時。」《薩婆多論》[1]的解釋為：「一夜者，又云但以色陰晝夜，以明曉為晝、黑冥為夜；又云以五陰為晝夜。日沒者，若日過閻浮提界，名日沒。」因此「離衣經一夜」的含義，應該是指從日沒開始直至明相出時，比丘一直與衣相離。《僧祇律》中詳細地描述了離衣過一夜的犯相：「日光未滅去，至明相出時還，尼薩耆；日光滅去，至明相出還，無罪；日光未滅去，明相未出還，無罪。」其含義是，若天黑前離衣，到明相出時回來，此時離衣一整夜，犯捨墮；若天黑以後離開，至明相出以後回來，離衣的時間不足一整夜，因此不犯；若天黑以前離開，明相未出時回來，離衣的時間不足一整夜，也不犯。

《善見論》與上述觀點不同，該論記載：「比丘在阿蘭若處竟夜坐禪，天欲曉患眼睡，脱衣置岸上，入池洗浴，洗浴未竟明相出，此衣便成離宿，犯尼薩耆罪。」儘管比丘在夜裏的大部分時間都是會衣的，但在明相出時離衣仍犯捨墮，可見該論對於離衣宿的理解是明相出時離衣，而非「經一夜」離衣。

《毗尼母經》和《明了論》中沒有相關的記載。

4. 究竟成犯

《四分律》中的究竟成犯是「明相出時」。

《鼻奈耶》、《毗尼母經》、《明了論》沒有明確提及究竟成犯。

其他律典中的究竟成犯均與《四分律》相同。

1 《薩婆多論》卷 4，《大正藏》23 冊，527 頁下欄；卷 4，《大正藏》23 冊，528 頁中欄至 530 頁下欄。

5. 犯戒主體

《四分律》中，犯戒主體是比丘，比丘尼同犯。

《十誦律》、《薩婆多論》、《摩得勒伽》[1]、《五分律》與此相同。此外，《十誦律》和《摩得勒伽》中，犯戒主體還包括學悔沙彌和學悔沙彌尼。

其他律典中的犯戒主體是比丘，沒有提到比丘尼的情況。

(二) 輕重

1. 所犯境

《四分律》記載，比丘若離三衣宿，犯捨墮罪；除三衣以外，若離其他的衣宿，結突吉羅罪。其他律典與所犯境相關的正犯捨墮的情況見上犯緣。

對於犯輕的情況，《五分律》與《四分律》相同，離三衣之外的衣而宿得突吉羅。

《根有律攝》提到「此之三衣，據守持已離方得罪，餘之十物雖同守持離宿無犯」，認為除三衣以外，離其他的衣不犯。

藏傳《苾芻學處》提到離尼師壇宿結突吉羅罪，此律還記載：「若遊行時無當日回轉之心而不帶坐具；若有回心，但因障緣不能回時未借坐具而住；若借不可得者，未以上衣遮護臥具，又臥時過久；或於無比丘無門處寄放雨衣；若落雨，或過河，及疑有彼二事，行時未帶雨衣；若安放處有門有比丘無失壞過患，帶行時有雨等損壞過失而持大衣行；若安放處有過失，帶行無過失而不帶行；若二者俱有過失而不帶行；若二者俱無過時，未得聽許，未張羯恥那衣而不帶行……皆惡作罪。」《摩得勒伽》則觀點不定，認為尼師壇或可離或不可離，但離宿至少不會結捨墮罪：「三衣，佛所說不得離宿；尼師壇或得離宿或不得，尼師壇非一夜離宿衣。」

---

1 《摩得勒伽》卷 2，《大正藏》23 冊，572 頁下欄至 573 頁上欄；卷 3，《大正藏》23 冊，580 頁中欄；卷 6，《大正藏》23 冊，602 頁上欄；卷 7，《大正藏》23 冊，610 頁下欄；卷 9，《大正藏》23 冊，617 頁下欄至 618 頁上欄。

2. 能犯心

（1）發起心

《四分律》並未提到發起心方面的結罪情況。

《根有律攝》中，即使比丘忘記衣物的位置而離衣，也正犯。而在藏傳《苾芻學處》中，比丘若內心故意離衣且相續未斷，離衣宿便結捨墮罪；「若往他處後因事不能返放大衣處時，未去大衣加持」，因其不是故意離衣宿，所以僅犯突吉羅罪。

《僧祇律》和《善見論》有關正犯的發起心如上犯緣所述，沒有犯輕的記載。

其他律典與《四分律》相同，沒有發起心方面結罪的記載。

（2）想心

據《巴利律》記載，除了僧眾羯磨開許以外，對於已經離宿的衣，有離衣想、疑和不離衣想，若離衣宿，均結捨墮罪；對於沒有離宿的衣，有離衣想、疑，均結突吉羅罪。如果三衣不捉、不捨、不被奪、不失、不燒、不壞，而有捉想、捨想、奪想、失想、燒想、壞想，而離衣宿，均結捨墮罪。但藏傳《苾芻學處》認為，「想不錯亂」而離衣宿才屬於正犯本戒。這兩部律典之間差異較大。《善見論》也記載了實際不離衣而有離衣想的情況，但判為不犯：「若沙彌或白衣持衣在前，入不失衣界，比丘亦入，不知，謂言界外，明相出，衣實在界內，謂失不失。」

3. 方便加行

《四分律》中，比丘離衣宿，便結捨墮罪。律文中沒有提到其他犯罪的情況。

其他律典正犯的情況如上文犯緣所述。

《十誦律》中，比丘在界內，衣在界外；比丘在界外，衣在界內；「若衣在地，比丘在上」，「若衣在上，比丘在地」，只要離衣而宿，便結捨墮罪。另外，此律提到了一種特殊情況：「有比丘二界中臥，衣離身，乃至半寸墮他界中，得突吉羅罪；若衣一角在身上，無犯。」《十誦律》還記載：「阿練若比丘三衣中，若以一一衣置界內舍，以少因緣出界，作是言：『我今日當還此宿。』是比丘更有因緣起，不得還，宿界外，地了，得突吉羅。」「有諸比丘持衣鉢著一處，在衣四邊臥。是中一比丘若起去，離可得還取處，至地了時，尼薩耆波夜提。」

《根有律》記載：「若二界中間臥時，衣角不離身來，是其勢分。」而衣若離身，便是人衣異界，犯捨墮罪。這個判罪比《十誦律》重。

《僧祇律》也有類似公案，觀點與《根有律》相同：「若比丘道中臥，持三衣枕頭，衣離頭者，尼薩耆。」「若四聚落界相接，比丘衣枕頭臥，比丘頭在一界，兩手各在一界，腳在一界，衣在頭底，衣離頭者，尼薩耆。」

藏傳《苾芻學處》記載：「若存放大衣往即日不能返之處，若往他處，後因事不能返放大衣處時，未去大衣加持；若是老者病者，請許不離大衣時未與羯磨等：皆惡作罪。」

4. 究竟成犯

《四分律》中，若比丘離衣宿，在「明相出」時便結捨墮罪。

《鼻奈耶》、《毗尼母經》、《明了論》沒有明確提及究竟成犯。

其他律典中的究竟成犯與《四分律》相同。

另外，《根有律》和《根有律攝》記載：若比丘與三衣分離，在明相未出時比丘均犯惡作罪，明相出以後便正犯捨墮。如《根有律》：「若置衣舍內及勢分中，身居異處，乃至明相未出已來得惡作罪，明相出時，得泥薩祇波逸底迦。」

5. 犯戒主體

《四分律》記載，比丘、比丘尼犯本戒，均結捨墮罪；下三眾若犯本戒，結突吉羅罪。《五分律》與此相同。

而《薩婆多論》則記載：「此戒比丘、比丘尼共；式叉摩尼、沙彌、沙彌尼不共，無離衣宿戒。」與《四分律》有較大的差別。

《十誦律》、《摩得勒伽》提到比丘、比丘尼犯本戒結捨墮罪，沒有提到下三眾的結罪情況。另外，《十誦律》和《摩得勒伽》還提到，學悔沙彌、學悔沙彌尼若犯本戒，也結捨墮罪。

（三）不犯

1. 能犯心不具足

《四分律》記載，若對三衣作劫奪想、失想、燒想、漂想、壞想，離宿不犯。

《巴利律》提到，沒有離宿的衣，亦沒有離衣想，不犯。

2. 方便加行不具足

《四分律》中，比丘會衣或捨衣，便不犯本戒；另有一些律典中提到，比丘將其他衣物受作三衣也可以不犯。因此，方便加行不具足的情況包括以下三個方面：

（1）會衣

《四分律》中「會衣」包括兩種情況，即比丘手捉三衣，或者進入攝衣界及其勢分的範圍。比丘會衣時，與自己的三衣處於同一個攝衣界內，沒有離衣宿的行為，因此不犯。諸律的觀點與《四分律》相同。

對於進入攝衣界的標準，《五分律》記載「一腳入界」便可以，而《僧祇律》記載一手或一腳入界都可以。其他律典中沒有相關內容。

（2）捨衣

《四分律》中，比丘捨衣之後，再離衣宿便不犯。

《薩婆多論》、《僧祇律》、《五分律》、《巴利律》的記載與《四分律》相同，也認為捨衣後比丘即不犯本戒。

捨衣的方法只有兩部律提到。《五分律》記載，比丘口言「我捨是衣」，即算完成捨衣，而《根有律》認為心念捨即可。

《四分律》中，「捨衣」雖然不犯本戒，是否會犯其他的戒，文中沒有說明。有兩部律典認為這樣做會犯「無衣」突吉羅罪。《僧祇律》記載，比丘在明相出時，若不能會衣，「當疾捨衣，寧無衣犯越比尼罪，以輕易重故」。《薩婆多論》中也記載比丘捨衣後雖然不犯「離衣宿戒」，但「有壞威儀罪，有缺衣罪」。

（3）受持餘衣

比丘將其他的衣物受作三衣，便沒有離衣宿，方便加行不具足，因此不犯。

《四分律》沒有相關的記載。

《十誦律》、《摩得勒伽》記載比丘為避免犯戒，可以將其他的衣物受作三衣。

《薩婆多論》、《僧祇律》都提到可以向其他比丘、比丘尼借衣，甚至向在家人借取衣物，暫時受持以避免犯戒。

3. 究竟成犯不具足

《四分律》記載，若比丘離衣，在明相未出以前不犯戒，乃至突吉羅罪也不犯。《十誦律》、《薩婆多論》、《僧祇律》、《五分律》、《巴利律》與《四分律》相同。

4. 犯戒主體不具足

《四分律》記載，「最初未制戒，癡狂、心亂、痛惱所纏」，不犯本戒。《五分律》與《四分律》相同。

《巴利律》僅記載了最初未制戒和癡狂兩種不犯的情況。

5. 其他開緣

（1）迦絺那衣時

《四分律》記載，比丘在受迦絺那衣後可以開許五事，其中一件就是開緣「離衣宿戒」。《僧祇律》、《五分律》、《巴利律》、《毗尼母經》、《明了論》中也有相同的記載。《根有律攝》中，比丘受迦絺那衣後有十種「饒益」，其中亦包括開緣「離衣宿戒」。這些律典的觀點一致，均認為比丘在迦提月以內，可以不受「離衣宿戒」的約束。

正因為有這個開緣，所以《四分律》中「離衣宿戒」生效的時間段是「衣已竟、迦絺那衣已出」，即非迦絺那衣時離衣宿才會犯戒。《鼻奈耶》中沒有相關的內容。而其他律典中，有些律典雖然沒有明確指出在迦絺那衣時「離衣宿戒」有開緣，但在戒條或律文中記載了本戒的生效時段是「衣已竟、迦絺那衣已出」。

（2）僧羯磨

《四分律》記載，「僧與作羯磨」，不犯。

各律典中都有相關的記載。而對於羯磨開緣中的一些細緻規定，僅有以下幾部律典有相關的記載。

《巴利律》記載可以為病比丘作羯磨，《十誦律》、《薩婆多論》、《根有律攝》、藏傳《苾芻學處》是允許為老、病的比丘作羯磨，《明了論》則允許為「行路人及有病人」作羯磨。

《善見論》記載：「問曰：『得幾時離宿？』答曰：『隨病未差得離宿；若病比丘，僧為羯磨，離衣宿已，往餘方，若病差欲還，道路嶮難不得還，恆作還意，雖病差，不失衣；若決定作不還意失衣，若過十日犯長衣罪；若往餘方病差，還來至衣所病復發，更欲往餘方，承先羯磨，不須更羯磨。』」

《十誦律》、《薩婆多論》中認為，可以作一次羯磨，離衣九個月。《五分律》中，前安居人可以羯磨留衣九個月，後安居人可以羯磨留衣八個月。對於比丘通過羯磨可以離哪件衣的問題，從諸律典中戒條字面意思來看，均是指可以離三衣中的任何一件。在辨相部分明確提到了這個問題的僅有四部律典。

《十誦律》和《薩婆多論》記載，三衣中的任何一件都可以通過羯磨離宿，《薩婆多論》還強調僅能離一件。

《五分律》的緣起中記載僅能離七衣，若有賊難可以將三衣中最好的一件留下來。

藏傳《苾芻學處》記載「若是老者病者，請許不離大衣時未與羯磨等」，犯突吉羅，從這一判罪來看，此律僅允許作羯磨離大衣。

（3）難緣

據《四分律》記載「若水道斷、路嶮難，若賊難，若惡獸難，若渠水漲，若強力者所執，若繫縛，或命難，或梵行難」，比丘離衣宿不犯。

《巴利律》中提到若衣「失、壞、燒、被奪」，不犯。

（4）衣服被他人取走

《巴利律》中，「以親厚想取」，不犯。這裏指比丘離衣後，衣服被其他人以親厚想取走，所以不犯。

四、原理

（一）三衣對比丘的重要性

本戒是一條遮戒。出家人經常遊化四方，因此三衣是僧眾修行和生活的基本保障。比丘出行時若未攜帶三衣，遇到寒冷天氣可能就無法禦寒，便會影響修道。並且若人衣異處，比丘無法守護衣物，有可能導致衣物丟失、破損，也會使比丘心有罣礙，妨廢道業。因此，佛陀常以鳥的羽翼來形容三衣和鉢對比丘的重要性，要求弟子隨身攜帶，如《四分律》:「衣鉢自隨，猶若飛鳥羽翮身俱，比丘如是，所去之處，衣鉢隨身。」

而有比丘因為偷懶、怕麻煩，就在遠行時將衣物寄放在其他比丘那裏，導致其他比丘「為彼藏舉，曝曬開張多有作務，遂廢讀誦攝念思惟」，如此耽誤了其他比丘的修行，與佛法待人着想的精神有所乖違。

（二）比丘與其他比丘以及僧團的關係

1. 比丘與比丘

比丘由於外出遊行，加上天氣條件等原因，不願意將三衣都帶上，而囑託給其他比丘看護。受囑比丘當然可以幫忙，但是若超過一定限度，就變成一種負擔了，比丘之間有可能因此不和。

《鼻奈耶》、《僧祇律》和《五分律》中提到，佛陀在制戒之前就規定比丘不能離衣，說明比丘離衣去遊行這件事情佛不允許，為了自己方便而耽誤其他比丘修行，顯然不近情理。

2. 比丘與僧團

比丘依僧團而住，其行為不僅僅關係到個人，更是與整個僧團有關。比丘做事情時，一方面要考慮到對僧團的影響，一方面也可以依靠僧團解決困難和問題。諸律中佛陀開許僧團為老、病比丘，有事緣或特殊情況的比丘作離衣宿羯磨。比如老、病比丘難以攜帶厚重的僧伽梨，或比丘為了修道方便等情況。這時候就需要依靠僧團的力量，通過如理如法的羯磨，向大眾聲明，得到大眾的許可。

五、專題

專題 1：攝衣界

「離衣宿戒」制定之後，比丘不可經宿離衣，人與衣須在一處。那麼，比丘若要不犯離衣宿，其與衣所處的範圍究竟如何劃定？如此，便有了「不失衣界」的概念，諸律典中，又稱作「不離衣界」或「衣界」，《行事鈔》中則稱作「攝衣界」。「攝衣界」是指一個相對獨立的護衣區域，只要比丘與自己的三衣同在這個攝衣界內，就不會犯「離衣宿戒」。攝衣界又包括作法攝衣界和自然攝衣界。大部分律典中都記載了這方面的內容。

（一）攝衣界的分類

1. 作法攝衣界

《四分律》中，作法攝衣界是由僧眾在大界範圍的基礎上通過羯磨所結而成。值得注意的是，在結界時須除去大界內白衣居住的村和村外界，才是有效的攝衣區域。《十誦律》、《薩婆多論》、《摩得勒伽》中均提到「除聚落及聚落界」，《巴利律》提到「但除村裏與村裏近處」。這幾部律典的表述與《四分律》雖有不同，但含義相同。

《僧祇律》中，世尊為了方便在「那羅聚落」安居的尊者舍利弗，能夠每日到「竹園精舍」禮敬佛陀，而開許比丘可以在「王舍城竹園精舍、那羅聚落作不離衣宿界」。「今從王舍城竹園精舍至那羅聚落，除聚落及聚落界，作不失衣法」，結界後「置衣王舍城，得至那羅聚落無罪，置衣那羅聚落亦如是」。此處的「除聚落及聚落界」顯然與《四分律》中的規定有所不同。此處的兩個處所都是聚落，都可以留衣。因此，其中的「除聚落及聚落界」是指除了「竹林精舍」和「那羅聚落」之間的其他的聚落和聚落界。並且將兩處中間的道路保留在界內：「此王舍城趣那羅聚落道兩邊，各二十五肘名為界。若衣在道中，得道左右各二十五肘。」之後又提到「應阿練若處通結阿練若處，聚落處通結聚落處」。這與《四分律》差別較大。《五分律》亦提到「此結界處，聚落中，若聚落界」結「作不失衣界」，與《僧祇律》相似，開許可以對「聚落」結界。《根有律攝》、《毗尼母經》中也提到了作法攝衣界，但未提到需要除村。《鼻奈耶》、《根有律》中則未提到作法攝衣界。

作法攝衣界的覆蓋範圍較廣，可以依僧眾所居處的大界範圍結界，並且要除去其中的聚落和聚落界。而當比丘在不同聚落居住，也可以將兩處聚落共同結為一個攝衣界，只是需要除去其他的聚落和聚落界。尤其是在跨越多個聚落時，中間的道路也成為界內區域，這主要是為了方便比丘持戒而作的靈活處理。

2. 自然攝衣界

自然攝衣界一般是指具有明顯界線分隔的處所。如《四分律》記載了十一種，分別為僧伽藍界、樹界、場界、車界、船界、村界、舍界、堂界、庫藏界、倉界、阿蘭若界。這些以處所形成的攝衣界能夠與其他區域有明顯的不同，如「此僧伽藍界，非彼僧伽藍界」。自然攝衣界的護衣範圍並非本身界線的範圍，還包括攝衣界外圍的「勢分」，這些攝衣界的勢分範圍相同，均是指從攝衣界的邊緣向外，至中等力量之人投擲磚石所及處以內，這兩個界線之間的區域。如《四分律》:「在僧伽藍邊，以中人若用石，若磚擲所及處是名界。」其中，如果阿蘭若處沒有明確的界線，則其範圍是「八樹中間，一樹間七弓，遮摩梨國作弓法，長中肘四肘」，即人與衣的距離為「八樹」的七個間隔總和，即四十九弓的距離，一弓四肘。因此，阿蘭若處界線為一百九十六肘。

此外，《十誦律》、《薩婆多論》、《僧祇律》、《五分律》、《根有律》、《巴利律》、《善見論》中也都記載了多種攝衣界的類型。

其中，《十誦律》記載了十五種自然攝衣界，分別是聚落界、同族界、家界、重閣舍界、外道人舍界、場舍界、園舍界、車行界、道行界、輪行人處界、場界、園界、單船界、舫船界、樹界。《薩婆多論》提到了十種，前九種與《十誦律》的前九個類型相同，多出一個阿練若界。

《僧祇律》中提到了三類自然攝衣界，分別是遊行界、依止界和七庵婆羅樹界。其中遊行界包括範圍較廣，如六十家聚落界、隔障界、樓閣界、兩道界、井界、樹界、園界、連蔓界、暫宿界、船界、舍內界、並界。

《五分律》中提到了十一種，園界、屋界、比丘尼精舍界、聚落界、重屋界、乘界、船界、場界、樹下界、露地界、行道界。

《根有律》記載的自然攝衣界包括十七種，一舍村界、二舍村界、多舍村界、牆圍村界、籬圍村界、塹圍村界、伎樂家界、外道家界、鋪界、店界、樓界、場界、堂界、車界、船界、林界、樹界。《根有律攝》與《根有律》基本相同，只是多了一種界為「家」。

《巴利律》記載了十五種，聚落界、住處界、小屋界、塔界、帳幕界、重閣界、別屋界、船界、隊商界、田界、穀場界、園界、精舍界、樹下界、露地界。

《善見論》僅記載了七種，聚落界、重閣界、車界、樹界、阿蘭若界、林界、海洲界。

綜上所述，諸律中的自然界主要包括聚落、房屋，車乘等交通工具，道路、樹木、園林田地等具有明顯界線的處所。上述這些律典中記載的攝衣界，有些與《四分律》內涵相同，有些是《四分律》中沒有提到的。如《僧祇律》中提到的井界，《五分律》中的重閣界、行道界，《善見論》中提到的海洲界。

另外，不同律典中對攝衣界勢分的記載，也與《四分律》有差異。如《十誦律》中不相接聚落界，其勢分的範圍是「若雞飛所及處，若棄糞掃所及處，若有慚愧人所大便處，若箭射所及處」；《僧祇律》中樓閣界的勢分是二十五肘。《五分律》中則沒有提到勢分。

（二）同一攝衣界內如法護衣的條件

各部律典使用了大量的篇幅，對不同的攝衣界進行了描述，也對不同攝衣界中的持犯情況作了解釋。《行事鈔》中對這些內容作了規律性的總結，將攝衣界中障礙比丘護衣的因素歸納為界礙、染礙、隔礙、情礙四種。[1]

1　《四分律刪繁補闕行事鈔校釋》，808 頁。

1. 人與衣不在同一個攝衣界內

比丘若要如法護衣，首先應當確定自己與衣在同一個攝衣界當中。如果比丘與三衣不在同一個攝衣界內，經過一宿以後，在出明相時便犯「離衣宿戒」。這種情況是由於不同的攝衣界對比丘產生了護衣的障礙，因此可稱之為「界礙」，這一點在各部律典中都有記載。作法界有人為規定的界線，比較明確，而自然界則需要根據實際的情況進行判斷。

2. 人與衣同處一個攝衣界內

有一些律典中還提到，即使比丘與三衣同在一個攝衣界內，但這個攝衣界也可能會由於一些因素的影響而失去攝衣作用，導致比丘離衣。這些因素包括染礙、隔礙和情礙。

（1）染礙

對於染礙，由於情況較為複雜，因此另有專題闡述。簡單地說可以認為，染礙是指作法攝衣界中的村和村外界，對大界內的比丘護衣構成了阻礙。如上文所述，《四分律》、《十誦律》、《薩婆多論》、《僧祇律》、《巴利律》中均提到在羯磨結作法攝衣界的時候，要除去界中的村和村外界。因此，若比丘與三衣分別在作法攝衣界和界內的村中，就相當於處在兩個不同的界內，符合離衣條件。

（2）隔礙

隔礙是指空間上的阻隔、障礙，比如道路、橋梁阻斷而無法通過等情況。《五分律》和《僧祇律》中，一個區域原本是個大的攝衣界，有了阻隔之後比丘不能自在往返，大攝衣界就被分隔為不同的小攝衣界。如《五分律》：「園同界者，僧羯磨作不失衣界，而於中得自在往反；異界者……雖作，而於中不得自在往反。」可見，能否自在往返，成為同一界內是否存在隔礙的條件。《僧祇律》中也有類似的情況，如律文：「比丘便置衣舍內，自於舍外，頭首向戶而卧，日光未滅去至明相出時，尼薩耆，如上說。若戶鉤在比丘邊者，不犯。」

（3）情礙

情礙是指情勢方面的阻礙，如一家內有多個家長或兄弟不和等等。如

《根有律》:「云何一外道家有一勢分，謂此家中同一見解無別意趣……云何一外道家有多勢分，謂此家中有多見解意趣不同。」《薩婆多論》記載:「車行、聚落、外道舍、場舍、園舍，若異主異見，則失衣；若一主同見，不失衣。」《僧祇律》記載:「家內界者，若兄弟二人共一家住，於家中別作分齊，若兄不聽弟入，弟不聽兄入。若比丘在兄分齊內，衣在弟分齊內，日光未沒至明相出者，如上說。若兄弟語比丘言『俗人自違於法，不礙任意住止』者，爾時隨意置衣，無罪。」《根有律》中也提到了類似的情況。《薩婆多論》又記載:「王來入界內施帳幕住，近左右作飲食處、大小行來處，盡非衣界。有作幻人、咒術人、作樂人，來入界內所住止處，亦如王法，盡非衣界。」可見，由於種種人情世故、見解分歧、鄰里不睦，或是遇到特殊人群，如王「左右」，表演魔術、雜要人等附近，比丘若接近，則會發生情礙。

(三) 小結

佛世時，三衣不僅是比丘生活之必需，同時也與俗眾和外道所穿的衣有所不同。因而，三衣也成為比丘身分的象徵。「離衣宿戒」就是基於對三衣的保護而制定。在此基礎上，為了方便比丘如法護衣，便又有了攝衣界的規定。除了作法攝衣界之外，還有各種類型的自然攝衣界；比丘應當保證人與衣處於同一個界內而宿。此外，即使在同一界內，也可能存在着染礙、隔礙與情礙使攝衣界遭到破壞，導致比丘不能如法護衣。尤其在人與衣相離較遠的情況下，不確定的因素也會增多，這也使得比丘在護衣時需要考慮更多的因素。因此，比丘通過對攝衣界的考量，才能夠更好地把握外在複雜的環境，進而如法護衣。

專題 2：攝衣界中的「染礙」

染礙，是道宣律師總結出的「離衣宿戒」中四礙之一，但由於言簡義約，及後代律師的語焉不詳，致使其內涵無限擴大，形成「女人一進入就破攝衣界」的誤解，給後世不少學人增添了持戒的恐慌。因此，對於這個比丘經常會遇到的問題，有必要回溯律典原文，對道宣律師的觀點作一梳理，並參照其他律師的意見，研討一下「染礙」的含義及現實意義。

（一）律典沒有「染礙」的直接記載

各律典在闡述「離衣宿戒」的內容時直接涉及到女眾的僅有兩處，一處是《僧祇律》中的「時城中諸人、象馬車乘、男女擔負衣物出城」，另一處是《薩婆多論》中的「不相接聚落者，雞飛所及處、箭射所及處、分別男女處、慚愧人大小行處」。顯然，這兩個地方提到女眾都與本文要討論的「染礙」無關。

多數律典中都記載，在聚落、白衣家中等自然攝衣界內，比丘也可以攝衣。如《根有律》[1]中提到，聚落中的攝衣界是「離衣分齊，據家為准」；《薩婆多論》記載，比丘在聚落中住，「若聚落正有一家，衣在家內，不失衣」；《巴利律》記載：「『聚落同界』者，一族之聚落有籬，若衣置於聚落內，〔身〕應住聚落內〔此為不失衣〕。」《善見論》：「聚落一界者，此聚落一族飲食共同置衣此聚落，身在阿蘭若處，若明相未出入聚落界，不失衣。」

對於作法攝衣界，《四分律》、《十誦律》、《薩婆多論》、《摩得勒伽》、《僧祇律》、《巴利律》中均提到在羯磨結作法攝衣界的時候，要除去大界中的村和村外界。若比丘與三衣分別在作法攝衣界和界內的村中，就相當於處在兩個不同的界內，符合離衣條件。《四分律》中，「時諸比丘脱衣置白衣舍，當著、脱衣時形露」，於是佛陀規定結作法攝衣界時要除「村、村外界」。《薩婆多論》：「所以除聚落者，聚落散亂不定，衣界是定。又為除誹謗故，又為除鬥諍故，又為護梵行故，又為除嫌疑故。」兩段文字闡述的是共同的主題「除村、村外界」。從字面上看這兩段文字所指的都只是結作法攝衣界時需除去村、村外界。

總之，諸部律典中並沒有發現直接描述女眾障礙比丘護衣的記載。

1　《根有律》卷 7，《大正藏》23 冊，944 頁下欄。

（二）道宣律師著作中的「染礙」內涵

道宣律師所著「南山五大部」中提到「染礙」的有四部。其中《行事鈔》記載：「明染礙者。《律》云：『比丘脫衣在俗人處形露，佛令除村。』村有五義，謂誹謗、生疑、為護梵行等。即此女人與比丘同處，性相乖忤，多致譏跡。佛不許同宿、同坐、同行、同住，並生染故。若取衣持，恐壞梵行。必與同處，衣須隨身。」[1] 此中解釋「染礙」，是使用了上述《四分律》中作法攝衣界需除「村、村外界」的緣起和《薩婆多論》中解釋「除村」含義的文字。之後便對此作了解釋，因為與女子同處容易「生染」、「壞梵行」，所以「衣需隨身」。後面的解釋是以「除村、村外界」為基礎的。

《戒本疏》中對於「染礙」的闡述是：「染礙，明失。如《多論》中『所以除村，為護梵行，為止譏嫌』等五義。比丘與女，性非親好，動即相染，譏過隨生。故使戒中制約非少，『說法』、『取衣』、『同行』、『同坐』，無論屏、露，未約親疏，但使與取，皆制其犯。若衣在此，往會是難，故名染礙。」[2] 大意同《行事鈔》，解釋說「若衣在此，往會是難」，即如果衣旁有女子，那麼比丘前往會衣時有可能會犯到上述的「說法」等戒條，因此不能前來會衣。

《比丘尼鈔》：「一者，染礙。謂同界有男子者，名為染礙。故《律》云：『諸比丘脫衣服人家，形露。佛言：「除村、村外界。」』故知村不攝衣，名為染礙。」[3] 此中前面先提到了對比丘尼來說男子是為「染礙」，而最後的結論，「染礙」即是指村界不能攝衣。

在上述三部論著中，道宣律師或引用《四分律》的除村緣起文字，或引用《薩婆多論》的除村內涵文字，以此作為建立「染礙」的理論來源，其思路應該是：依據佛陀制護衣界，「所以除村，為護梵行，為止譏嫌」，因此，如果女眾在衣的旁邊（或在比丘會衣的路上），比丘需要拿衣的話，可能會遇

---

1 《四分律刪繁補闕行事鈔校釋》，808 頁至 809 頁。

2 《四分律含注戒本疏行宗記校釋》，1023 頁。

3 《四分律比丘尼鈔校釋》，456 頁至 457 頁。

到犯戒因緣，並遭人譏嫌，於是女眾就對比丘護衣造成了障礙，即「染礙」。

在後期的《羯磨疏》中，道宣律師根據「說法」等戒的犯緣，進一步明確「以義而推，無男有女，是為染礙」[1]。

「染礙」為何會導致失衣呢？《五分律》記載：「園同界者，僧羯磨作不失衣界，而於中得自在往反。異界者，僧不羯磨作不失衣界，雖作，而於中不得自在往反。」道宣律師據此在《戒本疏》中總結「離衣宿戒」的犯緣中有一條「衣人異礙」，即比丘在此護衣界（包括自然護衣界和作法護衣界），能夠自在往返，則不失衣，否則失衣。道宣律師進一步將《四分律》等律典描述的失衣的現象，分類歸納為同一界內出現了「染礙」、「隔礙」、「情礙」等情況，而破壞了原有的護衣界。

綜上所述，道宣律師認為，無男有女會導致比丘犯戒或遭人譏嫌，形成「染礙」，阻礙比丘會衣，比丘在界內不能自由往返而導致失衣。

（三）其他律師的觀點

從其他律師的論著來看，「染礙」這個詞並非是道宣律師首創。與道宣律師同時代但稍早的相部宗法礪律師在其著作《四分律疏》中提到：「若據此律，就其染礙譏過，即不同彼。故下文言，脫衣形露，佛言：除村、村外界。」[2] 法礪律師在此處雖提到了「染礙」，但並未將其單列出來進行強調。道宣律師曾經向法礪律師求學，因此他有可能是借鑒了《四分律疏》的內容，進一步給「染礙」賦予固定的含義，使之成為專有名詞，由此造成「染礙」之濫觴。

道宣律師之後，律師們對「染礙」的理解有了分歧與變化：

1. 繼承與發展

唐朝後期的慧述法師在《四分戒本疏》中提到：「言染礙者，律云：『藍內有一女人，來往衣須隨身，若女人在中，人依彼此即名異界。』」[3] 慧述法師

1 《四分律刪補隨機羯磨疏濟緣記校釋》，1035 頁。

2 《四分律疏》卷 4，《卍續藏》41 冊，622 頁下欄。

3 《四分戒本疏》卷 2，《大正藏》85 冊，584 頁中欄。

在這裏沒有説明出自何律，在繼承了「染礙」意趣的同時，忽視了道宣律師定義「染礙」「無男有女」的要素，從而擴大了「染礙」的範圍，增加了護衣的難度。

到了北宋時期，元照律師「靈芝三記」中的觀點與道宣律師是一脈相承的，但在《佛制比丘六物圖》中解釋道：「一者染礙（女人在界，恐染淨行，衣須隨身）。」[1] 也沒有明確「無男有女」，進一步使「染礙」的概念模糊。

2. 質疑與見證

比道宣律師稍晚的東塔宗懷素律師在《四分律開宗記》中提出不同意見，認為「染礙」雖有道理，但無明文，故而不立，如：「縱令自己緣家，情無隔礙。比丘身在別房，衣在女男住處，夜或須衣，取恐逼觸，此不得往，即名為難。難者表不與衣，豈得留衣此室，輒宿餘房？古舊諸德，有立染礙者，成立可解，然無正文，故今不立。」[2]

更晚一些的義淨律師，曾經在印度修學二十五年，親見古印度僧團的實際持戒情況。《南海寄歸內法傳》記載：「且如未結衣界，離宿招愆；僧若結已，離便無失，淨廚亦爾，既其聖許，勿滯凡情。又復護衣之法，界有樹等不同，但護界分，意非防女。淨人來入廚內，豈得即是村收？假令身入村坊，持衣無不護女。維那持衣撿校，斯亦漫為傷急矣。」[3] 義淨律師認為，若是已經結了作法攝衣界，那麼比丘就可以在界內離衣，比丘護衣時應注重是否出界，而並不需要防護女眾。

（四）總結

「染礙」，是道宣律師根據律典的記載並加以強化而得出的一個概念，並被後世律師擴大了內涵，無形中增加了護衣的難度。即使按照道宣律師「無男有女，名為染礙」的標準，「女人一進入就破攝衣界」的説法也是站不住

---

1 《佛制比丘六物圖》，《大正藏》45 冊，900 頁上欄。

2 《四分律開宗記》卷 3《卍續藏》42 冊，405 頁下欄。

3 《南海寄歸內法傳》卷 2，《大正藏》54 冊，217 頁上欄。

腳的。

而且，緊隨其後的懷素律師、義淨律師，先後對此明確提出了不同意見，都認為界內護衣並不需要防護女眾。從南傳佛教的一些現代律論[1]來看也沒有提到界內護衣需要防護女眾。因此，不管是從原典，還是印度僧團乃至當代南傳佛教實際行持來看，「染礙」都存在過度詮釋的問題。

現代社會，善男信女常常出入於寺院護持、學佛，如僅為防護女眾而護衣，不僅徒增持戒難度，而且於律無據，實無必要。因此，只要比丘與衣在明相時分同在一個攝衣界內，就不會有因女眾而失衣的問題。

---

1 如 *Vinayamukha* 及 *The Buddhist Monastic Code* 都沒有提及「染礙」的概念。

六、總結

（一）諸律差異分析

1. 緣起差異

（1）結構差異

《四分律》有一個本制、一個隨制。《五分律》、《根有律》、《巴利律》與《四分律》相同。《鼻奈耶》、《十誦律》有一個本制。《僧祇律》有四個緣起、一個本制。

（2）情節差異

《四分律》本制為六群比丘把衣付囑給親友比丘後，便人間遊行。親友比丘為了防止衣服被蟲咬壞，拿出去晾曬，頭陀比丘知道後嫌責六群比丘，並報告佛陀，佛陀因而制戒。《巴利律》與《四分律》類似。相比《四分律》，《五分律》缺少受寄比丘曬衣的情節；《十誦律》、《根有律》多了受寄比丘因曬衣而妨礙道業的情節，而此情節涉及到比丘在日常生活中如何相處，可以補充到《四分律》的緣起故事中。《鼻奈耶》為比丘因下大雨沒能及時會衣，擔心失衣，佛陀因此制戒。《僧祇律》為城內失火，城裏人都在往外趕，比丘為了會衣反而往城裏趕，受到白衣譏嫌，佛陀因而制戒。

《四分律》的隨制為一位比丘得了乾痟病，其糞掃僧伽梨太重不便攜帶，故而不能人間遊行。他請其他比丘報告世尊，世尊便允許為病比丘作不失衣白二羯磨，佛陀因此增制了此戒。《五分律》與《四分律》類似。《根有律》為比丘前往布薩的路途中渡水打濕了衣，因晾衣耽誤了行程而晚到。《巴利律》為比丘生病不能帶衣，想去看護他的親友那裏而不得，有比丘報告佛陀後，佛陀制戒。《僧祇律》中有一個緣起為比丘飯後去林中坐禪，擔心失衣，便隨身帶着三衣，世尊因此開許比丘通過作羯磨將幾個精舍及林結成一個不失衣界。從中也可以看到佛陀為了方便比丘修行用功而調整戒條的考量，值得借鑒，可以補充到《四分律》的緣起故事中。

（3）結論

本戒仍以《四分律》的緣起結構和情節為準，補充《十誦律》中受寄比丘因曬衣而妨礙道業的情節及《僧祇律》中結不失衣界的緣起。

2. 戒本差異

除《鼻奈耶》外，其他戒本的表述基本一致。主要的差異集中在除《四分律》、《新删定四分僧戒本》、《十誦比丘戒本》、《僧祇比丘戒本》之外，其他戒本中都明確記載「一宿」或「一夜」這一成犯條件的敘述。此外，根本說一切有部的五部戒本中，以「衣界外」或類似的表述，對應《四分律》中的「異處」。

本戒的前半部分，與前一條「長衣戒」完全相同，因此相同的調整不再重複説明。原《四分律》的「三衣中」，據《四分僧戒本》、《新删定四分僧戒本》等補入「於」字，令文意更加明確。「宿」字除了「過夜」的意思之外，也有「住宿，停留」的意思，很容易讓人誤認為稍一離衣就會正犯，這裏借鑒《五分律》的表述，將其改為「過一夜」。

3. 辨相差異

（1）所犯境

《四分律》記載，除三衣以外，若離其他的衣，結突吉羅罪。《五分律》與之相同。藏傳《苾芻學處》提到，離尼師壇結突吉羅罪。《摩得勒伽》認為尼師壇可離可不離，但不會結捨墮罪。此外，《根有律攝》記載，除三衣外，離其他的衣不犯。諸律中，離三衣犯捨墮是一致的，而離其他衣判罰則有所不同。《四分律》和《五分律》將除三衣外其他的衣都包含在內，這在印度炎熱的氣候下易於辦到，因為比丘不需要太多衣物；而一些身處四季分明的溫帶乃至寒帶地區的比丘，則衣物較多，若四季衣物都不離身顯然不太合理。因此，借鑒《根有律攝》等的記載，將所離的衣物限定在受持的三衣與坐具；其中，若離坐具，結突吉羅罪。

（2）能犯心

《四分律》等律典中沒有明確提到本戒的發起心。如「明相出，隨所離衣宿，尼薩耆波逸提」，這裏更加偏重於從事實判罪。不過，在「水道斷、路嶮難」等情況下，離衣不犯，可見若比丘積極護衣，因種種客觀的原因而未能會衣也應當予以諒解。而藏傳《苾芻學處》則更加看重比丘離衣的動機，其發起心是內心故意離衣，且一直相續而沒有遮止。因此，「若往他處後因事不能返放大衣處時」，犯突吉羅罪。可見，在考慮發起心的情況下，其判罪與僅按離衣與否來判有所不同。本戒如果僅以離宿一夜的事實作為衡量標準的話，實踐上不利於提策比丘的護衣之心。因此，本戒的發起心為不護衣之心。

（3）究竟成犯

對於離衣時間，《四分律》辨相中為「明相出，隨所離衣宿，尼薩耆波逸提」。藏傳《苾芻學處》記載，「過一夜之夜分成犯」，含義與《四分律》一致。其他如《十誦律》、《僧祇律》、《五分律》、《根有律》、《巴利律》以及《善見論》中都是明相出時正犯。因此，本戒以《四分律》為準，取明相出時為正犯的時間點。

4. 諸律內部差異

《四分律》的辨相中規定了對「捨墮」衣的處理以及比丘懺悔的方式，緣起和戒本中沒有相關內容。《鼻奈耶》戒本中「除其僧使」的開緣，在緣起中沒有提到；《十誦律》與之相同，只是辨相中以舉例的方式增加了對僧羯磨的開緣。另外，《五分律》緣起中的羯磨指「不失衣羯磨」，並且「今聽諸比丘羯磨留衣，前安居者九月日，後安居者八月日。不得羯磨留僧伽梨、安陀會，聽羯磨優多羅僧」；戒本中只是提到「除僧羯磨」，而辨相中則是「僧羯磨作不失衣界」，重點在「界」，亦無緣起中具體何時、離何種衣的規定。

（二）調整文本

通過以上諸律間觀點同異的對比與分析，文本在《四分律》的基礎上作如下調整：

1. 緣起

（1）本制

佛在給孤獨園時，六群比丘將衣付囑親友比丘後就去人間遊行。受囑比丘為了保管好衣物，需要日曬、抖擻、藏舉衣物，因此妨礙了讀經、坐禪、行道。在一次曬衣時，有頭陀比丘看到比丘曬的衣物很多，便來詢問具體情況，得知實情後便嫌責六群比丘離衣出遊，並將此事報告了世尊，世尊因此制戒：「若比丘，作衣已竟，迦絺那衣已捨，於三衣中，離一一衣，異處過一夜，尼薩耆波逸提。」

（2）隨制

一位比丘飯後去林中坐禪，又擔心離衣過夜會失衣，便隨身帶着三衣。比丘路上遇到了佛陀，佛陀以此因緣便開許比丘通過作羯磨將幾個精舍及林結成一個不失衣界。

有一位比丘得了乾痟病，由於他的糞掃僧伽梨太重，不方便攜帶，使得他不能去人間遊行。他請其他比丘幫忙報告世尊後，世尊允許為病比丘作不失衣白二羯磨，並增制此戒。

2. 戒本

若比丘，作[1]衣已竟，迦絺那衣已捨[2]，於[3]三衣中，離一一衣，異處過一夜[4]，除僧羯磨，尼薩耆波逸提。

3. 辨相

（1）犯緣

本戒具足七緣成犯：一、是已受持三衣中任意一衣；二、迦絺那衣已捨；

1 「作」，底本闕，據《根有律》、《根有戒經》、《根有律攝》、梵文《說出世部戒經》加。

2 「捨」，底本作「出」，據《十誦律》、《僧祇律》、《僧祇比丘戒本》、《五分律》、《彌沙塞五分戒本》改。

3 「於」，底本闕，據《四分僧戒本》、《新刪定四分僧戒本》、《解脫戒經》、《根有律》、《根有戒經》、《根有律攝》加。

4 「過一夜」，底本作「宿」，據《五分律》、《彌沙塞五分戒本》改。

三、比丘與三衣處於不同的攝衣界；四、不護衣之心；五、離衣；六、無因緣；七、明相出，成犯。

（2）辨相結罪輕重

①是已受持三衣中任意一衣

若比丘離三衣中任意一衣，捨墮。

若離尼師壇，突吉羅。

②迦絺那衣已捨

迦絺那衣已捨，蓄衣過時限捨墮；迦絺那衣未捨，不犯。

③比丘與三衣處於不同的攝衣界

④不護衣之心

若比丘無護衣之心，捨墮；若有護衣之心但偶然迷忘，不犯；若比丘對三衣作劫奪想、失想、燒想、漂想、壞想，離宿不犯。

⑤離衣

⑥無因緣

若無因緣而離衣，捨墮；若有老、病等因緣，經僧許可，不犯。

⑦明相出

若比丘離衣過明相，捨墮；若比丘心念捨衣，不犯本戒，但犯「缺衣不受」突吉羅罪。

⑧犯戒主體

比丘、比丘尼若犯，捨墮；式叉摩那、沙彌、沙彌尼若犯，結突吉羅罪。

⑨不犯

若比丘在明相出以前會衣，或者到達攝衣界的勢分範圍，不犯。

在明相出以前，將其他的衣受作三衣，不犯。

若比丘遇到難緣，如水道斷、路嶮難，或賊難、惡獸難，或渠水漲，或被人強力所執、繫縛，或遇到命難、梵行難，離衣宿不犯。

最初未制戒，癡狂、心亂、痛惱所纏時，不犯本戒。

七、現代行持參考

從本戒的持犯標準來看，只有當比丘與三衣身處不同的攝衣界，或者分別在作法攝衣界和界內的村中時才符合離衣的條件。而且根據律典，攝衣界並不會因為有女眾的進入而受到影響。因此，比丘在攝衣界內的一切正常的活動包括上殿、過堂等，並不需要因為有女眾的進入而特別護衣。

此外，漢傳佛教的僧服與佛世時期有所不同，三衣早已變成了專門的法服。僧眾除了上殿、過堂及參加佛事活動等需要搭衣以外，平時基本用不到。佛世三衣原本的實用功能已被大褂、短褂等衣物取代，隨着三衣功能的變化，不同的僧團對本戒的持守有不同的看法。實踐中，比丘應把握此戒的精神，尊重、守護三衣，但具體的守護標準，應遵循所在僧團的主體認識，不必過於執著而影響團體的和合。

03

月望衣戒

一、緣起

（一）緣起略述

《四分律》有一個緣起和一個本制。緣起中有比丘僧伽梨弊壞，十日內不能補好，因擔心犯戒，而不敢作新衣，佛開許可以蓄長衣，直至衣作好。

本制故事中，六群比丘知道了佛開許蓄長衣，因此而蓄了很多衣，但其中沒有足夠的同衣布料可以作成一件衣，將衣浣、染、點淨後託付給親友比丘，自己去「人間遊行」。受寄比丘因六群比丘長時間不回來，便將衣拿出去晾曬，引起其他比丘的譏嫌，佛因此制戒。[1]

諸律緣起差異比較：

1. 制戒地點

《四分律》中制戒地點為「舍衛國祇樹給孤獨園」，《鼻奈耶》[2]、《巴利律》[3]與《四分律》相同。《十誦律》[4]為「王舍城」，《僧祇律》[5]、《五分律》[6]為「舍衛城」，《根有律》[7]為「室羅伐城給孤獨園」。

2. 緣起比丘

《四分律》中緣起比丘為「六群比丘」，《十誦律》與《四分律》相同。《鼻奈耶》、《五分律》、《巴利律》為「諸比丘」，《僧祇律》為「阿那律」，《根有律》為「諸苾芻」。

---

1 《四分律》卷 6，《大正藏》22 冊，604 頁中欄至 605 頁下欄。

2 《鼻奈耶》卷 6，《大正藏》24 冊，874 頁下欄至 875 頁上欄。

3 《經分別》卷 4《漢譯南傳大藏經》1 冊，286 頁至 289 頁。

4 《十誦律》卷 5，《大正藏》23 冊，33 頁中欄至 41 頁下欄；卷 53，《大正藏》23 冊，388 頁下欄。

5 《僧祇律》卷 8，《大正藏》22 冊，298 頁中欄至 299 頁中欄。

6 《五分律》卷 4，《大正藏》22 冊，24 頁中欄至 25 頁上欄。

7 《根有律》卷 17，《大正藏》23 冊，714 頁下欄至 716 頁上欄。

3. 緣起情節

《鼻奈耶》只有一個本制，「力人」因為比丘尼的建議而供養比丘衣，比丘因怕犯「長衣戒」而不敢取，佛因此開許比丘可蓄一個月。《十誦律》有一個本制，與《四分律》相似。《僧祇律》有一個本制，阿那律尊者因乞到的布料不夠做衣，因此到河邊想把布料拉長一些以便可以做衣，佛見到，問明情況後，開許比丘可蓄長衣一個月。《根有律》有一個本制，情節和《四分律》基本相同。

《五分律》有四個緣起和一個本制。第一個緣起是諸少欲比丘在「三衣竟，捨迦絺那衣已」，得了非時衣，感到很慚愧，並向佛坦白，佛因此開許可以受非時衣。第二個緣起是六群比丘聽說佛陀開許受非時衣，就蓄了很多衣，不受持，也不淨施，受到其他比丘的譏嫌，佛因此規定，若比丘得非時衣「不受持，不施人，不淨施」超過一晚結突吉羅罪。第三個緣起是，某住處比丘得到很多衣，受持後剩餘的結緣給其他比丘，其他比丘不敢接受，佛開許可以受。第四個因緣是，長老伽毗得到一件小衣服，每天伸展衣服，希望可以變得廣長，佛看到後，問明情況，並開許比丘可以蓄長衣一個月，以完成衣服的製作。本制故事中，有比丘蓄「非時不足衣」遊行超過一個月，佛因此制定了本戒。

《巴利律》有一個緣起和一個本制，緣起情節是有比丘得非時衣，長度不夠做衣，佛因此開許可以蓄非時衣。本制是比丘蓄非時衣時間超過一個月，佛又隨制不可過時。

（二）緣起比丘形象

《四分律》中緣起比丘聽說可以蓄長衣之後，便蓄了糞掃衣以及種種衣，但是同類型的衣都不足以作「成衣」，便將所有的衣寄存之後遊行，反映出六群比丘對衣貪著的一面。《鼻奈耶》中，緣起比丘並未犯戒，但因擔心犯蓄長衣戒，不敢接受力人布施的衣。力人因為要去打仗而擔心以後可能沒有機會施衣而殷切地施衣，諸比丘則「不知何答」，展現出精嚴持戒的形象。

《十誦律》記載與《四分律》相似，六群比丘「若先得青衣後得黃衣」，作意「不相似留置，若得相似者當作成衣」，蓄各種類型的衣，可以看出其對衣的貪著。《根有律》也與此相似。

《僧祇律》中比丘因為衣的尺寸不夠，而用水灑並拉伸希望增大，佛慈悲開許可以蓄衣一個月，到滿足為止，反映了比丘少欲知足，不願意多蓄長衣。《五分律》和《巴利律》的因緣中，亦有相似的情節。《五分律》本制故事中的緣起比丘則是因為蓄非時衣超過了一個月的時間，違犯了佛之前的要求，諸比丘蓄衣超過一個月，而不願意捨棄，可能是對衣比較貪著或是懶惰懈怠。

（三）犯戒內因

《四分律》中緣起比丘犯戒的原因是比丘對衣的貪著。《十誦律》和《根有律》與此相同。《五分律》和《巴利律》的本制中，犯戒內因是是貪心或懶惰懈怠。《僧祇律》和《鼻奈耶》中比丘並未犯戒，佛陀之所以制戒，是出於比丘修道的方便。

（四）犯戒外緣

《四分律》中，六群比丘犯戒的起因是聽說了佛陀對少欲比丘開緣，可隨意蓄衣。而實際上，少欲比丘因為其僧伽梨爛壞，需要蓄長衣，但是蓄長衣超過十日是犯戒的，十日內他可能無法蓄夠做衣的所有布料，佛是基於這些原因做的開緣。當六群比丘知道佛開緣後，他們有了理直氣壯蓄衣的理由，開緣成了滿足其貪欲的藉口。《五分律》和《巴利律》中比丘犯戒的外緣與《四分律》相同。

《十誦律》和《根有律》中，緣起比丘不斷得到新類型的衣，是比丘犯戒的外緣。每次得到新的衣料，都想留着等攢夠了做衣。比如《十誦律》中，緣起比丘作意「不相似留置，若得相似者當作成衣」，《根有律》中「若得如是相似之物，我當作衣」。

（五）犯戒後的影響

《四分律》中緣起比丘犯戒後，諸比丘嫌責：「云何言世尊聽畜長衣，為乃至滿足故，而以同衣不足，取中糞掃衣浣染，四角頭點作淨，寄親友比丘往人間行？」同時，還受到佛陀無數方便的呵責。《十誦律》、《根有律》與《四分律》類似。《五分律》、《巴利律》的緣起比丘受到長老阿難「譏嫌非難」。《鼻奈耶》和《僧祇律》中的緣起比丘未犯戒，沒有相關內容。

（六）佛陀考量

《五分律》中，佛陀主要是引導比丘要少欲知足，對治貪心。比如，佛一開始讚歎持戒比丘的行誼，是因為其少欲知足，後來呵斥六群比丘，是因為其貪求多欲。長老伽毗得到一件短衣，佛陀考慮弟子的實際需要，乞衣可能不是一次就可以完成，故開許蓄「非時不足衣」一個月，體現出了佛陀的慈悲；後有比丘蓄「非時不足衣」超過一個月，佛正式制戒。可以看出，佛陀制定此戒是希望比丘少欲知足，同時考慮到比丘的實際需要。此種情況在《巴利律》中也有體現，也是先開後制，無不是為了比丘的實際需要以及對治貪欲，令比丘少欲知足。《鼻奈耶》中，比丘因擔心犯戒，而不敢接受居士殷切供養的衣，佛因此而開緣，主要是為了保護居士的發心，成就居士，比丘應從慈悲的角度受衣。同時，也是防止居士因供養不成而譏嫌。《僧祇律》中，比丘得到一段衣，但是因為尺寸不夠，「詣阿耆羅河邊水灑引令長廣」，以免蓄衣過限。佛陀以神足到其前，開許可以蓄衣一個月，體現了佛陀的慈悲和對比丘的關懷。

（七）文體分析

《四分律》和《巴利律》有兩個因緣，《鼻奈耶》、《十誦律》、《僧祇律》和《根有律》有一個因緣，《五分律》有五個因緣。

《四分律》和《巴利律》都是有開有制，故事情節類似。《巴利律》中有更多的細節，比如提到「世尊巡行房舍，見其比丘舉衣擦磨」，《四分律》中則用較大的篇幅描述了六群比丘的行為被人譏嫌。《十誦律》的故事與《四分律》相似，但《十誦律》對比丘得到的各種類型的衣作了細緻描寫，給人的印象更加深刻，也讓人更容易了解比丘蓄衣的過程和心理。《根有律》的寫法與《十誦律》類似，對比丘蓄衣時的心理活動有較多細緻的描寫，從得到非時衣開始，貪念一點點增加，不過，相比之下《根有律》更簡略一些。

《鼻奈耶》的故事情節與其他律典差異比較大。描述了達慕提那比丘尼如何度化力人一家（從力人一家獲得實在的利益到皈信佛教）。進而，才有了後來供養比丘衣，引發佛陀制戒的故事。看似與制戒主題偏離較遠，但更能夠令人理解信眾供養的心情，從而體會佛陀的制戒意趣。

《僧祇律》中故事情節和寫法都比較簡單，但特別記載了佛示現神足通為比丘制戒。《五分律》則細緻地記錄了佛陀制戒和開緣的幾個階段和過程。

二、戒本

《四分律》中，本戒的戒本為：「若比丘，衣已竟，迦絺那衣已出，若比丘，得非時衣，欲須便受，受已疾疾成衣。若足者，善；若不足者，得畜一月，為滿足故。若過畜，尼薩耆波逸提。」

（一）若比丘，衣已竟，迦絺那衣已出

《四分律》、《四分僧戒本》[1]、《新刪定四分僧戒本》[2]、《四分律比丘戒本》[3] 作「若比丘，衣已竟，迦絺那衣已出」，意思是：如果比丘，衣已經作完（可引申理解為三衣已具足），迦絺那衣已經捨去（可引申理解為享有迦提五利的時間已經結束，即過了迦提月）。

與《四分律》相似：

《解脫戒經》[4] 作「若比丘，衣已竟，出迦絺那衣」。

《根有律》、《根有戒經》[5]、《根有律攝》[6] 作「若復苾芻，作衣已竟，羯恥那衣復出」。

《十誦律》作「若比丘，衣竟，已捨迦絺那衣」。《僧祇律》作「若比丘，衣已竟，迦絺那衣已捨」，《僧祇比丘戒本》[7] 作「若比丘，衣竟，迦絺那衣已捨」。

《五分律》、《彌沙塞五分戒本》[8] 作「若比丘，三衣竟，捨迦絺那衣已」。

1 《四分僧戒本》，《大正藏》22 冊，1025 頁上欄。
2 《新刪定四分僧戒本》，《卍續藏》39 冊，265 頁上欄
3 《四分律比丘戒本》，《大正藏》22 冊，1017 頁上欄。
4 《解脫戒經》，《大正藏》24 冊，661 頁中欄。
5 《根有戒經》，《大正藏》24 冊，502 頁下欄
6 《根有律攝》卷 6，《大正藏》24 冊，555 頁下欄。
7 《僧祇比丘戒本》，《大正藏》22 冊，551 頁上欄。
8 《彌沙塞五分戒本》，《大正藏》22 冊，196 頁上欄。

梵文《說出世部戒經》[1] 作“kṛtacīvarehi bhikṣūhi uddhṛtasmin kaṭhine”，意思是：比丘已經作完衣服，迦絺那衣已捨。

梵文《有部戒經》、梵文《根有戒經》作“niṣṭhitacīvarasya bhikṣor uddhṛte kaṭhine”，[2] 意思都是：比丘已經作完衣服，迦絺那衣已捨。

巴利《戒經》[3] 作“niṭṭhitacīvarasmiṃ bhikkhunā ubbhatasmiṃ kaṭhine”，意思是：比丘已經作完衣服，迦絺那衣已捨。

藏文《根有戒經》[4] 作“དགེ་སློང་ཆོས་གོས་ཟིན་པས་སྲ་བརྐྱང་ཕྱུང་ན།”，意思是：比丘法衣已作完，迦絺那衣已捨。

《十誦律》及之後律典中的「捨」與《四分律》的「出」含義相同。此外，《五分律》、《彌沙塞五分戒本》還將「衣」明確為「三衣」。

與《四分律》差異較大：

《十誦比丘戒本》[5] 作「若比丘，三衣具足訖，迦絺那衣時」，此處的「時」對應《四分律》的「已出」，另外，這裏也將「衣」明確描述為「三衣」。

《鼻奈耶》作「若比丘有三衣及一日成衣」。

（二）若比丘，得非時衣，欲須便受，受已疾疾成衣

《四分律》、《四分僧戒本》、《四分律比丘戒本》作「若比丘，得非時衣，欲須便受，受已疾疾成衣」，意思是：如果比丘得到不合時宜的衣服（布料），如果需要可以接受，接受以後，應快速作成衣服。

與《四分律》相似：

《新刪定四分僧戒本》作「得非時衣，欲須便受，受已疾成」，《解脫戒經》

---

1 Nathmal Tatia, *Prātimokṣasūtram of the Lokottaravādimahāsāṅghika School,* Tibetan Sanskrit Works Series, no. 16, p. 13.

2 Anukul Chandra Banerjee, *Two Buddhist Vinaya Texts in Sanskrit,* p. 25. Georg von Simson, *Prātimokṣasūtra der Sarvāstivādins Teil II,* Sanskrittexte aus den Turfanfunden, XI, p. 184.

3 Bhikkhu Ñāṇatusita, *Analysis of The Bhikkhu Pātimokkha,* p. 113.

4 麗江版《甘珠爾》（འཇང་བཀའ་འགྱུར།）第 5 函《別解脫經》（སོ་སོར་ཐར་པའི་མདོ།）8a-8b。

5 《十誦比丘戒本》，《大正藏》23 冊，472 頁下欄。

作「得非時衣，欲須便受，受已疾成衣」。

《根有律》、《根有律攝》、《根有戒經》作「得非時衣，欲須應受，受已當疾成衣」。

《僧祇律》作「若得非時衣，比丘須衣應取，疾作衣受」，《僧祇比丘戒本》作「若得非時衣，比丘若須應取，疾作衣受」。

《五分律》、《彌沙塞五分戒本》作「得非時衣，若須應受，速作受持」。

《十誦律》作「若得非時衣，比丘須者當自手取速作衣持」，《十誦比丘戒本》作「若得非時衣，是比丘若須衣得自手取物，應疾作比丘衣畜」。這兩部律典相比《四分律》，增加了「自手取」的描述。

梵文《說出世部戒經》作“utpadyeya bhikṣusya akālacīvaram ākāṃkṣamāṇena bhikṣuṇā pratigṛhṇitavyaṃ| pratigṛhṇitvā kṣipram eva taṃ cīvaraṃ kārāpayitavyaṃ”，意思是：比丘得到了不合時宜的衣服（布料），（而）想要的比丘可以接受，接受後應該迅速把這件衣服作成。

梵文《有部戒經》作“utpadyetākālacīvaram āk(ā)ṃkṣamāṇena tena bhikṣuṇā pratigṛhītavyaṃ pratigṛhya sacet paripūryeta kṣipram eva kṛ(tvā) dhārayitavyaṃ”，意思是：得到了不合時宜的衣服（布料），而想要的比丘可以接受，如果接受了，應該迅速（把衣服）作成（並）持守。

梵文《根有戒經》作“utpatya akālacīvaram ākāṃkṣinā tena bhikṣuṇā tac cīvaraṃ pratigṛhītavyaṃ pratigṛhya sacet paripūryate kṣipram eva kṛtvā dhārayitavyam”，意思是：若比丘得到了不合時宜的衣服（布料），如果希望得到（布料）則可以接受，如果接受了，應該迅速（把衣服）作成（並）持守。

巴利《戒經》作“bhikkhuno pan’eva akālacīvaraṃ uppajjeyya, ākaṅkhamānena bhikkhunā paṭiggahetabbaṃ, paṭiggahetvā khippam-eva kāretabbaṃ”，意思是：比丘得到了不合時宜的衣服（布料），比丘們想要的話是可以的，接受之後，需要快速的將它作（成衣服）。

藏文《根有戒經》作“དུས་མ་ཡིན་པའི་གོས་ཤིག་རྙེད་ལ་འདོད་ན་དགེ་སློང་དེས་གོས་དེ་བླང་བར་བྱའོ། །བླངས་ནས་གལ་ཏེ་ཡངས་ན་མྱུར་བ་ཁོ་ནར་གོས་སུ་བྱས་ལ་བཅང་བར་བྱའོ།”，意思是：獲得了不合時宜的衣服（布料），如果比丘希望得到則可以接受，如果接受了，應該迅速作成（衣服）並持守。

與《四分律》差異較大：

《鼻奈耶》作「若得長衣，此比丘自手受」。

（三）若足者，善；若不足者，得畜一月，為滿足故

《四分律》、《四分律比丘戒本》作「若足者，善；若不足者，得畜一月，為滿足故」，意思是：如果（衣料）足夠（做衣），（就）好；如果不夠，為了湊足（衣料）可以蓄存一個月。

與《四分律》相似：

《四分僧戒本》、《新刪定四分僧戒本》作「若足者，善；若不足者，得畜經一月，為滿足故」。

與《四分律》有部分差異：

《解脫戒經》作「若足者，善，若不足得畜至一月」，與《四分律》相比，缺少與「為滿足故」對應的內容。

下述律典相比《四分律》，主要多出了「有望處」或類似的表述，意思是：有期望得到衣料的地方。

《十誦律》作「若足者，善；若不足者，更望得衣令具足故，停是衣乃至一月」。

《十誦比丘戒本》作「若得足者，好；若不足，若知更有得處，若為滿故，是比丘是衣乃至一月應畜」。

《僧祇律》作「若不足者，有望處，為滿故，聽一月畜」，《僧祇比丘戒本》作「若不足，有望處，為滿故，聽一月畜」。

《五分律》、《彌沙塞五分戒本》作「若足者，善；若不足，望更有得處，令具足成，乃至一月」。

《根有律》、《根有戒經》、《根有律攝》作「若有望處，求令滿足，若不足者，得畜經一月」。

梵文《說出世部戒經》作“kārāpayato ca tasya bhikṣusya taṃ cīvaraṃ na paripūreya, māsaparamaṃ tena bhikṣuṇā taṃ cīvaraṃ nikṣipitavyaṃ ūnasya pāripūrīye santīye pratyāśāye”，意思是：而作這個比丘的這件衣服（布料）又不充足，比丘由此可以存放這件衣服（布料）最多一個月，當有期待（可以得到衣料的地方）以便補足缺乏的（衣料）。

梵文《有部戒經》作“no cet paripūryeta māsaparamaṃ tena bhikṣuṇā tac cīvaram upanikṣi(ptavyaṃ) satyā(ṃ) cīvarapratyāśāyām ūnasya vā paripūryārthaṃ”，梵文《根有戒經》作“no cet paripūryate māsaparamaṃ tena bhikṣuṇā tac cīvaram upanikṣiptavyaṃ satyāṃ cīvarapratyāśāyām ūnasya vā paripūrayet”，意思都是：如果（衣料）不充足，比丘由此可以存放這件衣服（布料）最多一個月，當有期待（可以得到）衣服的地方以便補足缺乏的（衣料）。

巴利《戒經》作“no c'assa pāripūri, māsaparamaṃ tena bhikkhunā taṃ cīvaraṃ nikkhipitabbaṃ ūnassa pāripūriyā, satiyā paccāsāya”，意思是：如果（衣料）不充足，比丘由此可以存放這件衣服（布料）最多一個月，以便能期待（得到更多衣料）來補足空缺。

藏文《根有戒經》作“གལ་ཏེ་མི་ལངས་ལ་ཁ་མ་ལངས་པ་ཁ་སྐོང་བའི་གོས་ལ་རེ་བ་ཡོད་ན་དགེ་སློང་དེས་གོས་དེ་ཟླ་བ་གཅིག་གི་མཐར་གཞག་པར་བྱའོ།”。意思是：由於衣料不足，如果比丘希望補足，他可以存放這一衣料最多一個月。

與《四分律》差異較大：

《鼻奈耶》作「得一月著，過一月與人」。

(四) 若過畜，尼薩耆波逸提

《四分律》、《四分律比丘戒本》作「若過畜，尼薩耆波逸提」，意思是：如果蓄（這些衣料）超過了（一月的期限），犯捨墮罪。

與《四分律》相同：

《解脫戒經》作「若過畜，尼薩耆波逸提」。

與《四分律》相似：

《四分僧戒本》、《新刪定四分僧戒本》作「若過者，尼薩耆波逸提」，《根有律》、《根有戒經》、《根有律攝》作「若過者，泥薩衹波逸底迦」。

《五分律》、《彌沙塞五分戒本》作「若過，尼薩耆波逸提」。

《十誦律》作「過是停者，尼薩耆波夜提」。這裏的「停」字對應《四分律》的「畜」，不過，「停」在古漢語中也有「貯存、積蓄」的內涵，這裏兩者表達的意思基本相同。

《十誦比丘戒本》作「若過一月畜，尼薩耆波夜提」，《鼻奈耶》作「若過一月自畜者，尼薩耆波逸提」。相比《四分律》，這兩部律典明確表述了「一月」的時間期限，《鼻奈耶》中還多出了「自畜」，但整體的文意與《四分律》相同。

梵文《有部戒經》作"tata uttaram upanikṣipen niḥsargikā pātaya(n)tikā"，梵文《根有戒經》作"tataḥ uttari upanikṣipen naisargika(pāyantikā)"，以上兩部梵文戒經的意思都是：如上存放超過（期限），捨墮。

藏文《根有戒經》作"དེ་ལས་འདས་པར་འཇོག་ན་སྤང་བའི་ལྟུང་བྱེད་དོ། །"，意思是：若蓄超過（時限），捨墮。

與《四分律》有部分差異：

《僧祇律》作「若過畜者，足不足，尼薩耆波夜提」，《僧祇比丘戒本》作「若過者，足不足，尼薩耆波夜提」，相比《四分律》，這兩部律典明確表述了衣料「足不足」都屬於正犯。

梵文《說出世部戒經》作"taduttariṃ nikṣipeya santīye vā asantīye vā pratyāśāye nissargikapācattikaṃ"，意思是：（不管）有或沒有期待（得到衣服的地方），超過了存放（期限），捨墮。

巴利《戒經》作"tato ce uttariṃ nikkhipeyya, satiyā pi paccāsāya, nissaggiyaṃ pācittiyaṃ"，意思是：如果超過了應該被存放的（期限），即使有期待（能夠獲得衣料），捨墮。這兩部律典中都強調，不管是否有期待得到衣料的地方，都屬於違犯。

三、關鍵詞

非時衣

梵文戒經中均作“akālacīvara”，該詞由“a（否定前綴）”、“kāla（時宜）”和“cīvara（衣服）”組成，意思是「不合時宜的衣服」（英譯：inopportune robe, robe outside the proper time）。巴利《戒經》所用詞語和詞意與梵文完全相同。

藏文《根有戒經》作“དུས་（場合、時間）མ་ཡིན་པའི་（不是的）གོས་（衣）”，意思是「不合時宜的衣」（英譯：the robes outside the proper time）。

《四分律》中解釋為「時者，無迦絺那衣，自恣後一月；若有迦絺那衣，自恣後五月。非時者，若過此限」。根據律文可知「時」有兩種：1. 若是不受迦絺那衣（功德衣），自恣後的一個月；2. 若是有受迦絺那衣，自恣後的五個月。「非時」即是上述「時」以外的時間，「非時衣」就是這兩種情況以外蓄做衣的布料，都名為非時衣。

《十誦律》中，「非時者，謂除別房衣、家中施衣，除安居衣，餘殘衣名非時衣」。

《薩婆多論》中，「非時衣者。從四月十六日至八月十五日名為衣時，若有功德衣，至臘月十五日，名為衣時。從臘月十六日至四月十五日，名為非時。此四月中，若人自恣與衣，是名非時衣」。[1] 這裏把除安居的三個月和受功德衣（一個月或五個月）以外的時間所得的衣稱為非時衣，與《四分律》中「非時」的時間相比，少了安居的三個月。

《僧祇律》中，「非時者，若受迦絺那衣，有七月名非時；若不受迦絺那衣者，有十一月是名非時。於此非時中得衣，是名非時衣」。

1 《薩婆多論》卷 4，《大正藏》23 冊，531 頁上欄。

《巴利律》中，「非時衣者，非行迦絺那衣式時，於十一個月中得者，於行迦絺那衣式時，在七個月中得者。又於『衣』時中指名為『非時衣』而與者，此言非時衣也」。

《五分律》中，「非時衣者，捨迦絺那衣已，有所得衣，皆名非時衣」，也就是沒有受迦絺那衣的時間所得的衣就是非時衣，與《四分律》、《僧祇律》內涵相同。

《根有律》中，「言得非時衣者，何者是時？何者非時？若住處不張羯恥那衣者一月，謂從八月十六日至九月十五日；若住處張羯恥那衣者五月，謂從八月十六日至正月十五日，是名時，餘名非時」。這裏的非時也是指無迦絺那衣的十一個月和有迦絺那衣的七個月，時間與《四分律》相同。

《根有律攝》中，「得非時衣者，若五月、一月是謂衣時，異此名非時」[1]，其中五月、一月指的是若是有受迦絺那衣，自恣後的五個月，不受迦絺那衣，自恣後的一個月。

《善見論》中，「非時衣者，夏末一月、冬四月是時，餘七月是非時」[2]。

綜上所述，詞源分析中，梵巴藏戒經都把「非時衣」解釋為不合時宜的衣服。有記載的漢語律典中，可分為如下三種情況：

1.《四分律》、《僧祇律》、《五分律》、《巴利律》中「非時衣」是指：不受迦絺那衣（功德衣），自恣後一個月以外的十一個月所得的衣；受迦絺那衣，自恣後五個月以外的七個月所得的衣。《根有律》僅指十一個月所得的衣。《善見論》只包括七個月所得之衣。

2.《薩婆多論》與《四分律》等律典的差異，主要體現在月數上，《薩婆多論》中的非時是指：有功德衣，除安居三個月和自恣後五個月以外的四個月；無功德衣，除安居三個月和自恣後一個月以外的八個月。

3.《十誦律》與諸律差異較大，將「非時衣」定義為：除了別房衣、家中施衣、安居衣之外所得的衣物。

---

1 《根有律攝》卷 6，《大正藏》24 冊，555 頁下欄。

2 《善見論》卷 14，《大正藏》24 冊，773 頁下欄。

四、辨相

(一) 犯緣

具足以下五個方面的犯緣便正犯本戒：

1. 所犯境

《四分律》中，所犯境是非時衣。

《鼻奈耶》中，所犯境是長衣。

《十誦律》、《薩婆多論》[1]、《僧祇律》、《五分律》、《根有律》、《根有律攝》[2]、《巴利律》、《善見論》[3]的所犯境，與《四分律》相同。

《摩得勒伽》[4]、《毗尼母經》[5]中，所犯境是三衣。

藏傳《苾芻學處》[6]中，所犯境是：「所蓄物是衣，清淨，滿一肘，未蓋三輪，是自所有，現前自在，於滿足有希望，未加持。」

《明了論》無此戒內容，下不贅述。

2. 能犯心

（1）發起心

《四分律》中沒有與發起心相關的犯緣。

藏傳《苾芻學處》：「發起心，隨意欲為自受持相續不斷。」

其他律典和《四分律》相同，沒有相關記載。

---

1 《薩婆多論》卷 4，《大正藏》23 冊，530 頁下欄至 531 頁中欄。
2 《根有律攝》卷 6，《大正藏》24 冊，555 頁下欄至 556 頁上欄。
3 《善見論》卷 14，《大正藏》24 冊，773 頁下欄至 774 頁下欄。
4 《摩得勒伽》卷 2，《大正藏》23 冊，573 頁上欄；卷 9，《大正藏》23 冊，618 頁上欄。
5 《毗尼母經》卷 8，《大正藏》24 冊，844 頁中欄。
6 《苾芻學處》，《宗喀巴大師集》卷 5，72 頁至 73 頁。

（2）想心

《四分律》中沒有想心相關的犯緣。

《鼻奈耶》、《十誦律》、《薩婆多論》、《摩得勒伽》、《僧祇律》、《五分律》、《根有律》、《根有律攝》、《毗尼母經》、《善見論》與《四分律》相同。

《巴利律》記載，過月有過想、疑以及不過想，正犯此戒；不受持有不受持想、疑以及受持想，或者不說淨有不說淨想、疑以及說淨想，正犯此戒；不捨、不失、不壞、不燒以及不被奪想，正犯此戒。

藏傳《苾芻學處》中，想心為「想不錯亂」。

3. 方便加行

《四分律》中方便加行是蓄衣超過聽許的時限。

其他律典與《四分律》相同。

4. 究竟成犯

《四分律》中，持有的非時衣超過了時限（最長一月），正犯此戒。

《鼻奈耶》中，蓄長衣過一月，正犯此戒。

《摩得勒伽》、《毗尼母經》是過一月，正犯此戒。

藏傳《苾芻學處》:「過三十日夜成犯。」

其他律典與《四分律》相同。

（1）諸律時限的計算

諸律中過限正犯的具體時限，彼此之間的計算方法有細節上的差別。根據望心的斷續是否對正犯時限有影響，諸律可以分成兩類：

①時限不受望心斷續的影響

《四分律》中，時限的規定是：

A. 從最初得到非時衣（本衣）起，若十日中獲得足量的同類衣料（同衣），這些衣料蓄過第十日，十一日明相出，正犯此戒。

B. 若前十天同衣不足，第十一日乃至到第二十九日，即日得到足量的同衣，應即日做衣，如果蓄到第二天明相出，正犯此戒。

C. 第三十天，無論同衣足不足，都要裁割做衣，或作淨施等，繼續蓄有到第三十一日明相出，正犯此戒。

《鼻奈耶》中時限固定，蓄長衣過一月，正犯此戒。《摩得勒伽》和《毗尼母經》的時限也是固定的，蓄三衣過一月，正犯此戒。藏傳《苾芻學處》中時限固定：「由彼加行，或自力，或染力，過三十日夜成犯。」

《僧祇律》中，時限的規定是：

A. 如果在前十日得到足量的衣，蓄到第十一日，正犯此戒。

B. 如果在中十日（第十一到第二十日）得到足量的衣，蓄到第二十一日正犯此戒。

C. 如果在後十日（第二十一天到第三十天）得衣，蓄到第三十一日正犯此戒。

《五分律》中，時限的規定是：

A. 從最初得到非時衣（本衣）起，若十日中獲得足量的衣料，這些衣料蓄過第十日，十一日明相出，正犯此戒。

B. 前十天衣料不足，第十一日乃至到第三十日，即日得到足量的同衣，應即日做衣，如果蓄到第二天明相出，正犯此戒。

《善見論》中，時限的規定是：「若二十九日得所望衣，即日應受持，若說淨；若不受持、不說淨，至明相出時，尼薩耆。如是展轉乃至十日，得所望衣，即日應受持、說淨；若不受持、不說淨，至十一日明相出時，尼薩耆。」

②時限受望心斷續的影響

《十誦律》中，如果比丘望斷，或者得到的不是同衣，兩種情況下的時限規定是：

A. 第一天到第十天所得衣，蓄到第十一天地了時，正犯此戒。

B. 第十一日到第三十日之間所得衣，蓄到次日地了時，正犯此戒。

《薩婆多論》中，時限的規定是：

A. 有望，可蓄一個月，過一個月，正犯此戒。

B. 若判斷十日內得不到衣，蓄過十日正犯此戒。

C. 若得到的不是同衣，之前得到的衣和後得衣蓄至第十一日，正犯此戒。

《根有律》中，時限的規定是：

A. 如果有希望處：

a. 一日到十日間，得到足量的同衣，蓄到第十一日明相出，正犯此戒。

b. 十一日到二十日，得到足量的同衣，蓄到第二十一日明相出，正犯此戒。

c. 二十一日到三十日，得到衣，蓄到第三十一日明相出，正犯此戒。

B. 如果望心斷絕，只能蓄十日，蓄到第十一日明相出時，正犯此戒。中十，後十，類推。

《根有律攝》與《根有律》基本相同，與《薩婆多論》類似。時限的規定是：

A. 望心未斷，未得足量衣，可蓄到第三十天，過此正犯此戒。

B. 望心斷絕，只能蓄十日，蓄到十一日正犯此戒。

5. 犯戒主體

《四分律》中的犯戒主體是比丘，比丘尼同犯。

《薩婆多論》、《五分律》、藏傳《苾芻學處》與《四分律》相同。

其他律典犯戒主體為比丘，沒有提到比丘尼。

（二）輕重

1. 所犯境

《四分律》中，非時衣，犯捨墮。其他律典正犯此戒的所犯境如犯緣所述。

《四分律》中另外記載：「隨衣多少，尼薩耆波逸提。」

《薩婆多論》：「若不應量衣者，突吉羅，此衣應捨。」

《摩得勒伽》：「不淨衣，如前說，過一月畜，突吉羅；畜減量衣過一月，突吉羅。」

藏傳《苾芻學處》:「此中事支不具者，若衣不滿一肘，有希望而受持過一月，是惡作罪。」藏傳《苾芻學處》還有記載，如果製作三衣的尺寸不符合規定，會犯惡作罪。

2. 能犯心

（1）發起心

諸律典正犯此戒的發起心如犯緣中所述。諸律典沒有發起心不同導致結輕的記載。

（2）想心

《巴利律》記載:「不過一月而有過想者，突吉羅；不過一月而有疑想者，突吉羅。」

另外，《巴利律》和藏傳《苾芻學處》正犯的記載如前犯緣所述。其他律典沒有想心方面的記載。

3. 方便加行

諸律正犯的情況如上文犯緣中所述。

《巴利律》記載:「捨墮衣，不捨而受用者，突吉羅。」

4. 究竟成犯

諸律典正犯此戒的究竟成犯如犯緣中所述。

另外，《根有律攝》記載：「有二種衣：一、未用衣，謂是新衣；二、曾用衣，謂於三時隨一時中已經受用。得此二衣量未滿足，畜過一月不分別者，得捨墮罪。」

《根有律》還記載:「若苾芻於新僧伽胝，摘去舊裏擬將別用，摘時得惡作罪；至十一日明相出，便犯捨墮……摘去其裏浣、染、縫治，還欲安此者，無犯；至十一日明相出時，不安了者，得泥薩祇。如僧伽胝既然，於尼師但事皆同此。」如果比丘「得故衣欲作衣者，應浣、染、裁縫，四重為僧伽胝，四重為尼師但，兩重為嗢呾羅僧伽及安呾婆娑」，如果想要著更多重時，「帖時得惡作罪；十一日明相出時，犯捨墮罪」。

5. 犯戒主體

《四分律》，比丘、比丘尼若犯，尼薩耆波逸提；式叉摩那、沙彌、沙彌尼若犯，突吉羅。

《薩婆多論》、《五分律》與《四分律》相同。

藏傳《苾芻學處》中，比丘和比丘尼均犯捨墮，沒有提及其餘三眾的結罪情況。

其他律典中，比丘犯捨墮，沒有記載其他人的結罪。

（三）不犯

1. 所犯境不具足

《四分律》記載：「若奪衣，若失衣，若燒衣，若漂衣，而取著，若他與著，若作被，不犯。」

《巴利律》記載，所得衣料「失、壞、燒、被奪而取」，不犯。

2. 能犯心不具足

《四分律》記載：「若奪想，若失想、燒想、漂想，不裁割、不綖拼、不縫作衣、不淨施、不遣與人，不犯。」

《巴利律》記載，「不過一月而有不過一月想者，不犯也」。

3. 方便加行不具足

《四分律》中，在規定的期限內做衣、淨施、送人等，不犯。

在其他律典中，只要在規定的期限做衣，都不犯。除此之外，在規定的期限內：《鼻奈耶》、《十誦律》、《薩婆多論》、《五分律》提到「與人」，不犯；《根有律》、《巴利律》提到「捨」，不犯，但沒有說明是否是捨與人；《十誦律》、《薩婆多論》、《僧祇律》、《五分律》、《根有律》、《巴利律》、《善見論》還提到「若作淨」、「若受持」，不犯；《摩得勒伽》、《毗尼母經》中，只提到「若受持」，不犯。

4. 犯戒主體不具足

《四分律》記載：「不犯者，最初未制戒，癡狂、心亂、痛惱所纏。」

《五分律》、《根有律》與《四分律》相同。

《巴利律》記載：「癡狂者、最初之犯行者，不犯也。」

5. 開緣

《四分律》中，迦絺那衣未捨棄，過限不犯。除《鼻奈耶》、《薩婆多論》、《摩得勒伽》、《善見論》外，其他律典在這一點上與《四分律》相同。除《毗尼母經》外，《四分律》和其他律典的詞條開緣均是從戒條內提取出來的。

《十誦律》中，「不得所望亦不斷望、非望而許，復勤求所望，是望亦斷、非望更得」，第一天乃至到第三十天，衣不足時均可繼續往下蓄。

《四分律》中，由於客觀阻礙不能處理衣料，不犯。如律文：「若受寄衣比丘命終，或遠行，或休道，或被賊，或為惡獸所害，若為水所漂，若不裁割、不綖拼、不縫作衣、不遣與人，不犯。」

《巴利律》中，「以親厚想取」，不犯。

五、原理

（一）制戒的意趣分析

「月望衣戒」屬於遮戒。衣服是人遮體避寒的必備之物，若破損無法穿著時，則會妨礙修行，在合理需求下的蓄積無可厚非。佛陀開許比丘蓄積非時衣，以方便製作成衣，然而一些比丘卻利用佛陀的開緣鑽戒律的漏洞，通過蓄積大量的非時衣來滿足自己的貪心，如《十誦律》記載六群比丘藉此大蓄各種衣料。此戒的制定便是對這類貪煩惱的對治。

比丘捨俗出家是為了追求解脱，不應該將精力過多地放在衣服上，如果衣服過多，自然會整天想着如何處理布料、製作衣服，因而荒廢道業。如《根有律攝》:「廢修正業，因望滿事煩惱同前，制斯學處。」

（二）佛世經濟發展情況對戒律的影響

佛世時的印度，生產力不發達，紡織技術較為落後，布料在當時的印度社會屬於較貴重的物品。由於布料的缺乏，居士供養比丘時，往往拿不出一件完整的衣，而只能拿出一塊布料供養。比丘收集到足夠的布料後，再縫製成完整的衣服。

《巴利律》中，有比丘得了一件非時衣，但不足以做衣，於是「其比丘〔欲令其延長而〕舉其衣反覆擦磨之」。《五分律》中，緣起比丘「得一狹短衣，日日舒挽，欲令廣長」。《僧祇律》中，阿那律尊者因乞到的衣量不夠做衣，而到河邊想把衣拉長。《善見論》也有類似記載:「爾時，有一比丘得非時衣，此比丘以水灑，日曝，牽挽欲令長。」以上種種無奈之舉，從側面反映出古印度時期由於生產力低下導致的衣料稀缺。

對一般比丘而言，在當時能夠得到布料並非易事，若蓄積到足夠多的衣料，需要經過多次的乞衣，並且還要預留出縫製衣服的時間，若要求過於嚴格，會給比丘做衣帶來很多困難。佛陀為了使比丘蓄布、做衣有充足的時間，便規定一個月的期限，這是當時社會生活的真實反映。

（三）自然氣候條件對戒律的影響

印度地處熱帶，空氣潮濕，蟲類活動頻繁且繁殖速度快，比丘蓄積的棉、麻材質的布料很容易受潮、發霉、腐爛，或者被蟲噬咬，造成極大的浪費，如《四分律》就記載比丘怕衣被蟲咬而拿出晾曬的情況[1]。佛陀從現實角度出發，為避免損壞衣料，對蓄衣的時間作出規定：「若不足者，有望處為滿故，聽一月畜。」基於自然氣候等因素的考慮，佛陀將此戒的時間規定為三十日，符合現實緣起。

---

1 《四分律》卷 6：「此六群比丘衣，是我親友寄我遊行人間，恐蟲壞故曬耳。」《大正藏》22 冊，603 頁上欄。

六、總結

（一）諸律差異分析

1. 緣起差異

（1）結構差異

《四分律》、《巴利律》有一個緣起和一個本制。《鼻奈耶》、《十誦律》、《僧祇律》、《根有律》有一個本制。《五分律》有四個因緣和一個本制。

（2）情節差異

《四分律》中六群比丘在佛開許比丘蓄衣之後，蓄了各種布料，去人間遊行，引起其他比丘的譏嫌。除《十誦律》、《根有律》的故事情節與《四分律》相似外，其他律典與《四分律》的情節差異較大。

其中，《鼻奈耶》為居士供養比丘衣，比丘因怕犯「長衣戒」而不敢取，佛因此開許比丘可蓄一個月。《僧祇律》為阿那律尊者因乞到的衣量不夠做衣，佛因此開許比丘可蓄長衣一個月。《五分律》第一個因緣是諸少欲比丘在「三衣竟，捨迦絺那衣已」，得非時衣，感到很慚愧；第二個因緣是六群比丘聽說佛陀開許受非時衣，就蓄了很多衣，不受持，也不淨施；第三個因緣是某住處比丘得到很多衣，受持後剩餘的衣給其他比丘，其他比丘不敢受；第四個因緣為長老伽毗得到一件小衣服，每天伸展衣服，希望可以變大，並告訴佛一個月可以製作完成衣服；本制情節為有比丘蓄長衣超過一個月。《巴利律》的緣起情節與《僧祇律》情節相似，本制與《五分律》本制情節相似。

（3）結論

綜上所述，本戒緣起無需調整，仍取《四分律》的結構與情節。

2. 戒本差異

除《鼻奈耶》外，諸律的戒本基本一致。《四分律》「若不足者，得畜一月，為滿足故」的表述上，相比其他律典，僅《四分僧戒本》、《新刪定四分僧戒本》、《四分律比丘戒本》和《解脫戒經》中缺少「有望處」或類似的表述。此外，《解脫戒經》相比《四分律》及其他律典，還缺少與「為滿足故」相對應的內容。

本戒前半部分與捨墮第一條「長衣戒」相同的調整，這裏不再重複。其後的「若比丘，得非時衣」，為了文辭簡潔，依《新刪定四分僧戒本》等將「若比丘」刪去。「受已疾疾成衣」中的「疾疾」，為了使文意更為明確，據《根有律》等將其中的第一個「疾」字改為「當」。「得畜一月，為滿足故」的表達過多受梵文語序的影響，因此借鑒《僧祇律》等的表述，在前面補入「有望處」的說明，使其成為「有望處，為滿故聽一月畜」。

3. 辨相差異

（1）所犯境

《薩婆多論》、《摩得勒伽》、藏傳《苾芻學處》中，蓄不應量衣，得惡作罪。其他律典沒有相關記載。不應量衣引發的煩惱較輕，與應量衣判罰區分，結突吉羅罪合理，此內容可以參考。

（2）能犯心

除藏傳《苾芻學處》中發起心為「隨意欲為自受持相續不斷」之外，其他律典沒有發起心的直接描述。本戒參考「長衣戒」，將發起心規定為不護過限之心。

（3）究竟成犯

諸律關於過限時間的計算，在細節上有差異。《十誦律》、《薩婆多論》、《根有律》和《根有律攝》的蓄衣時限受望心斷續的影響。其他律典的時限則不受望心斷續的影響，彼此之間也有些許差異，例如：《四分律》、《五分律》規定，從第十一天開始若得足量同衣，當天應當作完；《巴利律》規定前二十天內若得足量同衣，可蓄十天。諸律的差異主要是在操作層面，而其目的都是為了防範比丘的貪心。《四分律》等不受望心斷續影響，判罰更易於操作，可以借鑒。

4. 諸律內部差異

各律典中，此戒的緣起、戒本以及辨相三部分相符。

（二）調整文本

通過以上諸律間觀點同異的對比與分析，文本在《四分律》的基礎上作如下調整：

1. 緣起

佛在舍衛國祇樹給孤獨園，有比丘僧伽梨爛壞，因無法在長衣戒所限十日內完成製衣，故躊躇不定。諸比丘將此事向佛匯報，佛「聽比丘畜長衣，為乃至滿足故」。

六群比丘聽說佛「聽比丘畜長衣，為乃至滿足故」，於是六群比丘蓄積大量的布料，但其中沒有足夠的顏色、材質相同的布料可以作成一件衣，於是將這些布料浣、染、點淨後，託付親友比丘保存，自己外出。諸比丘將此事向佛匯報，佛因此制戒。

2. 戒本

若比丘，作[1]衣已竟，迦絺那衣已捨[2]，得[3]非時衣，欲須便受，受已當[4]疾成衣。若足者，善；若不足者，有望處，為滿故聽一月畜[5]，若過者[6]，尼薩

1 「作」，底本闕，據《根有律》、《根有戒經》、《根有律攝》、梵文《說出世部戒經》加。

2 「捨」，底本作「出」，據《十誦律》、《僧祇律》、《僧祇比丘戒本》、《五分律》、《彌沙塞五分戒本》改。

3 「得」前，底本有「若比丘」，據《新刪定四分僧戒本》、《五分律》、《彌沙塞五分戒本》、《解脫戒經》、《根有律》、《根有戒經》、《根有律攝》刪。

4 「當」，底本作「疾」，據《根有律》、《根有戒經》、《根有律攝》改。

5 「有望處，為滿故聽一月畜」，底本作「得畜一月，為滿足故」，據《僧祇律》、《僧祇比丘戒本》改。

6 「者」，底本作「畜」，據《四分僧戒本》、《新刪定四分僧戒本》、《僧祇比丘戒本》、《根有律》、《根有戒經》、《根有律攝》改。

耆波逸提。

3. 關鍵詞

非時衣：不在衣時內得到的衣（布料）。如果不受迦絺那衣（功德衣），指除自恣後的一個月以外的十一個月內得的衣；如果受迦絺那衣，指自恣後的五個月以外的七個月內得的衣。

4. 辨相

（1）犯緣

本戒具足五緣成犯：一、因三衣弊壞而得非時布料；二、迦絺那衣已捨；三、為作成衣而蓄布料；四、不護過限之心；五、過限，成犯。

（2）辨相結罪輕重

①因三衣弊壞而得非時布料

②迦絺那衣已捨

迦絺那衣已捨，蓄衣過時限，捨墮；迦絺那衣未捨，不犯。

③為作成衣而蓄布料

④不護過限之心

若比丘無護衣之心，捨墮；若有護衣之心但偶然迷忘，不犯。

⑤過限

從最初得到非時衣起，若十日中獲得足量的合適衣料（同衣），這些衣料蓄過第十日，十一日明相出，捨墮；若當天裁割做衣，或淨施，或遺與人，不犯。

若前十天同衣不足，從第十一日到第二十九日，若當天得到足量的同衣，如果蓄到第二天明相出，捨墮；若當天裁割做衣，或淨施，或遺與人，不犯。

到第三十日，無論同衣足不足，都要裁割做衣，或作淨施等，繼續蓄到第三十一日明相出，捨墮；若當天裁割做衣，或淨施，或遺與人，不犯。

過限，隨衣多少，一一尼薩耆波逸提。

⑥犯戒主體

比丘、比丘尼若犯，捨墮；式叉摩那、沙彌、沙彌尼若犯，突吉羅。

⑦不犯

若比丘以為所得衣已經失壞，不犯。

客觀不可抗力造成蓄過期，不犯。

最初未制戒，癡狂、心亂、痛惱所纏時，不犯。

七、現代行持參考

現代社會，紡織技術發達，物流便利，可以及時補充生活物資，同時，漢地比丘所穿的三衣、大褂、小褂等僧服基本都是從寺院庫房裏領取或直接購買。因而，比丘不需要通過蓄積布料來做衣。

從本戒的制戒精神來看，佛陀意在引導比丘要少欲知足，降低對物品的貪著。現在社會物質豐富程度遠大於佛世時，比丘應該根據自己的實際情況合理蓄有，避免過多蓄積物品。

04

取非親尼衣戒

一、緣起

（一）緣起略述

《四分律》有一個本制和兩個隨制。本制情節中，先是用了一段篇幅講述蓮華色比丘尼的出家因緣。隨後，蓮華色比丘尼感化賊首領，此首領因此供養她一些豬肉。蓮華色持豬肉往耆闍崛山供養諸上座比丘，途中遇到一個穿著破爛的比丘，內心不忍，便把自己的僧伽梨與對方交換。佛陀見到蓮華色比丘尼後，故意問她為何穿的如此破爛，蓮華色比丘尼將此事匯報後，佛陀因此制戒：不得從比丘尼處取衣。第一個隨制，比丘們因害怕犯戒而不敢取親里比丘尼送的衣，佛因此增制此戒：可以從親里比丘尼取衣。第二個隨制，二部僧在共分衣時，比丘和比丘尼互相拿錯了衣，比丘尼要求更換，比丘們因害怕犯戒而不敢更換，佛陀便再次增制此戒：允許比丘與比丘尼之間貿易衣。[1]

諸律緣起差異比較：

1. 制戒地點

《四分律》中，制戒地點為「羅閱城迦蘭陀竹園」，《鼻奈耶》[2]為「舍衛國祇樹給孤獨園」，《十誦律》[3]為「舍衛國」，《僧祇律》[4]、《五分律》[5]為「舍衛

1 《四分律》卷 6，《大正藏》22 冊，605 頁下欄至 607 頁上欄。

2 《鼻奈耶》卷 6，《大正藏》24 冊，875 頁中欄至下欄。

3 《十誦律》卷 6，《大正藏》23 冊，42 頁上欄至 43 頁上欄。

4 《僧祇律》卷 8，《大正藏》22 冊，299 頁中欄至 300 頁中欄。

5 《五分律》卷 4，《大正藏》22 冊，25 頁上欄至 26 頁下欄。

城」，《根有律》[1] 為「室羅伐城逝多林給孤獨園」，《巴利律》[2] 為「王舍城迦蘭陀竹林園」。

2. 緣起比丘

《四分律》中，緣起比丘為「一比丘」，《鼻奈耶》為「跋難陀」，《十誦律》為「六群比丘」，《僧祇律》為「諸比丘」，《五分律》為「跋難陀」和另一名「衣粗弊壞」的比丘，《根有律》為「鄔波難陀」，《巴利律》為「優陀夷」。

3. 緣起情節

《鼻奈耶》有一個本制。《十誦律》、《巴利律》有一個本制和一隨制，《僧祇律》有四個緣起和一個本制，《五分律》有兩個緣起、一個本制和兩個隨制，《根有律》有一個緣起、一個本制和一個隨制。

《鼻奈耶》和《十誦律》的本制情節與《四分律》類似，不同點有二：《十誦律》和《鼻奈耶》中，都是緣起比丘主動找比丘尼索衣，而非比丘尼主動供養；《十誦律》和《鼻奈耶》中沒有記載蓮花色比丘尼的出家因緣。此外，《十誦律》的隨制情節與《四分律》的第二個隨制情節相同。

《巴利律》的本制情節與《四分律》本制情節相似，不同點有三：《巴利律》中緣起比丘強索比丘尼的安陀會，而非比丘尼主動送給比丘衣；《巴利律》中少了蓮花色比丘尼出家因緣的描寫；《巴利律》中佛制戒時就提到非親里的概念，即不得從非親尼處取衣。此律隨制情節與《四分律》的第二個隨制情節相似。

《僧祇律》第一個緣起中，優鉢羅比丘尼將自己的僧祇支給了阿難陀比丘。佛陀得知此事後，告誡阿難陀比丘：女人獲得一件衣服很不容易，應該給予報酬或拿自己的衣服和比丘尼交換。佛陀建議阿難陀將波斯匿王所供養

---

1 《根有律》卷 18，《大正藏》23 冊，722 頁中欄至 723 頁中欄；卷 19，《大正藏》23 冊，723 頁下欄至 728 頁上欄。

2 《經分別》卷 4，《漢譯南傳大藏經》1 冊，293 頁至 296 頁；《附隨》卷 1，《漢譯南傳大藏經》5 冊，53 頁。

的那件劫貝衣拿去給比丘尼作為交換，阿難陀捨不得。第二個緣起是，善生比丘尼和自己的徒眾都穿著弊壞衣來頂禮世尊，佛問旁邊的比丘為什麼她們都穿得如此破爛，諸比丘回答，她們的衣服都被優陀夷拿去了。後兩個緣起及本制中，頂禮佛的比丘尼分別是偷蘭難陀比丘尼、蘇毗提比丘尼、失利摩比丘尼，而她們供養衣服的對象分別是阿難陀、善解比丘和僧。在本制中，佛陀向諸比丘講說不應該向比丘尼索要衣服的原因後，為僧制戒。

《五分律》本制中，先是記載了蓮華色比丘尼的出家因緣，之後一個賊首領，供養蓮華色比丘尼上好飲食，蓮華色比丘尼便拿着飲食前往比丘僧團供養長老優波斯那及跋難陀。優波斯那應供後離去，而跋難陀則向蓮華色比丘尼索要衣服，無奈之下蓮華色比丘尼便將衣服給了跋難陀，諸比丘因此呵責跋難陀。波闍波提比丘尼帶着五百比丘尼來頂禮佛，途中遇到優波斯那長老比丘，波闍波提比丘尼看到他衣粗弊壞，便將自己的好衣與優波斯那交換。波闍波提比丘尼穿著破弊的衣服拜見佛陀，佛陀問明事情的來由後，呵斥優波斯那比丘。之後，諸比丘將跋難陀向蓮華色比丘尼索衣的事向佛匯報，佛陀呵斥跋難陀後，為眾制戒：不得從比丘尼取衣。此律的第一、二個隨制情節，與《四分律》相同。

《根有律》中，第一個緣起，記載了眾多釋種比丘因小軍比丘因緣而證道。此外，還記載了他們前世的因緣，講述了水生太子的故事。此是緣起，尚未制戒。本制情節與《四分律》相似，不同點有三：《根有律》是緣起比丘強索衣服，並非比丘尼主動供養；《根有律》中，佛制戒為「不得從非親尼處取衣」，而《四分律》中，佛制戒為「不得從比丘尼處取衣」；《根有律》少了蓮花色比丘尼出家因緣的記載。隨制情節為長者婦供養大愛道及眾多比丘尼，比丘尼應供結束後，長者婦供養上好白布，大愛道比丘尼因「世尊制戒，不許苾芻尼受上妙衣服」而不願接受，但是考慮到「若不受者障施主福，諸苾芻尼失其利養」，於是接受。之後前往佛陀處匯報此事。佛陀讚歎大愛道比丘尼受供的行為，並允許比丘尼可以在接受好衣服之後，從比丘處換取「粗」衣。眾多比丘尼前往僧團來與比丘交換衣，有比丘不敢交換前來問佛，佛陀制戒，允許比丘以貿易的方式從非親比丘尼取衣。

（二）緣起比丘形象

《四分律》、《僧祇律》中沒有對緣起比丘的形象作詳細描寫。

《鼻奈耶》：「跋難陀釋子見問：『阿姨何所得此白氎鮮明淨好，從何許得，可以見惠。』比丘尼不逆，即以此氎與。跋難陀釋子語諸比丘：『比丘尼以此氎施我。』」跋難陀看到好衣服，絲毫不掩飾自己對衣服的喜愛，直接就向比丘尼索要，得衣之後還到僧團中炫耀。這些描寫刻劃出一個貪愛衣財，且毫不掩飾自己貪心的比丘形象。

《十誦律》中，「六群比丘見華色比丘尼持好氎出，見已生貪心」，之後，為了求衣，緣起比丘拐彎抹角地暗示比丘尼將此衣供養給自己：「語言：『汝氎細好。』比丘尼答言：『細好。』六群比丘言：『好，何不施與好人。』」這裏刻劃出緣起比丘貪愛衣物、巧言善辯的形象。

《巴利律》中，比丘尼拒絕給緣起比丘衣服，緣起比丘卻繼續再三索要：「『妹！汝以此肉使世尊喜悅，汝若與我安陀會，我亦如是因安陀會而將得喜悅。』『大德！我等女人衣實甚難得，此乃我最後之第五衣，我不能與。』『妹！譬如人與象亦應與之草。如是，汝供奉肉於世尊，亦應與我安陀會也。』」刻劃出一個為了求衣而不擇手段的「厚臉皮」比丘形象。《五分律》中的緣起比丘形象與之類似：「跋難陀言：『可示我衣。』即以示之。跋難陀見，便生貪著……如是無數方便苦索……答言：『我無福德，強說比丘尼，僅乃得之。』」

《根有律》中，對鄔波難陀有如下記述：「鄔波難陀告言：『大妹！若有得此新好白疊……』鄔波難陀作如是念：『若更有餘黑鉢見者，必乞此衣，我無由得。』……鄔波難陀既得衣已，喜而咒願曰：『汝所施物……』」鄔波難陀存心想向比丘尼索要衣服，但嘴上卻說「必若有餘隨情處分」，害怕其他比丘捷足先登，親自為比丘尼張羅眾僧來門外接受供養。最後得到衣服之後，他還不忘記對比丘尼讚歎一番。緣起比丘為了一件衣而如此大費周折，表現出其貪心熾盛的特點。

（三）犯戒內因

《鼻奈耶》、《十誦律》、《根有律》、《巴利律》、《五分律》中，都記載了緣起比丘因為對衣服的貪著，主動向比丘尼索要衣物。《十誦律》中，緣起比丘「見華色比丘尼持好氎出，見已生貪心」。《五分律》記載：「跋難陀言：『可示我衣。』即以示之。跋難陀見，便生貪著，即從索之。」

雖然《四分律》、《僧祇律》和《五分律》中敘述比丘尼是出於慈憫心而主動與比丘交換衣，但比丘答應以自己的惡衣換取比丘尼的好衣，可見其內心還是隱藏着欲得好衣的微細貪心。如《五分律》中，佛見比丘用惡衣交換了比丘尼的好衣後：「種種呵責：『汝愚癡人！不應多欲！』」

（四）犯戒外緣

《四分律》中，犯戒外緣是蓮華色比丘尼看到一比丘「著弊故補納僧伽」，主動與比丘換衣。

《五分律》和《四分律》相似，是波闍波提比丘尼，見一比丘「衣粗弊壞」而換衣。

《鼻奈耶》、《十誦律》、《根有律》、《巴利律》中，犯戒外緣是比丘尼穿著或攜帶好衣，與比丘相遇。好衣引發比丘的貪心，比丘遂向比丘尼索取衣物。

（五）犯戒後的影響

《四分律》中，「蓮華色著此弊衣往世尊所」，比丘尼將好衣給比丘後，只能穿著破舊的衣去見世尊。《鼻奈耶》、《十誦律》、《僧祇律》、《五分律》、《根有律》也有類似犯戒後的影響。如：《鼻奈耶》中，比丘尼「即往世尊所，衣裳弊壞」；《根有律》中，「時苾芻尼五衣破碎，世尊見已」等。

另外，《五分律》還記載了諸比丘對緣起比丘強行索要比丘尼衣行為的呵責：「諸比丘聞，種種呵責：『汝云何強說，奪比丘尼衣？』」《巴利律》中還特別提到「女人得衣甚難」。

（六）佛陀考量

《鼻奈耶》、《十誦律》、《根有律》中都記載了佛陀讓阿難拿衣給比丘尼穿的情節，如《鼻奈耶》：「世尊遙見比丘尼來，顧語阿難：『汝取一捨衣與此比丘尼。』時阿難即以捨衣與比丘尼。」《十誦律》：「佛即語阿難：『盈長衣中取五衣與是比丘尼。』比丘尼即著是衣，來詣佛所。」從中一方面可以看出佛陀的慈悲；另一方面也可以看出，佛陀用送衣的方式教誡比丘，不能向比丘尼索衣。

《四分律》中記載：「世尊告言：『汝不應如是，蓮華色，聽汝畜持五衣完堅者，餘衣隨意淨施若與人。何以故？婦人著上衣服猶尚不好，何況弊衣。』」從中可以看出佛陀制此戒的考量：古印度女人的地位本來就低下，比丘尼穿著太破弊，很容易遭到信眾的輕視；要讓比丘尼穿著體面，免受輕視，因此禁止比丘接受比丘尼的贈衣。

另外，佛陀禁止從非親尼處取衣，但不禁止從親里尼處取衣。因為比丘和親里尼關係近，取衣時會考慮到對方是否缺衣，不會過分索取衣而導致比丘尼缺衣。因此，允許比丘接受親里尼的贈衣。

（七）文體分析

本條戒制戒緣起中，《四分律》、《五分律》有三個因緣和一個譬喻，《鼻奈耶》有一個因緣，《十誦律》有兩個因緣，《僧祇律》有五個因緣，《根有律》有三個因緣、一個本生和九個伽陀，《巴利律》有兩個因緣和一個譬喻。

《四分律》中，本戒的緣起內容較為豐富，人物間的對話佔了很大比例。如長者與旁人間的對話，給讀者較強的現場感：「長者見之即繫念在心，便問傍人：『此是誰女？』報言：『此某甲女。』復問：『住何處？』答言：『在某處。』

復問：『在何街巷？』答言：『在某街巷。』長者復問：『其家門戶何向？』答：『向某處。』」

《鼻奈耶》和《僧祇律》的緣起故事和其他律典相比，較為簡略，對人物和心理等細節描寫較少。

《五分律》記載的一些細節，能夠讓我們體會到佛世時比丘尼修行的不易，當時的比丘尼連最基本的人身安全都難以保障：「時有群賊聚共議言：『我等當於何處分物，用易美食，又得好色？』咸言：『此安陀園比丘尼住處必有好色，亦當多有上美供養，往彼分物必得所欲。』」可見，賊眾不但要侵奪比丘尼的財物，還想要侵犯比丘尼。通過「咸言」可以看出，這些賊知道比丘尼是弱勢群體，所以都贊同這一想法。

《根有律》的緣起內容最為豐富，僅水生太子的本生故事，就有四千餘字，這個故事有很大的教育意義，如故事的末尾，世尊總結道：「汝等應知：作純黑業者得純黑異熟，作純白業者得純白異熟，作雜業者得雜異熟。是故汝等應棄純黑及以雜業，當可精勤修純白業，觀此因緣汝當修學。」此外，從緣起故事中還可以看出當時印度的生活百態。如其中有一段伽陀：「國主所出言，或復諸天類；及諸證定者，隨意事皆成。」這段伽陀就體現出古印度王權的強大。

二、戒本

《四分律》中，本戒的戒本為：「若比丘，從非親里比丘尼取衣，除貿易，尼薩耆波逸提。」

（一）若比丘，從非親里比丘尼取衣

《四分律》、《四分律比丘戒本》[1] 作「若比丘，從非親里比丘尼取衣」，意思是：如果比丘從不是親屬的比丘尼（那裏）接受衣服。

與《四分律》相同：

《十誦律》、《僧祇律》、《五分律》、《彌沙塞五分戒本》[2] 作「若比丘，從非親里比丘尼取衣」。

與《四分律》相似：

《四分僧戒本》[3]、《十誦比丘戒本》[4] 作「若比丘，從非親里比丘尼邊取衣」，《新刪定四分僧戒本》[5]、《僧祇比丘戒本》[6] 作「若比丘，取非親里比丘尼衣」，《根有律》、《根有戒經》[7]、《根有律攝》[8] 作「若復苾芻，從非親苾芻尼取衣者」。

梵文《說出世部戒經》[9] 作 "yo puna bhikṣur anyātikāye bhikṣuṇīye

1 《四分律比丘戒本》，《大正藏》22 冊，1017 頁中欄。
2 《彌沙塞五分戒本》，《大正藏》22 冊，196 頁上欄。
3 《四分僧戒本》，《大正藏》22 冊，1025 頁上欄。
4 《十誦比丘戒本》，《大正藏》23 冊，472 頁下欄。
5 《新刪定四分僧戒本》，《卍續藏》39 冊，265 頁上欄。
6 《僧祇比丘戒本》，《大正藏》22 冊，551 頁上欄。
7 《根有戒經》，《大正藏》24 冊，502 頁下欄
8 《根有律攝》卷 6，《大正藏》24 冊，557 頁上欄。
9 Nathmal Tatia, *Prātimokṣasūtram of the Lokottaravādimahāsāṅghika School*, Tibetan Sanskrit Works Series, no. 16, p. 13.

cīvaraṃ pratigṛhṇeya”，意思是：任何比丘，從不是親屬的比丘尼（那裏）接受衣服。梵文《有部戒經》[1] 作“yaḥ punar bhikṣur ajñātyā bhikṣuṇyāḥ santikāc cīvaraṃ pratigṛhṇīyād”，梵文《根有戒經》[2] 作“yaḥ punar bhikṣur ajñātikayā bhikṣuṇyā santikāc cīvaraṃ pratigṛhṇīyād”，意思都是：任何比丘，從不是親屬的比丘尼（那裏）接受衣服。

巴利《戒經》[3] 作“yo pana bhikkhu aññātikāya bhikkhuniyā hatthato cīvaraṃ paṭigganheyya”，意思是：任何比丘，如果從不是親屬的比丘尼手裏接受衣服。

藏文《根有戒經》[4] 作“ཡང་དགེ་སློང་གང་དགེ་སློང་མ་ཉེ་དུ་མ་ཡིན་པ་ལས་གོས་ལེན་ན།”，意思是：任何比丘，從不是親屬的比丘尼（處）取得衣服。

與《四分律》差異較大：

《鼻奈耶》作「若比丘，非親里比丘尼，奪衣，取衣，及從丐者」。「丐」有乞求、乞討的意思。相比《四分律》，此處多了奪衣、乞衣兩種情況。

《解脫戒經》[5] 作「若比丘，共與非親里比丘尼博衣貿易」。「博」在古文中有「謀求，討取」或「貿易，換取」的意思。從整句來看，這裏偏向於後一種理解。因此，這句話的意思應該是：如果比丘，與不是親屬的比丘尼進行衣服貿易。《四分律》中，「貿易」的情況正好屬於本戒的開緣，因此兩者有較大不同。

（二）除貿易，尼薩耆波逸提

《四分律》、《四分僧戒本》、《新刪定四分僧戒本》、《四分律比丘戒本》

---

1 Georg von Simson, *Prātimokṣasūtra der Sarvāstivādins Teil II*, Sanskrittexte aus den Turfanfunden, XI, p. 185.

2 Anukul Chandra Banerjee, *Two Buddhist Vinaya Texts in Sanskrit*, p. 25.

3 Bhikkhu Ñāṇatusita, *Analysis of The Bhikkhu Pātimokkha*, p. 115.

4 麗江版《甘珠爾》（འཇང་བཀའ་འགྱུར།）第 5 函《別解脫經》（སོ་སོར་ཐར་པའི་མདོ།）8b。

5 《解脫戒經》，《大正藏》24 冊，661 頁中欄。

作「除貿易，尼薩耆波逸提」，意思是：除了以貿易（的方式）外，犯捨墮罪。

與《四分律》相同：

《十誦律》、《五分律》、《彌沙塞五分戒本》作「除貿易，尼薩耆波逸提」。

與《四分律》相似：

《鼻奈耶》作「除其貿易，尼薩耆波逸提」，《僧祇律》、《僧祇比丘戒本》作「除貿易，尼薩耆波夜提」，《根有律》、《根有戒經》、《根有律攝》作「除貿易，泥薩祇波逸底迦」。

《十誦比丘戒本》作「尼薩耆波夜提，除貿易」，此處語序與《四分律》不同。

梵文《說出世部戒經》作"anyatra pallaṭṭhakena nissargikapācattikam"，梵文《有部戒經》作"anyatra parivartakena niḥsargikā pātayantikā"，梵文《根有戒經》作"anyatra parivartakān naisargikapātayantikā"，三部梵文戒經的意思都是：除了貿易（的情況），捨墮。

巴利《戒經》作"aññatra pārivattakā, nissaggiyaṃ pācittiyaṃ"，意思是：除了物物交換的情況外，捨墮。

藏文《根有戒經》作"བརྗེས་པ་མ་གཏོགས་ཏེ་སྤང་བའི་ལྟུང་བྱེད་དོ། །"，意思是：除了交換，捨墮。

與《四分律》差異較大：

《解脫戒經》作「尼薩耆波逸提」，沒有與開緣有關的內容。

三、關鍵詞

非親里

梵文《根有戒經》作"ajñātika"，該詞由"jñātika（親屬）"和前面的否定前綴"a"構成，直譯為：沒有親屬關係（英譯：who is not a relative）。梵文《說出世部戒經》和梵文《有部戒經》分別作"anyātika"和"ajñāt"，意思與梵文《根有戒經》相同。

巴利《戒經》中，為"aññātika"，同樣由"ñātika（親屬）"和否定前綴"a"構成，詞意與梵文戒經相同。藏文《根有戒經》作"ཉེ་དུ་（宗族、親戚、親里）མ་ཡིན་པ་（不是）"，意思是：不是親屬（關係）（英譯：who is not related to him）。

《四分律》記載，「非親里者，非父母親里，乃至七世非親里也」，意思是：有血緣關係的人，多至七代人，範圍之外的人即屬於非親里。七代人具體的範圍，律典中沒有詳細說明。

《五分律》記載，「非親里者，於父母乃至七世無親」，意思是：父母乃至七代無親緣的人屬於非親里的範疇。《十誦律》記載，「非親里者，親里名母、姊妹，若女乃至七世因緣；異是，名非親里」。《根有律》中，「言親族者，謂從七祖父母兩人已來皆是親族，過此便非」。《根有律攝》記載，「言非親者，非親族類；言親族者，謂從七世祖父母已來所有眷屬，咸名親族，異此非親」[1]。《巴利律》中，「非親里者，非繫屬父母親里至七世者」。以上五部律典對非親里的解釋與《四分律》相同。

《僧祇律》記載，「非親里比丘尼者，非父親相續，非母親相續，是名非親里比丘尼」，意思是：從父親和母親開始，與其沒有血緣關係的人，是非親

---

1 《根有律攝》卷 6，《大正藏》24 冊，556 頁上欄。

里比丘尼。與《四分律》的差異在於沒有「七世」的限制。

綜上所述，從詞源上分析，梵巴藏諸部戒經對「非親里」僅解釋為沒有親屬關係，至於其延伸的範疇並無記載。漢文律典中，《四分律》、《十誦律》、《五分律》、《根有律》、《根有律攝》、《巴利律》六部律典內涵一致：七世親屬關係之內有血緣關係的人屬於親里，除此之外，都是非親里。《僧祇律》中略有不同，僅強調沒有血緣關係，沒有「七世」的限制。

四、辨相

（一）犯緣

具足以下五個方面的犯緣便正犯本戒：

1. 所犯境

《四分律》中，此戒的所犯境為非親里比丘尼的衣。除藏傳《苾芻學處》[1]外，其他律典的所犯境與《四分律》相同。此外，《摩得勒伽》[2]還記載了另一種所犯境，取「非母親比丘尼」的衣，正犯。

藏傳《苾芻學處》中，此戒的所犯境為：比丘尼「清淨，應量，是彼尼所有，現屬於彼」的衣。並且，還要求比丘尼須「戒清淨，見同，相不同，身可依止，具足三種名言，身平等住，非親，非有神通，具八法之上，加非信心堅固、心量廣大者」。

《巴利律》和《善見論》[3]中，此非親里比丘尼必須是在二部僧受戒，才正犯此戒。

《薩婆多論》[4]中，取非親「式叉摩尼、沙彌尼」的「應量衣」，也正犯此戒。此律還規定，取「五種衣」中的「火燒、牛嚼、鼠嚙」三種衣，正犯此戒。此外，取「應量鉢」，也正犯此戒。

《毗尼母經》和《明了論》沒有此戒內容，下不贅述。

---

1 《苾芻學處》，《宗喀巴大師集》卷 5，81 頁。

2 《摩得勒伽》卷 2，《大正藏》23 冊，573 頁上欄至中欄。

3 《善見論》卷 14，《大正藏》24 冊，774 頁下欄至下欄。

4 《薩婆多論》卷 5，《大正藏》23 冊，531 頁中欄至下欄。

2. 能犯心

（1）發起心

《四分律》中沒有明確說明此戒的發起心。除藏傳《苾芻學處》外，其他律典與《四分律》相同，都沒有明確說明此戒的發起心。

藏傳《苾芻學處》中，此戒的發起心為「欲為自利」之心相續未斷。

（2）想心

《四分律》中沒有與想心有關的犯緣。除《十誦律》、《根有律》、《根有律攝》[1]《巴利律》、藏傳《苾芻學處》外，其他律典與《四分律》相同。

《十誦律》中，非親尼作非親想、疑，正犯；作親里想、疑，正犯。此外，比丘將非親尼作「比丘、式叉摩尼、沙彌、沙彌尼、出家、出家尼」想、疑，都正犯此戒。

《根有律》和《根有律攝》中，非親尼作非親想、疑，正犯此戒。

《巴利律》中，非親里比丘尼作非親想、疑或是親里想，正犯此戒。

藏傳《苾芻學處》中，「想不錯亂」，正犯此戒。

3. 方便加行

《四分律》中，「取衣」，正犯此戒。《十誦律》、《薩婆多論》、《僧祇律》、《五分律》、《根有律》、《根有律攝》、《巴利律》、《善見論》與《四分律》相同。

《鼻奈耶》中，「奪衣，取衣，及從丐者」，正犯此戒。

藏傳《苾芻學處》中，「以具足五相語乞取」，正犯此戒。

《十誦律》還特別對結罪次數作了說明：「從二、三、四非親里比丘尼取衣，隨得爾所尼薩耆波逸提」。《薩婆多論》也對此有說明：「若多比丘取一衣，多人犯；一比丘多尼邊取一衣，計尼犯。」

《摩得勒伽》中，比丘親自取衣，正犯此戒。

《僧祇律》中，「自與使受，使與自受，自與自受，使與使受」這四種取衣方法，都正犯此戒。

---

1 《根有律攝》卷 6，《大正藏》24 冊，556 頁下欄至 557 頁上欄。

4. 究竟成犯

《四分律》中沒有明確說明此戒的究竟成犯。除《巴利律》、《善見論》和藏傳《苾芻學處》外，其他律典與《四分律》相同。

《巴利律》記載了兩項究竟成犯，不過二者意思相同，此律的兩項究竟成犯分別為「已受」、「至手」。《善見論》中，「入手」時，正犯。藏傳《苾芻學處》中，「得衣時」，正犯。

5. 犯戒主體

《四分律》中，本戒的犯戒主體為比丘。其他律典與《四分律》相同。此外，藏傳《苾芻學處》還要求犯戒主體為「自己三衣具足」的比丘。

（二）輕重

1. 所犯境

《四分律》中，取非親里比丘尼衣，犯捨墮。《鼻奈耶》、《十誦律》、《薩婆多論》、《僧祇律》、《五分律》、《根有律》、《根有律攝》、《巴利律》、《善見論》、《摩得勒伽》與《四分律》相同。此外，《摩得勒伽》還記載了另一種所犯境，取「非母親比丘尼」衣，犯捨墮；如果取母親比丘尼的除衣之外的其他物品，也犯捨墮：「『頗有比丘取母衣犯尼薩耆耶？』答：『有，若取異物。』」此外，「母賊住人邊受衣，不犯尼薩耆，犯突吉羅」。

藏傳《苾芻學處》中，取比丘尼「清淨，應量，是彼尼所有，現屬於彼」的衣，才犯捨墮。其中，還要求比丘尼須「戒清淨，見同，相不同，身可依止，具足三種名言，身平等住，非親，非有神通，具八法之上，加非信心堅固、心量廣大者」。

《巴利律》和《善見論》中，非親尼須是從二部僧受戒，比丘從其取衣才犯捨墮罪。《巴利律》中，「唯依比丘尼僧受具戒之（比丘尼）受衣」，犯突吉羅；《善見論》：「從一部眾受具足戒非親里比丘尼受，突吉羅罪。」

《十誦律》中，取「駱駝毛、牛毛、羖羊毛雜織」的不淨衣，犯突吉羅。

《薩婆多論》中，取非親「式叉摩尼、沙彌尼」衣，犯捨墮；取「白衣」或「非法色衣」也犯捨墮。此外，此律還規定:「五種衣，三種不得取，火燒、牛嚼、鼠嚙，取則捨墮；二種衣取[1]，突吉羅。取應量鉢，捨墮。若取一切不應量衣服、鍵鎡器物，突吉羅。」。

《五分律》中，「從式叉摩那、沙彌尼取衣，突吉羅」。此外，「若親里犯戒、邪見，從取衣，突吉羅」。

2. 能犯心

（1）發起心

《四分律》中沒有與發起心有關的判罪。除藏傳《苾芻學處》外，其他律典與《四分律》相同。

藏傳《苾芻學處》中，此戒的發起心為「欲為自利」之心相續未斷時，犯捨墮。

（2）想心

《四分律》中沒有與想心有關的判罪。除《十誦律》、《根有律》、《根有律攝》、《巴利律》、藏傳《苾芻學處》外，其他律典與《四分律》相同。

《十誦律》中，非親尼作非親想、疑，犯捨墮；作親里想、疑，犯捨墮；親里尼作非親里尼想、疑，犯突吉羅。此外，將非親尼作「比丘、式叉摩尼、沙彌、沙彌尼、出家、出家尼」想、疑，都犯捨墮；如果是親里尼作「比丘、式叉摩尼、沙彌、沙彌尼、出家、出家尼」想、疑，均犯突吉羅。

《根有律》和《根有律攝》中，非親尼作非親想、疑，犯捨墮；於親里尼作非親里想、疑，犯突吉羅。

《巴利律》中，非親里比丘尼作非親想、疑或是親里想，犯捨墮；親里比丘尼作非親想、疑，犯突吉羅；親里比丘尼作親里想，不犯。

藏傳《苾芻學處》中，「想不錯亂」，犯捨墮。

---

1 二種衣：「男女初交會污衣」和「女人產污衣」。

3. 方便加行

《四分律》中，「取衣」，犯捨墮。《十誦律》、《薩婆多論》、《僧祇律》、《五分律》、《根有律》、《根有律攝》、《巴利律》、《善見論》與《四分律》相同。

《鼻奈耶》中，「奪衣，取衣，及從丐者」，犯捨墮。

藏傳《苾芻學處》中，「以具足五相語乞取」，犯捨墮。

《十誦律》還特別對結罪次數作了說明：「若一比丘，從一、二、三非親里比丘尼取衣，隨得爾所尼薩耆波逸提。」《薩婆多論》也對此有說明：「若多比丘取一衣，多人犯；一比丘多尼邊取一衣，計尼犯。」

《摩得勒伽》中，比丘親自取衣，犯捨墮。如果「使人取，突吉羅；遣使、手印取衣，一切皆突吉羅」；如果有非親尼對比丘說「某聚落中有衣與，大德往取」，比丘往取衣，犯突吉羅。

《僧祇律》中，「自與使受、使與自受、自與自受、使與使受」這四種取衣方法，都犯捨墮。此律中還對貿衣做出了一些規定，如果違規貿衣，均犯波逸提。

《根有律攝》中，「若為飾玩，若輕慢心，若矯誑意而貿易者，咸得惡作」。此外，取衣時「或不對面取，或遣書等取，或衣不現前，咸得惡作」。

4. 究竟成犯

《四分律》中沒有明確說明此戒的究竟成犯。除《巴利律》、《善見論》和藏傳《苾芻學處》外，其他律典與《四分律》相同。

《巴利律》：「〔決定接〕受而將要受時，突吉羅；至手者，捨墮。」「受之前行者，突吉羅；已受者，捨墮。」

《善見論》中，「初欲受突吉羅罪，入手尼薩耆」。

藏傳《苾芻學處》中，「得衣時」犯捨墮。

5. 犯戒主體

《四分律》中，比丘若犯，捨墮。其他律典與《四分律》相同。

《四分律》中，沙彌若犯，突吉羅。《薩婆多論》、《五分律》與《四分律》

相同。《四分律》中，「比丘尼，突吉羅；式叉摩那……沙彌尼，突吉羅」，《薩婆多論》中，「此是不共戒，比丘尼無犯」。

藏傳《苾芻學處》中，要求比丘必須「三衣具足」才會正犯捨墮。

（三）不犯

1. 所犯境不具足

《四分律》：「不犯者，從親里比丘尼邊取衣。」

《十誦律》：「不犯者，若親里。」

《薩婆多論》：「若是親里，不致嫌疑，亦無非法，是故則聽。」

《巴利律》中，取「親里者」的衣，不犯。接受「除衣外而受其他資具、由式叉摩那受之、由沙彌尼受之……不犯也」。

《善見論》：「唯除親里比丘尼不犯，非親里式叉摩尼、沙彌尼、優婆私不犯。」

《僧祇律》：「若比丘尼與比丘，若鉢，若小鉢，若鍵鎡，若飲食，及餘小小物，盡得取，無罪。」

《根有律攝》：「無犯者，謂求寂女及學戒女。」

2. 能犯心不具足

《四分律》：「為僧、為佛圖取者，無犯。」

《巴利律》中，「比丘以親厚想而取之、以暫取想而取之……不犯也」。此外，「於親里有親里想者，不犯也」。

《五分律》中，「若無心求，自布施」，不犯。

《根有律攝》：「或親友想，或暫用想，如斯等衣受皆無犯。」

《摩得勒伽》：「暫時借用，不犯。」

3. 犯戒主體不具足

《四分律》：「無犯者，最初未制戒，癡狂、心亂、痛惱所纏。」

《五分律》、《根有律》與《四分律》相同。

《巴利律》：「癡狂者、最初之犯行者，不犯也。」

4. 貿易

《四分律》中，比丘與非親比丘尼貿易得衣，不犯。《鼻奈耶》、《十誦律》、《薩婆多論》、《五分律》、《根有律》、《僧祇律》、《巴利律》、《善見論》、藏傳《苾芻學處》都有相同的開緣。

《根有律》：「或時買得，或換易得，此皆無犯。」

《根有律攝》：「除貿易者，或以衣換，同體別體，或全酬價，或半價，或少或多，或劣或勝，或相似物，隨衣主意而貿易之，或觀彼意慇而為受。」此外，「又設非貿易作如是心，我當酬直，亦名換易」，也不犯。

《摩得勒伽》中，接受非親尼衣時，比丘尼說「受用與我直」，不犯。

《巴利律》中，「交易物、與輕物得重物時、與重物得輕物時」，不犯。

《善見論》：「若以少物交易得多，不犯。」

5. 其他

《十誦律》：「若先請，若別房中住故與，若為說法故與，不犯。」

《五分律》：「知彼有長乃取，不犯。」

《根有律》：「又無犯者，若苾芻尼將衣施僧，或為說法故施，或為受圓具時施，或見被賊故施。」此外：「若苾芻尼眾人共識多獲利養，便持衣物到苾芻前，以衣置地作如是語：『聖者，我今多有如是財物，幸願慈悲為我納受。』是語已，棄之而去，取亦無犯。」

《根有律攝》：「或為報恩，或為福德，或供養心，受皆無犯。」此外，如果式叉摩那和沙彌尼「或施僧伽，或聽妙法情生欽重，或近圓時所有惠施」，均不犯。「或知彼尼是福德者，彼以衣物置苾芻前：『我有餘衣現無闕乏，願為受之。』作是言已，捨衣而去」，不犯。如果比丘沒有衣時也可以接受非親尼的衣，「若無上下衣者應受」，但是不得接受過多，「若過受者，便得捨墮」。

《摩得勒伽》記載了四條開緣：「若比丘尼放地言：『寄大德，我聽隨意用，我當得功德。』比丘受用不犯。」「若比丘尼以衣著地默然去，比丘同意受用，不犯……式叉摩那、沙彌尼亦如是。」如果有非親比丘尼要給比丘衣，比丘「默然心受，後同意取用，不犯」；「若比丘言：『我等不得取非親里比丘尼衣。』彼默然著地而去後，同意用，不犯」。

《僧祇律》：「若非親里比丘尼，與知識沙彌衣，作是言：『沙彌，我與汝是衣，汝持是衣，與某甲比丘，可得福德。』比丘取者，無罪。如是沙彌尼、式叉摩尼、優婆塞，乃至諸優婆夷言：『我與汝此衣，汝持此衣施與尊者某甲比丘，可得功德。』比丘取者，無罪。」此外：「若比丘尼語比丘言：『借尊者此衣，隨意著。』比丘得著，乃至破還，無罪。」

《善見論》：「不犯者，若比丘為四眾說法，歡喜布施無罪。若非親里比丘尼擲去，糞掃取不犯。」

藏傳《苾芻學處》中，「比丘尼供僧衣時自屬僧數」，也就是比丘尼供比丘僧團的衣服，比丘接受不犯。此外，「為彼尼說法及授近圓」，都不犯。

五、原理

（一）約束財物貪著，防範淫欲煩惱

此戒為遮戒。一方面，比丘索取或者接受非親里尼的衣物，可能會造成比丘尼生活匱乏；另一方面，比丘與比丘尼之間相互授受衣物，容易生發情染。《薩婆多論》說到佛陀制戒的意趣所在：「與諸比丘結戒者，正以男子、女人不宜交往，共相染習則致種種非法因緣，是以斷之。若是親里，不致嫌疑，亦無非法，是故則聽。」

可見，此戒正是為了對治比丘對財物的貪著以及遮止染緣而制定的。

（二）古印度社會中比丘尼的生存狀態

首先，考察古印度社會中女性的社會地位。律典記載，此戒中的蓮華色在出家前遭遇到丈夫對她的背叛，在逃離她所厭惡的這種關係後，但一直沒有找到穩定的可以寄託的歸所，她不斷地從一個男人流轉到另一個男人那裏。甚至在不知情的情況下，與自己的女兒共侍一夫：「咄！何用女人身為？云何今日母子復共一夫？」[1] 她最終醒悟到，恰恰因為自己是女人，才會遭遇如此多的痛苦，她的出離心也正是由此而生發。然而在她出家之後，又經歷了被人侵暴的不幸。從蓮華色身上也可看到古印度社會的性別歧視，女性得不到很好的尊重與保護。[2]

從此戒來看，有幾部律就反映了比丘尼得到利養很不容易，如《五分律》

1 《四分律》卷 6，《大正藏》22 冊，606 頁上欄。

2 「無論在幼年、成年或者老年，女子即使在家裏也絕不可自作主張。女子必須幼年從父、成年從夫、夫死從子；女子不得享有自主地位。她不得想要脫離父親、夫主或者兒子；因為，脫離他們，女子就使兩家聲名狼藉。」《摩奴法論》，106 頁。

中，面對比丘的索取，蓮華色不得不表示了拒絕：「此不可得，何以故？女人薄福，應畜五衣。」《巴利律》中，蓮華色比丘尼也說：「大德！我等女人衣實甚難得，此乃我最後之第五衣，我不能與。」「女人薄福」、「女人衣實甚難得」，這些話的背後暗示着社會上對比丘尼存在着性別歧視。在家人供養、培福時都會選擇比丘，忽略比丘尼。因此，比丘尼的生活狀況絕不會富足。如巴利語的《善見論》記載，比丘拒絕了比丘尼換衣的請求，她們抱怨道：「若世尊未能顧念我等而開許互相換衣，我等何以為生？」[1] 從中可以看出，女性出家以後，得到的供養本來就不多，如果不能再通過貿易得到一些東西，比丘尼連維持基本的生存都很困難。

即使像蓮華色這樣「有大功德名聞，多人所識」的比丘尼，也經常面臨生活物資匱乏的局面，這是因為比丘尼對比丘特別地尊崇，她們把能夠得到的好東西首先供養給比丘。[2]《僧祇律》提到，優鉢羅比丘尼甚至把自己「垢膩不淨」的僧祇支都供養給了阿難陀尊者[3]，佛陀讓阿難陀給優鉢羅比丘尼等價的物品，這樣她就能夠得到一點利益，但阿難陀並沒有遵從佛陀的教誨，也許他認為比丘接受比丘尼的供養是理所當然的，不需要給比丘尼補貼。這一點《根有律》中也有反映，在佛陀開許比丘尼可以與比丘換衣服後，比丘接受不了這種交換的形式，輕蔑比丘尼：「直爾持施我尚不受，況復共爾愚昧無識、不自由者為換易耶。」說明當時一些比丘自恃比尼眾優越，長期接受比丘尼的供養，已經形成思維定勢，即使是能給他們帶來好處的交換、貿易，也會覺得這是對比丘尊嚴的冒犯。

---

1 此處對應的英文解釋是 “If the Masters are not on familiar terms with us even to this extent, how are we supposed to keep going?”，參見 Ṭhānissaro Bhikkhu, *The Buddhist Monastic Code I*, 2013, p. 212.

2 《薩婆多論》卷 5：「問曰：『花色有大功德名聞，多人所識，何故衣服不充？』答曰：『世有二人無厭無足：一、得已積聚；二、得已施人。花色凡有所得，求者皆與，是以供身所須常有所乏。』」《大正藏》23 冊，531 頁下欄。

3 《僧祇律》卷 8：「佛問阿難陀：『汝與直貿易不？』答言：『不與，世尊。』佛告阿難陀：『應當與貿易，母人少利。』阿難陀不欲與，佛語阿難陀：『何以不與？』阿難陀白佛：『與何物？』佛語阿難陀：『王波斯匿所施劫貝，長十六肘、廣八肘者與之。』阿難陀猶故不與，如《劫貝契經》廣說。」《大正藏》22 冊，299 頁中欄。

（三）對比丘與比丘尼關係的制衡

諸律中，佛陀呵責比丘，對親里尼甚至願意把自己的衣服給對方，而對非親里尼卻不顧念。缺乏對非親尼的處境的考慮，不僅是不平等的問題，而且還會因為比丘強索而讓比丘尼陷於困窘的境地。如《根有律》中，鄔波難陀為了獨佔比丘尼的「新好白疊」，用暗示性的語言讓對方把衣給自己，得到衣後，他給比丘尼的祝語「汝所施物，是心瓔珞，為心資助，定慧莊嚴，得人天道」，布施的妙語與其行為本身形成反差。由此可知，比丘若利用比丘尼對比丘的崇敬之心，來放縱自己的貪欲，會給她們帶來傷害。

《善見論》中甚至提到，「優陀夷於安陀會少有貪，但欲見比丘尼身故，是以乞安陀會」。優陀夷並不在乎蓮華色比丘尼的安陀會，他索衣是為了看蓮華色比丘尼脱衣服時顯露的身體。這表明，一些比丘在索取物質之外，還會放縱自己的非分之想，企圖從比丘尼那裏奢求更多。

由前述的社會學分析，我們已經知道印度社會女性從屬於男性，男性對女性的支配與暴力給她們帶來了很多的痛苦，女性甚至出家之後，仍會遭受令其感到驚懼、恐怖的境遇。[1] 比丘尼屈從於比丘，而比丘又具有很大的優勢與權力，在個人的交往中，不能發展出健康的關係。因此，佛陀開許比丘與比丘尼，可以用貿易的方式交換衣物，在這種交易的關係裏，我們看到，比丘尼至少不像之前那麼被動，她可以從比丘那裏得到自己需求的東西。《根有律》中，佛陀言道：「我聽苾芻從尼受衣，除換易，換衣之時令苾芻尼歡喜無恨。」比丘與比丘尼以交易這種方式互通有無，可以説對雙方都是公平與有益的，並且更多了一層對比丘尼的護念。

---

1 除了蓮華色的被侵犯，《根有律》還記載，蓮花色比丘尼出定後，五百賊已經離開，她再次入定「復觀於我無醜惡事不？知無有過」，説明了對被侵犯的恐懼已經成為她們下意識的反應。

六、專題

僧制合法性之溯源

僧制，不同於戒律，它是僧團制定的規章制度。戒律，是佛陀所制定，可稱之為佛制。戒律的立法者是佛，是佛陀親口所說，合法性自然毋庸置疑。然而僧制的合法性如何確立？

《五分律》「取非親尼衣戒」中，記載了一則僧制相關的公案：佛陀三月閉關，僧團規定比丘三月不得見佛，違者結波逸提罪。後來有頭陀比丘違犯僧制前去見佛，佛陀對其開緣。其他律典在不同的地方也記載了類似的公案，情節大致相同但具體細節有差異。本專題即通過分析這些公案，以探求僧制合法性的依據。

（一）律典的記載

為了便於對比，以下分為僧制的制定和佛陀的態度兩個方面來梳理諸律同異。

1. 僧制的制定

《四分律》：「時世尊告諸比丘：『我欲三月靜坐思惟，無使外人入，唯除一供養人。』時諸比丘自立制限。」佛陀表達三月靜坐的想法，諸比丘體會佛意制定三月不得見佛的僧制：「若有入者，教令波逸提懺。」之後有頭陀比丘要見佛，諸比丘回答有僧制不能見佛。頭陀比丘問道：「世尊有如是語耶？」諸比丘回答：「諸比丘自立制言。」《根有律》、《巴利律》與《四分律》相同，都是「諸比丘」所制。《根有律》中諸比丘「謹受佛教」、「眾共立制」。《巴利律》中諸比丘「應諾世尊」，而後制定「舍衛城僧制規約」。

《十誦律》中也是「諸比丘」制定僧制，不同之處是制定僧制後匯報佛陀，獲得佛陀默許，「立是制已，白佛，佛默然可之」。

《五分律》有所不同，是佛陀明確告訴比丘要立制，諸比丘才制定僧制：

「爾時世尊，患於四眾來往憒鬧，告諸比丘：『我今欲三月入靜室，不聽有人來至我所，除一送食比丘，汝等亦當相與立制。』奉教即立」。

綜合上述，律典中僧制的制定有三種情況：第一種如《四分律》、《根有律》、《巴利律》記載，諸比丘體會佛意制定；第二種如《十誦律》記載，僧團制定並匯報佛陀，得佛默許；第三種如《五分律》記載，是佛陀明確要求僧團制定僧制。可見五部律典中，佛陀對於僧制都持認可的態度。不同律典的具體內容雖略有差異，但在這一點上呈現出一致性。此外，五部律典中對阿蘭若比丘都有開緣，開緣是針對已有制度而言；如果不承認已有制度，也就談不上開緣。換言之，佛陀認可僧制，所以才會為阿蘭若比丘開緣。這一點上諸律情節相同。

2. 佛陀的態度

《四分律》中頭陀比丘要見佛，舊住比丘以僧制為由阻止，頭陀比丘表示不能遵守僧制：「我不用諸長老制，何以故，佛有如是言：『佛不制，不應制，若已制，不應違，隨所制法應學。』」拒絕僧制的頭陀比丘強行見佛，見佛後，向佛重述拒絕僧制的理由，佛言：「善哉，善哉！和先，汝等盡是阿練若持三衣，得隨意問訊。」

《五分律》中頭陀比丘不知有僧制而違犯，但知道後，依然用與《四分律》中相同的理由，拒絕遵守僧制。佛問緣起比丘：「汝知此眾僧有制不？」比丘答言：「不知。何以故？我從佛聞：『佛未制，不得輒制；已制，應奉行。』」佛將僧制的事緣告訴頭陀比丘，頭陀比丘仍然拒絕遵守：「我不能隨僧制波逸提悔過。」佛陀答覆：「善哉，如汝所說。」並開許頭陀比丘可以見佛。

《巴利律》中頭陀比丘也是不知有僧制。佛陀問：「汝於舍衛城知僧之規約乎？」比丘答覆：「世尊！我於舍衛城不知僧之規約。」於是佛陀告知其僧制內容，但頭陀比丘以與《四分律》中相同的理由拒絕遵守僧制：「舍衛城之僧自制規約乎？我等於世尊所未制不得制，又已制者不得廢，取〔世尊〕所制立學處而實行。」佛陀答覆：「善哉，優波斯那！未制者不應制，已制者不應廢。」之後也開許頭陀比丘隨意見佛。

《十誦律》、《根有律》與上述律典的不同之處在於：頭陀比丘雖然也是不知有僧制而違犯，但都沒有表示對僧制的抗拒，也沒有出現「佛未制而不應制」的內容；對於違犯僧制的比丘，佛陀也沒有讚歎「善哉」，反而是強調要遵守僧制。如《十誦律》：「佛問優波斯那：『舊比丘立制，汝知不？』答言：『不知，世尊。』」佛陀告知其僧制後，緣起比丘提出疑問：「世尊，舊比丘知此意不？」佛陀答覆：「何以不知？」從其對話中，可見佛陀對僧制重視的態度。《根有律》中佛陀重視僧制的態度更為明顯，佛陀直接對緣起比丘說：「然汝不應違僧制令。」比丘答覆：「我實不知此處僧伽作何制令？」佛陀告知其僧制，頭陀比丘試圖以客比丘的理由辯解時，佛陀明確表示所有比丘皆應遵守僧制。如律文：「小軍白佛言：『大德，我身是客，彼是主人，自立制令豈及於我。』佛告小軍：『無問客主，僧伽制令咸須遵奉。』」兩部律中，最後佛陀同樣開許頭陀比丘可以隨意見佛。

上述律典中佛陀對僧制的態度，可以總結為兩大類：第一類，如《四分律》、《五分律》、《巴利律》，當比丘以「佛未制不應制」為由拒絕遵守僧制時，佛陀表示讚歎；第二類，如《十誦律》、《根有律》，比丘不知而違犯僧制，沒有表示對僧制的抗拒，佛陀要求其遵守僧制。

（二）文本敘事的衝突

如前所述，諸律中佛陀都認可僧團的立法權，即僧制合法。但是在不同的律典中，佛陀對違犯僧制來見自己的比丘的態度又表現出明顯差異：一類律典中佛陀讚歎比丘對僧制的抗拒；另一類律典中佛陀要求比丘遵守僧制。第一類律典中，佛陀對僧制的主觀態度就前後矛盾。

另外，《四分律》、《巴利律》、《五分律》中，僧制本是遵循佛意而制；但是後來頭陀比丘違犯僧制的理由是「佛有如是言：佛不制，不應制」，等於是用一種「佛意」反對另一種「佛意」。與此同時，從《四分律》、《五分律》律典結集的記載中可以看出，「佛未制不再制」是大迦葉尊者在律典結集時所制。如《四分律》：「大迦葉告諸比丘言：『諸長老，今者眾人言各不定，不知何者是雜碎戒。自今已去，應共立制：若佛先所不制，今不應制；佛先所制，今不應卻，應隨佛所制而學。』時即共立如此制限。」《五分律》也有類似記載：「迦葉復於僧中唱言：『我等已集法竟，若佛所不制，不應妄制；若已制，不得有違，如佛所教，應謹學之。』」所以，「佛未制不再制」是佛語，還是迦葉尊者結集時所倡導而成的共識，律典中前後也有模糊和不一致的地方。

（三）分析

如果「佛未制不再制」是「佛語」，那麼當佛陀三月閉關允許僧制波逸提時，佛陀實際上已經對其做了調整。另外，若肯定「佛未制不再制」是「佛語」，在律典結集的時候大迦葉尊者也就不用再自己倡導「應共立制」了，只需要讓大眾遵守佛語即可；佛語當然比大迦葉尊者自己的話更有權威。

反之，如果這只是結集中所達成的僧團共識，那麼律典中比丘以「佛語」來拒絕僧制的相關記載，就只能看作是這一共識在後期律典文本編纂過程中的投射和反映了。而佛陀對拒絕遵守僧制的比丘或者讚許或者勸誡的不同記載，也顯示出不同部派對僧制的不同態度。文本的功能不僅僅是傳遞「客觀」資訊，也承載了文本主導者的意圖。文本難以做到絕對客觀的「中性」，相反，它充滿了對知識的意欲乃至權力的伸張。[1] 結集時規定了「佛未制不再制」，那麼後來在律典的整理過程中，就有需要通過有意或無意地調整敘事情節，將律典中相關公案與此規定盡可能相匹配，來保證律典的權威性。

律典結集時「佛未制不再制」的規定，在內涵上其實是對自身的違背；因為如果嚴格遵守「佛未制不再制」，那麼這個規定本身也不該出現。不過從律典中可以看出，結集現場乃至結集之後，都有戒律有關的不同聲音出現，比如「小小戒」的爭論，以及富蘭那長老關於殘宿食等戒的爭議。為了確保結集的順利進行，負責主持結集的大迦葉尊者倡導「佛未制不再制」，在當時有其必要性和合理性。然而需要明確的是，無論是佛陀三月閉關僧制波逸提的公案，還是律典結集中對「小小戒」的討論，在律典的這些敘述中這個規定都是針對戒律而言；有些人卻將其內涵延伸來否定僧制的合法性，這種理

1　傅柯（M. Foucault, 1926-1984）提出的「知識與權力」，參考米歇・傅柯著：《知識的考掘》，王德威譯，麥田出版有限公司，324 頁。

解是值得商榷的。

佛陀隨緣制戒，僧團中出現新問題，佛陀會及時制戒；制戒後出現新因緣，佛陀會開緣；開緣後再出現新問題，再隨制。佛陀通過靈活調整戒律，及時處理僧團發展中出現的種種問題。這種制戒的靈活性，在佛陀隨方毗尼的教授中也有具體體現，如《五分律》記載：「雖是我所制，而於餘方不以為清淨者，皆不應用；雖非我所制，而於餘方必應行者，皆不得不行。」隨方毗尼讓戒律在佛陀滅度後也可以及時隨因緣而調適，不斷契合修行實踐；否則，戒律會成為教條，漸漸脱離實際，甚至成為修行的障礙。如果以「佛未制不再制」為由拒絕遵循僧制，這與佛陀隨緣制戒和隨方毗尼的精神，都有不可調和的矛盾。

（四）實踐中的僧制

雖然結集時「佛未制不再制」的規定否定了戒律調整的可能，但戒律的靈活性，並沒有因為結集時的規定而消失，而是通過僧制的輔助得以延續。在佛教僧團的實踐中，僧制獲得了足夠的重視，這一現象不僅體現在中國的叢林清規，而且在印度佛教中也早就出現。

義淨三藏在《大唐西域求法高僧傳》中描述印度的那爛陀寺：「此之寺制，理極嚴峻，每半月令典事佐史，巡房讀制。」[1] 此外，義淨三藏在《南海寄歸內法傳》還記載了其在印度所見寺廟「每月四齋之日，合寺大眾晡後咸集，俱聽寺制，遵而奉行，深生敬仰」，同時也記載了具體的僧制，如「若出寺外，兩人方去」、「必有緣事須至俗舍者，白眾許已，四人共去」等等。[2] 而且玄奘大師在《大唐西域記》中早有說明那爛陀寺策勵大眾學修的僧制：「講宣一部，乃免僧知事；二部，加上房資具；三部，差侍者祇承；四部，給淨人役使；五部，則行乘象輿；六部，又導從周衛。道德既高，旌命亦異。」[3]

---

1 《大唐西域求法高僧傳》卷 1，《大正藏》51 冊，6 頁上欄。

2 《南海寄歸內法傳》卷 2，《大正藏》54 冊，213 頁下欄。

3 《大唐西域記》卷 2，《大正藏》51 冊，877 頁上欄。

通過印度寺院「半月誦寺制」、「四齋日集眾聽寺制」的記載可以看出，在公元七世紀前後的印度僧團中，僧制的地位已經大幅提高，甚至可以和戒律相提並論。

佛陀在世時可以調整戒律以應對因緣的變化，僧製作用相對有限。而佛陀涅槃後，這種局面就發生了改變。由於律典結集時規定，戒律不可以再改變，但這個規定反而提升了僧制的重要性。為了應對不斷變化的時空因緣，僧團根據實際情況不斷地進行僧制建設，來有效地管理僧團、規範比丘的行為，這也是歷史的現實。

七、總結

（一）諸律差異分析

1. 緣起差異

（1）結構差異

《四分律》、《五分律》有一個本制、兩個隨制。《鼻奈耶》有一個本制。《十誦律》、《巴利律》有一個本制、一隨制。《僧祇律》有四個緣起、一個本制。《根有律》有一個緣起、一個本制、一個隨制。《鼻奈耶》、《十誦律》、《僧祇律》、《根有律》、《巴利律》都比《四分律》少一個「諸比丘不敢從親里比丘尼取衣」的情節。

（2）情節差異

除《四分律》、《五分律》記載有蓮華色比丘尼出家證果的情節外，其他律典都沒有此情節。《五分律》情節與《四分律》相似，其中《五分律》比《四分律》多了蓮華色比丘尼被婆羅門侵暴和佛陀「三月入靜室」的情節。

《鼻奈耶》、《十誦律》、《巴利律》的故事情節與《四分律》相似。

《僧祇律》的情節與《四分律》差異較大，其中《僧祇律》的第一個緣起為優鉢羅比丘尼將自己的僧祇支給阿難陀比丘，佛陀建議將劫貝衣拿去給比丘尼作為交換，阿難陀沒有給。第二、三、四個緣起和本制情節為比丘尼著弊衣禮佛，在本制中佛陀向諸比丘講說不該向比丘尼索要衣服的道理。

《根有律》的本制情節與《四分律》相似，第一個緣起和隨制的情節與《四分律》差異較大。《根有律》第一個緣起講述了眾多釋種比丘因小軍比丘因緣而證道，以及他們前世的因緣，還講述了「水生太子」的故事；隨制的情節為長者婦供養比丘尼上好白布，大愛道比丘尼因「佛不聽比丘尼受上妙衣服」而不接受，但是後來考慮到保護居士供養的信心及眾尼的意願，最終接受。之後大愛道比丘尼將此事向佛匯報，佛聽許比丘尼接受好衣服之後與比丘交換。眾多比丘尼欲與比丘交換衣，有比丘不敢交換，佛因此增制此戒。

（3）結論

綜上所述，本戒緣起無需調整，仍取《四分律》的結構與情節。

2. 戒本差異

整體而言，除《鼻奈耶》和《解脫戒經》外，其他律典與《四分律》的表述基本相同。其中《四分律》的「取衣」一詞在《鼻奈耶》中對應為「奪衣，取衣，及從丐者」，相比《四分律》多出了奪衣、乞衣兩種情況。《解脫戒經》的「共與非親里比丘尼博衣貿易」與《四分律》的「從非親里比丘尼取衣，除貿易」差異較大。

《四分律》中的「從非親里比丘尼取衣」這一表述，過多受梵文語序的影響，這裏借鑒《新刪定四分僧戒本》等，將其改為「取非親里比丘尼衣」。

3. 辨相差異

（1）所犯境

《四分律》中，此戒的所犯境為非親里比丘尼的衣。《鼻奈耶》、《十誦律》、《薩婆多論》、《摩得勒伽》、《僧祇律》、《五分律》、《根有律》、《根有律攝》、《巴利律》、《善見論》與《四分律》相同。只是《巴利律》、《善見論》中，對比丘尼的身分有「二部受戒」的規定。

《薩婆多論》中，取非親式叉摩那、沙彌尼的衣，乃至取應量鉢，均正犯此戒。而《五分律》中，從式叉摩那、沙彌尼取衣，突吉羅。

從本戒所犯境來看，其對境是比丘尼，這點比較明確。對於式叉摩那、沙彌尼，可依據《五分律》的判法。

（2）能犯心

①發起心

藏傳《苾芻學處》中，此戒的發起心為「欲為自利」之心相續未斷時，才正犯此戒。而《四分律》中沒有明確說明此戒的發起心，從辨相及緣起故事來看，比丘應該是欲為己而接受非親尼衣才正犯。在此借鑒藏傳《苾芻學處》，結合《四分律》的緣起及辨相，確立本戒的發起心是為己從非親尼取衣的心。

②想心

《四分律》中沒有與想心有關的犯緣，而《十誦律》、《根有律》、《根有律攝》、《巴利律》、藏傳《苾芻學處》中均有想心的內容。諸律比較一致的規定為，對非親里尼作非親想、疑正犯，親里尼作非親想、疑，突吉羅。而對非親尼作親想的情況，諸律則有差異：《十誦律》和《巴利律》判為正犯，而藏傳《苾芻學處》則認為「想不錯亂」為正犯。

從現實來看，比丘將自己的親屬認錯的情況是比較少見的，因此，採用《四分律》等律典的做法，不將想心列為必要的犯緣。

（3）方便加行

《四分律》中，「取衣」，犯捨墮。《十誦律》、《薩婆多論》、《僧祇律》、《五分律》、《根有律》、《根有律攝》、《巴利律》、《善見論》與《四分律》相同。這裏並未提到比丘是主動索取還是被動接受而「取衣」。藏傳《苾芻學處》中，則為主動乞求，如「以具足五相語乞取」。此外，《摩得勒伽》和《根有律攝》中，比丘親自取衣，犯捨墮。《摩得勒伽》中，還有「使人取，突吉羅；遣使、手印取衣，一切皆突吉羅」；如果有非親尼對比丘說「某聚落中有衣與，大德往取」，比丘當場答應並往取衣，犯突吉羅；若比丘尼以衣著地默然去，比丘同意受用，不犯。《根有律攝》中與之類似，取衣時「或不對面取，或遣書等取，或衣不現前，咸得惡作」。若出於防護情染的考慮，在「取衣」的具體方式上，可參考《摩得勒伽》和《根有律攝》的判法作為補充，即置地與或是讓人轉送，不會正犯。

（4）究竟成犯

《四分律》中沒有明確説明此戒的究竟成犯。《巴利律》記載：「〔決定接〕受而將要受時，突吉羅；至手者，捨墮。」「受之前行者，突吉羅；已受者，捨墮。」《善見論》中，「初欲受突吉羅罪，入手尼薩耆」；藏傳《苾芻學處》中，「得衣時」犯捨墮。

明確究竟成犯的關鍵條件有利於行持和判罪，借鑒上述幾部律典的關鍵條件，此戒的究竟成犯確定為非親尼送的衣「入手後」。

結罪次數方面，《十誦律》中，從幾位非親里比丘尼取衣，便結幾個尼薩耆波逸提罪。《四分律》中沒有相關記載，可對《十誦律》的觀點予以採納。

4. 諸律內部差異

《鼻奈耶》戒本中「除其貿易」，沒有相對應的緣起記載。《僧祇律》緣起和戒本中只提到比丘尼給衣的情況，而在辨相中還提到除了衣之外，如果比丘尼給比丘「若鉢，若小鉢，若鍵鎡，若飲食，及餘小小物」，皆不犯。

其他律典緣起與戒本、辨相相符順，沒有太大差異。

（二）調整文本

通過以上諸律間觀點同異的對比與分析，文本在《四分律》的基礎上作如下調整：

1. 緣起

（1）本制

佛在羅閱城迦蘭陀竹園中，蓮華色因為第一任丈夫和其母親私通，第二任丈夫娶了自己與第一任丈夫所生的女兒，因此離家而去，聽到世尊說法後證果，出家。

蓮花色比丘尼因為威儀禮節庠序，感化一賊首領，賊用白布裹了一些豬肉供養蓮花色比丘尼。蓮華色比丘尼持豬肉往耆闍崛山供養諸上座比丘，途中遇到一個穿著破爛的比丘，內心生起慈愍心，便取自己的僧伽梨與對方交換。蓮華色比丘尼穿著此弊衣禮拜世尊，佛陀見到蓮華色比丘尼後，故意問她為何穿得如此破爛，蓮華色比丘尼將此事向佛匯報，佛陀因此制戒：「若比丘，取比丘尼衣，尼薩耆波逸提。」

（2）隨制

佛制戒「不得從比丘尼處取衣」，諸比丘不敢從親里比丘尼取衣，佛告訴諸比丘：從親里比丘尼取衣會考慮對方的經濟情況，知道該取不該取。佛因此制戒，規定從非親里比丘尼處取衣才犯戒：「若比丘，取非親里比丘尼衣，尼薩耆波逸提。」

後來祇洹中二部僧共分衣，比丘和比丘尼互相之間拿錯了衣，比丘尼要求更換，比丘們因「佛不聽我等取非親里比丘尼衣」，而不更換，諸比丘將此事向佛匯報，佛因此再次增制此戒，排除了貿易的情況。

2. 戒本

若比丘，取非親里比丘尼衣[1]，除貿易，尼薩耆波逸提。

3. 關鍵詞

非親里指親里之外的人，「親里」指有血緣關係的親屬。

4. 辨相

（1）犯緣

本戒具足五緣成犯：一、是非親尼的衣；二、為己乞衣之心；三、當面直接取衣；四、除貿易；五、衣到手時成犯。

（2）辨相結罪輕重

①是非親尼的衣

是非親里比丘尼的應量衣，捨墮；若是非親式叉摩那、沙彌尼衣，突吉羅；若是親里比丘尼，不犯。

②為己乞衣之心

若為己乞衣，捨墮；為三寶事乞者，不犯；若無心求，他人主動布施僧而取，不犯。

③當面直接取

比丘當面直接取衣，捨墮；使人取、置地取、遣書取、不現前等方式取

1 「取非親里比丘尼衣」，底本作「從非親里比丘尼取衣」，據《新刪定四分僧戒本》、《僧祇比丘戒本》改。

衣，突吉羅。

④除貿易

非相互交易得衣，捨墮；比丘與非親比丘尼貿易得衣，不犯。

⑤衣到手時

衣到手時，正犯此戒；從幾位非親里比丘尼取衣，隨得幾個尼薩耆波逸提罪；衣到手之前，突吉羅。

⑥犯戒主體

比丘若犯，捨墮；比丘尼以及下三眾若犯，突吉羅。

⑦不犯

為非親尼說法、授戒，或是非親尼為福德而供衣，不犯。

最初未制戒，癡狂、心亂、痛惱所纏，無犯。

八、現代行持參考

在現代社會，非親比丘尼供養比丘衣服的情況也會出現。如果比丘無緣無故接受了非親比丘尼饋贈的衣服，不僅容易引發他人的譏嫌，也很容易增加情染，引發情執。此外，如果供養的是衣服外的其他物品，比丘也應該注意要避免譏嫌，防範情染，同時也要避免影響比丘尼的正常生活。

05

使非親尼浣故衣戒

一、緣起

（一）緣起略述

《四分律》有一個本制和一個隨制。佛在舍衛國祇樹給孤獨園時，緣起比丘與偷蘭難陀比丘尼互有「繫意」，緣起比丘乞食時至偷蘭難陀比丘尼處，彼此欲心相視。緣起比丘「失不淨污安陀會」，偷蘭難陀欲為浣衣，得衣後「以少許著小便道中，後遂有娠」。佛因此集眾，呵責並制戒，禁止比丘令比丘尼浣故衣，以上是本制。之後，諸比丘害怕犯戒，不敢令親里比丘尼浣、染、打故衣，佛陀得知後，聽許親里比丘尼可以做，並增制本戒。[1]

諸律緣起差異比較：

1. 制戒地點

《四分律》中，制戒地點為「舍衛國祇樹給孤獨園」，《鼻奈耶》[2]、《巴利律》[3]與之相同，《十誦律》[4]為「舍衛國」，《僧祇律》[5]、《五分律》[6]為「舍衛城」。《根有律》[7]為「王舍城」，與《四分律》不同。

2. 緣起比丘

《四分律》、《鼻奈耶》、《十誦律》中，緣起比丘為「迦留陀夷」，《巴利律》為「優陀夷」，《根有律》為「鄔陀夷」。《僧祇律》為「阿難陀」，《五分律》

---

1 《四分律》卷 6，《大正藏》22 冊，607 頁上欄至 608 頁上欄。

2 《鼻奈耶》卷 6，《大正藏》24 冊，875 頁下欄至 876 頁上欄。

3 《經分別》卷 4，《漢譯南傳大藏經》1 冊，290 頁至 293 頁；《附隨》卷 1，《漢譯南傳大藏經》5 冊，52 頁至 53 頁。

4 《十誦律》卷 6，《大正藏》23 冊，43 頁上欄至 44 頁上欄；卷 53，《大正藏》23 冊，388 頁下欄至 389 頁上欄。

5 《僧祇律》卷 9，《大正藏》22 冊，300 頁中欄至 301 頁下欄。

6 《五分律》卷 4，《大正藏》22 冊，26 頁下欄至 27 頁上欄。

7 《根有律》卷 17，《大正藏》23 冊，717 頁下欄至 722 頁中欄。

為「跋難陀」和諸比丘，與《四分律》不同。

3. 緣起情節

《四分律》有一個本制和一個隨制，《五分律》有兩個緣起、一個本制和一個隨制，《鼻奈耶》、《十誦律》、《根有律》、《巴利律》都只有一個本制，《僧祇律》有一個緣起和一個本制。

其中《鼻奈耶》、《十誦律》、《巴利律》本制情節與《四分律》本制情節類似。稍微不同的是《鼻奈耶》和《十誦律》中的「崛多比丘尼」因此懷孕並生下一子，引來諸比丘尼的嫌責、誤解。如《鼻奈耶》中，諸比丘尼罵：「咄！惡比丘尼，汝非晚作比丘尼，小小入道，此何由而得？」《十誦律》記載，諸比丘尼言：「汝新外來耶，舊出家人云何得娠。」

《五分律》第一個緣起情節與《四分律》本制情節類似，第二個緣起為諸比丘令諸比丘尼浣、染、打故衣，引來諸白衣種種呵責。大愛道比丘尼與諸比丘尼「俱詣佛所，頭面禮足」，佛看見就問：「諸比丘尼手足，何故盡有染色？」大愛道「具以事答」，佛因此制戒，此是本制。後來諸老病比丘不能自浣、染、打衣，有親里比丘尼「欲為作之」，但諸比丘不敢。佛因此修改戒條，此是隨制。

《僧祇律》中，緣起比丘持衣與大愛道比丘尼，讓她浣、染、打。大愛道比丘尼手被衣染色，在拜見佛陀時匯報了此事，但佛並沒制戒。後來緣起比丘讓偷蘭難陀比丘尼為他洗故衣，偷蘭難陀比丘尼拿衣回去後發現衣上有「不淨」，還到處「舉示」。六群比丘看到後拍手大笑，諸比丘將此事向佛陀匯報，佛陀因此制戒。相比《四分律》多了第一個緣起情節。

《根有律》詳細講述了佛陀出家修道證果的過程、緣起比丘出家修道的經歷，以及佛陀苦心説服淨飯王等。並記載緣起比丘勸笈多出家，大世主喬答彌為其剃度。後緣起比丘與笈多比丘尼相見，欲心熾盛而出精，污染了衣服，笈多比丘尼為其浣洗，起欲心取精著女根中，導致懷孕，佛陀因此制戒。與《四分律》相比，《根有律》情節鋪墊非常豐富，但緣起故事的主要情節相似。

（二）緣起比丘形象

《四分律》中的緣起比丘「顏貌端正」，雖然身體已經出家，但是心卻繫念在一位尼眾身上，形象較世俗。

《鼻奈耶》中，緣起比丘雖然淫欲熾盛，但沒有碰觸比丘尼，刻劃出有正念和持戒意識的比丘形象。《十誦律》中的緣起比丘雖然也不太注意與女眾交往的尺度，但對戒律有敬畏之心，內心持守着一道底線，那就是無論如何不能碰觸對方。如律文記載，緣起比丘與掘多比丘尼「共行來往欲心動發，畏犯戒故不敢相觸」。《僧祇律》中的緣起比丘不經考慮直接就讓其故二偷蘭難陀比丘尼為自己洗衣，不料其衣染有「不淨」，這個細節表現出緣起比丘的粗心大意、不善觀察。《巴利律》中緣起比丘與其故二比丘尼藕斷絲連，交往頻繁並且淫欲熾盛。

《根有律》中的緣起比丘被佛度出家，頗有善根。但受宿世業力影響，其出家後仍然被惡業牽引，以致名聲受損，心中想要度故二出家卻有諸多顧慮，如其自言：「我於今時由昔俗累，尚被黑鉢同梵行者所輕，況復令彼出家更招譏議，云六眾苾芻度苾芻尼。」顯示出身不由己的形象。此外，緣起比丘在與故二交談時，不經意憶起往事而內心失控，「欲心既起情多錯亂」，但由於故二的理智，使其煩惱沒有繼續發展下去。緣起比丘的形象刻劃得很真實，有向道的一面，也有追求淫欲煩惱的一面。

《五分律》中沒有具體形象的描寫。

（三）犯戒內因

《四分律》中緣起比丘因與女眾近距離接觸而引發失精，才有緣起中的浣衣一事，其犯戒內因是與女眾有情染。《鼻奈耶》、《十誦律》、《根有律》、《巴利律》與《四分律》犯戒內因相同。稍有不同的是《根有律》中，緣起比丘與故二染情未斷。

《五分律》中諸多比丘皆使比丘尼洗衣，而引發制戒，內因可能為比丘自己懶惰，不願因洗衣而費力費時。《僧祇律》中緣起比丘無意中把染有「不淨」的衣給故二洗，沒有意識到這一行為的過患，是一種非染污無明，如律文記載，緣起比丘「爾時長老阿難陀，是偷蘭難陀比丘尼本二，不善觀察，與不淨衣浣」。這兩部律與《四分律》犯戒內因有所不同。

（四）犯戒外緣

《四分律》中，緣起比丘與犯戒對象關係私密，單獨親密接觸是本戒的犯戒外緣。另外，當時女性社會地位低下，「讓女眾做洗衣等事務」成為了一種社會普遍的思維模式，而這種偏見也是犯戒外緣。

《五分律》諸比丘尼出於對緣起比丘的恭敬，才為其浣衣。

其他律典與《四分律》外緣相同。

（五）犯戒後的影響

《四分律》和《鼻奈耶》、《十誦律》、《根有律》、《巴利律》都記載了緣起比丘間接引發對方懷孕，並因讓比丘尼浣、染、打衣和受孕引發了各方面的譏嫌。如《五分律》中居士譏嫌：「諸比丘尼常以浣、染、打衣為業，與在家人有何等異？」《巴利律》中，諸比丘尼言：「此比丘尼行非梵行而有娠也。」《根有律》記載：「諸尼報曰：『不觸身分尚有斯事，如其觸著汝欲如何？』」

另外，《五分律》和《僧祇律》記載了比丘尼為諸比丘浣衣而妨廢道業，與《四分律》的角度不同。如《五分律》：「時諸比丘尼以此多事，妨廢誦讀、坐禪、行道。」另外還記載比丘尼浣衣手被染色，如《僧祇律》中，佛問：「瞿曇彌，汝手上何以有染色？」

（六）佛陀考量

《根有律》中緣起比丘尼因為浣衣的因緣懷孕，其他比丘尼對其多有指責，匯報佛陀後，佛言：「彼尼無犯波羅市迦，既其有娠應安屏室，與食供給無令闕事。」之後，佛陀還授記：「當生其子，名童子迦攝波，於我法中而為出家，斷諸有漏成阿羅漢，我弟子中辯才巧妙，善能宣說最為第一。」之後，為諸比丘制戒，遮止這種非法行為。

佛陀知道緣起比丘尼懷孕，雖不犯大淫戒，但也是「非法行為」。佛陀並沒有像對待其他犯錯的比丘或比丘尼一樣，進行呵責，反而及時澄清其不犯波羅夷，並為其安排特殊住宿及飲食照顧，還授記即將出生的孩子能證得聖果。佛陀這樣做的目的，應該是對懷孕比丘尼的安慰與鼓勵。懷孕使比丘尼很懊惱、慚愧，他人的指責更是雪上加霜，其心裏已經承受了很大的壓力，如果此時繼續呵責，比丘尼或許會崩潰。於是佛陀改變以往的方式，給予比丘尼多方面的鼓勵和照顧，幫助其渡過難關。從中可見佛陀教育弟子的善巧和佛陀的慈悲。

（七）文體分析

《四分律》、《僧祇律》有兩個因緣，《五分律》有三個因緣，《鼻奈耶》、《十誦律》、《巴利律》有一個因緣。差別最大的是《根有律》，雖然只有一個因緣，但其中包含了二十七個譬喻和十七個伽陀，內容較為豐富。

相較其他律典，《根有律》則在故事描述中不惜篇幅，故事的完整性更強，對話、情節、行動描寫、心理刻劃都更加全面和細膩。特別之處在於運用了類似歷史回溯的方式來講述佛陀和緣起比丘的生平、過去。在此過程中頻繁地運用伽陀來體現佛陀的功德，如「牟尼聖弟子，皆有大威德，三明及六通，無不具足者」；或用於人物對話中來說理，達到了很好的教育目的，如世尊和淨飯王的一場對話：「王復問曰：『昔升妙樓殿，隨時以自安；比在山林中，云何不驚怖？』世尊報曰：『我斷怖根本，煩惱悉蠲除；雖處林野中，永絕諸憂懼。』」或是對戒律精神進行歸納、總結，如「諸有耽欲人，不見於義利，亦不觀善法，常行黑暗中」。

二、戒本

《四分律》中，本戒的戒本為：「若比丘，令非親里比丘尼浣故衣，若染，若打，尼薩耆波逸提。」

(一) 若比丘，令非親里比丘尼

《四分律》、《四分律比丘戒本》[1] 作「若比丘，令非親里比丘尼」，意思是：如果比丘，指使不是親屬的比丘尼。

與《四分律》相似：

《四分僧戒本》[2]、《新刪定四分僧戒本》[3]、《十誦律》、《十誦比丘戒本》[4]、《僧祇律》、《僧祇比丘戒本》[5]、《五分律》、《彌沙塞五分戒本》[6]、《解脫戒經》[7] 作「若比丘，使非親里比丘尼」。

《根有律》、《根有戒經》[8]《根有律攝》[9] 作「若復苾芻，使非親苾芻尼」。

《鼻奈耶》作「若比丘，非親里比丘尼與〔故衣浣者〕」，此處相比《四分律》少了「令」的意思，但下文即「故衣浣者」，所以從戒本整體來看，內涵與《四分律》相同。

梵文《說出世部戒經》[10] 作 "yo puna bhikṣur anyātikāye bhikṣuṇīye"，梵

---

1 《四分律比丘戒本》，《大正藏》22 冊，1017 頁中欄。

2 《四分僧戒本》，《大正藏》22 冊，1025 頁上欄。

3 《新刪定四分僧戒本》，《卍續藏》39 冊，265 頁上欄。

4 《十誦比丘戒本》，《大正藏》23 冊，472 頁下欄。

5 《僧祇比丘戒本》，《大正藏》22 冊，551 頁上欄。

6 《彌沙塞五分戒本》，《大正藏》22 冊，196 頁上欄。

7 《解脫戒經》，《大正藏》24 冊，661 頁中欄。

8 《根有戒經》，《大正藏》24 冊，502 頁下欄。

9 《根有律攝》卷 6，《大正藏》24 冊，556 頁上欄。

10 Nathmal Tatia, *Prātimokṣasūtram of the Lokottaravādimahāsāṅghika School*, Tibetan Sanskrit Works Series, no. 16, p. 13.

文《有部戒經》[1] 作“yaḥ punar bhikṣur ajñātyā bhikṣuṇyā”，梵文《根有戒經》[2] 作“yaḥ punar bhikṣur ajñātikayā bhikṣuṇyā”。以上三部梵文戒經的意思都是：任何比丘，令不是親屬的比丘尼。

巴利《戒經》[3] 作“yo pana bhikkhu aññātikāya bhikkhuniyā”意思是：任何比丘，令不是親屬的比丘尼。

藏文《根有戒經》[4] 作“ཡང་དགེ་སློང་གང་དགེ་སློང་མ་ཉེ་དུ་མ་ཡིན་པ་ལ་”，意思是：任何比丘，（令）不是親屬的比丘尼。

（二）浣故衣，若染，若打，尼薩耆波逸提

《四分律》、《四分僧戒本》、《四分律比丘戒本》作「浣故衣，若染，若打，尼薩耆波逸提」，意思是：浣洗（比丘）使用過的衣服，或者染色，或者拍打，犯捨墮罪。

與《四分律》相同：

《十誦律》、《五分律》、《彌沙塞五分戒本》作「浣故衣，若染，若打，尼薩耆波逸提」。

與《四分律》相似：

《十誦比丘戒本》、《僧祇律》、《僧祇比丘戒本》作「浣故衣，若染，若打，尼薩耆波夜提」。

《新刪定四分僧戒本》作「浣、染、打故衣者，尼薩耆波逸提」，《解脫戒經》作「浣、染、打故衣，尼薩耆波逸提」，《根有律》、《根有戒經》、《根有律攝》作「浣、染、打故衣者，泥薩祇波逸底迦」。

梵文《說出世部戒經》作“purāṇacīvaraṃ dhovāpeya vā rañjāpeya vā

1 Georg von Simson, *Prātimokṣasūtra der Sarvāstivādins Teil II*, Sanskrittexte aus den Turfanfunden, XI, p. 185.

2 Anukul Chandra Banerjee, *Two Buddhist Vinaya Texts in Sanskrit*, p. 25.

3 Bhikkhu Ñāṇatusita, *Analysis of The Bhikkhu Pātimokkha*, p. 117.

4 麗江版《甘珠爾》（འཇང་བཀའ་འགྱུར།）第 5 函《別解脫經》（སོ་སོར་ཐར་པའི་མདོ།）8b。

ākoṭāpeya vā nissargikapācattikaṃ”，梵文《有部戒經》作“purāṇacīvaraṃ dhāvayed vā rañjayed vā ākoṭayed vā niḥsargikā pātayantik(ā)”，梵文《根有戒經》作“purāṇacīvaraṃ dhāvayed raṃjayed ākoṭayed vā naisargikapāyantikā”。以上三部梵文戒經的意思都是：或洗，或染，或打舊的衣服，捨墮。

巴利《戒經》作“purāṇacīvaraṃ dhovāpeyya vā rajāpeyya vā ākoṭāpeyya vā, nissaggiyaṃ pācittiyaṃ”，意思是：或洗，或染，或打舊的衣服，捨墮。

藏文《根有戒經》作“གོས་རྙིང་པ་འཁྲུར་འཇུག་གམ། འཚེད་དུ་འཇུག་གམ། འཆག་ཏུ་འཇུག་ན་སྤང་བའི་ལྟུང་བྱེད་དོ།།”，意思是：令捶、洗、染曾穿過的衣服，捨墮。

與《四分律》有部分差異：

《鼻奈耶》作「故衣浣者，染、碾令光出者，尼薩耆波逸提」。此處的「碾」，對應《四分律》的「打」，另外還增加了「令光出者」。

三、關鍵詞

（一）故衣

梵文戒經中均為“purāṇacīvara”，該詞由“purāṇa（舊的）”和“cīvara（衣服）”兩部分組成，意思就是舊的衣服（英譯：old robe）。巴利《戒經》中對應“purāṇacīvara”一詞，藏文《根有戒經》作“གོས（衣服）རྙིང་པ（曾，陳，過去）”一詞，意思與梵文相同（英譯：old robe）。

《四分律》記載：「故衣者，乃至一經身著。」

《十誦律》記載：「故衣者，乃至一經身著，皆名故衣。」

《僧祇律》記載：「故衣者，乃至經一枕頭，名為故。」

《巴利律》記載：「故衣者，已著過之衣。」

以上律典的解釋與《四分律》基本相同。

《根有律》重點解釋了衣的種類，沒有對「故」作解釋，如：「故衣者，七種衣中隨是一數。云何為七？一者毛，二者芻摩迦（此方無），三者奢搦迦（此方無），四者羯播死迦（白疊），五者獨孤洛迦（紵布），六者高詀薄迦（是上毛毯，此方無也），七者阿般蘭得迦（是北方地名，其處有此衣也；亦有釋云即是絁絹之衣耳）。」

《根有律攝》中，「言故衣者，謂曾經著是守持衣，體應淨法者方犯」[1]，將「故衣」解釋為曾經穿過的衣服，並將衣服的範疇限定為如法受持的三衣。

《五分律》：「故衣者，經體有垢。」與《四分律》略有不同，不僅是穿過的，而且是有污垢的衣。

從詞源來看，梵巴藏戒經都是解釋為舊衣服。漢語律典中，《四分律》、《十誦律》、《僧祇律》、《五分律》、《根有律攝》、《巴利律》意思相同，都解

1 《根有律攝》卷 6，《大正藏》24 冊，556 頁上欄。

釋為穿過的衣服。此外，《五分律》還強調了衣服有污垢，《僧祇律》記載乃至頭枕過的衣服都稱為故衣，《根有律攝》將衣服的範疇限定為如法受持的三衣，《根有律》列舉了一些衣服的種類，沒有作解釋。

（二）若染

梵文《有部戒經》的“rañjayed”一詞，由動詞“rañj（染）”變化而來，表示讓別人去染。另外，梵文《說出世部戒經》的“rañjāpeya”和梵文《根有戒經》的“raṃjayed”相同。巴利《戒經》作“rajāpeyya”，同樣由動詞詞根“raj（染）”變化而來，意思與梵文相同。藏文《根有戒經》作“འཚེད་དུ་འཇུག་”，該詞由“འཚེད་དུ་（煮）”、“འཇུག（讓，允許）”構成，字面意思是讓（人）煮、染（英譯：dyed）。

《四分律》中沒有具體的解釋。

《僧祇律》中，「染者，根染、皮染、葉染、花染、果染，如是等種種染」，即用種種材料染色。

《根有律攝》中，「有五染色，謂根、皮、葉、花、果。然非法色有其二別。一、謂八種大色，何者是耶？頌曰：紫礦紅藍鬱金香，朱沙大青及紅茜，黃丹蘇方八大色，苾芻不應將染衣。二、謂深緋色及淺緋色」[1]，其中提到用根、皮、葉、花、果來染色，但是對所染的顏色有限制，不得使用八種大色及深緋色、淺緋色。

《根有律》中，「染者，下至一入色」。

綜上所述，詞源分析中，梵巴藏戒經內涵一致，「若染」就是染色的意思。漢譯律典中，《根有律》僅說明了將其染色；《根有律攝》提及根、皮、葉、花、果五種染，並強調不得染成八種大色及深緋色、淺緋色；《僧祇律》不僅列舉根、皮、葉、花、果五種染，並說明其他染色方式也含攝其中。

1　《根有律攝》卷 6，《大正藏》24 冊，556 頁中欄。

（三）若打

梵文《有部戒經》、梵文《根有戒經》都作“ākoṭayed”，該詞由動詞“kuṭ（斷）”變化而來，意思是讓別人去捶打。梵文《說出世部戒經》的“ākoṭāpeya”與之相同。巴利《戒經》作“ākoṭāpeyya”，構詞和詞意與梵文相同。藏文《根有戒經》作“འཆག་ཏུ་འཇུག་པ་”（令斷），意思與梵文相同（英譯：beat）。

《僧祇律》中記載：「打者，乃至手打一下。」《根有律》中記載：「打者，下至手一打。」這兩部律典對「打」的解釋相同，即使只用手打一下，就算是打。其他律典沒有相關記載。

綜上所述，梵巴藏戒經內涵一致，都是捶打的意思。《僧祇律》、《根有律》中對打衣的解釋是用手、棍子或其他物品打衣服，是洗衣服的一種方式。

四、辨相

（一）犯緣

具足以下五個方面的犯緣便正犯本戒：

1. 所犯境

此戒的所犯境包含了兩個要素非親尼和故衣，兩個要素必須同時滿足，才正犯此戒。

（1）非親尼

《四分律》中，非親里比丘尼，正犯此戒。《鼻奈耶》、《十誦律》、《薩婆多論》[1]、《摩得勒伽》[2]、《僧祇律》、《五分律》、《根有律》、《根有律攝》[3]與《四分律》相同。其中，《薩婆多論》還記載，非親「式叉摩尼、沙彌尼」，或是「與學沙彌」，也正犯此戒。

藏傳《苾芻學處》[4]中，「戒清淨，見同，相不同，身可依止，具足三種名言，身平等住，非親，非有神通」的比丘尼，正犯此戒。

《巴利律》中，「於二眾之受具戒」的非親尼，才正犯。《善見論》[5]與《巴利律》相同。

《明了論》、《毗尼母經》沒有此戒的內容，下不贅述。

（2）故衣

《四分律》中，此戒的所犯境為故衣。除藏傳《苾芻學處》外，其他律典與《四分律》相同。

---

1 《薩婆多論》卷 5，《大正藏》23 冊，532 頁上欄。

2 《摩得勒伽》卷 2，《大正藏》23 冊，573 頁中欄；卷 9，《大正藏》23 冊 618 頁上欄。

3 《根有律攝》卷 6，《大正藏》24 冊，556 頁上欄至下欄。

4 《苾芻學處》，《宗喀巴大師集》卷 5，74 頁至 75 頁。

5 《善見論》卷 14，《大正藏》24 冊，774 頁上欄至中欄。

藏傳《苾芻學處》中，「滿量，有正加持，或舊，或為不淨所污，應洗者，非是自己已洗者，非分別物，非僧眾物，現前自在」的「三衣及尼師但那隨一物」，正犯。

《薩婆多論》中，不管故衣是否如量，「應量、不應量衣，一切犯」。

《摩得勒伽》中，「若比丘使非親里比丘尼浣尼師檀，尼薩耆波夜提」。

《根有律攝》中，還要求所犯境：「曾經著是守持衣，體應淨法者方犯。」

2. 能犯心

（1）發起心

《四分律》中沒有明確說明此戒的發起心。

藏傳《苾芻學處》中，「為自故，欲令浣等相續未斷」，正犯此戒。

《十誦律》和《巴利律》中，為了他人而使非親尼浣故衣，不正犯。由此可以反推出：為了自己而使非親尼浣衣，正犯此戒。

其他律典沒有記載此戒的發起心。

（2）想心

《四分律》中沒有明確說明此戒的想心。

《十誦律》中，非親尼作非親里想、疑或是親里想，正犯此戒。此外，如果對方是非親尼，比丘「若疑是比丘非比丘、式叉摩尼非式叉摩尼、沙彌非沙彌、沙彌尼非沙彌尼、出家非出家、出家尼非出家尼」而使其浣、染、打故衣，正犯。

《巴利律》中，非親尼作非親想、疑、親里想，正犯此戒。

《根有律》、《根有律攝》及藏傳《苾芻學處》中，非親尼作非親尼想、疑，正犯此戒。

《善見論》中，非親尼作非親尼想，正犯。

3. 方便加行

《四分律》中，令非親尼浣、染或是打故衣，均正犯此戒。《十誦律》、《薩婆多論》、《摩得勒伽》、《僧祇律》、《五分律》、《根有律》、《根有律攝》、

《巴利律》、《善見論》與《四分律》相同。

《鼻奈耶》中，令非親尼浣、染、碾故衣，均正犯。

藏傳《苾芻學處》中，比丘「以具足五種相之語」使非親尼浣、染、打故衣，正犯。

《僧祇律》還特別說明，用「自與使受、使與自受、自與自受、使與使受」這四種方式使非親尼浣、染、打故衣，都正犯此戒。此外，如果比丘故意將故衣寄存在非親尼處，或者穿著垢膩衣見非親尼，或者在浣染衣的日子主動去見非親尼，或者算準非親尼要來精舍的日子，故意在此日浣衣：以這四種方式，使非親尼主動要求為自己浣、染、打故衣，也正犯。如果比丘是無意的，則無罪。

《五分律》中，使非親尼與親里尼共同為自己浣、染、打故衣，也正犯。

4. 究竟成犯

《四分律》中，非親尼受指令後按照指令浣、染或打故衣時，正犯此戒。《僧祇律》、《根有律》、《根有律攝》與《四分律》相同。《四分律》中還記載了此戒的結罪次數：「若比丘令非親里比丘尼浣故衣，若染、若打，三尼薩耆波逸提。」

《五分律》中，如果非親尼執行了比丘的指令，浣、染、打故衣時，正犯此戒。如果比丘使令非親尼浣、染、打，或是使親、非親尼共同浣、染、打，那麼不管是親里尼、非親尼，還是親、非親尼共同浣、染、打時，都正犯此戒。

《十誦律》中，不管比丘指令是浣、染還是打，只要非親尼浣、染或是打了故衣時，就正犯此戒。

此外，故衣必須洗乾淨、染成色、打熟，才正犯此戒，否則都不正犯。

《僧祇律》中，如果比丘明知道親里尼會將衣交給非親尼浣、染、或打，還是將衣交給親里尼浣染打，正犯此戒；如果不知道，不犯。

《巴利律》中，浣、染、打故衣之時，正犯此戒。結罪次數方面，如果非親尼按照比丘指示，執行了浣、染、打之中的多項或一項，都會正犯。

《善見論》中，「若浣竟」，正犯；染和打與之相同，完成之時正犯。「若使比丘尼浣染，浣染已，比丘自言未淨，重為浣」，也正犯。結罪次數方面，「若使眾多非親里比丘尼浣，眾多尼薩耆」。

藏傳《苾芻學處》中，「由彼因緣浣染一分以上成犯」。此外，「若由一加行令作浣、染、打三事，惟犯一捨墮」。

《薩婆多論》中，有關結罪次數：「若一時作三事，亦得一捨墮。」

《鼻奈耶》、《摩得勒伽》沒有明確說明此戒的究竟成犯。

5. 犯戒主體

《四分律》中，此戒的犯戒主體為比丘。

《十誦律》中，比丘和「與學沙彌」均會正犯此戒。

其他律典與《四分律》相同。

（二）輕重

1. 所犯境

諸律典正犯捨墮的情況見上文犯緣，此處不再贅述。除此之外，各律典中犯輕的情況如下。

（1）非親尼

《四分律》中記載：「使非親里沙彌尼、式叉摩那，浣、染、打故衣，突吉羅。」

《巴利律》中，「唯依比丘尼僧受具戒」的非親尼，只犯突吉羅。《善見論》與《巴利律》相同。

《摩得勒伽》中，「使本犯戒比丘尼浣、染、打，突吉羅。使賊住、不共住、本不和合、污染比丘尼人浣，皆突吉羅」。

《根有律攝》中，「與衣已，後尼轉根者，或時歸俗，得方便罪」。

（2）故衣

《四分律》中，若是新衣，犯突吉羅。

《十誦律》中，「駱駝毛、牛毛、羖羊毛」等物製作的不淨衣，犯突吉羅。此外，「若二人共衣，若眾僧衣、入尼薩耆衣，若作淨衣，皆得突吉羅」。還記載，「若雜織衣令浣，得突吉羅」。

《薩婆多論》中，「若使浣捨墮衣，突吉羅」，「使浣、染、打不淨衣，駝毛、牛毛、羖羊毛雜織衣，突吉羅」，「若二人共一衣，乃至多人共衣使打染，盡突吉羅」。

《摩得勒伽》中，「使浣未應浣衣、使浣眾僧衣、尼薩耆衣、淨施衣、頻日衣，皆突吉羅；染、打亦如是」。此外，「若比丘使非親里比丘尼浣尼師檀，尼薩耆波夜提；浣褥，突吉羅；浣枕等，突吉羅」。

《五分律》中，「若衣未可浣、染、打，而令非親里浣、染、打，突吉羅」。

《根有律攝》中，對所犯境還作了要求：「曾經著是守持衣，體應淨法者方犯。」此外，「令洗氈褥，得惡作罪」。

《巴利律》中，「令浣尼師壇者，突吉羅」。

藏傳《苾芻學處》中，「若是栽絨毯，或在家人衣，或枕套，或是已犯捨墮之衣，或已分別之衣」，均犯突吉羅。

2. 能犯心

（1）發起心

《四分律》中沒有明確說明此戒的發起心。除藏傳《苾芻學處》外，其他律典與之相同。

藏傳《苾芻學處》中，「為自故，欲令浣等相續未斷」，犯捨墮。

《十誦律》和《巴利律》中，為了他人而使非親尼浣故衣，犯突吉羅。為了自己而使非親尼浣衣，犯捨墮。

《僧祇律》中，「若為和尚、阿闍梨持衣使比丘尼浣，越比尼罪」。

藏傳《苾芻學處》中，「是僧眾衣而令浣等」，犯突吉羅。

（2）想心

《四分律》中，沒有關於想心的判罪記載。

《十誦律》中，非親尼作非親想、疑或是親里想，均犯捨墮。親里尼作非親里尼想、疑，均犯突吉羅。《巴利律》在這一點上與《十誦律》相似，不同點在於《巴利律》多出了一部分內容「於親里有親里想者，不犯也」。《十誦律》中還記載：如果比丘「疑是比丘非比丘、式叉摩尼非式叉摩尼、沙彌非沙彌、沙彌尼非沙彌尼、出家非出家、出家尼非出家尼」，而使其浣、染、打故衣，如果對方是非親尼，犯捨墮；如果是親里尼，犯突吉羅。

《根有律》、《根有律攝》、藏傳《苾芻學處》中，非親尼作非親尼想、疑，犯捨墮；親里尼作非親尼想、疑，突吉羅。

《善見論》中，非親尼作非親尼想，犯捨墮。

其他律典中，沒有關於想心的判罪記載。

3. 方便加行

諸律典正犯捨墮的情況見上文犯緣，此處不再贅述。除此之外，各律典中犯輕的情況如下。

《十誦律》中，「若展轉令浣、若遣使、若作書、若作相示……皆得突吉羅」。此外，比丘提前將衣浣、染、打過，再將衣交給非親尼令浣、染、打，犯突吉羅。《摩得勒伽》與《十誦律》內容相似，「已浣，更使浣，突吉羅；手印、遣信、展轉使浣，皆突吉羅」。《薩婆多論》中，用「使、書信、印信」的方式令非親尼浣、染、打故衣，均犯突吉羅。藏傳《苾芻學處》中，「若遣使令浣等」，犯突吉羅。

《根有律攝》中，「意浣此衣錯浣餘衣者，但得墮罪，無其捨法」。

4. 究竟成犯

《四分律》中，非親尼受指令後按照指令浣、染或打故衣時，犯捨墮。「若比丘令非親里比丘尼浣故衣，若染、若打，三尼薩耆波逸提。」如果非親尼拒絕執行比丘的指令，令浣衣而不浣，令打而不打等情況，均犯突吉羅。

《十誦律》、《薩婆多論》中，不管比丘指令是浣、染還是打，只要非親尼浣、染或是打了故衣，就犯捨墮。

《五分律》中，如果非親尼執行了比丘的指令，浣、染、打故衣，犯捨墮。如果非親尼拒不執行比丘的指令，令浣衣而打衣，令打衣而浣衣等情況，均犯突吉羅。值得一提的是，如果比丘使令非親尼浣、染、打，或是使親、非親共同浣、染、打，那麼不管是親里尼、非親尼，還是親里和非親尼共同浣、染、打故衣時，都犯捨墮。

《根有律》、《根有律攝》中，非親尼受指令後浣、染或打故衣時，犯捨墮。《根有律》中還記載，如果令非親尼浣染打故衣，而親里尼浣染打了故衣，犯突吉羅。

《僧祇律》中，非親尼受指令後浣、染或打故衣時，犯捨墮；非親尼違比丘指令而浣、染、打故衣時，犯越毗尼罪。如果比丘明知道親里尼會將衣交給非親尼浣、染、或打，還是將衣交給親里尼浣、染、打，犯捨墮；如果不知道，親里尼自己將衣交給非親尼浣、染、打，不犯。如果比丘將衣服交給非親尼令其浣、染、打，但是衣被親里尼浣染打，犯越毗尼罪。

《巴利律》中，非親尼受指令後浣、染、打故衣時，犯突吉羅；衣被浣、染或打之後，犯捨墮。結罪次數方面，如果非親尼按比丘指示，執行了浣、染、打之中的三項，犯一捨墮二吉羅；如果受令而執行浣、染、打中的兩項，犯一捨墮一吉羅；如果受令執行浣、染、打之中的一項，犯一捨墮。

《善見論》中，「若比丘教比丘尼浣，若作灶暖水，覓蕉鑽火，隨所作一一，比丘得突吉羅罪，若浣竟尼薩耆。若浣竟欲還比丘，比丘尼自言未淨，更為重浣，比丘得突吉羅罪」，染和打也是相同的結罪。「若使比丘尼浣染，浣染已比丘自言未淨，重為浣，比丘犯尼薩耆罪、突吉羅罪」。結罪次數方面，「若使眾多非親里比丘尼浣，眾多尼薩耆」。

藏傳《苾芻學處》中，「由彼因緣浣染一分以上成犯」。此外，「若由一加行令作浣、染、打三事，惟犯一捨墮」。

《薩婆多論》中，有關結罪次數，「若一時作三事，亦得一捨墮」。此外，「若浣不好淨，染不成色，打不能熟，盡突吉羅」。

《鼻奈耶》、《摩得勒伽》沒有與究竟成犯相關的判罪。

5. 犯戒主體

《四分律》中，比丘若犯，捨墮。其他律典在這一點上與《四分律》判罪相同。

《四分律》中，比丘尼若犯，突吉羅。《薩婆多論》在這一點上與《四分律》相同。

《四分律》中，下三眾若犯，突吉羅。而《薩婆多論》和《五分律》中，沙彌若犯，突吉羅。

《十誦律》中，「與學沙彌」若犯此戒，捨墮。此外還記載：「問：『頗比丘令非親里比丘尼浣、染、打故衣，不得尼薩耆波夜提耶？』答：『有，若先破戒，若賊住，若先來白衣是。』」此律雖說明這三種人不犯捨墮，但是到底是結輕罪，還是不犯，沒有明確的說明。

（三）不犯

1. 所犯境不具足

《四分律》：「不犯者，與親里尼故衣浣、染、打。」

《十誦律》：「若親里，不犯。」

《薩婆多論》中，讓破戒、賊住等非親尼浣、染、打故衣，不犯。

《巴利律》中，「令浣新衣、令浣衣以外之資具」，不犯。此外，「令式叉摩那、令沙彌尼〔浣之〕」，不犯。此律還記載，「由親里之比丘尼浣之，以非親里比丘尼為助力時」，不犯。

《善見論》：「無罪者，若浣革屣囊、鉢囊、隱囊、帶、腰繩，浣如是物無罪。」「若使式叉摩尼、沙彌尼、沙彌、優婆塞、優婆夷浣染，不犯。」

《根有律攝》：「或使親尼，或時自浣，或師主為浣，或鄔波索迦、鄔波斯迦……斯皆無犯。」

2. 能犯心不具足

《四分律》：「若為僧、佛圖浣、染、打，若借他衣浣、染、打者，不犯。」

《僧祇律》:「為塔、僧使比丘尼浣、染、打,無罪。」

《根有律攝》中,「三寶衣物」,不犯。

《巴利律》中,「於親里有親里想者,不犯也」。

3. 方便加行不具足

《五分律》:「若令親里浣、染、打,而非親里浣、染、打,不犯。」

《巴利律》中,「不語而浣」,不犯。

《善見論》:「若比丘尼自取浣,不犯。」

4. 究竟成犯不具足

《根有律攝》中,「或使親尼,非親為浣」指的是教親尼浣衣,可是非親里尼來浣衣,所以不犯。

5. 犯戒主體不具足

《四分律》:「不犯者,最初未制戒,癡狂、心亂、痛惱所纏。」

《五分律》、《根有律》與《四分律》相同。

《巴利律》:「癡狂者、最初之犯行者,不犯也。」

6. 其他

《四分律》中,「若病」,不犯。

《根有律攝》:「若老病無力,或苾芻尼恭敬尊德情樂為洗,及是門徒,悉皆無犯。」

五、原理

（一）杜絕淫染，增進道業

此戒屬於遮戒，主要是防止比丘因為貪心、懶惰而妨廢道業，引發染愛等諸多過失。

一方面，浣、染、打衣在當時屬於很辛苦的勞作，額外的洗衣負擔，會耗費大量的修行時間。印度大部分地區屬熱帶或亞熱帶氣候，比丘在這種高溫、濕熱的環境裏，衣服容易被汗漬與灰塵弄髒，為了保持清爽衛生，需要頻繁換洗衣服。因此，有的比丘將浣洗衣物這種日常事務推給尼眾代勞，也就增加了此事發生的概率。

另一方面，洗衣服時，交付與送還衣物，增加了比丘與比丘尼接觸的機會，且衣服是貼身之物[1]，男女雙方不存在親屬關係時，手洗摸觸容易產生非分之想。按照世間慣例，一般由妻子給丈夫洗衣服，正是由於存在這種象徵夫妻關係的洗衣形式，使得比丘尼為比丘洗衣服的行為必須加以限制，佛陀制戒也正是為了避免男女之間可能生發情染以及世人對出家人的譏嫌。

（二）世俗知見與佛法正見

古印度社會因為生產方式和原始信仰等原因造成了女性社會地位低下，使得女性缺乏應有的尊重與保護。世俗社會中女性處於男性的從屬地位，在出家後，這一習慣仍然可能延續，導致比丘尼為比丘服勞。

比丘讓非親里比丘尼浣故衣，其背後隱藏着一種習慣性的思維定勢：女人就該為男人洗衣服。這種世俗知見蔓延在僧團的日常生活中，違背了佛

1 《根有律》卷 6：「護惜衣服，當如身皮。」《大正藏》23 冊，654 頁中欄。

教眾生平等的觀念。在佛陀看來，比丘尼同樣是修行者，她們的修行條件也需要保障。制定此戒可以保證比丘尼有充足的修道時間，免受洗衣等雜務的干擾。比丘和比丘尼應在佛法上互相幫助，共同增上，避免將世俗社會之中的男女從屬觀念帶入僧團。此戒的制定，就是佛陀為維護比丘和比丘尼之間「道友」關係的具體展現。

六、總結

（一）諸律差異分析

1. 緣起差異

（1）結構差異

《四分律》為一個本制、一個隨制。《五分律》為一個緣起、一個本制、一個隨制。《僧祇律》為一個緣起、一個本制。《鼻奈耶》、《十誦律》、《根有律》、《巴利律》均為一個本制。

（2）情節差異

《四分律》的本制情節為緣起比丘與比丘尼互有欲意，兩人對面坐時，比丘失「不淨」弄髒了衣。比丘尼拿衣去洗時，將衣上的「不淨」放入下體內，導致懷孕。有比丘知道此事後報告佛陀，佛陀便制此戒。《鼻奈耶》、《十誦律》、《根有律》、《巴利律》與《四分律》的主要情節類似。不同之處在於《鼻奈耶》提到緣起比丘尼生了男孩；《根有律》則用很長的篇幅講述了緣起比丘與比丘尼的往事及世尊出生、歸國的故事。

《僧祇律》的本制為緣起比丘使比丘尼浣洗有「不淨」的衣物，比丘尼發現衣上的「不淨」後便拿給諸比丘尼看，引起其他比丘尼譏嫌，佛陀因此制戒。其緣起情節與《五分律》本制情節類似。《五分律》的本制為緣起比丘使比丘尼浣、染、打衣，諸比丘尼因此妨廢誦讀、坐禪、行道，白衣呵責其與在家人無異。一次比丘尼去拜見佛陀時，佛陀看到比丘尼的手上染有顏色，詢問其原因後制戒。《五分律》的緣起情節與《四分律》的本制情節類似。

綜上所述，《五分律》的本制情節中比丘使比丘尼浣、染、打衣，妨廢了其誦讀、坐禪、行道，類似這種情況在現代社會也可能發生，故此情節可以作為《四分律》的緣起補充。

《四分律》的隨制情節為制戒後有比丘怕犯戒，不敢使親里比丘尼浣、染、打故衣，世尊因此增制此戒，予以開許。《五分律》的隨制情節為老病比丘不能自己浣、染、打衣，也不敢使親里比丘尼浣、染、打。

（3）結論

綜上所述，本戒仍以《四分律》的緣起結構和情節為準，補充《五分律》中比丘使比丘尼浣、染、打衣妨廢修行的情節。

2. 戒本差異

諸律中除《鼻奈耶》稍有出入外，其他律典與《四分律》基本相同。而《鼻奈耶》的「與故衣浣者，染碾令光出者」與《四分律》相比，差異有二：(1) 與《四分律》的「打」相對應的字眼為「碾」；(2)「令光出」在《四分律》及其他律典中都沒有對應的內容。

為了與其他戒條中指使他人的表述統一，將《四分律》中的「令」字，依《四分僧戒本》、《新删定四分僧戒本》等改為「使」字。「浣故衣，若染，若打」，過多受梵語語序的影響，因此參照《根有律》等將其修改為「浣、染、打故衣者」。

3. 辨相差異

（1）所犯境

本戒的所犯境中，涉及到兩個部分，非親比丘尼與故衣。

「非親比丘尼」部分，《四分律》的所犯境為非親比丘尼時犯捨墮；從非親式叉摩那、沙彌尼處取衣，突吉羅。《巴利律》中，「於二眾之受具戒」的非親尼，才犯捨墮；「唯依比丘尼僧受具戒」的非親尼，只犯突吉羅。《善見論》與《巴利律》相同。《四分律》中，「使非親里沙彌尼、式叉摩那，浣、染、打故衣，突吉羅」。而《薩婆多論》有所不同，認為非親「式叉摩尼、沙彌尼」，或是「與學沙彌」，均犯捨墮。此處，以《四分律》的判法為準。

「故衣」部分，《四分律》、《十誦律》、《僧祇律》、《巴利律》中的故衣主要是指經身穿著的舊衣；藏傳《苾芻學處》亦提到了有污垢的髒衣也在此列。此外，諸律中大多都描述了衣的材質，如《四分律》：「衣者，有十種：絁衣、劫貝衣、欽婆羅衣、芻摩衣、讖摩衣、扇那衣、麻衣、翅夷羅衣、鳩夷羅衣、讖羅半尼衣。」《摩得勒伽》和藏傳《苾芻學處》在故衣中提到了「三衣及尼師但那隨一物」，其他多數律典都沒有提及「尼師檀」。這裏遵循《四分律》等的判定，泛指故衣。

（2）能犯心

《四分律》中沒有明確説明此戒的發起心。藏傳《苾芻學處》中，發起心是「為自故，欲令浣等相續未斷」。《十誦律》和《巴利律》中，發起心是為他人而使非親尼浣故衣時，犯突吉羅。在實際行持中，發起心能夠更加明確比丘的動機，如果沒有發起心，可能會導致比丘無意之中就犯戒，不利於比丘持守此戒。因此，借鑒藏傳《苾芻學處》、《十誦律》以及《巴利律》的內容，將發起心相關的判罪確定為：有欲為己而使非親尼浣、染、打故衣之心，犯捨墮；若為他人，犯突吉羅。

（3）方便加行

《十誦律》中，「若展轉令浣，若遣使，若作書，若作相示……皆得突吉羅」。《摩得勒伽》與《十誦律》內容相似，「手印、遣信、展轉使浣，皆突吉羅」。《薩婆多論》中，用「使、書信、印信」的方式令非親尼浣、染、打故衣，均犯突吉羅。藏傳《苾芻學處》中「若遣使令浣等」，犯突吉羅。《僧祇律》中，比丘若以各種暗示的方式令非親尼為自己浣、染、打故衣，也犯捨墮；如果比丘是無意的，則無罪。《四分律》中沒有與之對應的判罪，其他律典中這些間接的方式值得參考。

（4）究竟成犯

《四分律》中，非親尼受指令後浣、染或打故衣，比丘正犯此戒。比丘尼執行比丘的任何一個指令，比丘均得捨墮。《僧祇律》、《五分律》、《根有律》、《根有律攝》、《巴利律》、《善見論》與《四分律》相同。另外，《四分律》提到，比丘尼若不執行比丘的指令，比丘得突吉羅；《僧祇律》、《五分律》提到如果比丘尼不執行，令浣衣而打衣，令打衣而浣衣等，比丘結突吉羅。而《十誦律》、《薩婆多論》則有所不同，即不管比丘指令是浣、染還是打，只要非親尼浣、染或是打了故衣，就正犯此戒。

對於究竟成犯的具體時間，諸律有所差異。《四分律》和《五分律》中，非親尼浣、染或打故衣時，比丘正犯。《巴利律》中，「令浣者突吉羅，被浣者捨墮。令染者突吉羅，被染者捨墮。令打者突吉羅，雖一次被槌打者捨墮」，即當對方浣、染、打後正犯。《僧祇律》與《巴利律》類似。《根有律》和《根有律攝》中，「言浣者，下至水浸；染者，下至一入色；打者，下至手一打」，即不需要完成即正犯。藏傳《苾芻學處》中，「浣、染一分以上成犯」。

《善見論》與上述律典略有不同，在浣、染完成之時正犯，如果「染竟使打，隨一一，比丘得突吉羅罪」。《十誦律》和《薩婆多論》亦傾向於浣、染、打完成時正犯。《十誦律》中如果比丘自己先已浣、染、打，但是沒有完成，之後又令非親尼浣、染、打，得突吉羅；[1] 可見其主要是根據對比丘尼修道造成的影響程度來判罪。《薩婆多論》中，「若浣不好淨，染不成色，打不能熟，盡突吉羅」，即對方浣、染、打沒有完成的話，均不正犯。

從妨廢道業的角度來看，按照浣、染、打的程度判罪較為合理。因此，綜合《薩婆多論》等的判法，於浣、染、打完成時，正犯;若未完成，突吉羅。

結罪次數方面，《四分律》中，浣、染、打，每做一種行為，結一捨墮罪。《薩婆多論》、《巴利律》、藏傳《苾芻學處》中，如果一時做三事，僅結一捨墮罪。此處取《四分律》的觀點。

又《善見論》中，「若使眾多非親里比丘尼浣，眾多尼薩耆」，此觀點符合實踐的需求，可予以採納。

4. 諸律內部差異

《四分律》、《鼻奈耶》、《十誦律》、《根有律》、《巴利律》緣起中並沒有提到染衣和打衣的情況，在戒條和辨相中染衣和打衣也正犯。

另外，《鼻奈耶》緣起中沒有提到親里浣衣不犯的開緣，但戒本中則明確為「非親尼」浣、染、碾，才正犯。

---

1 《十誦律》卷 53：「若比丘先自小浣更令浣，先自小染更令染，先自小打更令打。若浣，不名浣，如不浣，得突吉羅。」《大正藏》23 冊，388 頁下欄。

（二）調整文本

通過以上諸律間觀點同異的對比與分析，文本在《四分律》的基礎上作如下調整：

1. 緣起

（1）本制

有比丘使比丘尼浣、染、打衣，諸比丘尼因此不能誦讀、坐禪、行道，白衣看見後呵責其與在家人無異。

佛在舍衛國祇樹給孤獨園時，迦留陀夷比丘與偷蘭難陀比丘尼彼此互有欲意。一次乞食時，迦留陀夷到了偷蘭難陀處，雙方都露形而坐，欲心相視，迦留陀夷失精弄髒了安陀會。偷蘭難陀拿衣去洗時，在屏處把衣上的「不淨」放到了口和下體中，因此懷孕。有比丘將此事報告佛陀後，佛陀因此制戒：「若比丘使比丘尼浣、染、打故衣者，尼薩耆波逸提。」

（2）隨制

佛陀制戒後，諸比丘各有畏懼，不敢令親里比丘尼浣、染、打故衣，佛陀便增制此戒，規定比丘使非親里比丘尼浣、染、打故衣才犯戒。

2. 戒本

若比丘，使[1]非親里比丘尼浣、染、打故衣者[2]，尼薩耆波逸提。

3. 關鍵詞

（1）故衣：已穿過的衣服，乃至只穿過一次也算是故衣。

1　「使」，底本作「令」，據《四分僧戒本》、《新刪定四分僧戒本》、《十誦律》、《十誦比丘戒本》、《僧祇律》、《僧祇比丘戒本》、《五分律》、《彌沙塞五分戒本》、《解脫戒經》、《根有律》、《根有戒經》、《根有律攝》改。

2　「浣、染、打故衣者」，底本作「浣故衣，若染，若打」，據《新刪定四分僧戒本》、《根有律》、《根有戒經》、《根有律攝》改。

（2）染：用種種材料染色。

（3）打：用手、棍子或其他物品打衣服（是洗衣服的一種方式）。

4. 辨相

（1）犯緣

本戒具足五緣成犯：一、是非親尼；二、是己故衣；三、為己而使非親尼浣、染、打故衣之心；四、使非親尼浣、染、打故衣；五、浣、染或打故衣完成時，成犯。

（2）辨相結罪輕重

①是非親尼

若是非親里比丘尼，捨墮；若是親里比丘尼，不犯。

若使非親沙彌尼、式叉摩那浣、染、打故衣，犯突吉羅。

②是己故衣

若是自己的故衣，正犯；若是新衣，突吉羅。

③為己而使非親尼浣、染、打故衣之心

為己，捨墮；為他，突吉羅；若為僧團、寺院公共事務，將三寶衣物交給非親尼浣、染、打，不犯。

④使非親尼為己浣、染、打故衣

自己令非親尼為己浣、染或打，犯捨墮；若展轉令浣、染、打，若通過遣使、作書、作相等方式令非親尼浣、染、打故衣，均結突吉羅罪。

比丘令非親尼浣、染、打，對方拒絕，比丘得突吉羅。

⑤浣、染、打故衣完成時

非親尼浣、染或打，任何一個行為完成時，均犯一個捨墮；若任何一個行為未完成時，均犯突吉羅；如比丘使非親尼浣、染、打故衣，非親尼浣、染完成而不打，或打未完成，比丘犯兩個捨墮，一個突吉羅，依此類推。

若使眾多非親里比丘尼浣故衣，得眾多捨墮罪。

⑥犯戒主體

比丘若犯，捨墮；比丘尼、式叉摩那、沙彌、沙彌尼若犯，突吉羅。

⑦不犯

使親里尼浣、染、打，結果非親尼來浣、染、打，不犯。

若為病人浣、染、打，不犯。

最初未制戒，癡狂、心亂、痛惱所纏，不犯。

七、現代行持參考

在現代社會，比丘將衣物交給比丘尼浣洗和料理的情況有可能發生，對於此戒還是應當小心防護。但現在僧團一般都有洗衣機，洗衣服很方便，比丘持守此戒應該比古代更為容易。

在本戒的緣起中，比丘把衣物交給非親比丘尼浣洗，不僅招來世人的譏嫌、誹謗，而且也容易產生情染。因此本戒對現代比丘的啟示，就是不要輕易委託非親比丘尼幫自己辦理偏於私密性質的事務。此類事務的託付，意味着關係上的親密，一方面容易引起外人猜疑，另一方面雙方也確實可能因為事務的因緣變得過於親近。

另外，緣起故事中比丘讓比丘尼浣洗衣服，隱含着某種傳統的思維定勢，如對女性社會地位的歧視和其所能從事工作種類的限定等。在現代社會，無論是從受教育程度，還是從工作能力等方面來講，男女都愈來愈平等。除了受限於生理的極特殊領域，在大多數情況下，工作能力的差異化，更多地體現在知識技能的個人層面而非不同性別的群體層面。因此，比丘應注意避免上述對女性的刻板印象和僵化思維。如果比丘和比丘尼在同一個對外弘法的團體中，應注意平等共事，在工作中發揮各自的特長。

06

從非親俗人乞衣戒

一、緣起

（一）緣起略述

《四分律》中有一個本制和兩個隨制。本制情節為，佛陀在舍衛國祇樹給孤獨園時，城內一長者到祇洹精舍聽跋難陀講法。跋難陀「辯才智慧，善能說法」。長者聽法後很歡喜，便提出供養的意願。跋難陀索要其穿在身上的貴價衣。長者擔心無衣入城沒有當場答應。跋難陀出言譏諷，長者只好將衣給了跋難陀，不悅而歸。城內居士了解到長者被強索衣的遭遇，便諷刺沙門釋子貪得無厭。諸比丘匯報佛陀後，佛陀制戒，此為本制。

佛陀制此戒後，比丘們都不敢從親里居士索衣。佛陀於是增制此戒：可以從親里居士索衣。又有比丘被奪衣，或遇到失衣，燒衣，漂衣等情況，卻不敢從非親里居士乞衣，佛陀為此作了第二次增制此戒：在上述情況下，從非親里居士乞衣不犯。[1]

諸律緣起差異比較：

1. 制戒地點

《四分律》為「舍衛國祇樹給孤獨園」，《鼻奈耶》[2] 與《四分律》相同，《十誦律》[3] 為「舍衛國」，《僧祇律》[4]、《五分律》[5] 為「舍衛城」，《根有律》[6] 為「室羅伐城逝多林給孤獨園」，《巴利律》[7] 為「舍衛城祇樹給孤獨園」。諸律制戒地

---

1 《四分律》卷 7，《大正藏》22 冊，608 頁上欄至 609 頁下欄。

2 《鼻奈耶》卷 6，《大正藏》24 冊，876 頁上欄。

3 《十誦律》卷 6，《大正藏》23 冊，44 頁上欄至 45 頁上欄；卷 53，《大正藏》23 冊，389 頁上欄；卷 54，《大正藏》23 冊，401 頁上欄。

4 《僧祇律》卷 9，《大正藏》22 冊，301 頁下欄至 303 頁上欄。

5 《五分律》卷 4，《大正藏》22 冊，27 頁上欄至下欄；卷 21，《大正藏》22 冊，143 頁下欄。

6 《根有律》卷 19，《大正藏》23 冊，728 頁上欄至 729 頁下欄。

7 《經分別》卷 4，《漢譯南傳大藏經》1 冊，296 頁至 300 頁；《附隨》卷 1，《漢譯南傳大藏經》5 冊，53 頁。

點同在「舍衛國」，只是音譯和記載的詳略有些差別。

2. 緣起比丘

《四分律》、《十誦律》以及《五分律》中的緣起比丘均為「跋難陀」，《僧祇律》為「六十比丘」，《根有律》為「鄔波難陀」，《巴利律》為「優波難陀」。「跋難陀」、「優波難陀」、「鄔波難陀」實為一人，只是音譯略有差別。《鼻奈耶》與諸律有所不同，緣起比丘是「六群比丘」。

3. 緣起情節

《五分律》與《四分律》相同，有一個本制和兩個隨制。本制中不分親里和非親里，第一次隨制開許從親里索衣，第二次隨制開許失衣等特殊因緣下從非親里索衣。《十誦律》、《根有律》以及《巴利律》，記錄了一個本制和一個隨制。本制中限定了從非親里居士索衣犯戒，隨制部分則是針對特殊條件下的開緣。《僧祇律》有一個緣起和一個本制。《鼻奈耶》則只有一個本制。

在本制故事中，《鼻奈耶》、《十誦律》、《五分律》、《根有律》、《巴利律》與《四分律》故事結構類似，只是細節略有不同。

《巴利律》中，長者與跋難陀的對話略有差異。《鼻奈耶》中，六群比丘常常到長者居士家索衣，因此對居士造成了困擾。《十誦律》中的居士與跋難陀是舊相識，跋難陀看到居士的衣服便生貪心，索衣三次才得。《五分律》中，長者一開始想要供養的是食物，跋難陀藉機主動索要衣服。《根有律》中不同的是跋難陀索衣後引起居士譏嫌，給孤獨長者得知後請佛制戒。

《僧祇律》與上述諸律有所不同，跋難陀乞衣的原因是自己已有種種好衣，但是還沒有「阿跋吒」所穿的那種類型的衣服，因而強索衣。後來「北方有六十比丘，來詣舍衛城禮覲世尊」，途中被賊奪去衣，不敢從非親里乞衣，又沒有親里、檀越供養，裸形入祇桓精舍，佛因此制戒。

(二) 緣起比丘形象

《四分律》、《十誦律》、《五分律》、《根有律》、《巴利律》都記載緣起比丘善於說法。比如,《四分律》中提到緣起比丘「辯才智慧,善能說法」。《十誦律》中,緣起比丘為得到長者的衣,三次「說種種異法,示教利喜」。《五分律》中,長老在聽法後要供養跋難陀飲食,可見他善於講法。《根有律》中,對跋難陀說法的功德有較多的讚歎之詞,比如「若說布施因緣,其聽法者乃至自割身肉持以奉施」。《巴利律》中亦提到跋難陀說法令長者歡喜。

《四分律》中,跋難陀面對長者「若有所須,莫有疑難」這種急切的供養心情時,採用欲擒故縱的方式,「正使我有所須,俱不能見與」,並索要其身上穿的貴價衣。當長者許諾第二天供養時,跋難陀則說道:「我先語汝,正使所須,汝俱不能與我,如今果如我所言。」言辭充滿諷刺和挖苦,企圖用激將法得衣。長者擔心無衣入城,好言解釋。而跋難陀卻說:「且止,且止,我不復須。」可見他的態度很無禮,或許是佯裝生氣而希望令對方屈服。長者當時便脫衣與跋難陀,內心卻瞋恚不悅。總之,《四分律》中的跋難陀貪心重,傲慢,言語犀利,不會考慮他人處境。《巴利律》與《四分律》情節較為接近,只是更為簡化,不同的是前者提到跋難陀在長者未同意後又三次索衣,突顯出其貪婪的特點。

《十誦律》中,跋難陀一看到居士的衣就起了貪心,進而三次索衣,但居士默然拒絕,跋難陀便三次講法令其歡喜,目的卻是為了得到居士身上的衣。

《僧祇律》中,跋難陀一開始委婉表達索衣的意圖,數次讚歎對方的衣好,暗示對方施衣,如「汝衣亦好,長廣細緻」。對方領會到跋難陀的意思後想要「更與餘衣」,跋難陀聽到此話,說自己「更有種種好氎」,之所以想要長者的衣,是因為「欲令相似作一種衣耳」。針對對方講的種種原因,跋難陀一一辯駁,致使長者「苦辭不免,即脫上衣與已便去」。反映出跋難陀擅長辯論的形象。

《五分律》中長者欲供養飲食,但是跋難陀卻說自己「苦無衣服」而索要長者所著的好衣。索衣不得後,反而質問長者「如何於我而獨疏薄?」繼而又大讚自己說法的功勞，反問對方：「汝今云何惜此一衣？」長者只好「即脫與之」。從中可以看出跋難陀言語咄咄逼人，為達目的歎己功德的特點。

《根有律》中，跋難陀發願一定要取得長者好衣：「我今若不留得此衣者，我不更名鄔波難陀。」長者擔心違背與其妻子的約定，跋難陀則採用激將法：「我曾聞汝賢善淨信是大丈夫，寧知汝今更隨婦語。」當長者擔心身上無衣而露形，跋難陀巧言道「但以性祛鄙吝慚愧為衣，無慚愧者雖著衣裳露體無別」，引導長者施衣。為了進一步打消長者對露形的擔心，還想了一個妙招，令其「身著襯衣手中執杖，隨他牛後以入城中，諸人見時全無怪者」。後來「近前強抽一疊」，進而又「強取下疊」，令長者僅著襯衣入城，近乎搶奪，其貪欲熾盛、不達目的決不罷休的形象躍然紙上。

（三）犯戒內因

《四分律》中，跋難陀犯戒內因是對衣服的貪心。其對長者種種的言辭相迫，目的都是索衣。其他律典犯戒內因與《四分律》一致。

（四）犯戒外緣

據《四分律》記載，對佛法頗具信心的長者於跋難陀前聽法，歡喜而欲殷重供養，且身著「貴價廣長白疊衣」，是跋難陀犯戒的主要外緣。

《十誦律》中記載，緣起比丘「遙見居士來，著上下衣，生貪著心」。還提到居士與其是「舊相識，共語共事」，並且對他比較恭敬，比如「居士漸至跋難陀所，頭面禮足在前坐」。因此，居士有貴價衣以及對三寶有信心，是比丘犯戒的外緣。《五分律》與《十誦律》相同。

《僧祇律》、《根有律》、《巴利律》中居士穿著貴價衣被緣起比丘看到，是犯戒的外緣。如《僧祇律》中跋難陀多次讚歎「汝衣亦好，長廣細緻」。《根有律》中長者的上等好衣是其妻子精心製作，跋難陀看到第一眼就起了必得之心。《巴利律》中二者對話的焦點也是長老身上所穿的衣服。

《鼻奈耶》沒有明顯的犯戒外緣。

（五）犯戒後的影響

《四分律》中，緣起比丘犯戒後遭到了居士的譏嫌，索衣事件廣為流布，對僧團造成了負面影響。律中記載：「居士聞已皆譏嫌言：『沙門釋子多求無足，無有慚愧。外自稱言：「我知正法。」如是何有正法？』」

《僧祇律》：「以是故，少人詣祇桓禮覲世尊。」《十誦律》中，居士之間「展轉相語：沙門釋子強奪人衣」，進而「惡名流布，滿舍衛城」。

（六）佛陀考量

《四分律》中，佛陀對緣起比丘跋難陀作了嚴厲的呵責。除《根有律》外，其他律典中，也有同樣的情節。《根有律》中則是給孤獨長者請佛陀制戒，而世尊「聞長者語，默然許之」，並沒有當着居士的面呵斥鄔波難陀，而是事後「種種訶責鄔波難陀已」，並集眾制戒。主要原因可能是佛陀為了維護僧團的形象，因為當着居士的面呵責比丘，會引起居士非理作意，進而使其不恭敬比丘。另外，佛陀有時也會說某某癡人之類的話，居士如果聽到也可能影響其對比丘的信心。即使是面對給孤獨長者這樣虔誠的大居士，佛陀也未當面呵責比丘，可見佛陀對待僧俗關係很慎重。這也體現了佛陀僧事僧斷的原則。

在《四分律》隨制的部分，當諸比丘因為被奪衣而見佛時，佛陀則是先「慰勞諸比丘」，後呵責他們不應裸身而行。《五分律》中，佛陀先是呵責裸形比丘：「汝等何以裸形見佛？豈不能得樹葉及草以蔽身耶？」緊接着佛陀「讚少欲知足，讚戒，讚持戒」。從中可以看出，佛陀希望比丘持戒，但也並非讓比丘因持戒而變得機械、呆板。

（七）文體分析

在本戒的緣起故事中，《四分律》和《五分律》有三個因緣，《鼻奈耶》只有一個因緣，《十誦律》、《僧祇律》和《巴利律》有兩個因緣，《根有律》有兩個因緣和一個伽陀。

諸律中的本制故事都是圍繞緣起比丘和長者的對話展開的。《四分律》和《五分律》對話顯得更為簡潔一些，雖然對話不多，但人物形象很生動。比如《五分律》中「我說法，能離生老病死、憂悲苦惱，為度汝等，廢不營己」，一個慈悲心切的比丘形象躍然紙上。相比之下，《十誦律》的對話則顯單薄，跋難陀索衣只用幾句相同的話，「汝著上下衣好」，數數提醒居士供養。《僧祇律》和《根有律》中二人對話層層深入，跌宕起伏，畫面感很強，刻劃出人物豐富的內心世界。尤其是《根有律》對事件描寫很細緻，各方面的緣起介紹都很詳細。比如長者所著貴價衣，是其新婚妻子「買好劫貝，捻為上縷織成妙疊，種種香薰置於篋內」精心而做，為後文長者的種種顧慮埋下了伏筆。因此，對跋難陀貪婪形象的襯托就更為顯著。《巴利律》的情節與《四分律》相似，只是敘述更加簡潔。《鼻奈耶》則最為簡略，僅用幾句話陳述了一下事實。

二、戒本

《四分律》中本戒的戒本為：「若比丘，從非親里居士，若居士婦乞衣，除餘時，尼薩耆波逸提。餘時者，若比丘奪衣，失衣，燒衣，漂衣，是謂餘時。」

（一）若比丘，從非親里居士，若居士婦乞衣

《四分律》、《四分僧戒本》[1]、《新刪定四分僧戒本》[2]、《四分律比丘戒本》[3] 作「若比丘，從非親里居士，若居士婦乞衣」。意思是：如果比丘，從不是親屬的居士、居士妻子那裏乞求衣服。

與《四分律》相似：

《僧祇律》、《僧祇比丘戒本》[4]、《五分律》、《彌沙塞五分戒本》[5]、《解脫戒經》[6] 作「若比丘，從非親里居士、居士婦乞衣」，《根有律》、《根有戒經》[7]、《根有律攝》[8] 作「若復苾芻，從非親居士、居士婦乞衣」，《十誦律》作「若比丘，從非親里居士、居士婦乞衣者」。

梵文《有部戒經》[9] 作 "yaḥ punar bhikṣur ajñātiṃ gṛhapatiṃ gṛhapatipatnīṃ vā cīvaraṃ vijñāpayed"，意思是：任何比丘，從不是親屬的居士或是居士妻子那裏乞求衣服。

---

1 《四分僧戒本》，《大正藏》22 冊，1025 頁上欄。

2 《新刪定四分僧戒本》，《卍續藏》39 冊，265 頁上欄。

3 《四分律比丘戒本》，《大正藏》22 冊，1017 頁中欄。

4 《僧祇比丘戒本》，《大正藏》22 冊，551 頁上欄。

5 《彌沙塞五分戒本》，《大正藏》22 冊，196 頁上欄。

6 《解脫戒經》，《大正藏》24 冊，661 頁中欄。

7 《根有戒經》，《大正藏》24 冊，502 頁下欄。

8 《根有律攝》卷 6，《大正藏》24 冊，557 頁上欄。

9 Georg von Simson, *Prātimokṣasūtra der Sarvāstivādins Teil II*, Sanskrittexte aus den Turfanfunden, XI, p. 185.

梵文《根有戒經》[1] 作“yaḥ punar bhikṣur ajñātigṛhapatiṃ gṛhapatipatnīṃ vopasaṃkramya cīvaraṃ vijñāpayed”，意思是：任何比丘，從不是親屬的居士或是居士妻子（那裏）乞求衣服。

巴利《戒經》[2] 作“yo pana bhikkhu aññātakaṃ gahapatiṃ vā gahapatāniṃ vā cīvaraṃ viññāpeyya”，意思是：任何比丘，從不是親屬的居士或是居士妻子（那裏）乞求衣服。

藏文《根有戒經》[3] 作“ཡང་དགེ་སློང་གང་ཁྱིམ་བདག་གམ། ཁྱིམ་བདག་གི་ཆུང་མ་ཉེ་དུ་མ་ཡིན་པའི་གན་དུ་སོང་སྟེ། གོས་སློང་ན་”，意思是：任何比丘，從不是親屬的居士或是居士妻子處乞求衣服。

與《四分律》有部分差異：

《十誦比丘戒本》[4] 作「若比丘，從非親里居士，若居士婦乞衣，得者」，與《四分律》相比多出了「得者」。

《鼻奈耶》作「若比丘，非親里長者長者婦，強逼丐衣」，「丐」在古漢語中有「乞求、乞討」的意思，因此與《四分律》的「乞」意思相同。相比《四分律》及其他律典，這裏還多出了「強逼」的意思。此外，以「長者、長者婦」對應《四分律》中的「居士、居士婦」。

梵文《說出世部戒經》[5] 作“yo puna bhikṣur anyātakaṃ gṛhapatiṃ vā gṛhapatiputraṃ[6] vā cīvaraṃ yāceya”，意思是：任何比丘，從不是親屬的居士或是居士兒子[7]（那裏）乞求衣服。這裏以「居士兒子」對應《四分律》中的「居士婦」。不過可能由於梵文原稿的字體或清晰、完整程度等原因，這一戒本的整理者也註明“gṛhapatiputraṃ（居士兒子）”可能是“gṛhapatipatinīṃ（居士妻子）”一詞。

---

1 Anukul Chandra Banerjee, *Two Buddhist Vinaya Texts in Sanskrit,* p. 25.

2 Bhikkhu Ñāṇatusita, *Analysis of The Bhikkhu Pātimokkha,* p. 117.

3 麗江版《甘珠爾》（འཇང་བཀའ་འགྱུར།）第 5 函《別解脫經》（སོ་སོར་ཐར་པའི་མདོ།）8b。

4 《十誦比丘戒本》，《大正藏》23 冊，472 頁下欄。

5 Nathmal Tatia, *Prātimokṣasūtram of the Lokottaravādimahāsāṅghika School,* Tibetan Sanskrit Works Series, no. 16, p. 14.

6 此處文稿的轉寫上有疑議，另一種轉寫可能是 “°tipatinīṃ”。

7 另一種轉寫可翻譯成：居士的妻子。

（二）除餘時，尼薩耆波逸提

《四分律》、《四分僧戒本》、《新刪定四分僧戒本》、《四分律比丘戒本》作「除餘時，尼薩耆波逸提」，意思是：除了特殊的情況，犯捨墮罪。

與《四分律》相同：

《解脫戒經》作「除餘時，尼薩耆波逸提」。

與《四分律》相似：

《僧祇比丘戒本》作「除餘時，尼薩耆波夜提」，《根有律》、《根有戒經》、《根有律攝》作「除餘時，泥薩祇波逸底迦」。

《五分律》、《彌沙塞五分戒本》作「除因緣，尼薩耆波逸提」，這裏的「因緣」對應《四分律》的「餘時」。

《十誦律》作「尼薩耆波逸提，除餘時」，《十誦比丘戒本》作「尼薩耆波夜提，除因緣」，《僧祇律》作「尼薩耆波夜提，除餘時」。這幾部律典與《四分律》的語序不同。

梵文《說出世部戒經》作“anyatra samaye nissargikapācattikaṃ”，梵文《根有戒經》作“anyatra samayān naisargikapāyantikā”，意思都是：除了合適的時機以外，捨墮。

巴利《戒經》作“aññatra samayā, nissaggiyaṃ pācittiyaṃ”，意思是：除了合適的時機以外，捨墮。

藏文《根有戒經》作“དུས་མ་གཏོགས་ཏེ། སྤང་བའི་ལྟུང་བྱེད་དོ།”，意思是：除了合適的時機以外，捨墮。

與《四分律》有部分差異：

《鼻奈耶》作「捨墮」，與《四分律》相比，文字上省略了「除餘時」，但戒條後文中仍然有與「餘時」相對應的表述。

梵文《有部戒經》作“anyatra samayād abhiniṣpanne cīvare niḥsargikā pātayantikā”，意思是：除了合適的時機以外（而）得到衣服，捨墮。與《四分律》相比，多出「得到衣服」這一內容。

（三）餘時者，若比丘奪衣，失衣，燒衣，漂衣，是謂餘時

《四分律》、《四分律比丘戒本》作「餘時者，若比丘奪衣，失衣，燒衣，漂衣，是謂餘時」，意思是：特殊的情況（是指），如果比丘的衣被奪，丟失，燒（壞），水漂走，（以上）稱作特殊的情況。

與《四分律》相似：

《四分僧戒本》作「餘時者，若比丘奪衣，失衣，燒衣，漂衣，此是時」。《新刪定四分僧戒本》作「餘時者，奪衣，失衣，燒衣，漂衣，此是時」。

《十誦律》作「餘時者，奪衣，失衣，燒衣，漂衣，是為時」，《解脫戒經》作「餘時者，奪衣，失衣，燒衣，漂衣，名餘時」。

《十誦比丘戒本》作「因緣者，奪衣，失衣，燒衣，濡衣，是名因緣」。

梵文《有部戒經》作"tatrā(ya)ṃ samaya ācchinnacīvaro bhikṣuḥ syān naṣṭacīvaro (v)ā dagdhacīvaro (v)ā ūḍhacīvar(o vā ayaṃ) tatra samayaḥ"，意思是：這個合適的時機是（當）比丘的衣服被搶，或是衣服遺失，或是衣服被燒，或是衣服被（水）沖走，這些是合適的時機。

與《四分律》有部分差異：

《根有律》、《根有戒經》、《根有律攝》作「餘時者，若苾芻奪衣，失衣，燒衣，吹衣，漂衣，此是時」。

梵文《根有戒經》作"tatrāyaṃ samaya ācchinnacīvaro bhikṣur bhavati naṣṭacīvaro dagdhacīvaro ūḍhacīvaro hṛtacīvaro'yaṃ tatra samayaḥ"，意思是：這個合適的時機是（當）比丘的衣服被搶，衣服遺失，衣服被燒，衣服被（水）沖走，衣服被吹走，這是合適的時機。

藏文《根有戒經》作"དེ་ལ་དུས་ནི་འདི་ཡིན་ཏེ། དགེ་སློང་གོས་ཕྲོགས་སམ། གོས་བརླག་གམ། གོས་ཚིག་གམ། གོས་རླུང་གིས་ཁྱེར་རམ། གོས་ཆུས་ཁྱེར་ན་དེ་ལ་དེ་ནི་དུས་ཡིན་ནོ།"，意思是：合適的時機是，比丘的衣服被搶，衣服遺失，衣服被燒，衣服被（水）沖走，衣服被吹走，這是合適的時機。

以上這幾部律典比《四分律》多了「吹衣」。

《五分律》、《彌沙塞五分戒本》作「因緣者，奪衣，失衣，燒衣，漂衣，衣壞，是名因緣」，這兩部律比《四分律》多了「衣壞」。

巴利《戒經》作“Tatthāyaṃ samayo: acchinnacīvaro vā hoti bhikkhu naṭṭhacīvaro vā; ayaṃ tattha samayo”，意思是：「這個合適的時機是：（當）比丘的衣服被搶，或是衣服遺失；這些是合適的時機。」比《四分律》少了「燒衣、漂衣」的情況。

《僧祇律》作「餘時者，失衣時，是名餘時」，《僧祇比丘戒本》作「餘時者，失衣時」。梵文《說出世部戒經》作“tatrāyaṃ samayo ācchinnacīvaro bhikṣur bhavati| ayam atra samayo”，意思是：「這個合適的時機是，（當）比丘的衣服被搶。這是合適的時機。」與《四分律》相比，以上三部律典都少了「奪衣，燒衣，漂衣」的情況。

與《四分律》差異較大：

《鼻奈耶》無此相關內容。

三、關鍵詞

(一) 奪衣

梵文戒經中均使用"ācchinnacīvara"一詞，該詞由"ācchinna（奪取的）"和"cīvara（衣服）"兩部分組成，翻譯成：衣服已經被奪取（英譯：whose robe has been taken away）。

巴利《戒經》中使用"acchinnacīvara"，同樣由"acchinna（奪取）"和"cīvara（衣服）"構成，詞意與梵文相同。藏文《根有戒經》作"གོས་（衣服）ཕྲོགས་（奪）"，意思是：奪衣（英譯：whose robe has been taken away）。

《四分律》中沒有相關解釋。

《十誦律》中列有四種奪衣的情況:「若官奪，若賊，若怨家，若怨黨奪。」

《僧祇律》中有四種奪衣：王奪，若賊奪，若女人起欲心奪，若父母親里欲令罷道故奪。

《根有律》解釋:「言奪衣者，謂被賊奪。」《根有律攝》解釋:「言奪衣者，謂被賊奪，或他與衣後還卻索。」

《巴利律》作「衣被奪」，解釋為:比丘之衣被王、賊、賭者或任何人所奪。

綜上所述，梵、巴、藏戒經對「奪衣」的解釋都是衣服被奪取的意思。漢譯律典中，除《四分律》沒有相關解釋外，《十誦律》、《僧祇律》、《根有律》、《根有律攝》、《巴利律》都有賊奪的含義。此外，諸律還列舉了一些不同的奪衣方式，《十誦律》列舉了王奪、官奪、怨家奪、怨黨奪，《僧祇律》列舉了女人起欲心奪、父母親里欲令罷道而奪，《根有律攝》列舉了他與衣後還奪，《巴利律》列舉了被賭者或任何人所奪。

(二) 失衣

梵文《有部戒經》和梵文《說出世部戒經》中使用的都是"naṣṭacīvara"

一詞。該詞由“naṣṭa（遺失的、消失的）”和“cīvara（衣服）”構成，意思是：衣服已經遺失（英譯：the robe has been lost）。巴利《戒經》中是“naṭṭhacīvara”，該詞由“naṭṭha（遺失的、消失的）”和“cīvara（衣服）”組成，意思和梵文相同。藏文《根有戒經》作“གོས་（衣服）ནྲག་（丟失，失落）”，意思和梵文相同（英譯：the robe has been lost）。

《四分律》中沒有相關解釋。

《十誦律》解釋：「失者，若失不知何所在，若朽爛，若蟲嚙。」

《根有律》解釋：「失衣者，謂自失衣。」

《根有律攝》解釋：「言失衣者，謂失落，或忘處，或蟲鼠齧傷。」

《僧祇律》中有三種失衣：「若自藏後忘不知處，若藏衣腐爛，若歲久朽壞不可承案。」

《巴利律》解釋：「『失衣』者，比丘之衣或被火燒、水流，或為鼠、蟻所嚙，或著破之。」

綜上所述，梵巴藏戒經將此解釋為衣服遺失，漢譯律典中，《根有律》同樣將其解釋為失去衣服，其他律典還列舉了諸如忘處、腐爛、火燒、蟲咬等一些失衣的方式。

（三）燒衣

梵文《有部戒經》、梵文《說出世部戒經》以及梵文《根有戒經》中對應的都是“dagdhacīvara”。該詞由“dagdha（燒燬的）”和“cīvara（衣服）”構成，意思是：衣服已經燒燬（英譯：whose robe has been burned）。巴利《戒經》中沒有對應的詞語。藏文《根有戒經》中為“གོས་（衣服）ཚིག་（燃燒）”，即「燒衣」（英譯：whose robe has been burned）。

《四分律》中沒有相關解釋。

《十誦律》解釋：「燒者，若為火燒，若日炙。」

《根有律》解釋：「燒衣者，謂被火燒。」

《根有律攝》解釋：「言燒衣者，或火燒，或灰汁壞。」[1]

綜上所述，詞源分析中，三部梵文戒經和藏文《根有戒經》都是指衣服已經被燒燬，巴利《戒經》沒有對應詞語。漢譯律典中，僅《十誦律》、《根有律》和《根有律攝》有相關內容，這三部律都列舉了一些燒衣的方式。其中，火燒是三者都有的燒衣方式，此外《十誦律》還記載了「日炙」，《根有律攝》記載了「灰汁壞」。

（四）漂衣

三部梵文戒經中對應的都是"ūḍhacīvara"，該詞由"ūḍha（沖走的）"和"cīvara（衣服）"構成，意思是：衣服已經沖走（英譯：whose robe has been washed away）。巴利《戒經》中沒有對應的語詞。藏文《根有戒經》中為"གོས་（衣）ཆུས་（水）ཁྱེར་（沖走）"，即「衣服被水沖走」（英譯：whose robe has been washed away）。

《十誦律》中，「漂衣者，若水漂、風飄」，記載了風飄和水漂兩種情況。

《根有律》作「漂衣者，謂被水漂」，《根有律攝》作「言漂衣者，謂水漂將」，這兩部律僅僅記載了水漂的情況。

綜上所述，巴利《戒經》沒有相關記載，三部梵文戒經和藏文《根有戒經》都將漂衣解釋為衣服被水沖走。僅有三部漢譯律典有相關記載，《根有律》、《根有律攝》也是衣服被水沖走的意思，《十誦律》在此基礎上，多了衣服被風吹走的內涵。

1 《根有律攝》卷 6，《大正藏》24 冊，557 頁中欄。

四、辨相

（一）犯緣

具足以下五個方面的犯緣便正犯本戒：

1. 所犯境

《四分律》中，本戒的所犯境是非親里居士、居士婦。

《鼻奈耶》、《十誦律》、《摩得勒伽》[1]、《僧祇律》、《五分律》、《根有律》、《根有律攝》[2]、《巴利律》均與《四分律》相同。其中，《鼻奈耶》、《五分律》、《根有律》、《根有律攝》的所犯境是從戒條中提取出來的。

《薩婆多論》[3]中，此戒的所犯境為「非親里」，沒有居士婦的記載。但根據律典前後文的意思，應該是包含了居士、居士婦。

藏傳《苾芻學處》[4]的所犯境為：「全不具足出家相及戒之俗人，具足五種名言，身平等住，不共錢財，非親，非不乞而施與者。」

《毗尼母經》、《明了論》、《善見論》中無辨相內容，以下不再重複提及。

2. 能犯心

（1）發起心

《四分律》中，「為他乞」不犯，由此可以推出為己乞衣，正犯此戒。因而，本戒的發起心是為自己乞衣之心。

《薩婆多論》、《巴利律》中均記載，為他人乞衣，不正犯。所以，也可

1 《摩得勒伽》卷2，《大正藏》23冊，573頁中欄；卷3，《大正藏》23冊581頁上欄；卷9，《大正藏》23冊，618頁上欄至中欄。

2 《根有律攝》卷6，《大正藏》24冊，557頁上欄至中欄。

3 《薩婆多論》卷5，《大正藏》23冊，532頁上欄至中欄。

4 《苾芻學處》，《宗喀巴大師集》卷5，75頁至76頁。

推出其發起心和《四分律》一致。

《僧祇律》中記載:「若比丘作是念:『我但索小小物，檀越自當與我全衣。』得者，尼薩耆波夜提。」由此可推出此戒的發起心是欲求衣之心。

藏傳《苾芻學處》的發起心是「為自欲乞之心相續未斷」。

其餘律典沒有關於發起心的記載。

（2）想心

《四分律》中沒有想心的記載。

《巴利律》中記載，於非親里作非親里想、疑，親里想，均正犯此戒。

藏傳《苾芻學處》的想心為「想不錯亂」。

《根有律攝》中，於非親里作非親想、疑，均正犯此戒。

其他律典均與《四分律》相同。

3. 方便加行

《四分律》中記載，此戒的方便加行是乞衣。

《僧祇律》記載，「乞衣，若自乞，若使人乞，若作相乞，若說法乞」，均正犯此戒。

藏傳《苾芻學處》的方便加行為「以具足五種相之語言方便而乞」。此律還要求「所乞物是衣，清淨，滿一肘，是彼施主所有」。

其餘律典的方便加行均與《四分律》相同。此外，《五分律》的方便加行是從戒條內抽出來的。

4. 究竟成犯

《四分律》中未明確提及究竟成犯。

《十誦律》、《薩婆多論》、《摩得勒伽》、《僧祇律》、《根有律攝》中，「得衣」時，正犯此戒。其中，《摩得勒伽》還解釋了「得衣」的標準:「云何得衣？若在膝上、手中，若在肩上，是名得衣。」

藏傳《苾芻學處》中，「獲得時成犯」。

《巴利律》中，「至手者」，正犯。

《根有律》中，如願得到了「價、色、量」如自己所求的衣時，正犯此戒。

其餘律典與《四分律》相同，沒有記載此戒的究竟成犯。

5. 犯戒主體

《四分律》中的犯戒主體是比丘，比丘尼同犯。

《薩婆多論》、《五分律》與《四分律》相同。

《十誦律》中，比丘和「與學沙彌」均正犯此戒。

藏傳《苾芻學處》的犯戒主體為比丘，比丘尼同犯。此外，對犯戒主體有特殊要求，如「能乞之人未張羯恥那衣。所乞之衣是自己有。施主迴向於己，非先已知」。

其他律典的犯戒主體都是比丘，未提及其他人。

（二）輕重

1. 所犯境

《四分律》中，若比丘從非親里居士、居士婦乞衣，則結捨墮罪。《鼻奈耶》、《十誦律》、《摩得勒伽》、《僧祇律》、《五分律》、《根有律》、《根有律攝》、《巴利律》在這一點上與《四分律》判罪相同。

藏傳《苾芻學處》對所犯境的記載見上犯緣，此律沒有犯輕的記載。

《薩婆多論》中，從非親里居士乞衣，犯捨墮。如果比丘從親里處索衣，若親里富裕，則不犯，反之則結突吉羅。若居士「雖先請與衣，後若貧窮，從索」，也犯突吉羅。

《摩得勒伽》中記載：「從黃門乞衣，突吉羅；俱黃門，突吉羅；俱二根，突吉羅。」

《根有律攝》中記載：「不男、二根、外道之類，但得惡作。」

《十誦律》中記載：「若不能男居士、不能女居士婦、二根居士、二道合一道居士婦，比丘從是乞衣，得突吉羅。」「除別房衣、白衣家中施衣、安居衣，從餘非親里出家乞，得突吉羅。」

2. 能犯心

（1）發起心

從《四分律》「為他乞」不犯的開緣中，可以反推出為己乞衣，結捨墮罪。《巴利律》與《四分律》相同。

《薩婆多論》記載，「若為他索」，結突吉羅，由此可以反推出：為自己索，犯捨墮。

《摩得勒伽》記載，若為僧乞，突吉羅。

《僧祇律》記載，為和尚、阿闍梨索，結突吉羅罪，如：「若為和尚、阿闍梨乞，越比尼罪。」

其他律典的正犯情況如上犯緣所述。

（2）想心

《四分律》中沒有想心的記載。諸律想心正犯的情況如上犯緣所述。《巴利律》中記載，若比丘於親里作親里想，不犯；疑或非親里想，結突吉羅；於親里有親里想，不犯。

《根有律攝》中，實是親族而作非親想、疑，均犯突吉羅。

《摩得勒伽》中，於非親里作親里想、疑，或於親里作非親里想、疑，均犯突吉羅。

3. 方便加行

（1）乞衣方式

《四分律》中記載，若比丘乞衣，結捨墮罪。

《僧祇律》中記載，若比丘自乞、使人乞、作相乞、說法乞，犯捨墮。另外，「若比丘作是念：『我但索小小物，檀越自當與我全衣。』得者，尼薩耆波夜提」。

《根有律攝》中記載，若比丘自乞、使人乞，均正犯。這一點出自於關鍵詞部分。此律還記載：「現身相，或遣書等，或時減量，……或取時根轉，或出諂言，或詐欺人，或現異相，或苦言求覓者，咸得惡作。」

藏傳《苾芻學處》中記載，若比丘的語言具足五種相，「一是語，二是自語，三不錯亂，四與自身相合，五語義顯了」，結捨墮罪。

《十誦律》中記載，若比丘乞衣，轉根為比丘尼後得衣，或比丘尼乞衣，轉根為比丘後得衣，均犯捨墮。

《薩婆多論》中記載：「若使、書信、印信，突吉羅。若二人共乞一衣，突吉羅。」比丘無論是對親里還是非親里，「與少更索多」，均得突吉羅罪。

《摩得勒伽》中記載，若比丘「遣使、手印、展轉乞」，或者「身動索得衣」，均得突吉羅罪。轉根的情況為：「乞時比丘轉根作比丘尼，突吉羅；比丘尼乞時轉根作比丘，突吉羅。」

諸律正犯的情況如上犯緣所述。

（2）所乞衣

《十誦律》中記載：「若衣經淨緯不淨、緯淨經不淨，若二俱不淨——不淨者，若一切駱駝毛、牛毛、羖羊毛，若雜織。比丘乞是衣，得突吉羅；若乞毳，得突吉羅；若乞縷，得突吉羅。」

《薩婆多論》記載，「若得應量衣，捨墮；若得不應量衣，突吉羅」。

《摩得勒伽》記載，「乞不淨衣，突吉羅。乞劫貝頭沙，突吉羅」；乞房衣，突吉羅。另外，「為得多比丘作，一人索得，突吉羅。為二人作，索得，突吉羅。」如果不是為比丘做衣，而是為比丘尼、式叉摩那、沙彌、沙彌尼、本犯戒人、非人、天、龍、夜叉、乾闥婆、緊那羅、餓鬼、鳩槃茶、毗舍遮，以及富單那等做衣，比丘「往索得，皆突吉羅」。

《根有律攝》記載，若衣「價量滿足」，犯捨墮；「乞經緯」，犯突吉羅。

藏傳《苾芻學處》記載，「所乞物是衣，清淨，滿一肘，是彼施主所有」，結捨墮罪；「若乞紗線及毛等，皆惡作罪」。

4. 究竟成犯

《四分律》中未明確提及。

《十誦律》中記載：得衣時，捨墮；不得衣，突吉羅。另外，比丘欲索的衣和實際得到的不同，則結突吉羅罪，如：「索此得彼者，突吉羅；若索青得黃衣，突吉羅；若索青得赤、白、黑，亦如是。」

《十誦律》還提到，未受具戒人乞衣：若在受具戒前或受具戒時得衣，都犯突吉羅；若在受具戒後得衣，則犯捨墮。如果未受具戒人「受具戒時乞，受具戒時得，得突吉羅……受具戒已得，得尼薩耆波逸提」。如果「受具戒人乞，非具足戒人得」，則結突吉羅罪。《摩得勒伽》中亦有類似記載，但判罪情況略有不同：「未受具戒時乞，未受具戒時得，突吉羅；未受具戒時乞，受具戒時得，突吉羅；未受具戒時乞，受具戒已得，突吉羅。餘句亦如是。」

《根有律》中記載，若比丘乞得的衣和預期一樣，則乞時惡作，得時捨墮。若不一樣，可根據「價、色、量」的不同分為以下幾種情況。(1) 衣價方面「乞少得多」：「若苾芻從非親乞一迦利沙波拏直衣，得二迦利沙波拏直衣，乞時惡作、得時無犯。如是乃至五十迦利沙波拏等，乞少得多，有犯、無犯亦准應知。」(2) 衣色方面「乞此得彼」：「若苾芻從他乞青色衣，還得青衣，乞時得惡作，得時招捨墮。如青既爾，黃、赤、白色及以厚薄，應知亦然。若苾芻乞青色衣，得黃色者，乞時惡作、得時無犯。如是餘色、厚薄更互相望，應知亦爾。」(3) 衣量方面「乞小得大」：「若苾芻從他乞五肘衣，還得五肘，乞時惡作、得時捨墮。或乞五得十，乃至五十等，准上應知。」

《根有律攝》中記載：「此中犯者，謂價量滿足，乞時惡作，得便本罪。」

《巴利律》中記載：若比丘將要乞時，結突吉羅；到手時，結捨墮。

《摩得勒伽》中記載：若比丘得衣，結捨墮罪；不得，結突吉羅。

其他律典正犯情況如上犯緣所述。

5. 犯戒主體

《四分律》中，比丘若犯，結捨墮；比丘尼犯，亦結捨墮；式叉摩那、沙彌、沙彌尼犯，突吉羅。《薩婆多論》、《五分律》與《四分律》相同。

《摩得勒伽》中，學悔沙彌、本犯戒人及「本不和合、賊住、別住、污染比丘尼」，結突吉羅。此外，若施主為比丘做衣，衣被其餘四眾索得，其餘四眾犯突吉羅，如律文：「為比丘作，比丘尼、式叉摩那、沙彌、沙彌尼索得，突吉羅。」

其他律典的情況如上犯緣所述。

（三）不犯

1. 所犯境不具足

《四分律》記載，「若從親里居士，若居士婦乞，若從同出家人乞」，不犯。

《十誦律》、《薩婆多論》、《巴利律》中也記載，從親里索，不犯。此外，《薩婆多論》中記載：「若為法，令親里自與，無過。」

《根有律攝》記載：「或從非人、傍生趣乞，咸悉無犯。」

《摩得勒伽》記載：「從非人、畜生、天邊乞衣，不犯」，「若夜叉邊索、天龍所、一切外道所索，不犯」。此外，「從龍索物，不犯」。

2. 能犯心不具足

《四分律》記載，比丘不為自己乞時，不犯，如律文:「或為他乞」，不犯。

《十誦律》記載，若比丘沒有乞衣之心則不犯，如:「若不索自與，無犯。」

《僧祇律》記載，若比丘原本不想乞衣，則不犯，如：「若乞漉水囊，若乞小補衣物，若繫頭物，若裹瘡物，若衣緣，若乞衣中一條，如是等物不犯。若乞是物時，檀越施全物及衣裁，取者不犯。」又記載:「若為塔、僧乞，不犯。」

《巴利律》記載，為他乞不犯。此外，「於親里有親里想者，不犯也。「

3. 方便加行不具足

《四分律》中，「他為己乞，或不求而得，不犯。」

《僧祇律》中記載:「若乞漉水囊，若乞小補衣物，若繫頭物，若裹瘡物，若衣緣，若乞衣中一條，如是等物不犯。」

《五分律》中記載：「時離婆多比丘苦腳冷，從一婆羅門乞裹腳欽婆羅衣……佛言：『如是因緣聽乞，所應受持衣，若護腨衣、護髀衣、護頭衣、拭手面身體巾等。』」此外，如果「於和尚阿闍梨、同和尚阿闍梨，若弟子及諸同意人邊」，或「於白衣」等同意後而取衣，則不犯。

《根有律攝》記載，「或乞雨衣、或乞蚊幬」不犯，又「或乞衣續得小片物，或乞小片他與大段」，不犯。此外，「無犯者……或他施衣……或為眾乞」。

《根有律》記載：「若乞縷續便得小片，若乞少片他與寬衣，皆無犯。」

《巴利律》中，「被招待者」、「依己之財者」，均不犯。

《十誦律》記載：「若先請……無犯。」

《薩婆多論》記載：「若先請者，若非親里先請與衣，從索無犯。」「若非親里不索自與，無犯。」

《摩得勒伽》記載：「非人與直、非人為使、非人為檀越，不犯；非人與直、非人為使、人為檀越，不犯；非人與直、人為使、人為檀越，不犯；人與直、人為使、人為檀越，不犯。」

藏傳《苾芻學處》記載，若比丘「或乞碎布，或乞布之邊條等，無犯」。

4. 犯戒主體不具足

《四分律》記載，「最初未制戒、癡狂、心亂、痛惱所纏」，不犯。

《五分律》、《根有律》與《四分律》相同。

《巴利律》記載：「癡狂者、最初之犯行者，不犯也。」

5. 開緣

《四分律》中記載，難緣時不犯，如：「不犯者，若奪衣、失衣、燒衣、漂衣，得從非親里居士，若居士婦乞。」

《鼻奈耶》、《十誦律》、《僧祇律》、《五分律》、《根有律》、《根有律攝》、《巴利律》中也記載了一些難緣時不犯的情況，具體如下所述。其中，《鼻奈耶》、《五分律》、《根有律》、《根有律攝》的內容抽取自戒條，《巴利律》的內容抽取自關鍵詞。

《鼻奈耶》中，「或得丐衣被賊，或失衣，或被火，或衣朽敗，或王奪得，至長者、長者婦家丐衣，如所失取」，均不犯。

《五分律》中，「奪衣、失衣、燒衣、漂衣、衣壞」等因緣下，不犯。

《僧祇律》關鍵詞中的開緣為：「若王奪，若賊奪，若火燒，若風飄，若水漂，若女人起欲心奪，若父母親里欲令罷道故奪，若自藏後忘不知處，若藏衣腐爛，若歲久朽壞不可承案，是名十除餘時，世尊說無罪。」此外，辨相部分提及一些不能乞衣的情況，如：「若比丘三由旬內有衣者：若失僧伽梨，鬱多羅僧在，不應乞；若失僧伽梨，鬱多羅僧、安陀會在，不應乞；若失三衣，若覆瘡衣在，不應乞；若失三衣、覆瘡衣，若雨浴衣在，不應乞；若比丘失三衣、覆瘡衣、雨浴衣，若覆臥褥具在，不應乞；若比丘失三衣、覆瘡衣、雨浴衣、覆臥褥具，若任衣在長兩肘廣一肘，不應乞。何以故？是比丘應著是下衣往三由延受先衣，若是道中有諸難事，不得往趣衣者，得乞雨衣無罪。」

《巴利律》中，「比丘之衣被王、賊、賭者或任何人所奪，……比丘之衣或被火燒、水流，或為鼠、蟻所嚙，或著破之」，不犯。

《十誦律》、《根有律》、《根有律攝》與《四分律》相同。此外，還有「吹衣」或「風飄」不犯的情況。

五、原理

（一）非分乞索

本戒是一條遮戒。佛陀制定本戒的目的，是希望比丘斷除非分乞索之心，調伏貪煩惱。

緣起比丘貪著他人貴價衣，乞索的過程中強人所難，讓居士反感：「不應到沙門釋子僧伽藍中，若到則強奪人衣，如險道無異。」《根有律攝》中記載，緣起比丘「強從索衣，因生煩惱，令他不樂，長自貪求……由過限、廢闕、譏嫌煩惱，制斯學處」。

（二）讚歎的意圖

《根有律》中記載，緣起比丘讚歎身著好衣的長者居士：「見池流出表水澄深，目睹好衣知多獲利。」在古印度，衣服是比較貴重的物品，好的貴價衣是身分和地位的象徵。比丘之所以讚歎居士的好衣，是因為想獲取此衣。《僧祇律》也記載了居士了知緣起比丘的真實意圖：「是沙門讚歎我衣，必當欲得，是比丘是王及諸大臣所識，有大力勢，若不與者，或嫌恨我。」居士對比丘的身分背景懷有畏懼忌憚的心理，雖然表面上滿足了比丘的要求，內心卻並不情願。

（三）社會關係分析

1. 比丘與非親里居士的關係

從律中記載可知，緣起比丘雖然「善能說法」，卻並非真心利他，而是藉此機會勸居士供養。由於比丘不能體諒居士的處境，居士覺得很難接受。如《根有律》記載，長者若把隨身衣物供養比丘將會面臨裸身的難堪境地，比丘卻說：「長者！何假外儀將為容飾，但以性祛鄙吝慚愧為衣，無慚愧者雖著衣裳露體無別。汝有襯衣不？」

《十誦律》記載，居士本來「是跋難陀舊相識」，跋難陀強索衣後，居士雖然施衣，但卻「心悔，瞋恚不忍」，回到城中展轉相傳比丘的過失，乃至於使得沙門「惡名流布滿舍衛城」。這給僧團帶來了不好的影響，使原本融洽的僧俗關係遭到破壞。

2. 比丘與親里居士的關係

此戒還提到比丘應該如何處理與親人的關係。如《五分律》中，比丘親人看到比丘「著粗弊衣」，便問其為什麼不找家人來取衣，並表示打算供養，但只供養該比丘，不供養其他比丘。佛因此事而開許比丘從親里居士乞衣。從中看出，佛陀時代的比丘，出家後與家人並不是疏離隔膜。相反，他們和家人還繼續保持良好的互動和交往。比丘接受親里居士的衣物供養，不但可以保證物資不至匱乏，同時也照顧到了親里居士的心理需求，使他們既得到了福德利益，也得到了親情慰藉。

六、總結

(一) 諸律差異分析

1. 緣起差異

(1) 結構差異

《四分律》有一個本制和兩個隨制。《五分律》與之相同。《鼻奈耶》有一個本制。《僧祇律》有一個緣起和一個本制。《十誦律》、《根有律》、《巴利律》都有一個本制和一個隨制。

(2) 情節差異

《四分律》本制情節講述了緣起比丘強行索衣遭譏嫌，佛陀因此制戒；第一個隨制講述了比丘畏懼犯戒而不敢向親屬索衣，佛陀制戒開許；第二個隨制講述了眾多比丘遭賊劫失衣，佛陀開示了失衣後的應對方法，並再次制戒。

《十誦律》、《巴利律》與《四分律》情節相似。

《鼻奈耶》、《僧祇律》、《五分律》、《根有律》與《四分律》相比，在情節上有一些差異。《鼻奈耶》講述的是緣起比丘數數到居士家索衣而遭譏嫌。《僧祇律》中提到了居士向來朝覲佛陀的人埋怨，致使「不信佛者即還入城中，聞者生疑」。《五分律》中提到了比丘的親屬詢問比丘為什麼不向自己索取衣服，以及比丘被賊奪衣後，雖然如法回答了舊住比丘的問題，但仍然沒有得到舊住比丘幫助等情節。《根有律》則提到了居士好衣的來歷，以及有一長者聽說緣起比丘強行索衣，對緣起比丘進行責問等情節。

(3) 結論

綜上所述，本戒緣起無需調整，仍取《四分律》的結構與情節。

2. 戒本差異

諸律戒本的內容基本相同，差異主要集中在開緣上。相比《四分律》的「奪衣，失衣，燒衣，漂衣」，《根有律》、《根有戒經》、《根有律攝》、梵文

《根有戒經》以及藏文《根有戒經》中多了「吹衣」的情況，《五分律》、《彌沙塞五分戒本》多了「衣壞」，巴利《戒經》少了「燒衣、漂衣」，《僧祇律》、《僧祇比丘戒本》和梵文《說出世部戒經》中則僅描述了「失衣」的情況。《鼻奈耶》[1]的對應戒條包括了「從非親俗人乞衣戒」和「過分取衣戒」兩條戒的內涵，其中「或得丐衣被賊，或失衣，或被火，或衣朽敗，或王奪得，至長者、長者婦家丐衣，如所失取」，可看作是對應於「從非親俗人乞衣戒」的開緣。

為了戒本的簡潔、順暢：將《四分律》「若居士婦」中的「若」字，據《十誦律》、《僧祇律》等刪去；將「餘時者」後的第二個「若比丘」依《新刪定四分僧戒本》等略去。

3. 辨相差異

（1）所犯境

諸律中所犯境是非親里居士、居士婦時，均結本罪，沒有其他結輕的情況。而《薩婆多論》中提到，如果比丘從比較貧窮的親里乞衣，結突吉羅罪。從實際情況來看，比丘的此種行為也可能會損惱到親里，因此這種判罰更具有實踐意義。

（2）能犯心

《四分律》中沒有明確提及本戒的發起心，在「不犯」的情況裏提到「或為他乞，他為己乞，或不求而得，不犯」。另外，《薩婆多論》、《巴利律》中均記載，為他人乞衣，不正犯。可見，本戒所制主要是為己乞衣的情況。藏傳《苾芻學處》中則明確提到，發起心是「為自欲乞之心相續未斷」。因此，可將為自己求衣之心作為本戒的發起心。

關於為他乞衣和為三寶乞衣的情況，諸律間存在一些差異。對於為他

---

1 《鼻奈耶》卷 6：「若比丘，非親里長者、長者婦，強逼丐衣，捨墮。或得丐衣被賊，或失衣，或被火，或衣朽敗，或王奪得，至長者、長者婦家丐衣，如所失取。比丘若長取者，捨墮。」《大正藏》24 冊，876 頁上欄。

乞，《四分律》、《巴利律》判為不犯。《僧祇律》中，為「和尚、阿闍梨乞」，結突吉羅，沒有為他人乞的開緣。《薩婆多論》明確記載，「若為他索」，犯突吉羅。而對於為三寶或眾人乞的情況，《僧祇律》中認為：「若為塔、僧乞，不犯。」《根有律攝》中，「為眾乞」，不犯。

從所犯境為非親俗人來看，本戒主要防護居士的譏嫌，否則，從親里乞衣也應成犯。另外，本戒對比丘的貪欲也是一種約束。從居士的角度來看，比丘為他乞和為自己乞並無差別。但考慮到比丘為他乞是一種助人的行為，並非助長自己對衣的貪著，因此判為突吉羅較為合理。而為三寶乞和為眾人乞，則是從佛教團體的角度來考慮，一般不會引起譏嫌，可參考《僧祇律》和《根有律攝》判為不犯。綜上所述：為己乞，捨墮；為他人乞，突吉羅；為三寶乞，不犯。

（3）方便加行

《四分律》中記載，此戒的方便加行是乞衣。《僧祇律》中記載，此戒的方便加行為「乞衣，若自乞，若使人乞，若作相乞，若說法乞」。此處明確說明，教他人乞，也正犯。《根有律攝》中也有教別人乞的記載，如：「言乞者，或自乞，或使人乞。」另外，還有一些其他的行乞方式，如「或現身相，或遺書等，或時減量，或乞經緯，或取時根轉，或出諂言，或詐欺人，或現異相，或苦言求覓者：咸得惡作」。還記載，「或乞雨衣，或乞蚊幬」，不犯。藏傳《苾芻學處》中亦記載「以具足五種相之語言方便而乞」犯捨墮，五相為：「一、是語；二、是自語；三、不錯亂；四、與自身相合；五、語義顯了。」《薩婆多論》中也記載，「若使、書信、印信，突吉羅」，這些非當面自乞的行為，均犯突吉羅。另外，比丘若「與少更索多」，亦得突吉羅罪。《僧祇律》中，若乞一些必要的特殊用具或小物件均不犯，如：「若乞漉水囊，若乞小補衣物，若繫頭物，若裹瘡物，若衣緣，若乞衣中一條，如是等物不犯。」可見，制定這些規定主要是為了防護比丘貪著的煩惱。

綜上所述：對於自己乞、教人乞，諸律的判法較為一致，均為捨墮；若以種種方式非當面乞，突吉羅；乞特殊用具或小物件，不犯。

（4）究竟成犯

《四分律》中，未明確提及何時為究竟成犯。《十誦律》、《薩婆多論》、《摩得勒伽》、《僧祇律》、《根有律》、《根有律攝》、《巴利律》中，均為得衣時，正犯。《十誦律》和《根有律》中，對於所得衣未達到比丘預期的情況，則判為突吉羅。如《十誦律》中說：「索此得彼者，突吉羅；若索青得黃衣，突吉羅；若索青得赤白黑，亦如是。」《根有律》中，根據「價、色、量」的不同，「乞少得多」、「乞此得彼」、「乞小得大」，均判為突吉羅。綜合分析以上諸律，《根有律》較為全面，可以參考。

4. 諸律內部差異

《鼻奈耶》戒本中包含了「衣被賊，或失衣，或被火，或衣朽敗，或王奪得」的開緣，而在緣起中都未提及。

（二）調整文本

通過以上諸律間觀點同異的對比與分析，文本在《四分律》的基礎上作如下調整：

1. 緣起

（1）本制

佛陀在舍衛城祇樹給孤獨園，跋難陀辯才無礙，為長者說法，長者聽得很歡喜，欲做供養。跋難陀索要其穿的貴價衣，長者擔心無衣入城，沒有當場答應。跋難陀出言譏諷，長者只好將衣予之，不悅而歸。城內居士們得知後，譏嫌沙門釋子貪得無厭。佛陀知道後制戒：「若比丘從居士索衣者，尼薩耆波逸提。」

（2）隨制

佛陀制戒後，比丘們都不敢從親里居士乞衣，佛陀聽許從親里居士乞衣，並增制戒條：「若比丘從非親里居士索衣者，尼薩耆波逸提。」

眾多比丘安居結束後去拜見佛陀，遇賊被劫，失去衣鉢，裸形來到佛所。佛呵責眾比丘「裸形而行」，又告知比丘被奪衣後應採取各種辦法乞衣。後又有比丘面臨「奪衣，失衣，燒衣，漂衣」的情況，不敢從非親里居士、居士婦乞衣，佛因此增制此戒，開許在遭遇難緣失衣的情況下，比丘可以向非親里居士、居士婦乞衣。

2. 戒本

若比丘，從非親里居士[1]、居士婦乞衣，除餘時，尼薩耆波逸提。餘時者[2]，奪衣，失衣，燒衣，漂衣，是謂餘時。

3. 關鍵詞

(1) 奪衣：衣服被人奪取。

(2) 失衣：因遺忘、腐爛、蟲咬等原因而失去衣服。

(3) 燒衣：衣服被燒燬。

(4) 漂衣：衣服被水沖走。

4. 辨相

(1) 犯緣

本戒具足五緣成犯：一、是非親里居士或居士婦；二、為己乞衣之心；三、乞應量衣；四、除餘時；五、得衣時成犯。

(2) 辨相結罪輕重

①非親里居士或居士婦

若比丘乞衣的對象是非親里居士、居士婦，正犯。

從親里居士、居士婦乞衣時，若親里富貴，不犯；若親里貧窮，突吉羅。

---

1 「士」後，底本有「若」，據《十誦律》、《僧祇律》、《僧祇比丘戒本》、《五分律》、《彌沙塞五分戒本》、《解脱戒經》、《根有律》、《根有戒經》、《根有律攝》刪。

2 「者」後，底本有「若比丘」，據《新刪定四分僧戒本》、《十誦律》、《十誦比丘戒本》、《僧祇律》、《僧祇比丘戒本》、《五分律》、《彌沙塞五分戒本》、《解脱戒經》刪。

若從出家人乞，不犯。

②為己乞之心

為己乞，捨墮；為他人乞，突吉羅；為三寶乞，不犯。

③乞應量衣

自己乞，教人乞，均捨墮。

若比丘乞的對象是應量衣，捨墮；若乞特殊用途的衣服或小物件，不犯；若以種種方式非當面乞，突吉羅。

④除餘時

比丘於非餘時（餘時為奪衣、失衣、燒衣、漂衣時）乞衣，捨墮；比丘於餘時乞，不犯；若三衣不具足而乞，不犯。

⑤得衣時

得衣時，捨墮；若所得衣與預期不同，如「乞少得多」、「乞此得彼」、「乞小得大」，均突吉羅。

⑥犯戒主體

比丘、比丘尼若犯本戒，結捨墮罪；式叉摩那、沙彌、沙彌尼若犯，結突吉羅罪。

⑦不犯

若他人為己乞，不犯。

若不乞而得，不犯。

最初未制戒，癡狂、心亂、痛惱所纏，不犯。

七、現代行持參考

現代社會比丘化緣衣服的情況並不多見。對於其他物品，若為三寶因緣而向居士化緣，則能為施主培福，也是戒律允許的；若是為了個人，比丘直接，或者在説法、交談的過程中以暗示的方式向居士索取物品供養，則可能招致譏嫌，也違背本戒的制戒精神。需要注意的是，即便是向親里居士索要物品也要知量知足，避免給對方造成較大的壓力，尤其是當對方經濟並不寬裕時。

當然，根據律典中的開緣，如果比丘缺乏基本的生活物資，可以如理乞索，但對於漢地比丘而言，應遵守基本的社會管理條例，避免在公共場合公開化緣，行乞。

07

過分取衣戒

一、緣起

（一）緣起略述

據《四分律》記載，佛在舍衛國祇樹給孤獨園時，城中居士聽說眾多比丘遭遇劫賊奪衣，就準備供養失衣比丘好衣。由於失衣比丘此時已具足三衣，所以沒有接受供養。後來在六群比丘的勸說下，失衣比丘接受了衣服並將其分給六群比丘及其他比丘。佛陀知道此事後，集眾並呵責了失衣比丘，隨後制戒。[1]

諸律緣起差異比較：

1. 制戒地點

《四分律》中制戒地點為「舍衛國祇樹給孤獨園」，《鼻奈耶》[2] 與《四分律》相同。《十誦律》[3]、《僧祇律》[4]、《五分律》[5] 為「舍衛城」，《根有律》[6] 為「室羅伐城逝多林給孤獨園」，《巴利律》[7] 為「舍衛城祇樹給孤獨園」。諸律制戒地點大致相同，因記載的詳略或翻譯不同，在表達上略有差異。

2. 緣起比丘

《四分律》中緣起比丘為「諸失衣比丘」，《根有律》與《四分律》相同。《鼻奈耶》、《十誦律》、《五分律》和《巴利律》均為「六群比丘」，《僧祇律》

1 《四分律》卷 7，《大正藏》22 冊，609 頁下欄至 610 頁中欄。
2 《鼻奈耶》卷 6，《大正藏》24 冊，876 頁上欄。
3 《十誦律》卷 6，《大正藏》23 冊，45 頁上欄至下欄。
4 《僧祇律》卷 9，《大正藏》22 冊，303 頁上欄至 304 頁中欄。
5 《五分律》卷 4，《大正藏》22 冊，27 頁下欄至 28 頁上欄。
6 《根有律》卷 20，《大正藏》23 冊，729 頁下欄至 731 頁中欄。
7 《經分別》卷 4，《漢譯南傳大藏經》1 冊，301 頁至 303 頁；《附隨》卷 1，《漢譯南傳大藏經》5 冊，53 頁。

為「優波難陀」。

3. 緣起情節

諸律都只有一個本制，情節與《四分律》大致相同，但細節上略有差異。

《十誦律》中，失衣後的諸波羅比丘，尚未蓄足衣時，六群比丘打着為他們乞衣的名號，入舍衛城乞了很多衣服。六群比丘自己留下好衣，而將不好的給諸波羅比丘。與《四分律》相同的是，律中也沒有提到居士的譏嫌。

《僧祇律》中，緣起比丘以比丘失衣的名義，找眾多居士幫忙，以至於乞了足夠五百人分的衣，遭到居士的譏嫌。

《五分律》中，諸比丘從波利邑到舍衛城時遭賊奪衣，由於對環境生疏，而不知從何處乞衣。六群比丘藉機給失衣比丘和自己乞了很多衣服。

《根有律》中，鄔波難陀利用失衣後可以乞衣的開緣，到處打聽，找到了四十位還尚未乞到衣的失衣比丘，以幫助他們乞衣的名義，入城乞到了大量的衣服，最後把好衣留下。

《巴利律》中，失衣比丘已得到足夠的衣，但六群比丘還是藉機向居士們乞了大量的衣服。

《鼻奈耶》中，本戒是與「從非親里俗人乞衣戒」同時制定的，緣起是六群比丘多次到居士家乞衣而被譏嫌。

（二）緣起比丘形象

《四分律》、《根有律》在以下兩個方面較為類似。(1)《四分律》中，緣起比丘失衣後，具足三衣便不再接受居士供養，「我等自有三衣，不須也」；《根有律》中，「阿蘭若中有四十眾苾芻少欲而住」，「縫補破衣，極生勞苦」，諸失衣比丘被奪衣後，甘於貧苦。體現出緣起比丘具有少欲知足的特點。(2)《四分律》中，緣起比丘在六群比丘的影響下，接受居士供養，並將衣服分與六群比丘和其餘比丘，縱容已經具足三衣的諸比丘再次蓄衣；《根有律》中，當鄔波難陀提出將多乞的衣服分給六群比丘及其門人時，失衣比丘表示：「共得衣服，於我何違？」可見，緣起比丘雖然自身持戒嚴格，但僅從自身持戒的角度考慮問題，對團體事務關心不夠。

《鼻奈耶》中，緣起比丘「數數至長者家丐衣裳」。《十誦律》中，六群比丘「展轉從一家至一家，多得衣服」，並且「自取好者」。《五分律》中，六群比丘在城中遍乞，以至於城中的居士們諷刺六群比丘：「將無欲以積畜、販賣、貨易，不修梵行耶？」《巴利律》也有類似的譏諷：「沙門釋子可作布商或開商店。」這四部律典中都反映出緣起比丘貪著衣服的特點。《僧祇律》中，緣起比丘請居士幫忙乞衣，愈乞愈多，居士問他失衣比丘有多少人，優波難陀含糊其辭。可見，優波難陀不僅底氣不足，貪心粗猛，還企圖遮掩。

（三）犯戒內因

據《四分律》記載，犯戒的比丘是失衣比丘，犯戒比丘雖然自己少欲知足，但對團體事務並不關心；或者以為將居士的供養給予其他比丘是可行的，因此才會做出這種抉擇。這也是由於失衣比丘沒有從居士的角度來考慮，居士供養的原因是比丘被奪衣，假如不是這個因緣，居士可能不會供養其他比丘衣。緣起比丘一味隨順其他比丘，但並沒有意識到這樣可能會縱容他們的貪欲，也容易引起居士的譏嫌。《根有律》與《四分律》相似。

《鼻奈耶》、《十誦律》、《五分律》和《巴利律》中的六群比丘，以及《僧祇律》中的優波難陀，犯戒的主因都是對衣物過於貪著。這一點從上文緣起比丘的形象描述中即可看出。

（四）犯戒外緣

據《四分律》、《根有律》記載，緣起比丘犯戒的主要外緣是失衣以後居士供衣，以及六群比丘教唆。

《十誦律》、《僧祇律》、《五分律》和《巴利律》中，緣起比丘犯戒的主要外緣是：因比丘被奪衣，而有居士願意失衣比丘供養衣服，其他比丘從中看到獲利的機會，認為比丘失衣是他們乞衣的一個好藉口。

《鼻奈耶》中沒有記載明顯的犯戒外緣。

（五）犯戒後的影響

《僧祇律》、《五分律》、《根有律》、《巴利律》中，緣起比丘的行為違背了居士供養的初衷，遭到居士的質疑和譏嫌。如《僧祇律》中，居士譏嫌：「何處生是多求無厭，不知止足人！」《五分律》中，諸多居士聚集在一起譏嫌：「我等城中，男女大小，減割布施，已應過足。」《巴利律》中，居士譏嫌：「沙門釋子不知量而多乞衣。」《根有律》中，由於眾比丘在城中的乞衣行為，導致城中居民「皆普聞四十眾苾芻，王及諸人七處皆得十三資具」。可見，此事在舍衛城已傳得沸沸揚揚。

（六）佛陀考量

佛陀制此戒的主要意趣是防護居士譏嫌。因為比丘被劫賊奪衣，所以居士供養比丘衣服時會毫不猶豫。比如：《四分律》提到「為諸大德須衣，隨意取」；《十誦律》中，「信者與種種衣」；《根有律》中，勝光王及行雨夫人、勝鬘夫人、仙授故舊、毗舍佉母、善生夫妻皆與「十三資具勝妙衣服」；其他律典也都提到了類似的情況。這種情況下，比丘很容易生起貪心，不知足受，乃至蓄衣過量，導致居士譏嫌。

另外，《四分律》和《根有律》中，事件的主要發起者是六群比丘，但是佛陀呵責及制戒的對象都是失衣比丘。失衣比丘對六群比丘想要從中牟利的行為不太關心，也反映出當時的修行風氣主要是以個人出離為目的。佛陀或許也有這方面的考量：即使比丘自己少欲知足，也不宜隨順和滿足其他比丘的貪欲。失衣比丘若能保持正念，不隨順其他比丘，也能夠減少其他比丘犯戒的機會。

（七）文體分析

在本戒的緣起故事中，《四分律》、《鼻奈耶》、《十誦律》、《僧祇律》、《五分律》、《根有律》和《巴利律》均只有一個因緣。故事是在六群比丘、失衣比丘以及居士之間展開的，只是描寫的角度和詳細程度不同。

《四分律》中故事情節較為簡潔，筆墨更多地偏重於失衣比丘，以敘事和對話的形式為主。《十誦律》從六群比丘的角度切入，語言簡潔，有豐富的人物對話，將六群比丘從想辦法得到衣服，到乞衣的過程交代得很清楚。比如：「聞已，語波羅比丘言：『汝等少知少識故無衣，我等多知多識亦少衣，我今為汝故乞。若汝三衣滿足者，餘殘衣盡用與我。』波羅比丘言：『如是。』時六群比丘即入舍衛城，到富貴人捨讚歎：『波羅比丘善好，是佛親里，嶮道中遇賊奪衣，汝等當與。』」《五分律》、《巴利律》的筆風與《十誦律》相似。《僧祇律》則更詳細一些，對人物內心有較多刻劃，記載了緣起比丘和居士一起乞衣的很多細節。《根有律》以鄔波難陀的內心活動為主線來展開整個故事。故事情節曲折，人物關係及其內心世界的刻劃較為細膩。比如，乞衣結束後，鄔波難陀還安排諸比丘去應供，以避免「行便空缺，為施主所怪」，可能也擔心被佛陀發現。這種細節描寫，與前文「時有長者請佛及僧家中設食」相呼應。此外，鄔波難陀叫醒入定比丘時，以腳踏地的畫面感也很強。

二、戒本

《四分律》中，本戒的戒本為：「若比丘，失衣，奪衣，燒衣，漂衣，若非親里居士、居士婦自恣請多與衣，是比丘當知足受衣。若過者，尼薩耆波逸提。」

（一）若比丘，失衣，奪衣，燒衣，漂衣，若非親里居士、居士婦自恣請多與衣

《四分律》、《四分律比丘戒本》[1] 作「若比丘，失衣，奪衣，燒衣，漂衣，若非親里居士、居士婦自恣請多與衣」，意思是：如果比丘，衣服丟失，被奪，燒（壞），（水）漂走，如果不是親屬的居士主動來足量地供養很多衣服。

與《四分律》相似：

《四分僧戒本》[2]、《新删定四分僧戒本》[3] 作「若比丘，奪衣，失衣，燒衣，漂衣，是非親里居士，若居士婦自恣請多與衣」。

與《四分律》有部分差異：

《解脫戒經》[4] 作「若比丘，奪衣，失衣，燒衣，漂衣時，非親里有信居士、居士婦多與衣」，相比《四分律》缺少了「自恣請」，多了「有信」的表述。

以下律典中均多出了比丘先主動「乞衣」的內容。

《十誦律》作「若比丘，奪衣，失衣，燒衣，漂衣時，從非親里居士、居士婦乞，自恣多與衣」，這裏以「漂衣」，對應《四分律》的「漂衣」。《十誦比丘戒本》[5] 作「若比丘，奪衣，失衣，燒衣，漂衣，從非親里居士，若居士婦

1 《四分律比丘戒本》，《大正藏》22 冊，1017 頁中欄。
2 《四分僧戒本》，《大正藏》22 冊，1025 頁上欄。
3 《新删定四分僧戒本》，《卍續藏》39 冊，265 頁上欄。
4 《解脫戒經》，《大正藏》24 冊，661 頁中欄。
5 《十誦比丘戒本》，《大正藏》23 冊，472 頁下欄至 473 頁上欄。

乞衣，若非親里居士，若居士婦自恣多與衣」。

梵文《有部戒經》[1] 作 “ācchinnacīvareṇa bhikṣuṇā naṣṭacīvareṇa vā dagdhacīvareṇa vā ūḍhacīvareṇa vā ajñāti(ṃ g)ṛ(hapa)tiṃ gṛhapatipatnīṃ vā cīvaraṃ vijñā---[2](taṃ ced bhi)kṣu(ṃ) śrā(d)dh(o) gṛhapatir gṛhapatipatnī vā saṃbahulaiś cīvarai(ḥ) pravārayed”，意思是：比丘（如果）衣服被搶，或是衣服遺失，或是衣服被燒，或是衣服被（水）沖走，從不是親屬的居士或是居士妻子那裏乞求 [3] 衣服，如果具足信心的居士或是居士妻子供養給比丘很多衣服。《五分律》、《彌沙塞五分戒本》[4] 作「若比丘，奪衣，失衣，燒衣，漂衣，衣壞，從非親里居士、居士婦乞衣。若居士、居士婦欲多與衣」，比《四分律》多了「衣壞」的情況。

《根有律》、《根有戒經》[5]、《根有律攝》[6] 作「若復苾芻，奪衣，失衣，燒衣，吹衣，漂衣，從非親居士、居士婦乞衣，彼多施衣」。

梵文《根有戒經》[7] 作 “ācchinnacīvareṇa bhikṣuṇā naṣṭacīvareṇa dagdhacīvareṇa ūḍhacīvareṇa hṛtacīvareṇājñātigṛhapatinā gṛhapatipatnīṃ cīvaraṃ vijñāpayitavyaḥ taṃ cec chrāddho brāhmaṇo gṛhapatir vātyarthaṃ saṃbahulaiś cīvaraiḥ pravārayed”，意思是：比丘（如果）衣服被搶，衣服遺失，衣服被燒，衣服被沖走，衣服被吹走，從不是親屬的居士、居士妻子那裏乞求供養衣服；如果具足信心的婆羅門或居士供養了很多的衣服。

藏文《根有戒經》[8] 作 “དགེ་སློང་གོས་ཕྲོགས་སམ། གོས་རླག་གམ། གོས་ཚིག་གམ། གོས་རླུང་གིས་ཁྱེར་རམ། གོས་ཆུས་ཁྱེར་ན་ཁྱིམ་བདག་གམ། ཁྱིམ་བདག་གི་ཆུང་མ་ཉེ་དུ་མ་ཡིན་པའི་གན་དུ་སོང་ལ། གོས་བསླང་བར་བྱའོ། །དེ་ལ་གལ་ཏེ་བྲམ་ཟེ་འམ། ཁྱིམ་བདག་དད་པ་ཅན་ཞིག་

---

1 Georg von Simson, *Prātimokṣasūtra der Sarvāstivādins Teil II,* Sanskrittexte aus den Turfanfunden, XI, p. 186.

2 此處重構的梵文戒本中有殘缺，殘缺部分可能是 “pitaṃ syāt”。

3 “Vijñā(pitaṃ syāt)” 的意思是：乞求，可能。據重構的作者標注，這可能並不是一個常規的表述。

4 《彌沙塞五分戒本》，《大正藏》22 冊，196 頁上欄至中欄。

5 《根有戒經》，《大正藏》24 冊，502 頁下欄。

6 《根有律攝》卷 6，《大正藏》24 冊，557 頁中欄。

7 Anukul Chandra Banerjee, *Two Buddhist Vinaya Texts in Sanskrit,* p. 25.

8 麗江版《甘珠爾》(འཇང་བཀའ་འགྱུར།) 第 5 函《別解脫經》(སོ་སོར་ཐར་པའི་མདོ།) 8b。

གིས་དྲས་ཀྱིས་གོས་མང་པོ་དག་སྟོབས་ལ་འདོད་ན་”，意思是：任何比丘，如果衣服被奪，丟失，被燒，被風吹走，被水沖走，比丘應去非親屬的居士或居士的妻子那裏求衣；於此中，倘若某位虔誠的婆羅門或居士，一時願意提供許多衣服。

以上五部根本說一切有部的律典，相比《四分律》和其他律典都多出了「吹衣」的情況。

《鼻奈耶》作「或得丐衣被賊，或失衣，或被火，或衣朽敗，或王奪得，至長者、長者婦家丐衣」，所表述的意思與《四分律》大致相同，但多了「衣朽敗、王奪得」。

與《四分律》差異較大：

《僧祇律》作「若比丘失衣時，得從非親里居士、居士婦乞衣。若非親里居士、居士婦，自恣多與衣」，《僧祇比丘戒本》[1] 作「若比丘失衣時，得從非親里居士、居士婦乞衣，若自恣與」。

巴利《戒經》[2] 作“tañ-ce aññātako gahapati vā gahapatānī vā bahūhi cīvarehi abhihaṭṭhuṃ pavāreyya”，意思是：如果非親里居士或者居士婦為比丘帶來很多衣服，（請比丘）隨意拿。同《四分律》相比，缺少與「若比丘」直接對應的內容。

《僧祇律》、《僧祇比丘戒本》中僅提到「失衣」這一種情況，巴利《戒經》中則沒有提及。

梵文《說出世部戒經》[3] 作“ācchinnacīvareṇa bhikṣuṇā kṣamate anyātakaṃ gṛhapatiṃ vā gṛhapatiputrīṃ[4] vā cīvaraṃ yācituṃ| tam enam abhihṛṣṭo samāno saṃbahulehi cīvarehi pravāreya”，意思是：比丘（如果）衣服被搶，可以從居士或是居士兒子[5]（那裏）求衣服，他們歡喜地一同供養很多衣服。其中與

1 《僧祇比丘戒本》，《大正藏》22 冊，551 頁上欄。

2 Bhikkhu Ñāṇatusita, *Analysis of The Bhikkhu Pātimokkha*, p. 119.

3 Nathmal Tatia, *Prātimokṣasūtram of the Lokottaravādimahāsāṅghika School*, Tibetan Sanskrit Works Series, no. 16, p. 14.

4 此處文稿在轉寫上有疑議，另一種轉寫可能是 “°tipatinīṃ”。

5 另一種轉寫可翻譯成：居士的妻子。

《四分律》的差異有：(1) 以「居士兒子」對應「居士婦」，而梵文戒本的編纂者註明也可能是“gṛhapatipatinīṃ（居士妻子）”一詞；(2) 僅僅提到衣服被搶，而沒有「失衣、燒衣、漂衣」等情況；(3) 以「歡喜地一同供養」對應《四分律》中的「自恣請」。

（二）是比丘當知足受衣

《四分律》、《四分僧戒本》、《四分律比丘戒本》作「是比丘當知足受衣」，意思是：比丘應當知足地受取衣服。

與《四分律》相同：

《解脫戒經》作「是比丘當知足受衣」。

與《四分律》相似：

《新刪定四分僧戒本》作「是比丘當知足受」。

與《四分律》有部分差異：

與《四分律》相比，下列律典中均多出了「上下衣」或類似的表述。

《十誦律》作「是比丘應取上下衣」，《十誦比丘戒本》作「是比丘若欲取，乃至上下衣應受」，《僧祇律》作「是比丘得受上下衣」，《僧祇比丘戒本》作「得取上下衣」。《根有律》、《根有戒經》、《根有律攝》作「苾芻若須，應受上下二衣」，《五分律》、《彌沙塞五分戒本》作「是比丘應受二衣」。

梵文《說出世部戒經》作“tathāpravāritena bhikṣuṇā sāntarottaraparamaṃ cīvaraṃ sādayitavyaṃ”，意思是：這樣供養時，比丘最多可以接受一件內衣加一件上衣的衣料。

梵文《有部戒經》作“ākāṃkṣamāṇena tena bhikṣuṇā sāntarottarapa(ra)ma(ṃ) tataś cīvaraṃ pratigṛhītavyaṃ”，意思是：(如果) 自己想要，比丘由此最多可以接受一件內衣和一件上衣的衣料。

梵文《根有戒經》作“ākāṃkṣatā tena bhikṣuṇā sāntarottara*(paramaṃ)* tasmāc cīvaraṃ prati(gṛhītavyaṃ)”，意思是：(如果) 自己想要，比丘由此最多可以接受一件內衣和一件上衣的衣料。

巴利《戒經》作“santar’uttaraparamaṃ tena bhikkhunā tato cīvaraṃ sāditabbaṃ”，意思是：比丘最多只能從居士的供養那裏接受一件內衣和一件上衣（衣料）。

藏文《根有戒經》作“དགེ་སློང་དེས་དེ་ལས་གོས་སྟོད་གཡོགས་སྨད་གཡོགས་དང་བཅས་པའི་མཐར་ཐུག་པ་བླང་བར་བྱའོ།”，意思是：比丘於此可以接受（製作）上衣和下衣所需的材料作為上限。

與《四分律》差異較大：

《鼻奈耶》作「如所失取」，這裏缺少「知足受」的意思。

（三）若過者，尼薩耆波逸提

《四分律》、《新刪定四分僧戒本》作「若過者，尼薩耆波逸提」，意思是：如果（接受）超過了（規定），犯捨墮罪。

與《四分律》相似：

《四分僧戒本》、《四分律比丘戒本》作「若過受者，尼薩耆波逸提」，《根有律》、《根有戒經》、《根有律攝》作「若過受者，泥薩衹波逸底迦」，《十誦比丘戒本》、《僧衹比丘戒本》作「若過受，尼薩耆波夜提」，《解脱戒經》作「若過受，尼薩耆波逸提」，《僧衹律》作「過是受者，尼薩耆波夜提」，《五分律》、《彌沙塞五分戒本》作「若過是受，尼薩耆波逸提」，《十誦律》作「若過是取者，尼薩耆波逸提」。

梵文《説出世部戒經》作“taduttariṃ sādiyeya nissargikapā-cattikaṃ”，梵文《有部戒經》作“tata uttaraṃ prati(gṛhṇīyān n)iḥsargikā pātayantikā”，梵文《根有戒經》作“tata uttari pratigṛhṇīyān naisargikā pāyantikā”，三部梵文律典的意思都是：（如果）過量地接受，捨墮。巴利《戒經》作“tato ce uttariṃ sādiyeyya, nissaggiyaṃ pācittiyaṃ”，意思是：（如果）過量地接受，捨墮。

藏文《根有戒經》作“དེ་ལས་ལྷག་པར་ལེན་ན་སྤང་བའི་ལྟུང་བྱེད་དོ། །”，意思是：如果過量地接受，捨墮。

與《四分律》有部分差異：

《鼻奈耶》作「比丘若長取者，捨墮」。

三、關鍵詞

(一) 自恣請

梵文《有部戒經》、梵文《根有戒經》均作“pravārayed”，意思是：希求供養（英譯：be willing to offer）。梵文《說出世部戒經》作“pravāreya”，與前兩部的“pravārayed”意思相同，與巴利《戒經》的“pavāreyya”相似。藏文《根有戒經》作“སྦྱིན་པ་（給予）འདོད（希望）”，意思是：希求供養，與梵文戒經相同（英譯：be willing to offer）。

《四分律》沒有相關記載。

《巴利律》中，「供奉而令恣意擇取者，謂令師隨所欲擇取之」，其內涵是供養比丘並令其隨意領取。《善見論》中，「自恣請者，檀越語比丘言：『若有所須，隨意取是。』名自恣請」[1]，與《巴利律》相同。

其他律典沒有相關記載。

綜上所述，從詞源上看，梵巴藏戒經中「自恣請」都是希求供養的意思。漢譯律典中，僅《巴利律》、《善見論》有相關記載，且二者內涵一致，都是指供養比丘，令其隨意領取。

(二) 知足受衣

三部梵文戒本與「知足受衣」對應的是“sāntarottaraparama”一詞。該詞由“sāntara（內）”、“uttara（上）”和“parama（最多）”構成，意思是：最多一件內衣加一件上衣（的衣料）（英譯：material for an inner and upper robe at the most）。巴利《戒經》作“santar’uttaraparama”，該詞由“sa（一起）”、“antara（內）”、“uttara（上）”和“parama（最多）”構成，意思

1 《善見論》卷 15，《大正藏》24 冊，775 頁上欄至中欄。

與梵文“sāntarottaraparama”相同。藏文《根有戒經》作“དགེ་སློང་དེས་དེ་ལས་གོས་སྟོད་གཡོགས་སྨད་གཡོགས་དང་བཅས་པའི་མཐར་ཐུག་པ་བླང་བར་བྱའོ།”，意思是：比丘可以接受的上限是製作（一件）上衣和（一件）下衣所需的材料。其中“མཐར་ཐུག་པར་（上限）བླང་བར（取，受）”，即可接受的上限，可對應「知足受」。

《四分律》記載：「知足有二種：在家人知足、出家人知足。在家人知足者，隨白衣所與衣受之；出家人知足者，三衣也。」對於出家人來說，知足受衣的內涵是受衣不超過三衣。《十誦律》記載：「比丘上下衣者，所用三衣。」其內涵與《四分律》相同。

《僧祇律》作「上下衣者，廣三肘、長五肘，得取二衣」，對衣物的尺寸作了描述，而且限定最多可以取兩件衣物。

《根有律》作「應受上下二衣」，解釋為：「有二種上下衣：一、苾芻上下衣；二、俗人上下衣。苾芻上下者，若是新衣，兩重作，僧伽胝豎三橫五，若泥婆珊，豎二橫五。俗人上下者，上衣長十二肘、闊三肘，下衣者，長七肘、闊二肘。」比丘受衣不得超出規定的尺寸比例，僧伽梨橫豎比例為 5：3，內衣為 5：2。

《巴利律》解釋為：「若失三衣者，當受二衣；失二衣者，當受一衣；失一衣者，任何物皆不可受也。」其知足受衣的數量決定於當前失衣的數量。

綜上所述，詞源分析中，諸部律典內涵一致，都指比丘最多接受一件內衣與一件上衣（的衣料）。漢譯律典中，《僧祇律》的內涵與詞源分析一致，並補充了上下衣的尺寸；《四分律》和《十誦律》內涵相同，都是指所受衣物不得超過三衣的範疇；《根有律》則對衣物的尺寸比例作出要求，僧伽梨為「豎三橫五」，涅槃僧為「豎二橫五」；《巴利律》中，受衣數量取決於失衣數量。

四、辨相

（一）犯緣

具足以下五個方面的犯緣便正犯本戒：

1. 所犯境

《四分律》中，本戒的所犯境是「自恣請、多與比丘衣」的非親里居士、居士婦。其中「非親里居士、居士婦」的內容來自戒條。

《十誦律》、《僧祇律》、《五分律》、《根有律》、《根有律攝》[1]、《巴利律》的所犯境與《四分律》相同，除《巴利律》外，其餘律典的內容均來自戒條。

《鼻奈耶》中，所犯境是非親里長者、長者婦，沒有「自恣請」這個條件。《善見論》[2]中，所犯境是「自恣請」的檀越，與《四分律》相比，對施主沒有「非親」的要求。《明了論》[3]中，雖沒有明確説明施衣者的身分，但是有「以多衣餉比丘」，和《四分律》「自恣請」意思基本相同。

藏傳《苾芻學處》中的所犯境是具六法的俗人。[4]

《薩婆多論》沒有記載此戒的所犯境。

《摩得勒伽》、《毗尼母經》沒有關於此戒的內容，下不贅述。

2. 能犯心

（1）發起心

《四分律》中沒有記載發起心。

《根有律》中發起心為「元心擬過乞」。

---

1 《根有律攝》卷 6，《大正藏》24 冊，557 頁中欄至下欄。

2 《善見論》卷 15，《大正藏》24 冊，775 頁上欄至中欄。

3 《明了論》，《大正藏》24 冊，670 頁中欄至下欄。

4 《苾芻學處》，《宗喀巴大師集》卷 5，76 頁至 77 頁。

藏傳《苾芻學處》中的發起心是「為自利」。

其他律典沒有相關記載。

（2）想心

《四分律》中沒有記載想心。

《巴利律》中，若比丘於非親里作非親里想、疑，或親里想，皆正犯。

藏傳《苾芻學處》中，想心是「想不錯亂」。

《善見論》中，想心對此戒不構成影響，判罪只依事實，如：「此戒具六事，非想得脫，此是制戒，身業口業具三受。」

其他律典沒有相關記載。

3. 方便加行

《四分律》中記載，此戒的方便加行是失去衣物時過量受衣。

《根有律》、《根有律攝》的方便加行也是在失去衣物時過量受衣，不過據所受衣物的不同而又分為兩種：「若俗衣少，更乞；若苾芻衣有長，不還。」

藏傳《苾芻學處》記載的方便加行與此相同，只不過又細分了兩種情況：於一施主處過限乞求，或他人多施而「不還長餘之衣」。

其他律典與《四分律》相同。其中，《僧祇律》的方便加行還多出了「若自乞，若使人乞，若勸化」均正犯此戒的記載。

諸律對失去衣物以及過量受衣情況的記載有所不同。

第一，關於比丘失去衣物的情況，諸律記載如下。

《四分律》包括失衣、奪衣、燒衣、漂衣四種情況，《十誦律》與《四分律》相同。《鼻奈耶》包括「被賊，或失衣，或被火，或衣朽敗，或王奪得」。《僧祇律》包括十種情況：「若王奪，若賊奪，若火燒，若風飄，若水漂，若女人起欲心奪，若父母親里欲令罷道故奪，若自藏後忘不知處，若藏衣腐爛，若歲久朽壞不可承案。」《五分律》包括奪衣、失衣、燒衣、漂衣、衣壞五種情況。《根有律》、《根有律攝》包括奪衣、失衣、燒衣、吹衣、漂衣五種情況。《巴利律》只有奪衣一種情況。其中，《四分律》、《十誦律》、《僧祇律》、《五分律》、《根有律》、《根有律攝》中，這些「失衣」的方式是從戒條內提取出來的。

《明了論》和藏傳《苾芻學處》中，方便加行沒有提到「失衣」的情況。

第二，對於過量受衣的情況，諸律定義有些差別：《四分律》、《鼻奈耶》、《十誦律》、《五分律》、《巴利律》、《善見論》指數量過限；而《薩婆多論》[1]、《僧祇律》、《根有律》、《根有律攝》、藏傳《苾芻學處》指數量和尺寸過限。

（1）《四分律》等律典對數量的限定

如果比丘於三衣中失去一衣，《四分律》記載不應受取，《十誦律》、《巴利律》、《善見論》與之相同。

如果比丘於三衣中失去二衣。《四分律》中，剩餘的衣若有多層，可以摘取下來做衣，以補充缺失的三衣。《十誦律》記載，如果剩餘的衣可摘作其他衣，仍然可以乞一件衣，若乞兩件，則過量。《善見論》與《十誦律》相同。《巴利律》關鍵詞中，「失二衣者，當受一衣」，沒有將多重衣拆開做成其他衣的記載。

如果比丘三衣盡失，有以下的處理方式。《四分律》中，可以知足受「三衣」，如律文：「若三衣都失，彼比丘應知足受衣。知足有二種：在家人知足、出家人知足。在家人知足者，隨白衣所與衣，受之；出家人知足者，三衣也。」《鼻奈耶》記載「如所失取」，也就是失去幾件衣，就取相應數量的衣。《十誦律》記載：「若比丘失三衣，應從五眾所暫借衣著，入聚落乞衣。」律文對乞衣數量作了限定：如果是居士服，限一上衣、一下衣；如果是比丘衣，限三衣。《巴利律》記載「當受二衣」。《五分律》記載「應受二衣」，但沒有明確說明失幾件衣後可以受衣，只是規定了受衣的上限為兩件，超過者犯。《善見論》記載：「得受上下衣，餘一衣餘處乞。」

《四分律》還記載，如果居士供養比丘的衣服過於細薄，比丘可把多件衣服縫成一件，如律文：「若居士自恣請多與比丘衣，若衣細，若薄，若不牢，應取作若二重、三重、四重，當安緣當肩上，應帖障垢膩處，應安鉤紐。」

其他律典只記載了不得過量受衣。

---

1 《薩婆多論》卷 5，《大正藏》23 冊，532 頁中欄。

（2）《僧祇律》等律典對數量和尺寸的限定

《僧祇律》中，「廣三肘、長五肘，得取二衣」，規定了所乞衣的尺寸和數量上限，但沒有說明失衣的數量。此外，關於乞衣的情況還作了一些要求：「若比丘三由延內有衣者，若失僧伽梨，鬱多羅僧在，不應乞，乃至任衣在，不應乞。何以故？是比丘應著是下衣，往三由延受先衣。」

《根有律》中，乞衣的數量被限定為「上下衣」，也就是兩件。尺寸有「比丘衣」與「俗人衣」兩種，如此律關鍵詞記載：「苾芻上下者：若是新衣，兩重作僧伽胝，豎三、橫五；若泥婆珊，豎二、橫五。俗人上下者：上衣長十二肘、闊三肘;下衣者，長七肘、闊二肘。」乞衣超過上述尺寸，正犯此戒。

此外，乞「俗人衣」時：「縱減俗量，不應更乞；若有長，不卻還主。」乞「比丘衣」時：「若少不充苾芻衣量，應更從乞；若有長，應卻還主。」如果違反上述規定，「若俗衣少，更乞；若苾芻衣有長，不還」，正犯此戒。

《根有律攝》與《根有律》不同點有二：①「俗人衣」的上衣「長十一肘」；②多了一種上下衣的解釋：「有云：『下者，謂裙及僧腳崎；上者，謂三法衣。』」

藏傳《苾芻學處》中，首先，比丘「自己所需資具缺三衣以上」；其次，所乞物「是衣，清淨，是彼俗人所有」。乞衣上限為兩件，過則正犯。關於衣服尺寸結罪有以下兩種情況：①乞求過量，「於此衣中隨得能遮三輪以上之衣，欲為充滿故，更乞一肘以上」，正犯此戒；②未歸還多餘部分，如果乞得大量衣，需要歸還多餘的部分，否則正犯；乞得小量衣，則不需要歸還多餘部分。

對衣量的詳細記載如下：

衣量分「俗人衣」和「出家衣」兩類。俗人衣，尺寸有上、中、下三種。「俗人之衣律中未說中量」，律中只記載了大、小兩種衣的尺寸：「下衣大量者，長七肘，寬二肘；上衣大量者，長十二肘，寬三肘」；「上衣自長四肘半，寬二肘半乃至未到大量，下衣從遮蓋三輪乃至未到大量，皆是小量」。

比丘在出家衣方面的結罪，與俗人衣類似，只是在衣量方面多了「中量」的內容，如律文：「若出家衣，三量中求前而得後者，未還餘長，亦得墮罪。」

《薩婆多論》記載：「此中衣者，限應量衣；餘不應量衣，若少，若無應乞，若長乞，盡突吉羅。」

其他律典沒有記載衣的尺寸。

4. 究竟成犯

《四分律》中沒有明確記載究竟成犯。

《十誦律》中，「得者」正犯。《根有律》記載：「乞得衣時，便犯捨墮」，「犯捨墮已，更得餘物，悉皆同犯。」《根有律攝》也記載，得衣時，正犯。《巴利律》記載，「至手」，正犯。《薩婆多論》記載，「若乞得者」，正犯。藏傳《苾芻學處》中，究竟成犯是「或多得，或不還，生決定心時」，強調得心。

其他律典沒有記載此戒的究竟成犯。

5. 犯戒主體

《四分律》中的犯戒主體是比丘，比丘尼同犯。

《薩婆多論》、《五分律》、《善見論》與《四分律》相同。

藏傳《苾芻學處》中，比丘、比丘尼同犯此戒；此外，此律對犯戒主體的要求為「能乞之人未張羯恥那衣，自己所需資具缺三衣以上」。

其他律典中犯戒主體部分只記載了比丘。

（二）輕重

1. 所犯境

諸律正犯捨墮的情況，如犯緣所述。

此外，《根有律攝》記載，「據施主心」的不同而有施相差別：「謂重重施、殷勤施、真心施、詐心施、勝心施、劣心施、期心施、隨順施、不順施、自財施、他財施、共他施、去時施、還時施、瞋心施、喜心施、串習施、不串施、現相施、自言施、遣他施、自手施。」其中，若施主隨順施、詐心施、瞋心施，比丘乞得衣時，結突吉羅；其他情況，比丘乞得衣，犯捨墮，如律文：「據施主心，有斯差別：隨順施，詐心施，瞋心施，乞得之時，得惡作罪，餘皆本罪。」

2. 能犯心

（1）發起心

諸律正犯的情況同犯緣，無犯輕記載。

（2）想心

《四分律》中沒有想心方面的記載。

《巴利律》記載：比丘於非親里作非親里想、疑，或親里想，結捨墮罪；比丘於親里作非親里想、疑，結突吉羅；於親里有親里想，不犯。

《善見論》記載：「此戒具六事，非想得脱，此是制戒，身業、口業具三受。」想心不影響判罪，依事實結罪。

藏傳《苾芻學處》中，「想不錯亂」，犯捨墮。

3. 方便加行

諸律正犯捨墮的情況如犯緣，此不贅述。

另外，《薩婆多論》對所乞衣物是否應量進行了區分，本戒中結捨墮罪的僅限於應量衣：「此中衣者，限應量衣；餘不應量衣，若少，若無應乞，若長乞，盡突吉羅。」

藏傳《苾芻學處》記載，如果比丘乞駝毛等非出家所應用者，「加行、究竟，俱犯惡作」。

4. 究竟成犯

《四分律》沒有明確説明此戒的究竟成犯。

《十誦律》記載：「得者，尼薩耆波逸提；若乞不得，突吉羅。」

《根有律》記載：比丘過量乞時，結突吉羅罪；得衣時，結捨墮罪。如：「若苾芻從他乞俗人上下衣時，依量而得。若更乞時，得惡作罪，得便捨墮。」又記載：「犯捨墮已，更得餘物，悉皆同犯。」《根有律攝》與《根有律》究竟成犯的判罪相同：「乞時，得惡作；入手，犯捨墮。」

《薩婆多論》中，比丘得到過量乞得的衣物時，犯捨墮；若不得，結突吉羅。

《巴利律》中，若比丘「將要受用時，突吉羅；至手者，捨墮」。

藏傳《苾芻學處》中，究竟成犯為比丘「生決定心時」。

其他律典沒有記載此戒的究竟成犯。

5. 犯戒主體

《四分律》中的犯戒主體是比丘，比丘尼同犯。《薩婆多論》、《五分律》、《善見論》、藏傳《苾芻學處》與《四分律》相同。

另外，藏傳《苾芻學處》中還提到，對犯戒主體的要求為「能乞之人未張羯耻那衣，自己所需資具缺三衣以上」。

《四分律》、《薩婆多論》、《五分律》中提到，式叉摩那、沙彌、沙彌尼，結突吉羅。

其他律典中，犯戒主體只提及比丘。

（三）不犯

1. 所犯境不具足

《四分律》記載：「若有餘殘衣，語居士言：『作何等？』若居士言：『我不以失衣故與，我曹自欲與大德！』若欲受者，受，不犯。」

《巴利律》記載，「非被奪衣故與時、非失衣故與時，親里者、受請者、依己之財者」，不犯。

《善見論》記載：「若親友，若自恣請檀越，若自己物，隨意受。」

2. 能犯心不具足

《巴利律》記載，比丘於親里居士作親里想，過量受衣，不犯。此外，於親里有親里想，不犯。

3. 方便加行不具足

《四分律》記載：「不犯者，若知足取，若減知足取，若居士多與衣，若細薄不牢，若二重、三重、四重作衣，安緣帖障垢處，安紐及鉤。」

《僧祇律》記載：「若不乞而自多與衣者，取無罪。」此外：「若優婆塞巧作方便，將比丘出界外語言：『阿闍梨！此衣布施現前僧，現前無僧，阿闍梨現前應受。』爾時比丘受，無罪。」

《根有律攝》記載：「若乞苾芻上下衣，或乞俗人上下衣，各依量，得者，無犯。」

《巴利律》記載，如果衣物有餘殘，比丘詢問施主如何處理，施主指明給比丘，比丘取，不犯。

4. 犯戒主體不具足

《四分律》記載，「最初未制戒，癡狂、心亂、痛惱所纏」，不犯。

《五分律》、《根有律》與《四分律》相同。

《巴利律》記載：「癡狂者、最初之犯行者，不犯也。」

五、原理

（一）與非親俗人乞衣戒的關聯

本戒是一條遮戒。

從戒本和緣起的內容來看，本戒是「從非親俗人乞衣戒」的延續，如《根有律攝》中所言：「因斯過分乞上下衣，事惱同前，制斯學處。」按照「從非親俗人乞衣戒」的原則，一般情況下，比丘不能從非親里居士處乞衣；但當比丘遇到難緣如失衣、奪衣、燒衣、漂衣時，便可以根據開緣，不受此限。後來，有比丘利用這個開緣鑽漏洞，向居士任意索取衣物。在這個背景下，佛陀便制定本戒，要求比丘即使遇到難緣，也不能從非親里居士那裏過量索取衣物。因此，在遮止煩惱方面，本戒與上一條戒相似，主要對治比丘對衣物的貪著。

（二）三衣遮身已足

從律中的記載來看，比丘若只失去一件衣，不應去乞衣，因為這時比丘還有兩件衣，並不急需衣，可以等以後有因緣再補足。如果失去兩件衣，則只能再乞一件；若剩餘的這件衣物是多層的，可以摘取一層下來補足缺失的衣物。即使三衣全失，也不應恣意索衣，要看居士的供養能力。比丘以解脫為志趣，在物質方面理應知足，不應被五欲所迷惑。如果比丘已經有了必要的衣物，還繼續過分乞求，不僅增長自己的貪心，破壞居士的信心，還會遭到社會大眾的譏嫌。

（三）成衣不易

佛世時，製作衣物的工藝原始，費工費時，衣物的價格一般會很高。比丘遇到難緣失去三衣時，對三寶有信心的居士會發心特別供養。但並非所有的居士都是大富長者，大多數居士只是普通民眾，財力有限。《僧祇律》中記載：「時人多有信敬者，或得一張，或得兩張，如是漸漸多得衣物，重擔而行。」從中可以看出，這些居士並不寬裕，僅能一人一張衣或兩張衣地供養。所有衣物都是一點點拼湊出來的，而且為了救急，有些居士可能會竭力供養，「共減割施」，甚至超出自己的承受能力也要先解決比丘的困難。對居士來說，他們本身有很多來自社會和家庭的責任和負擔。供養比丘衣食，自己很可能就要節衣縮食，還可能會面臨來自親友的不解和埋怨。因此，佛陀制定戒律，要求比丘即使遇到難緣也不得無限度地向居士索衣。

（四）比丘與居士的關係

《四分律》中，居士得知比丘失衣的消息後，主動「持此衣來」。《十誦律》中，居士「與種種衣，若氎，俱執欽婆羅」。《僧祇律》中，居士則「至市種種店肆上為勸化」。居士出於對佛法僧的信敬，能夠體諒比丘們的困境，才會如此發心供養。不僅如此，供養數量還遠超平時：「此諸衣可供五百比丘，何況六十？」反之，面對此情此景，比丘如果不知足地過分求索，無疑會傷害居士們的信心：「何處生是多求無厭不知止足人？」面對居士這樣難得的發心，比丘非但不珍惜，反而還濫用，被佛陀呵斥也就在所難免了。

六、總結

（一）諸律差異分析

1. 緣起差異

（1）結構差異

《四分律》只有一個本制，《鼻奈耶》、《十誦律》、《僧祇律》、《五分律》、《根有律》、《巴利律》與之相同。

（2）情節差異

《鼻奈耶》、《十誦律》、《僧祇律》、《五分律》、《根有律》、《巴利律》與《四分律》情節差異不大。其中，《十誦律》、《僧祇律》、《五分律》、《根有律》、《巴利律》都提到了其他比丘打着為失衣比丘乞衣的名號乞索衣物的情節。《鼻奈耶》則是比丘為自己乞衣，並沒有提及其他比丘失衣的情節。

（3）結論

綜上所述，本戒緣起無需調整，仍取《四分律》的結構與情節。

2. 戒本差異

諸律之間的差異，一方面體現在「失衣、奪衣、燒衣、漂衣」的表述上。《鼻奈耶》多出「衣朽敗，王奪得」，《五分律》、《彌沙塞五分戒本》多出「衣壞」，《根有律》、《根有戒經》、《根有律攝》、梵文《根有戒經》、藏文《根有戒經》多出「吹衣」，而《僧祇律》、《僧祇比丘戒本》和梵文《說出世部戒經》中僅提到「失衣」，巴利《戒經》則完全沒有與此對應的表述。

另一方面，《四分律》中的「當知足受衣」沒有具體要求受衣數量，而《十誦律》、《十誦比丘戒本》、《僧祇律》、《僧祇比丘戒本》、《五分律》、《彌沙塞五分戒本》、《根有律》、《根有戒經》、《根有律攝》以及五部梵巴藏律典都指出最多可受兩件衣或衣料。

此外，關於比丘主動乞衣的內容，僅《四分律》、《四分僧戒本》、《新刪定四分僧戒本》、《四分律比丘戒本》、《解脱戒經》、巴利《戒經》中缺乏相關表述，其他律典都有對應內容。

為了文辭通順以及與「從非親俗人乞衣戒」表述統一，依《四分僧戒本》等將文首「失衣，奪衣」的順序調整為「奪衣，失衣」。「自恣請多與衣」中的「自恣請」原是描述緣起中居士大方供養的內容，為避免使人產生誤解——以為「自恣請」是本戒所犯境的一個必要條件，借鑒《五分律》、《根有律》、《解脱戒經》等的表述，將「自恣請」刪去。

3. 辨相差異

（1）所犯境

《四分律》中本戒的所犯境為「自恣請、多與比丘衣」的非親里居士。其他律典的記載略有差異：《鼻奈耶》記載為「長者、長者婦」；藏傳《苾芻學處》為「具六法的俗人」；《善見論》為「自恣請」的「檀越」；其他律典與《四分律》相同。《鼻奈耶》中，本戒和上一條「從非親里居士乞衣戒」緣起相同，並且兩戒戒條連在一起，或許是因為行文的關係，而將本戒的「非親里」省略了。藏傳《苾芻學處》中的「俗人」和《善見論》中的「檀越」，律典中均未明確指出是非親里。

此戒是遮戒，為避世譏嫌，並結合大多數律典的趨向，所犯境取多與比丘衣的非親里居士更為合理。

（2）能犯心

諸律對發起心的記載十分簡略。《根有律》中，發起心為欲過量受衣。藏傳《苾芻學處》中，發起心是「為自利」。包括《四分律》在內的其他律典，都沒有記載發起心。參考諸律典中過量受衣的方便加行，相較而言，《根有律》的發起心更為合理。因此本戒的發起心為欲過量受衣之心。

（3）方便加行

諸律的方便加行都是比丘失去衣物時過量受衣。

對於「過量」，《四分律》、《鼻奈耶》、《十誦律》、《薩婆多論》、《五分律》、《巴利律》指受衣的數量過限；而《僧祇律》、《根有律》、《根有律攝》、藏傳《苾芻學處》指數量和尺寸過限。

從現代實際行持來看，一般衣的尺寸大小並不顯著影響其價格，尺寸過量反而穿著不便。所以，此處的過量以《四分律》的「數量過限」為準。

4. 諸律內部差異

《四分律》戒本和辨相中，只有對境是「非親里居士、居士婦」，比丘才會正犯。而緣起中並沒有親里不犯的開緣。《根有律》只在戒本中提到「非親」這一條件。《鼻奈耶》戒本中包含「衣被賊，或失衣，或被火，或衣朽敗，或王奪得」等開緣，而在緣起中並未提及。

《十誦律》緣起中，六群比丘藉失衣比丘的名義向居士多乞衣，並不是失衣比丘自己向居士乞衣，如：「汝等少知少識故無衣，我等多知多識亦少衣，我今為汝故乞。」而在戒本和辨相的描述中都是失衣比丘自己乞衣。《五分律》、《根有律》、《巴利律》與《十誦律》相似。《僧祇律》辨相中提及，「若自乞，若使人乞，若勸化」三種方式都正犯，而緣起中只提到「至市種種店肆上為勸化」，戒本中只提到自乞。

（二）調整文本

通過以上諸律間觀點同異的對比與分析，文本在《四分律》的基礎上作如下調整：

1. 緣起

佛在舍衛國祇樹給孤獨園時，比丘遇賊失衣，居士聽説後殷勤供衣，失衣比丘因已有三衣，謝絕了居士。之後，六群比丘勸其受衣後轉送自己及其他比丘。失衣比丘聽從了六群比丘的建議。頭陀比丘知道後嫌責失衣比丘，並向佛陀匯報此事，佛陀因此制戒。

2. 戒本

若比丘，奪衣，失衣[1]，燒衣，漂衣，若非親里居士、居士婦[2]多與衣，是比丘當知足受衣。若過者，尼薩耆波逸提。

3. 關鍵詞

知足受衣：指比丘應根據失衣的情況受衣。如果比丘失去三衣，可以受兩件衣，第三件要在其他地方受；如果失二衣，可以受一件；如果失一衣，不應該受衣。

4. 辨相

（1）犯緣

本戒具足五緣成犯：一、非親里居士；二、因失衣故施；三、欲過量受衣之心；四、過量受；五、得衣時，成犯。

（2）辨相結罪輕重

①非親里居士

若是非親里居士施衣，捨墮；若是親里居士，不犯。

②因失衣故施

③欲過量受衣之心

④過量受

如果比丘三衣中失一衣，不應受衣，若受，結捨墮罪；如果比丘失二衣，可以受一衣，若過量受，結捨墮罪；如果比丘失三衣，可以受二衣，若過量受，結捨墮罪。

---

1 「奪衣，失衣」，底本作「失衣，奪衣」，據《四分僧戒本》、《新刪定四分僧戒本》、《十誦律》、《十誦比丘戒本》、《五分律》、《彌沙塞五分戒本》、《解脫戒經》、《根有律》、《根有戒經》、《根有律攝》、梵文《有部戒經》、梵文《根有戒經》、藏文《根有戒經》改。

2 「婦」後，底本有「自恣請」，據《解脫戒經》刪。

上述衣指的是應量衣。若缺不應量衣時，應乞；若常乞，結突吉羅罪。

⑤得衣時，成犯

如果比丘以過量受衣之心，乞衣時，結突吉羅罪；得衣時，結捨墮罪。

⑥犯戒主體

比丘、比丘尼犯此戒，結捨墮罪；式叉摩那、沙彌、沙彌尼若犯，結突吉羅罪。

⑦不犯

若知足取，若減知足取，均不犯。

若居士不是因比丘失衣而供養時，比丘過量受衣，不犯。

居士供養比丘多件衣，但細薄不牢，比丘可以二重，或三重，或四重做衣；若衣有殘餘，比丘詢問居士如何處理，居士指定給比丘時，比丘受取不犯。

最初未制戒，癡狂、心亂、痛惱所纏，無犯。

七、現代行持參考

在現代社會，衣服價格相對便宜，因此，比丘向居士過限索取衣物的情況已很少見。若比丘遇到緊急情況需要向居士化緣時，也應遵守本戒的精神，做到知量知足，專款專用。事後如果出現結餘，比丘應根據居士意願處理。

另外，對於居士主動發心供養的情況，比丘亦應根據實際需要知足受取，以保護居士的發心和意樂。

08

勸居士增衣價戒

一、緣起

（一）緣起略述

《四分律》中，佛在舍衛國，有居士夫婦商議供養跋難陀一件衣，恰好被一位乞食比丘聽到。比丘將這個消息告訴跋難陀後，跋難陀主動去居士家，勸其供養自己「廣大、新好、堅緻」的貴價衣，引起居士譏嫌。頭陀比丘知道後嫌責跋難陀並向佛舉過，佛便制戒，此是本制。後來有居士自恣請比丘，詢問比丘需要何等衣，比丘怕犯戒不敢作答；又有居士欲為比丘作貴價衣，比丘「不須大價衣，欲須不如者」，但怕犯戒而不敢索。佛陀知道後，開緣自恣請不犯，此是隨制。[1]

諸律緣起差異比較：

1. 制戒地點

《四分律》、《鼻奈耶》[2] 中制戒地點為「舍衛國祇樹給孤獨園」，《十誦律》[3] 為「舍衛國」，《僧祇律》[4]、《五分律》[5] 為「舍衛城」，《根有律》[6] 為「室羅伐城逝多林給孤獨園」，《巴利律》[7] 為「舍衛城祇樹給孤獨園」。

---

1 《四分律》卷 7，《大正藏》22 冊，610 頁中欄至 612 頁中欄。

2 《鼻奈耶》卷 6，《大正藏》24 冊，876 頁上欄。

3 《十誦律》卷 6，《大正藏》23 冊，45 頁下欄至 46 頁上欄；卷 53，《大正藏》23 冊，389 頁上欄至中欄。

4 《僧祇律》卷 9，《大正藏》22 冊，304 頁中欄至 305 頁上欄。

5 《五分律》卷 4，《大正藏》22 冊，28 頁上欄至中欄。

6 《根有律》卷 20，《大正藏》23 冊，731 頁中欄至 732 頁下欄。

7 《經分別》卷 4，《漢譯南傳大藏經》1 冊，303 頁至 306 頁；《附隨》卷 1，《漢譯南傳大藏經》5 冊，53 頁。

2. 緣起比丘

《四分律》、《鼻奈耶》、《十誦律》、《五分律》中緣起比丘為「跋難陀」，《僧祇律》為「難陀」、「優波難陀」，《根有律》為「鄔波難陀」，《巴利律》為「優波難陀」。

3. 犯戒對象

《四分律》、《五分律》中犯戒對象為居士夫婦，《鼻奈耶》、《僧祇律》為在家女眾，《十誦律》、《根有律》為在家男眾。

4. 緣起情節

《四分律》有一個本制和一個隨制，其他律典只有一個本制。

諸律故事情節的不同，主要體現在緣起比丘向居士索要好衣服時的言辭、譏嫌的人物以及索衣結果等幾個方面。

《四分律》，緣起比丘的說辭比較直白，直接索取好衣。《鼻奈耶》、《十誦律》、《五分律》、《巴利律》與《四分律》相似。《僧祇律》、《根有律》與《四分律》有所不同，緣起比丘的說辭有些算計的意味，如《僧祇律》中「汝可得名稱受用功德」等。緣起比丘通過宣講布施功德，來達到求好衣的目的。

不同的說辭或許源於緣起比丘和犯戒對象不同的關係。比如，《四分律》中犯戒對象是緣起比丘的舊識，《巴利律》中則是緣起比丘熟悉的檀越，這兩部律中緣起比丘的說辭比較直接，毫不客氣地向對方提出要求。《五分律》中，緣起比丘常到該居士家說法，並幫其料理疾病、官事等，彼此也比較熟悉。緣起比丘也用了很直接的語言，並且增加了一些利益承諾，比如：「汝自知我不著惡衣，若作好衣，我當自著，常憶念汝，疾病、官事，當相料理。」根據文義判斷，《僧祇律》、《根有律》中，犯戒對象更像是普通居士，緣起比丘用了較為委婉的說辭，並且增加了種種宣揚布施功德的語句。

諸部律典的譏嫌者也不盡相同。《根有律》中，譏嫌者是供養人的友人；《鼻奈耶》沒有此類描述；其他律典中，譏嫌者都是供養人。

諸律中比丘索衣結果也不盡相同。《鼻奈耶》、《十誦律》、《根有律》中，緣起比丘索得了貴價衣；《四分律》、《巴利律》雖然沒有記錄，但根據律典描述，比丘並未索得衣；《僧祇律》、《五分律》中，緣起比丘沒有索得衣。

此外，《僧祇律》中，居士準備供僧，難陀、優波難陀得知後到居士家索要好衣服。其他幾部律都是居士準備供養緣起比丘，後者聽說後去找居士希望得到好衣服。

（二）緣起比丘形象

《四分律》中記載，當緣起比丘知道有人想送自己衣服時，馬上詢問：「實爾不？」又接着問：「彼居士家在何處？門那向？」可見緣起比丘對別人供養衣服這件事很在意。當知道居士家地點後，則說：「是我知舊檀越，常供養我，實如汝言。」之後不請自到居士家，對居士說：「若欲與我衣者，當如是廣大作，新好堅緻，中我受持；若不中我受持者，何用是為？」體現出緣起比丘坦白直接、心直口快的特點。其他律典的描述與此類似。

《鼻奈耶》中，緣起比丘「還至僧中自貢高」，自認為乞到了好衣服而向他人炫耀一番，展現出緣起比丘虛榮的一面。

《十誦律》中，緣起比丘先說「我等比丘出家人，少衣服，乞求難得」，表現出自己缺少供養；又提到「汝等居士不能常有布施因緣」，提醒居士珍惜機會；最後才說「若欲為我作衣者，當為我作如是如是衣」。從以上描述可以看出，緣起比丘索衣前有周全的計劃，並且很擅於勸化供養。

《僧祇律》、《五分律》、《根有律》中，緣起比丘分別用名譽、利益、福報來勸誘犯戒對象，相比其他律典，緣起比丘更懂得人情世故。但從後面居士譏嫌的結果來看，緣起比丘被貪衣的心覆蔽了。

和其他律典差異較大的是《根有律》，律中的緣起比丘善於講法，能使居士對三寶生起信心。在居士眼裏，緣起比丘的形象比較尊貴，有種神秘色彩，居士對其幾乎完全聽從。但和其他律典一樣，緣起比丘仍貪著好衣服，而不考慮居士有沒有能力和意願供養。

(三) 犯戒內因

《四分律》中，緣起比丘的犯戒內因是貪求好衣服。其他律典與《四分律》相同。

《五分律》中，緣起比丘對居士講自己怎樣處理所得供養，即好的就用，不好的就送人或者收起來不用。從中反映出緣起比丘貪圖享受的不良習氣，這是誘發犯戒的一種內因。

《鼻奈耶》中，緣起比丘得到衣服後，「至房中自譽，語諸比丘：『某甲長者與我作此好衣』」，表現出很強的虛榮心，這是導致其犯戒的一個內因。

(四) 犯戒外緣

《僧祇律》中，犯戒外緣是優婆夷欲請僧食並布施衣，其他律典則是有人想供養緣起比丘衣服。

(五) 犯戒後的影響

諸律中記載的犯戒影響有以下幾個方面：

1. 對緣起比丘的影響

《四分律》中，緣起比丘的行為受到居士夫婦的譏嫌。另外，乞食比丘將其惡行告知僧伽藍內的比丘後，緣起比丘又受到僧團內其他比丘的譏嫌。《四分律》、《僧祇律》、《五分律》、《巴利律》中，緣起比丘本來可以得到居士供養的衣服，但因為貪求貴價衣，不僅沒有得到衣服，反而受到了居士的譏嫌。經過這件事後，緣起比丘的聲譽和供養都受到了影響。

2. 對犯戒對象的影響

《四分律》中，居士對緣起比丘「強從人索好衣」的行為產生不滿，並抱怨：「如是何有正法？」對沙門釋子「知正法」產生了懷疑。雖然緣起比丘有過失，但居士不恭敬比丘的行為也將影響居士的法身慧命。其他律典與《四分律》相同。

《十誦律》中，居士被緣起比丘説服，花了比預計多三倍的價錢供養比丘好衣服，之後居士後悔，譏嫌比丘不知厭足。居士本來可以感得大福報的善行被緣起比丘破壞，其供養心也受到損傷。

《五分律》中，居士譏嫌緣起比丘：「我發心所與，五倍、六倍猶不愜意。先雖厚善，於今薄矣！」本來居士有心供養，可是緣起比丘的要求太高，因此居士最終決定不供養衣服了。居士的善心也因此受到影響。

《根有律》中，緣起比丘讓長者賒賬為自己買好衣料，長者因沒錢還賬而被罰。

3. 對僧團的影響

據《僧祇律》記載，緣起比丘貪求好衣服的行為，使居士取消了對眾比丘的供養計劃。其他律典雖然沒有提到緣起比丘的行為對僧團造成的影響，但居士既然願意供養貴重的衣服，就説明其對出家人有信心，而從居士之後譏嫌的言辭中可以看出居士對僧團的信心受到了影響。

（六）佛陀考量

《四分律》隨制中，居士自恣請，問比丘需要什麼衣服，比丘懷疑犯戒而不敢作答。其後又有居士欲供養比丘貴價衣，比丘恰需不好的衣服，因懷疑犯戒而不敢隨意索。佛陀於是開許比丘知足而索要不好的衣服。從中可以看出，佛陀制戒的意趣是在不損減居士信心的前提下，既滿足比丘對基本修道資具的需求，同時也讓居士培福。

除《四分律》，其他律典中，佛陀詢問緣起比丘是否乞了貴價衣後，才呵責制戒。佛陀的詢問給犯戒比丘一個承認錯誤的機會，既有利於其身心成長，也避免後世出現因比丘輕率處理事務而冤枉他人的事情。

（七）文體分析

本戒的制戒緣起中，《四分律》有兩個因緣，其他律典都僅有一個因緣。另外《根有律》中還有兩段伽陀。

《四分律》中，第一個因緣以客觀敘述為主，通過對話將人物的形象真實、鮮活、細緻地描繪了出來。第二個因緣表現手法簡單，情節單一，但結構完整。在緣起之後還有一段羯磨詞的記載，內容是僧眾作羯磨為緣起比丘懺悔該捨墮罪。對此《四分律》有詳述，《僧祇律》中只提到應往僧中捨，沒有具體操作步驟。其他律典對此沒有記載。

《鼻奈耶》的敘述和對話更加短小簡練，只有寥寥數語。比如，在緣起比丘乞貴價衣之後，有這樣的描述：「時長者即好作而與。」和其他律典不同的是，律中沒有描寫犯戒對象的譏嫌和不滿，而是用四個字「好作而與」一筆帶過。另外，緣起比丘得到衣後，來到房中向其他比丘誇耀：「某甲長者與我作此好衣。」側重於描寫緣起比丘愛慕虛榮、喜歡炫耀的內心狀態。

《僧祇律》緣起故事情節比較豐富完整，有大量人物對話，口語化特徵明顯，生動形象地描寫了緣起比丘乞貴價衣的過程及影響。比如，乞貴價衣前，緣起比丘與供養居士的一段對話中，緣起比丘打招呼：「無病，優婆夷。」優婆夷說：「和南，阿闍梨。」這種生活式的對話內容，使整個緣起故事更具畫面感，人物形象的刻劃更加細緻、生動，和其他律典中緣起比丘直接乞貴價衣的描述有很大差別。

《根有律》故事情節豐富，人物心理刻劃較多，緣起比丘還誦了兩則分別講述聞法和皈依三寶利益的伽陀。但和乞貴價衣相關的內容卻很少，前面一直在交代背景：緣起比丘如何給長者夫婦和婢女帶來利益，長者夫婦如何感恩緣起比丘，以及婢女感恩緣起比丘的原因和報恩行為。緣起比丘經過曲折的過程才乞得衣服，而最後的譏嫌者不是長者夫婦，而是長者的朋友。整體上看，緣起中所敘述的很多內容與制戒關係不大，似乎是在有意刻劃緣起比丘的良好形象。

二、戒本

《四分律》中，本戒的戒本為：「若比丘，居士、居士婦為比丘辦衣價：『買如是衣與某甲比丘。』是比丘先不受自恣請，到居士家作如是說：『善哉！居士，為我買如是如是衣與我。』為好故，若得衣者，尼薩耆波逸提。」

（一）若比丘，居士、居士婦為比丘辦衣價：「買如是衣與某甲比丘。」

《四分律》、《四分律比丘戒本》[1]作「若比丘，居士、居士婦為比丘辦衣價：『買如是衣與某甲比丘。』」，意思是：「如果比丘，（有）居士、居士的妻子為比丘置辦了買衣服（所需）的錢：『買這樣的衣服送給某位比丘。』」

與《四分律》相似：

《僧祇律》作：「為比丘故，若居士、居士婦為辦衣價，如是言：『我辦如是如是衣價，買如是如是衣，與某甲比丘。』」《僧祇比丘戒本》[2]作：「若居士、居士婦，為比丘辦衣價，言：『我辦如是衣價，買如是衣與某甲比丘。』」上述兩部律典的表述與《四分律》有所差異，但含義基本相同。

與《四分律》有部分差異：

《四分僧戒本》[3]作：「若比丘，居士、居士婦為比丘辦衣價：『持如是衣價與某甲比丘。』」與《四分律》相比，居士、居士婦所說的語句略有不同，這裏為直接送與比丘衣價，而《四分律》是買成衣服後送與比丘。

《新刪定四分僧戒本》[4]作「若比丘，居士、居士婦為比丘具衣價」，與《四

---

1 《四分律比丘戒本》，《大正藏》22 冊，1017 頁中欄。

2 《僧祇比丘戒本》，《大正藏》22 冊，551 頁上欄至中欄。

3 《四分僧戒本》，《大正藏》22 冊，1025 頁上欄。

4 《新刪定四分僧戒本》，《卍續藏》39 冊，265 頁上欄。

分律》相比，少了「買如是衣與某甲比丘」。

《十誦律》作:「若為比丘故，非親里居士、居士婦辦衣直，作是念言:『我以是衣直買如是衣，與某比丘。』」《十誦比丘戒本》[1] 作:「若比丘，非親里居士，若居士婦為辦衣價，念言:『我如是如是衣價，買如是如是衣，與某甲比丘。』」

《五分律》、《彌沙塞五分戒本》[2] 作:「若比丘，非親里居士、居士婦共議:『當以如是衣直作衣，與某甲比丘。』」對應《四分律》的「買如是衣與某甲比丘」，這裏描述為居士共同商議的內容。

《解脫戒經》[3] 作「若比丘，非親里居士、居士婦為比丘具衣價，持此衣價與某甲比丘」。與《四分律》相比，這裏直接送與比丘的是「衣價」，而非《四分律》中的「衣」。

梵文《有部戒經》[4] 作"bhikṣuṃ punar uddiśya ajñātinā gṛhapatinā gṛhapatipatnyā vā cīvaracetanakāny upaskṛtāni syur ebhir ahaṃ cīvaracetanakair evaṃrūpa(m) e(vaṃ)rūpaṃ cīvaraṃ cetayitvā evaṃnāmānaṃ bhikṣum ācchādayiṣyāmīti"，意思是:（與比丘）不是親屬（關係）的居士或居士的妻子為任何一位比丘準備好了（辦）衣服的錢，設想「我用這樣的購衣錢買這樣的衣服，給某位比丘穿」。

巴利《戒經》[5] 作"bhikkhuṃ pan'eva uddissa aññātakassa gahapatissa vā gahapatāniyā vā cīvaracetāpanaṃ upakkhaṭaṃ hoti: Iminā cīvaracetāpanena cīvaraṃ cetāpetvā itthan-nāmaṃ bhikkhuṃ cīvarena acchādessāmī ti"，意思是:如果有（與比丘）不是親屬（關係）的居士或居士的妻子為比丘準備好了衣價，設想「用這樣的衣服錢買這樣的衣服後，就可以讓某甲比丘穿」。

---

1 《十誦比丘戒本》，《大正藏》23 冊，473 頁上欄。

2 《彌沙塞五分戒本》，《大正藏》22 冊，196 頁中欄。

3 《解脫戒經》，《大正藏》24 冊，661 頁中欄。

4 Georg von Simson, *Prātimokṣasūtra der Sarvāstivādins Teil II,* Sanskrittexte aus den Turfanfunden, XI, p. 186.

5 Bhikkhu Ñāṇatusita, *Analysis of The Bhikkhu Pātimokkha,* p. 121.

以上兩部非漢文戒本缺少與「若比丘」直接對應的內容。

《十誦律》及以下律典與《四分律》相比，對居士、居士婦多了「非親里」的限定。

《根有律》、《根有戒經》[1]、《根有律攝》[2] 作：「若復苾芻，有非親居士、居士婦共辦衣價：『當買如是清淨衣，與某甲苾芻及時應用。』」

梵文《根有戒經》[3] 作“bhikṣuṃ khalūddiśyājñātinā gṛhapatinā gṛhapatipatnyā vā cīvaracetanakāni pratyupasthāpitāni syuḥ ebhir ahaṃ cīvaracetanakair e(vaṃrūpaṃ) caivaṃrūpaṃ ca cīvaraṃ cetayitvā evaṃnāmā bhikṣur upasaṃkramiṣyati tam ācchādayiṣyāmi cīvareṇa kāle kalpikeneti”，意思是：（與比丘）不是親屬（關係）的居士或居士的妻子為比丘準備好了（辦）衣服的錢，設想「我用這樣的購衣錢買像這樣的衣服後，以合時、合適（的方式）給某位比丘穿」。這裏多出了「合時、合適」。

藏文《根有戒經》[4] 作“དགེ་སློང་གི་ཕྱིར་ཁྱིམ་བདག་གམ། ཁྱིམ་བདག་གི་ཆུང་མ་ཉེ་དུ་མ་ཡིན་པས་གོས་ཀྱི་རིན་དག་སྩགས་ནས་བདག་གི་གོས་ཀྱི་རིན་འདི་དག་གིས་གོས་འདི་དང་འདི་ལྟ་བུ་ཞིག་ཉོས་ལ། དགེ་སློང་མིང་འདི་ཞེས་བྱ་བ་འོངས་ན། དེ་ལ་གོས་རུང་བ་དུས་སུ་བསྒོན་ནོ་སྙམ་པ་ལས།”，意思是：非親里居士或居士的妻子，為比丘已經準備、置辦了衣服的錢，「我用這些購衣錢，買來一件等同這些錢的衣服。並且，當那位比丘到來時，可以把這件衣服及時給他穿上」，居士這樣想着。

《根有律》及之後的根本說一切有部律典與《四分律》相比，除了多出「非親里」的限定，所說的內容還多了「清淨衣」、「及時應用」或相似的內涵。此外，梵文《根有戒經》和藏文《根有戒經》均缺少與「若比丘」直接對應的內容。

與《四分律》差異較大：

《鼻奈耶》作「若比丘，聞他與作衣」，與《四分律》相比，此句是描述

1 《根有戒經》，《大正藏》24 冊，502 頁下欄。
2 《根有律攝》卷 6，《大正藏》24 冊，557 頁下欄。
3 Anukul Chandra Banerjee, *Two Buddhist Vinaya Texts in Sanskrit*, p. 26.
4 麗江版《甘珠爾》（འཇང་བཀའ་འགྱུར།）第 5 函《別解脫經》（སོ་སོར་ཐར་པའི་མདོ།）8b-9a。

比丘的用語，而其他律典都是在描述居士。

梵文《說出世部戒經》[1] 作 “bhikṣuṃ kho punar uddiśya anyatareṣāṃ dvinnāṃ gṛhapatikānāṃ cīvaracetāpanāny abhisaṃskṛtāni bhavanti abhisaṃcetayitāni imehi vayaṃ cīvaracetāpanehi civaraṃ cetāpayitvā itthanāmaṃ bhikṣuṃ cīvareṇācchadayiṣyāmaḥ ”，意思是：兩位居士，為比丘置辦好了衣服錢，想「哦，我們用購衣錢買完衣服以後，給某位比丘穿 」。這裏提到的情境是兩位居士商議好要共同為比丘買衣服，和《四分律》及其他律典都不相同。同《四分律》相比，此戒本缺少與「若比丘」直接對應的內容。

(二) 是比丘先不受自恣請，到居士家作如是說：「善哉！居士，為我買如是如是衣與我。」為好故，若得衣者，尼薩耆波逸提

《四分律》、《四分律比丘戒本》作「是比丘先不受自恣請，到居士家作如是說：『善哉！居士，為我買如是如是衣與我。』為好故，若得衣者，尼薩耆波逸提」，意思是：「比丘之前沒有接到居士的邀請，(便自己) 到居士家這樣說：『好啊！居士，為我買這樣的衣。』(比丘目的是) 為了 (得到) 好的衣服，如果得到了衣服，犯捨墮罪。」

與《四分律》相似：

《新刪定四分僧戒本》作「是比丘先不受自恣請，到居士家作如是說：『善哉！居士，辦如是衣與我。』為好故，若得衣者，尼薩耆波逸提」。

《十誦律》作「是中比丘先不自恣請，便往居士、居士婦所，作同意言：『汝為我辦如是衣直，買如是如是衣與我。』為好故，若得衣者，尼薩耆波逸

---

1 Nathmal Tatia, *Prātimokṣasūtram of the Lokottaravādimahāsāṅghika School*, Tibetan Sanskrit Works Series, no. 16, p. 14.

提」，其中特別提到「作同意言」以及「為我辦如是衣直」。

《僧祇比丘戒本》作「是比丘先不請，為好故便往勸言：『善哉！居士，如是衣價，買如是色衣與我。』若得衣，尼薩耆波夜提」，這裏省略了目的地「居士家」。

《僧祇律》作「是比丘先不自恣請，為好故便到居士所，作如是言：『為我作如是衣，為好故。』若得衣者，尼薩耆波夜提」，這裏有兩處「為好故」，相比《四分律》前面多了一個「為好故」。

與《四分律》有部分差異：

《四分僧戒本》作「是比丘先不受自恣請，便到居士家作如是說：『善哉！居士，為我辦如是衣價與我。』為好故，若得衣者，尼薩耆波逸提」。與《四分律》相比，比丘直接索取的是衣價，而不是衣。

巴利《戒經》作"tatra ce so bhikkhu pubbe appavārito upasaṅkamitvā cīvare vikappaṃ āpajjeyya: Sādhu vata maṃ āyasmā iminā cīvaracetāpanena evarūpaṃ vā evarūpaṃ vā cīvaraṃ cetāpetvā acchādehī ti, kalyāṇakamyataṃ upādāya, nissaggiyaṃ pācittiyaṃ"，意思是：「如果這位比丘在沒有受到邀請的情況下，前往（居士家）後，對衣服提出建議：『大德，實在很好，用這衣價買像這樣或者像那樣的衣服後，送給我穿。』為了想要獲得好的（衣服），捨墮。」這裏缺少與《四分律》「若得衣者」相對應的內容。

《十誦比丘戒本》作「是比丘先不自恣，為好衣故，少作因緣，便到非親里居士，若居士婦所，作如是言：『汝等善哉！辦如是如是衣價，買如是如是衣與我。』為好故，若得是衣，尼薩耆波夜提」，相比《四分律》多了「為好衣故，少作因緣」、「非親里」以及「辦如是如是衣價」的描述。

梵文《有部戒經》作"tatra cet sa bhikṣuḥ pūrva(m a)pravāritaḥ samānaḥ upasaṃkramya ajñātiṃ gṛhapatiṃ gṛhapatipatnīṃ vā kaṃcid eva v(i)k(a)lp(am ā)padyann evaṃ vaded yāni tāny āyuṣmatā mām uddiśya cīvaracetanakāny upaskṛtāny ebhi(ś c)īvaracetanakair evaṃrūpam eva(ṃr)ū(paṃ cīvaraṃ) cetayitvā (e)va(ṃ)nāmānaṃ bhikṣum ācchādayiṣyāmīti sādhv āyuṣmaṃs taiś cīvara(ceta) nakair evaṃrūpam evaṃrūpaṃ cīvaraṃ cetayitvā cīvareṇa mā(m ā)cchādayeti kalyāṇakāmatām upādāya abhiniṣpanne cīvare niḥsargikā pātayantikā”，意思是：「如果這個比丘原先沒有被邀請，直接前往（與比丘）沒有親屬關係的居士或居士妻子那裏，（由於）生起某個念想而這樣建議：『大德，用這些為我準備的衣服錢，買了這樣的衣服以後給某位比丘穿。好啊，大德！用這個衣服錢買了這樣的衣服以後送給我穿。』為了想要獲得好的（衣服），（如果）衣服做成，捨墮。」這裏多出了「沒有親屬關係」、「升起某個念想」，以及「用這些為我準備的衣服錢」的描述。

《解脱戒經》作「是比丘先不受自恣請，至居士家作如是說：『居士實為我故辦衣價不？』居士言：『實爾。』比丘言：『善哉！居士，當為我辦如是好色衣。』為好故，若得衣，尼薩耆波逸提」。《五分律》、《彌沙塞五分戒本》作「是比丘先不自恣請，便往問居士、居士婦言：『汝為我以如是衣直作衣不？』答言：『如是。』便言：『善哉！居士、居士婦，可作如是衣與我。』為好故，尼薩耆波逸提」。這三部律典中增加了比丘與居士間的語言描寫，其中《五分律》、《彌沙塞五分戒本》還少了「若得衣」的要求。

《根有律》、《根有戒經》、《根有律攝》作「此苾芻先不受請，因他告知，便詣彼家，作如是語：『善哉仁者！為我所辦衣價，可買如是清淨衣及時與我。』為好故，若得衣者，泥薩祇波逸底迦」。這三部律典中，多了「因他告知」這一比丘資訊來源的說明，並且還多了「清淨」、「及時」這樣的限定。

梵文《根有戒經》作“tatra caiko bhikṣuḥ pūrvam apravāritaḥ san kaṃcid eva (vikalpaṃ) pratipadya tam ajñātiṃ gṛhapatiṃ gṛhapatipatnīṃ vopasaṃkramyaivaṃ (vaded) (yāni tāni āyuṣmatā mā)m uddiśya cīvaracetanakāni pratyupasthāpitāni sādhyāyuṣmaṃs te cīvaracetanakair evaṃrūpaṃ caivaṃrūpaṃ ca cīvaraṃ cetayitvā ācchādaye ‘haṃ cīvareṇa kālena kalpikeneti| abhiniṣpanne cīvare naisargikā pāyantikā”，意思是：「如果這個比丘原先沒有被邀請，（由於）生起某個念想而直接前往（與比丘）沒有親屬關係的居士、居士妻子那裏，這樣建議：『那麼大德，為我置辦這樣的購衣錢。好啊，大德！用這個購衣錢買了這樣的衣服以後，送給我合時、合適的衣服穿。』（如果）衣服作成，捨墮。」這裏缺少與《四分律》「為好故」

相對應的內容，但是多了「生起某個念想」、「合時、合適的衣服穿」的意思。

藏文《根有戒經》作“སྙམ་པ་ལས། དེ་ལ་གལ་ཏེ་དགེ་སློང་དེ་ལ་སྔར་མ་བསྒྲུབས་པར་རྣམ་པར་རྟོགས་པ་འགའ་ཞིག་བྱུང་སྟེ། བཟང་པོ་འདོད་པའི་ཕྱིར་ཁྱིམ་བདག་གམ། ཁྱིམ་བདག་གི་ཆུང་མ་ཉེ་དུ་མ་ཡིན་པ་དེའི་གན་དུ་སོང་ནས་འདི་སྐད་ཅེས་ཚེ་དང་ལྡན་པས་བདག་གི་ཕྱིར་གོས་ཀྱི་རིན་གང་དག་སྤྲུགས་པའི་གོས་ཀྱི་རིན་དེ་དག་གིས་ཚེ་དང་ལྡན་པ་གོས་འདི་དང་འདི་ལྟ་བུ་ཞིག་ཉོས་ལ་བདག་ལ་གོས་ཙང་བ་དུས་སུ་ལེགས་པར་སྔོན་ཅིག་ཅེས་སྨྲས་ཏེ། གོས་གྲུབ་པ་ན་སྤང་བའི་ལྟུང་བྱེད་དོ། །”，意思是：「如果這時這一比丘在之前沒有正式提出邀請的情況下，知道了某些（居士準備供養的）消息以後，由於想要好衣服，去了非親里居士或居士的妻子那裏，（說了）這些話：『大德，為了我而已經準備、置辦了購衣錢，以這樣的這些購衣錢，大德，買來等同這些價錢的一件衣服，然後可以把這件好衣服及時給我穿上。』衣服已經作成，捨墮。」這裏多了「知道了某些（居士準備供養的）消息以後」、「及時給我穿上」的意思。

與《四分律》差異較大：

《鼻奈耶》作「先未許，便往經營，教令極好作與我而取者，捨墮」。

梵文《說出世部戒經》作“tatra ca bhikṣuḥ pūrvaṃ apravārito upasaṃkramitvā vikalpam āpadyeya sādhu kho puna yūyam āyuṣmanto imehi cīvaracetāpanehi cīvaraṃ cetāpayitvā itthaṃnāmaṃ bhikṣuṃ cīvareṇācchādetha | evaṃrūpeṇa vā (evaṃrūpeṇa vā) ubhau pi sahitau ekena kalyāṇakāmatām upādāya | abhiniṣpanne cīvare ni(ssa)rgikapācattikaṃ”，意思是：「這個比丘原先沒有被邀請，直接前往（居士家）提出建議：『好啊，大德！你們用這一購衣錢買了衣服以後，給某位比丘這樣的衣服穿，兩份（價錢）合成一份。』為了想要獲得好的（衣服），（如果）衣服作成，捨墮。」這裏最後提到「兩份（價錢）合成一份」，和《四分律》及其他律典都不相同。

三、辨相

（一）犯緣

具足以下五個方面的犯緣便正犯本戒：

1. 所犯境

《四分律》中，本戒所犯境是準備供衣的非親里居士。律中雖無明文限定「非親里」，但從「親里」開緣可知非親里正犯。《善見論》[1] 與《四分律》相同。《薩婆多論》[2] 為「非親里居士、居士婦」。

《十誦律》、《五分律》、《根有律》、《根有律攝》、《巴利律》中，所犯境為非親里居士、居士婦，均取自戒條。

《僧祇律》為「居士、居士婦」。

藏傳《苾芻學處》為「須具六法之俗人」。[3]

《鼻奈耶》沒有明確記載此戒的所犯境。

《毗尼母經》、《摩得勒伽》、《明了論》沒有本戒內容，下不贅述。

2. 能犯心

（1）發起心

《四分律》戒條記載，此戒發起心為「為好故」，也就是欲求好衣之心。《十誦律》、《僧祇律》、《五分律》、《根有律》、《根有律攝》、《巴利律》與《四分律》相同。

《善見論》中，由「為他勸益」的開緣可推出：有為自己求貴價衣的心，

1 《善見論》卷 15，《大正藏》24 冊，775 頁中欄。

2 《薩婆多論》卷 5，《大正藏》23 冊，532 頁下欄。

3 《苾芻學處》，《宗喀巴大師集》卷 5，77 頁。

正犯。

藏傳《苾芻學處》為「欲求之心相續未斷」。

《鼻奈耶》、《薩婆多論》沒有記載發起心。

（2）想心

《四分律》沒有記載想心。

《巴利律》記載，於非親里有非親里想、疑、親里想，皆正犯本戒。

藏傳《苾芻學處》為「想不錯亂」。

其他律典無文記載。

3. 方便加行

《四分律》中，方便加行是勸說居士做貴價衣。

藏傳《苾芻學處》記載：「於施主未捨之前，以具足五種相之語言發起乞求方便。」

其餘律典與《四分律》內涵相同。

另外，《四分律》記載，求貴價衣包含兩個方面：求價和求衣。如律文：「求價者，檀越與作大價衣，求乃至增一錢十六分之一分；求衣者，語居士言：『作如是廣長衣乃至增一綖。』」

《善見論》記載和《四分律》相同。

《十誦律》、《根有律》、《根有律攝》與《四分律》有所不同，均記載了「價、色、量」三個方面。《十誦律》記載：「價者，若比丘語居士：『與我好衣。』……乃至與我二、三百錢價衣。」「色者，比丘語居士言：『與我青衣。』……若言：『與我黃赤白黑衣、白麻衣、赤麻衣。』」「量者，若比丘語居士言：『與我四肘衣、五肘、六肘乃至十八肘衣。』」其中「好衣」與《四分律》「大價衣」相同，但沒有提及「增加」的內涵。

《薩婆多論》也記載了《十誦律》中的三種情況，並對其「價、色、量」的內涵作了補充，「若貴價、好色、大量」。

《僧祇律》記載色和量兩種情況，「索者，我須青，若黃，若赤，若黑，若種種茜色等，若長，若廣，若長廣」。另外，此律還對所索衣服的材質作了三種要求，「知足好、不知足好、粗足好」。其內涵為：居士想供養材質較細的衣，比丘卻要粗衣；或居士想供養材質較粗的衣，比丘要求材質粗的衣，均正犯此戒。

《巴利律》只提及「量」，對衣服的尺寸與材質作出了要求，「購或長衣，或寬衣，或厚衣，或軟衣」。

4. 究竟成犯

《四分律》中究竟成犯是「得衣」。

《十誦律》、《僧祇律》、《根有律》、《善見論》、藏傳《苾芻學處》與《四分律》相同。《薩婆多論》中，比丘「如語」得到了自己想要的衣服時，正犯此戒。

《鼻奈耶》中，「取者」成犯，意為拿到衣之後，正犯，其內涵亦與《四分律》相同。

《根有律攝》中，「入手」，正犯本戒。《巴利律》記載「至手者，捨墮」。這兩部律典強調衣到手就犯，內涵與《四分律》相同，只是界定更為具體。《巴利律．附隨》中，「就衣而指示者……已指示者」，正犯本戒。

其餘律典沒有記載此戒的究竟成犯。

5. 犯戒主體

《四分律》中，比丘、比丘尼同犯。

《薩婆多論》、《五分律》、藏傳《苾芻學處》與《四分律》相同。

其他律典中，比丘為犯戒主體，比丘尼無文記載。

（二）輕重

1. 所犯境

《四分律》中，如犯緣所述，讓準備供衣的非親里居士增衣價，結尼薩耆波逸提。其餘律典的情況如犯緣中所述。

《五分律》記載:「若從親里索好衣，突吉羅。」這與《四分律》等律典中，「從親里索衣」不犯的判罪有差別。

《薩婆多論》提到:「若親里豐財多貨，從索無過；若貧窮者，突吉羅。」

其他律典無相關記載。

2. 能犯心

（1）發起心

如犯緣所述。

（2）想心

《四分律》沒有想心記載。

《巴利律》除犯緣中正犯的記載外，於親里有非親里想、疑，結突吉羅罪；於親里作親里想，不犯。

藏傳《苾芻學處》中,「想不錯亂」，犯捨墮。

其他律典無文記載。

3. 方便加行

《四分律》中，勸說居士做貴價衣，犯捨墮罪。其餘律典正犯本戒的方便加行如犯緣中所述。

此外，各律典還記載了一些不正犯的方便加行。

《十誦律》記載:「若索此得彼，突吉羅；若索青得黃，突吉羅；若索青得赤白黑，亦如是；若索白麻衣得赤麻衣，乃至索欽婆羅衣得劫貝衣，亦如是。」

《薩婆多論》記載:「若遣使，書信，印信，突吉羅。」

《薩婆多論》記載:「得應量衣，捨墮；得不應量衣，突吉羅。」此律對應量衣的尺寸要求為「下至四肘，上至八肘」。

《僧祇律》記載，不僅貪求好衣，求差衣也正犯，與《四分律》及其他律典差異較大。具體可分三種情況加以辨析：一是「知足好」,「若與細衣時便言『我須粗者』」；二是「不知足好」,「若與粗衣時便作是言『……應與我好衣』」；三是「粗足好」，「若與細衣時便言『我不用是好衣，我是阿練若，如鹿在林中……』，是名粗足好」。上述三種情況，若得者，皆尼薩耆波逸提。該律典進一步總結上述情況，「若隨所索者與，若更與餘者，皆尼薩耆波夜提」，也就是比丘只能隨緣接受居士供養的衣服，凡是拒絕現有供養而求他者，都犯捨墮。而《四分律》、《薩婆多論》、《善見論》中，知足減少求，或者説居士欲作大、勸使小等，皆不犯（見後文「不犯」）。

其他律典無文記載。

4. 究竟成犯

《四分律》記載：「若得衣者，尼薩耆波逸提；求而不得，突吉羅。」

《十誦律》記載：「若得衣者，尼薩耆波逸提；若不得衣，突吉羅。」

《薩婆多論》記載：「如語得者，捨墮；不得者，突吉羅。」

《根有律》記載：「索時，犯惡作；得時，犯捨墮。」

《根有律攝》記載：「若過量求乞時，惡作；入手，捨墮。」

《巴利律》記載：「令購之時，突吉羅；至手者，捨墮。」同時，《巴利律·附隨》卷 1 中記載：「未受請而先至非親里居士處，就衣而指示者，有兩種罪：指示之前行者，突吉羅；已指示者，捨墮。」

其餘律典的究竟成犯如犯緣中所述。

5. 犯戒主體

《四分律》記載，比丘、比丘尼結捨墮罪；式叉摩那、沙彌、沙彌尼，結突吉羅罪。

《薩婆多論》、《五分律》與《四分律》相同。藏傳《苾芻學處》中，比丘與比丘尼，同犯捨墮。

其他律典中，比丘犯此戒結捨墮罪。

（三）不犯

1. 所犯境不具足

《四分律》記載，「從親里求，從出家人求」，無犯。

《十誦律》、《薩婆多論》、《善見論》、《巴利律》也記載，從親里求，不犯。

《根有律》：「若乞縷績便得小片，若乞小片他與大衣，此皆無犯。」

《根有律攝》記載：「若從天等乞，或乞縷績及小帛片等，無犯。」

《巴利律》記載，「依己之財者」，不犯。

2. 能犯心不具足

《巴利律》中，「為他人者」，不犯。此外，於親里作親里想，不犯。

《善見論》中，「若為他勸益，不犯」。

3. 方便加行不具足

《四分律》記載，他為己求或不求自得，無犯；「知足減少求」，不犯；「為他求」，不犯。

《十誦律》記載：「若不索自與，無犯。」

《巴利律》記載，「令欲購高貴衣者，購便宜衣」，不犯。

《薩婆多論》記載，若非親里自與，無犯；又記載：「若不為貴價、好色、大量求，隨其所宜，等價等色等量、減價減量減色，勸令作如是衣者，無犯。」

《善見論》：「若檀越欲作大，勸使小，欲多直買，勸令少直；若隨檀越作，如是得衣無罪。」

4. 犯戒主體不具足

《四分律》中，「最初未制戒，癡狂、心亂、痛惱所纏」，不犯。

《五分律》、《根有律》與《四分律》相同。

《巴利律》中記載：「癡狂者、最初之犯行者，不犯也。」

5. 開緣

《四分律》記載，先受自恣請而往求索，不犯。

《善見論》和《四分律》相同。

《十誦律》記載，「若先請」不犯，沒有提到「自恣」。《巴利律》也記載，「先受請」，不犯。

《薩婆多論》中，檀越「先請」不犯，但是此律對檀越的家境作出了要求：如果檀越貧窮，比丘要求對方作好衣，犯突吉羅：「若先請檀越豐有財物，勸令好作，無過；若貧乏者，突吉羅。」

四、原理

（一）超出心理價位

勸居士增衣價戒屬於遮戒。

施主雖有供養比丘的意願，但有前提，即心理價位早已定好。此時比丘隨意增價索取，會使居士不滿，如《根有律攝》中所言，緣起比丘「於俗人處強索衣價，施主俯仰情不得已……譏嫌煩惱，制斯學處」。比丘對居士強行索衣的行為，不僅會受到居士的譏嫌，也會助長比丘的貪心。

（二）過分索供的心理

比丘過分索供的行為是由多種因素造成的，以下列舉幾種比丘索供的不同心理狀態。

第一，有些比丘認為自己和居士關係好，索供就表現得比較直接。如《四分律》：「居士夫婦共議言：『跋難陀釋子是我知舊，當持如是衣價買如是衣與彼比丘。』」居士已有供養的具體打算，但緣起比丘提出了更高的要求：「若欲與我衣者，當如是廣大作，新好堅緻，中，我受持；若不中，我受持者，何用是為？」緣起比丘「多求無厭」的心態顯露無疑。

第二，比丘以此滿足自己的虛榮心。如《鼻奈耶》：「時長者即好作而與。來至房中自譽，語諸比丘：『某甲長者與我作此好衣。』」緣起比丘乞到好衣服後，回到僧團便向他人炫耀。

第三，有些比丘利用居士的名利心進行勸誘。如《僧祇律》中，比丘試圖勸誘居士：「若與我好者，我當著入王家貴勝邊，當禮佛。有人問者，我當語言：『某甲信心優婆夷與我。』汝可得名稱受用功德。」

雖然過分索供的形式多樣，心理也各不相同，但過分貪求好衣以及缺乏避譏嫌的意識是比丘共通的特點。

（三）知止知足，行為有節

《根有律》中，緣起比丘化解了居士的家庭矛盾，居士為答謝比丘，賒賬購買「上好白疊」。居士超出自己購買能力的行為，讓自己幾近陷入尷尬的境地，也讓世人覺得「沙門釋子貪求無厭」。可見，雖然居士意在報恩，但比丘若不知限度，就會給他們帶來負擔。

《薩婆多論》中，跋難陀經常借貸財寶給居士以出息生利。這裏的緣起比丘與居士有經濟利益的往來，緣起比丘利用居士有求於己的心理，向居士提出增衣價的要求。

《巴利律》中，比丘的魯莽行為引發了居士譏嫌：「為何大德優波難陀未被我請，先來我處，於衣作指示耶？」與非親里居士交往時，緣起比丘冒失的行為會損減居士對自己的恭敬心。

本戒中，比丘與居士多是「舊識」，最後問題都出在比丘的過分索求上。居士對比丘有信敬心，也不乏人情味，可是一旦涉及具體的經濟利益或觸碰到居士的心理底線，雙方就很容易產生對立。因此，比丘與居士交往時，要做到知止、知足。

五、總結

（一）諸律差異分析

1. 緣起差異

（1）結構差異

《四分律》中有一個本制、一個隨制。其他律典只有一個本制。《四分律》比其他律典多了一個隨制：居士自恣供養比丘衣，佛陀增制此戒。因此，本戒結構仍以《四分律》為準。

（2）情節差異

《鼻奈耶》、《十誦律》、《五分律》、《巴利律》的情節與《四分律》相似。

《僧祇律》、《根有律》的情節與《四分律》有差異。《僧祇律》中，居士準備供養僧眾飲食和衣，但緣起比丘勸居士將衣供養自己，破壞居士的善心。《根有律》中，居士夫婦不和，緣起比丘為居士夫婦講法後，居士夫婦皈依三寶並受五戒。夫婦為報恩，供養衣給緣起比丘，但緣起比丘不滿意，勸居士供養更好的，居士最後借債買衣供養，因還不起債而被罰。

《四分律》隨制中，居士自恣請比丘，即問言：「大德須何等衣？」《十誦律》、《五分律》中「自恣請」的含義與此相似。《巴利律》中，比丘「受請」也表達了同樣的內涵。另外，《根有律》、《根有戒經》、《根有律攝》、梵文《有部戒經》、梵文《根有戒經》、巴利《戒經》以及藏文《根有戒經》均為「受請」，這種表述方式也更加簡潔，因此予以採用。

（3）結論

綜上所述，本戒緣起無需調整，仍取《四分律》的結構與情節。

2. 戒本差異

諸律之間的差異集中體現在對所犯境的描述上，《四分律》、《四分僧戒本》、《新刪定四分僧戒本》、《四分律比丘戒本》以及《僧祇律》、《僧祇比丘戒本》中沒有「非親里」這一居士身分的限定，除梵文《說出世部戒經》以外的其他律典都有這一內容。梵文《說出世部戒經》中，所犯境是兩居士共同為比丘購買一件衣服，而且後文中比丘也說到「兩份（價錢）合成一份」，與《四分律》及其他律典差別較大。值得一提的是，梵文《說出世部戒經》中的下一條戒（與《四分律》「勸二家增衣戒」對應）中的所犯境同樣為「二居士、居士婦」。最後，相比《四分律》中「得衣」的成犯條件，梵文戒本和藏文《根有戒經》都是「衣服做成」的意思，《五分律》、《彌沙塞五分戒本》和巴利《戒經》中沒有對應的內容。

戒本調整方面，結合《四分律》辨相部分的論述，依據《十誦律》等戒本的表述，為「居士、居士婦」增加「非親里」的限定。參照幾部非漢文戒本，「買如是衣與某甲比丘」一句，原為居士心裏所想的內容，因此，依《十誦比丘戒本》在此句前增加「念言」二字，並據《根有律》，在「買如是衣」前補入「當」字。「自恣」一詞本為「隨意」的意思，用來修飾後面的「請」，但容易讓人誤以為是一個限制性的條件，因此借鑒《根有律》的表述，將「自恣」二字略去。借鑒《僧祇比丘戒本》的表述，將「為好故」調整至「到居士家」之前，使其更符合漢語的語序。為了與後一條「勸二家增衣價戒」保持一致，將「到居士家作如是說」中的「說」字，依《十誦律》等改為「言」；據《新刪定四分僧戒本》將「善哉！居士」後的「為我」二字刪去，以避免與後文的「與我」重複。

3. 辨相差異

（1）所犯境

《五分律》中，從親里索好衣，結突吉羅罪。而《四分律》中，從親里索好衣，不犯。《薩婆多論》則根據親里的富裕程度判罪：若親里家境富裕，向其索求貴價衣，不犯；若親里家境貧寒，向其索求，結突吉羅罪。

《薩婆多論》的判法更加符合現實的情況，可以採納。

（2）能犯心

《四分律》是比丘「為好故」而求衣。《十誦律》、《僧祇律》、《五分律》、

《根有律》、《根有律攝》、《巴利律》與《四分律》相同。由此可知，本戒的發起心為比丘欲求好衣之心。

（3）方便加行

對於勸説的內容，《四分律》分為「求價」和「求衣」，也即是衣價和衣的尺寸。《十誦律》、《薩婆多論》、《根有律》、《根有律攝》記載了「價、色、量」，即從貴價、好色和大量三個方面勸説。《僧祇律》有色和量兩種情況。《巴利律》只有「量」一種情況。一般來講，現今衣服的顏色不會影響到衣價，也就不會令居士增衣價。因此，加行可分為衣服價格和尺量的增加。

對於求差衣，或勸供小衣的情況，諸律記載有所不同。《四分律》等其他律典中，居士供養大衣時，如果比丘勸供小衣的動機是「少欲知足」，或者居士欲作大、勸使小等，不犯。《僧祇律》中，「我不用是好衣，我是阿練若，如鹿在林中住在空地，與我粗者足障寒熱風雨」，犯捨墮。即使居士供養好衣，比丘刻意要差衣，也正犯本戒。造成這兩種不同判罰的原因，與比丘行為背後的動機有關。《僧祇律》中，阿蘭若比丘個人偏好粗衣，居士供養細衣時，比丘改要粗衣並不是少欲知足，而是「為好者」。而《四分律》等律典中，比丘「少欲知足」以待人著想，且並非為求名而自讚功德。另外，《僧祇律》中，居士已做好細衣，這時比丘若要粗衣會給居士增加負擔。而《善見論》中，居士尚未做衣，如「檀越欲作大，勸使小，欲多直買，勸令少直」，故「勸使小」不犯。鑑於此，考慮《僧祇律》的案例，如果居士已經以實物供養，則最好不要再因實物好壞提出新要求，以免增加居士的負擔。

《十誦律》記載：「若比丘，所不應畜物作親厚意索，得突吉羅。」此處，比丘向居士索的並非是衣，而是不宜蓄積之物，故結突吉羅罪。

4. 諸律內部差異

《四分律》辨相中，「從親里求」，不犯，而在緣起和戒本中都沒有提到。《五分律》、《根有律》緣起中並未提到非親里的問題，而在戒本中都提到，從非親里索好衣，正犯。《五分律》辨相中有「若從親里索好衣，突吉羅」，《根有律》辨相中則沒有相關判罪。

《四分律》辨相中，「為他求，他為己求」，不犯。比丘在實際行持中很有可能會遇到這種情況，而緣起和戒本中對此都未提及。《巴利律》辨相中，「為他人者」，不犯，與《四分律》類似。

《僧祇律》緣起中，居士原本打算為僧「施衣」，而戒本和辨相中都是「買如是如是衣，與某甲比丘」，即施衣與比丘個人。

(二) 調整文本

通過以上諸律間觀點同異的對比與分析，文本在《四分律》的基礎上作如下調整：

1. 緣起

(1) 本制

佛在舍衛國祇樹給孤獨園，一位乞食比丘聽到居士夫婦要供養跋難陀一件衣服，於是將這個消息告訴跋難陀。跋難陀之後到居士家勸對方供養自己「廣大、新好、堅緻」的衣服，引起居士譏嫌。諸比丘將此事向佛匯報，佛因此制戒：「若比丘，非親里居士、居士婦為比丘辦衣價，念言：『當買如是衣與某甲比丘。』是比丘，為好故到居士家作如是說：『善哉！居士，買如是如是衣與我。』若得衣者，尼薩耆波逸提。」

(2) 隨制

有居士自恣請，欲供養比丘衣，詢問比丘的需求時，比丘因擔心犯戒而不敢作答；又有居士欲供養比丘大價衣，比丘少欲知足想要價格低的，因擔心犯戒而不敢向居士說。佛因此增制此戒，開緣在自恣請的情況下比丘不犯戒。

2. 戒本

若比丘，非親里[1]居士、居士婦為比丘辦衣價，念言[2]:「當[3]買如是衣與某甲比丘。」是比丘先不受[4]請，為好故[5]到居士家作如是言[6]:「善哉！居士[7]，買如是如是衣與我[8]。」若得衣者，尼薩耆波逸提。

3. 關鍵詞

衣價：用於做衣的費用。

4. 辨相

（1）犯緣

本戒具足五緣成犯：一、準備供衣的非親里居士；二、欲求利養或名聞之心；三、先不受請而往勸說；四、居士增衣價或衣量；五、得衣時，成犯。

（2）辨相結罪輕重

①準備供衣的非親里居士

比丘勸非親里居士增加衣價，犯捨墮。

若親里家境富裕，比丘向其索求貴價衣，不犯；若親里家境貧寒，比丘向其索求，結突吉羅罪。

②欲求利養或名聞之心

比丘有欲求好衣的心，結捨墮罪；比丘貪求粗衣或為博得聲名，居士供養細衣時而勸供粗衣，結捨墮罪；若不以上述兩種心勸供粗衣者，不犯。

---

1 「非親里」，底本闕，據《十誦律》、《十誦比丘戒本》、《五分律》、《彌沙塞五分戒本》、《解脫戒經》、梵文《有部戒經》、梵文《根有戒經》、巴利《戒經》、藏文《根有戒經》加。

2 「念言」，底本闕，據《十誦比丘戒本》加。

3 「當」，底本闕，據《根有律》、《根有戒經》、《根有律攝》加。

4 「受」後，底本有「自恣」，據《根有律》、《根有戒經》、《根有律攝》刪。

5 「為好故」，底本闕，據《僧祇律》、《僧祇比丘戒本》加。

6 「言」，底本作「說」，據《十誦律》、《十誦比丘戒本》、《僧祇律》、《僧祇比丘戒本》、《五分律》、《彌沙塞五分戒本》、《解脫戒經》改。

7 「士」後，底本有「為我」，據《新刪定四分僧戒本》刪。

8 「我」後，底本有「為好故」，據《僧祇比丘戒本》刪。

③先不受請而往勸說

比丘先不受請而親自言語勸說，勸令居士增加衣價，結捨墮罪；若先受請而往求索，不犯。

④居士增衣價或衣量

若居士聽從了比丘的勸說，增加了衣服的價格，或者增大了衣服的尺量，比丘結捨墮罪。

⑤得衣時

若比丘得衣，結捨墮罪；若不得衣，結突吉羅罪。

⑥犯戒主體

比丘、比丘尼若犯，結捨墮罪；式叉摩那、沙彌、沙彌尼若犯，結突吉羅罪。

⑦不犯

若從天人等乞，不犯。

若居士欲作大，勸使小；欲多直買，勸令少直；若隨居士作：皆不犯。

如乞小片，他與大衣，不犯。

他為己求，或不求自得，不犯。

最初未制戒，癡狂、心亂、痛惱所纏時，不犯。

六、現代行持參考

本戒的精神對於現代比丘仍有一定的借鑒意義。如果居士發心供養比丘，不管是衣服還是其他物品，比丘均不宜向其索取價值更高者，也不應暗示對方還有更好的品牌、更新的款式。另外，當居士發心供養價值較高的物品時，比丘應根據實際情況選擇。如果刻意拒絕或者請居士調換價格較低的物品，也可能會引起居士譏嫌。對居士的供養，比丘理應隨緣接受，一方面防止自己貪心的膨脹，另一方面也要避免給居士增加負擔或壓力。

與居士互動的過程中，比丘還要注意避免在時間與精力上增加居士的負擔。相比古代社會，現代社會競爭壓力大，居士們一般有更多的個人事務需要處理。如果比丘經常找居士幫忙，信心強的居士即使有事，也往往不好意思拒絕，這就可能導致其生計和家庭關係受到影響。比丘雖然已經出家，但也應適當顧及世俗人情世故，避免招致譏嫌。

09

勸二家增衣價戒

一、戒本

《四分律》中本戒的戒本為：「若比丘，二居士、居士婦與比丘辦衣價：『持如是衣價，買如是衣與某甲比丘。』是比丘先不受居士自恣請，到二居士家作如是言：『善哉！居士，辦如是如是衣價與我，共作一衣。』為好故，若得衣者，尼薩耆波逸提。」

（一）若比丘，二居士、居士婦與比丘辦衣價：「持如是衣價，買如是衣與某甲比丘。」

《四分律》、《四分律比丘戒本》[1] 作：「若比丘，二居士、居士婦與比丘辦衣價：『持如是衣價，買如是衣與某甲比丘。』」意思是：「如果比丘，（有）兩家居士、居士的妻子為比丘置辦了買衣服（所需）的錢（想）：『拿這些錢買這樣的衣服供養某位比丘。』」

與《四分律》相似：

《四分僧戒本》[2] 作：「若比丘，二居士、居士婦與比丘辦如是衣價：『我曹辦如是衣價與某甲比丘。』」

《僧祇律》作：「為比丘故，若二居士、居士婦各各辦衣價，作如是言：『我等辦如是如是衣價，買如是如是衣與某甲比丘。』」相比《四分律》，多了「為比丘故」的表述，但文意相同。

《僧祇比丘戒本》[3] 作：「若比丘，居士、居士婦各辦如是衣價，言：『我等辦如是衣價，買如是衣與某甲比丘。』」這裏沒有直接説明是「二」居士、居士婦。

---

1 《四分律比丘戒本》，《大正藏》22 冊，1017 頁中欄。

2 《四分僧戒本》，《大正藏》22 冊，1025 頁中欄。

3 《僧祇比丘戒本》，《大正藏》22 冊，551 頁中欄。

梵文《說出世部戒經》[1]作“bhikṣuṃ kho punar uddiśya anyatareṣāṃ dvinnāṃ gṛhapatikasya gṛhapatinīye ca pratyekacīvaracetāpanāni abhisaṃskṛtāni bhavanti, abhisaṃcetayitāni imehi vayaṃ pratyekacīvaracetāpanehi pratyekaṃ pratyekaṃ cīvaraṃ cetāpayitvā itthaṃnāmaṃ bhikṣuṃ pratyekaṃ pratyekaṃ cīvareṇācchadayiṣyāmaḥ”，意思是：「兩位居士和居士妻子，各自為比丘置辦好了購衣錢，想着：『哦，我們用各自的購衣錢買完衣服以後，把衣服給某位比丘穿。』」這裏與《四分律》「買如是衣與某甲比丘」一句相對應的內容，明確為居士內心的作意。此戒本缺少與「若比丘」直接對應的內容。

與《四分律》有部分差異：

《十誦律》作：「若比丘，二非親里居士、居士婦各辦衣直，作是念言：『我以是衣直，各買如是衣與某甲比丘。』」《十誦比丘戒本》[2]作：「若比丘，非親里居士，若居士婦，各各辦衣價，念言：『我如是如是衣價，買如是如是衣與某甲比丘。』」

《五分律》、《彌沙塞五分戒本》[3]作：「若非親里居士、居士婦，共議：『我當各以如是衣直作衣與某甲比丘。』」對應《四分律》的「持如是衣價，買如是衣與某甲比丘」，這裏描述為居士共同商議的內容。

梵文《有部戒經》[4]作“bhikṣuṃ punar uddiśya dvābhyām ajñātibhyāṃ gṛhapatibhyāṃ gṛhapati patnībhyāṃ vā pratyekacīvaracetanakāny upaskṛtāni syur ebhir āvāṃ cīvaracetanakair evaṃrūpaṃ evaṃrūpaṃ pratyekacīvaraṃ cetayitvā evaṃnāmānaṃ bhikṣum ācchādayiṣyāvaḥ pratyekacīvarābhyām iti”，意思是：「（與比丘）不是親屬的兩個居士或居士的妻子為任何一位比丘已經準備好了各自單獨的購衣錢，想着：『我要以這樣的購衣錢，買這樣的各自單

---

1 Nathmal Tatia, *Prātimokṣasūtram of the Lokottaravādimahāsāṅghika School,* Tibetan Sanskrit Works Series, no. 16, p. 14.

2 《十誦比丘戒本》，《大正藏》23 冊，473 頁上欄。

3 《彌沙塞五分戒本》，《大正藏》22 冊，196 頁中欄。

4 Georg von Simson, *Prātimokṣasūtra der Sarvāstivādins Teil II,* Sanskrittexte aus den Turfanfunden, XI, p. 187.

獨的衣服，然後將其給某位比丘穿。』」

巴利《戒經》[1]作“bhikkhuṃ pan’eva uddissa ubhinnaṃ aññātakānaṃ gahapatīnaṃ vā gahapatānīnaṃ vā paccekacīvaracetāpanā upakkhaṭā honti:. Imehi mayaṃ paccekacīvaracetāpanehi paccekacīvarāni cetāpetvā itthan-nāmaṃ bhikkhuṃ cīvarehi acchādessāmā ti”，意思是:「如果有（與比丘）不是親屬（關係）的多個居士或居士的妻子各自單獨為（某位）比丘準備好了購衣錢，想：『我們用各自準備的購衣錢分別購買衣服，然後將其送與某位比丘穿。』」

《十誦律》及以下律典與《四分律》相比，對居士、居士婦多了「非親里」的限定。

《根有律》作：「若復苾芻，有非親居士、居士婦各為苾芻辦衣價：『買如是清淨衣與某甲苾芻。』」《根有戒經》[2]、《根有律攝》[3]作：「若復苾芻，有非親居士居士婦各辦衣價：『當買如是清淨衣與某甲苾芻。』」

梵文《根有戒經》[4]作“bhikṣuṃ khalūddiśyājñātinā gṛhapatinā gṛhapatipatnyā ca pratyekapratyekāni cīvaracetanakāni pratyupasthāpitāni syuḥ| ebhir āvāṃ pratyekapratyekaiḥ cīvaracetanakair evaṃrūpaṃ caivaṃrūpaṃ ca pratyekapratyekaṃ cīvaraṃ cetayitvā evaṃnāmā bhikṣur upasaṃkramiṣyati tam ācchādayiṣyāvaḥ| pratyekapratyekābhyāṃ cīvaracetanakābhyāṃ kāle kalpikābhyām iti”，意思是：「（與比丘）不是親屬的多個居士和居士的妻子各各單獨為（某位）比丘準備好了購衣錢，想着：『我們各各以這樣的各自單獨的購衣錢，買這樣的衣服後，在某甲比丘到來時給他穿，（是）以各自單獨的購衣錢，通過合時、合適（的方式）。』」這裏多出了「合時、合適」的表述。

藏文《根有戒經》[5]作“དགེ་སློང་གི་ཕྱིར་ཁྱིམ་བདག་དང་ཁྱིམ་བདག་གི་ཆུང་མ་ཉེ་དུ་མ་ཡིན་པས་གོས་ཀྱི་རིན་སོ་སོ་དེ་དག་སྤགས་ནས། བདག་ཅག་གཉིས་ཀྱིས་གོས་ཀྱི་རིན་སོ་སོ་བ་འདི་དག་གིས་གོས་འདི་དང་འདི་ལྟ་བུ་སོ་སོ་བ་དག་ཉོས་ལ། དགེ་སློང་མིང་འདི་ཞེས་བྱ་

1 Bhikkhu Ñāṇatusita, *Analysis of The Bhikkhu Pātimokkha*, p. 124.

2 《根有戒經》，《大正藏》24 冊，502 頁下欄。

3 《根有律攝》卷 6，《大正藏》24 冊，558 頁上欄。

4 Anukul Chandra Banerjee, *Two Buddhist Vinaya Texts in Sanskrit*, p. 26.

5 麗江版《甘珠爾》(འཇང་བཀའ་འགྱུར།) 第 5 函《別解脱經》(སོ་སོར་ཐར་པའི་མདོ།) 9a。

པ་འོངས་པ་དང་། བདག་ཅག་གཉིས་ཀྱིས་སོ་སོ་ནས་དེ་ལ་གོས་ཙང་བ་དུས་སུ་བསྒོན་ནོ། །སྙམ་པ་ལས་”，意思是：非親里居士和居士的妻子為了比丘已經準備、置辦了各自的購衣錢，「我們二人用各自的這些購衣錢，買來各自的等同這些價錢的衣服。並且，當那位比丘到來時，可以把我們二人的各自的這些衣服及時給他穿上」，居士們這樣想着。

《根有律》及之後的根本說一切有部律典與《四分律》相比，除了多出「非親里」的限定，所說的內容也多了「清淨」或「及時」等內涵。上述四部非漢文戒本均缺少與「若比丘」直接對應的內容。

《解脫戒經》[1] 作「若比丘，二居士各各為比丘辦衣價，此物作衣已與某甲比丘」，沒有出現《四分律》中的「居士婦」，只以「居士」統稱。

《新刪定四分僧戒本》[2] 作「若比丘，二居士、居士婦與比丘辦衣價」，相比《四分律》，缺少了「持如是衣價買如是衣與某甲比丘」。

與《四分律》差異較大：

《鼻奈耶》作「若比丘，非親里長者、婦女，先來許與，作二領衣」。

（二）是比丘先不受居士自恣請，到二居士家作如是言：「善哉！居士，辦如是如是衣價與我，共作一衣。」為好故，若得衣者，尼薩耆波逸提

《四分律》、《四分律比丘戒本》作「是比丘先不受居士自恣請，到二居士家作如是言：『善哉！居士，辦如是如是衣價與我，共作一衣。』為好故，若得衣者，尼薩耆波逸提」，意思是：「比丘之前沒有接到居士的邀請，（便自己）到兩個居士家這樣說：『好啊！居士，籌辦這樣的衣價給我，兩家共同做一件衣。』（比丘目的是）為了（得到）好的衣服，如果得到了衣服，犯捨墮罪。」

1 《解脫戒經》，《大正藏》24 冊，661 頁中欄。

2 《新刪定四分僧戒本》，《卍續藏》39 冊，265 頁上欄至中欄。

與《四分律》相似：

《僧祇律》作「是比丘先不自恣請，為好衣故便到居士所言：『為我各各辦如是如是衣價，共作一衣與我，為好故。』若得是衣，尼薩耆波夜提」。

《僧衹比丘戒本》作「是比丘先不請，為好故便往勸言：『善哉！居士，各辦如是衣價，共作一如是色衣與我。』若得衣，尼薩耆波夜提」。

《十誦律》作「是中比丘先不請，便往居士、居士婦所，作同意言：『汝等各辦衣直，合作一衣與我。』為好故，若得衣者，尼薩耆波逸提」，此處特別提到「作同意言」。

梵文《說出世部戒經》作"tatra ca bhikṣuḥ pūrvaṃ apravārito upasaṃkramitvā vikalpam āpadyeya sādhu kho punas tvam āyuṣman, tvaṃ ca bhagini, imehi pratyekacīvaracetāpanehi pratyekaṃ cīvaraṃ cetāpayitvā itthaṃnāmaṃ bhikṣuṃ pratyekaṃ cīvareṇācchādetha evaṃrūpeṇa vā evaṃrūpeṇa vā ubhau pi sahitau ekena kalyāṇakāmatām upādāya| abhiniṣpanne cīvare nissargikapācattikaṃ"，意思是：「這個比丘原先沒有被邀請，直接前往（居士家）後，（由於）起了念想（而說）：『好啊，大德和姊妹，如果用這些單獨的購衣錢換取各個衣服以後，將兩家合成一件這樣、那樣的衣服送給某位比丘。』為了想要獲得好的（衣服），（如果）衣服作成，捨墮。」這裏多出了「起了念想」。

與《四分律》有部分差異：

《四分僧戒本》作「是比丘先不受自恣請，到二居士家作如是說：『善哉！居士，辦如是衣與我，共作一衣。』為好故，若得者，尼薩耆波逸提」，《新刪定四分僧戒本》作「是比丘先不受自恣請，到二居士家作如是說：『善哉！居士，辦如是衣與我，共作一衣。』為好故，若得衣者，尼薩耆波逸提」。以上兩部律典均提到「辦如是衣與我」，而《四分律》與其對應的部分為辦衣價。

巴利《戒經》作"tatra ce so bhikkhu pubbe appavārito upasaṅkamitvā cīvare vikappaṃ āpajjeyya: Sādhu vata maṃ āyasmanto imehi paccekacīvaracetāpanehi evarūpaṃ vā evarūpaṃ vā cīvaraṃ cetāpetvā acchādetha ubho va santā ekenā ti, kalyāṇakamyataṃ upādāya, nissaggiyaṃ pācittiyaṃ”，意思是：「如果這位比丘在沒有受到邀請的情況下，前往（居士家）後，對衣服提出建議：『大德，實在很好，用這兩份單獨的購衣價合做一份，買這樣或者那樣的衣服給我穿』，為了想要獲得好的（衣服），捨墮。」這裏缺少與《四分律》「若得衣者」相對應的內容。

《十誦比丘戒本》作「是比丘先不自恣請，為好衣故，少作因緣，便到非親里居士，若居士婦所作如是言：『汝等善哉！辦如是如是衣價，買合作一衣與我。』為好故，若得是衣，尼薩耆波夜提」，相比《四分律》多了「為好衣故，少作因緣」以及「非親里」的描述。

梵文《有部戒經》作“tatra cet sa bhikṣuḥ pūrvam apravāritaḥ samāna upasaṃkramya tau dvāv ajñātī gṛhapatī gṛhapatipatnyau vā kaṃcid eva vikalpam āpadyann evaṃ vaded yāni tāny āyuṣmadbhyāṃ mām uddiśya cīvaracetanakāny upaskṛtāny ebhir āvāṃ cīvaracetanakair evaṃ(rūpam e)vaṃrūpaṃ pratyekacīvaraṃ cetayitvā evaṃnāmānaṃ bhikṣum ācchādayiṣyāvaḥ sādhv āyuṣmantau taiś cīvaracetanakair evaṃrūpam evaṃrūpa(ṃ) pratyekacīvaraṃ cetayitv(ā)cchādayata(ṃ) māṃ cīvareṇa ubhau bhūtvaikeneti kalyāṇakāmatām upādāyābhiniṣpanne cīvare niḥsargik(ā pātayantikā)”，意思是：「如果這個比丘原先沒有被邀請，直接前往這兩戶（與比丘）沒有親屬關係的居士或居士妻子那裏，（由於）生起某個念想而這樣建議：『兩位大德，用這些為我準備的購衣錢，買了這樣單獨的衣服以後，給某位比丘穿。好啊，兩位大德！用這些購衣錢買這樣的單獨衣服給我穿，已有的兩件衣服合成一件。』為了想要獲得好的（衣服），（如果）衣服作成，捨墮。」這裏多出了「沒有親屬關係」和「生起某個念想」。

《五分律》、《彌沙塞五分戒本》作「是比丘先不自恣請，便往問居士、居士婦言：『汝各為我以如是衣直作衣不？』答言：『如是。』便言：『善哉！居士、居士婦，可合作一衣與我。』為好故，尼薩耆波逸提」，《解脫戒經》作「是比丘先不受自恣請，憶念往至彼居士家作如是說：『居士！汝二人實欲為我作衣不耶？』答言：『實爾。』比丘言：『善哉！居士，辦如是好衣價，為我共作一衣。』為好故，若得衣，尼薩耆波逸提」。《五分律》等三部律典比《四分律》多了比丘與居士間的對話。

《根有律》作「此苾芻先不受請，因他告知便詣彼家作如是語：『善哉！仁者，可共買如是清淨衣及時與我。』為好故，若得衣者，泥薩祇波逸底迦」，《根有戒經》、《根有律攝》作「此苾芻先不受請，因他告知便詣彼家作如是語：『善哉！仁者，為我所辦衣價，可共買如是清淨衣及時與我。』為好故，若得衣者，泥薩祇波逸底迦」。相比《四分律》，這三部律典多了「因他告知」這一資訊來源的說明，以及「清淨」、「及時」等限定內容。此外，《根有戒經》、《根有律攝》相比《根有律》增加了「為我所辦衣價」一句。

梵文《根有戒經》作"tatra cet sa bhikṣuḥ pūrvam apravāritaḥ san kaṃcid eva vikalpam āpatya tam ajñātigṛhapatiṃ gṛhapatipatnīṃ vopasaṃkramyaivaṃ vaded yāni tāny āyuṣmatyātmān uddiśya pratyekapratyekāni cīvaracetanakāni pratyupasthāpitāni | sādhyāyuṣmatau tau pratyekapratyekaiś cīvaracetanakair evaṃrūpaṃ caivaṃrūpaṃ ca cīvaraṃ cetayitvā ācchādayatām ubhāv api bhūtvā ekaikena cīvareṇa kāle kalpikena kalyāṇakāmatām upādāyābhiniṣpanne cīvare naisargikā pāyantikā"，意思是：「如果這個比丘原先沒有被邀請，(由於）生起某個念想而直接前往（與比丘）沒有親屬關係的居士、居士妻子那裏，這樣建議：『好啊，兩位大德，用為我各各置辦的購衣錢，買了這樣的衣服以後，給我合時、合適的衣服穿。』為了想要獲得好的（衣服），(如果）衣服作成，捨墮。」這裏多了「生起某個念想」。

藏文《根有戒經》作"དེ་ན་གལ་ཏེ་དགེ་སློང་དེ་ལ་སྔར་མ་བསྟབས་པར་རྣམ་པར་རྟོག་པ་འགའ་ཞིག་བྱུང་སྟེ། བཟང་པོ་འདོད་པའི་ཕྱིར་ཁྱིམ་བདག་དང་། ཁྱིམ་བདག་གི་ཆུང་མ་ཉེ་དུ་མ་ཡིན་པ་དེ་དག་གི་གན་དུ་སོང་ནས་འདི་སྐད་ཅེས། ཚེ་དང་ལྡན་པ་དག་གིས་བདག་གི་ཕྱིར་གོས་ཀྱི་རིན་སོ་སོ་བ་དག་སྤགས་པའི་གོས་ཀྱི་རིན་སོ་སོ་བ་དེ་དག་གིས་ཚེ་དང་ལྡན་པ་དག་གོས་འདི་དང་འདི་ལྟ་བུ་སོ་སོ་བ་དག་ཉོས་ལ་གཉིས་ཀ་འདུས་ཏེ། བདག་ལ་གོས་ཅུང་བ་ཅིག་དུས་སུ་ལེགས་པར་སྐོན་ཅིག་ཅེས་སྨྲས་ཏེ། གོས་གྲུབ་པ་ན་སྤང་བའི་ལྟུང་བྱེད་དོ། །"，意思是：「如果這時這一比丘在之前沒有正式提出邀請的情況下，知道了某些（居士們準備供養的）消息以後，由於想要好衣服，去了非親里居士和居士的妻子那裏，(說了）這些話：『大德們，為了我而已經準備、置辦了各自的購衣錢，以這樣的這些各自的購衣錢，大德們，買來等同這些價錢的各自衣服，然後把這兩者合在一起。可以把這合成為一件的好衣服及時給我穿上。』衣服已

經作成，捨墮。」這裏多了「知道了某些（居士準備供養的）消息以後」、「及時給我穿上」。

與《四分律》差異較大：

《鼻奈耶》作「使破為一而取者，捨墮」。

二、原理

（一）貪心乞索

勸二家增衣價戒屬於遮戒。佛陀制定此戒，一方面保護了居士們虔誠的供養之心，另一方面也約束了比丘的貪心。

比丘主動向二家或者多家居士提出要求，希望他們改變原來的供養意願，由獨自供養轉變為將各自的供養金合在一起，共同供養一件更好的衣服。這種行為是比丘貪煩惱的體現。律中，比丘並未成功說服兩家居士共同供養，反而讓居士很不滿。如《四分律》記載：「居士聞之即共譏嫌：『……施者雖無厭，而受者應知足，屏處言語而來求索。』」

（二）暗示增價

諸部律典中，緣起比丘的形象雖各不相同，但其貪求好衣而不顧他人譏嫌的特徵是相似的。緣起比丘勸二家居士合衣價，並不是為了減輕居士的負擔，而是想得到更好的衣服。

《四分律》中記載，緣起比丘主動向二家居士提出要求：「若欲與我作衣者，可共作一衣與我，極使廣大、堅致。中，我受持；若不中受持，非我所須。」從中可以看出，比丘使二家居士合衣價的目的是得到「廣大、堅緻」的好衣。然而，滿足比丘對好衣的需求，也就意味着居士可能要付出更多錢財。

《十誦律》中，緣起比丘知道有居士供養衣服後，感慨道：「我等比丘出家人少衣服，乞求難得。汝等不能常有布施因緣。」比丘這裏所說的「少衣服，乞求難得」，並非實際情況。其實緣起比丘並不缺衣服，只是缺好衣服；也並非乞求難得，緣起故事中，就有兩家居士欲同時供養比丘。比丘這樣說是為了讓居士生起憐憫心，從而得到更豐厚的供養。最終，每家居士又在原來衣價的基礎上增加了三倍的價錢，各自單獨供養。衣價超出了供養者心理預期，所以使其生「悔心」。

居士已經設定好供養比丘的衣價後，緣起比丘再提出合衣價的要求，居士必然能夠體會到比丘嫌衣價低、供養不豐厚的心理。居士為了表達供養的誠心，很可能在合衣價的同時，還會增加原計劃的供養金，《十誦律》、《五分律》中就有明確記載。

（三）不復往來

在《五分律》中，緣起比丘與居士經常來往，並且「為說法，疾病、官事皆為料理」。不僅為居士說法，看病，連官事也幫忙料理，可見其與居士接觸之頻繁。雖然如此，當緣起比丘提出合衣價的要求時，居士便轉變了態度：「便大瞋言：『此人無厭，難養，難滿。雖求合作一衣，而於我發心所許五倍、六倍猶不愜意。如此惡人，不足存在！』於是不聽復得來往。」緣起比丘不適宜的言行，導致信眾與其不復往來。

《四分律》、《根有律》、《巴利律》中，也有類似的記載。緣起比丘或是居士的「知舊」，或是居士的恩人，或被居士視為大德，在居士心中佔據着重要的地位。但緣起比丘在勸二家居士增衣價之後，其在居士心中的地位不復從前，反而成為居士譏嫌的對象。

三、專題

勸二家增衣價戒的兩種理解

勸二家增衣戒存在兩種理解。一種是兩衣價合在一起並不犯，要再增價才犯。如《資持記》:「『勸二居士共作一衣，價本不增，為有犯否？』答:『如文云「增」……不增非犯。』」[1] 另一種是兩衣價合在一起就犯，不需要再增價。下面分別從諸律的原始記載和戒律精神兩個角度進行分析（下文中「勸居士增衣價戒」簡寫為「增衣價戒」,「勸二家增衣價戒」簡寫為「勸二家戒」）。

(一) 從律典的記載分析

以下主要從緣起、戒條和辨相三個方面，梳理諸律中此問題的相關記載。

1. 緣起

《四分律》關於此問題的記載，只出現在緣起比丘與居士的對話中:「若欲與我作衣者，可共作一衣與我，極使廣大、堅緻，中我受持。」從中可以看出只有兩家合在一起的內涵，沒有「合而再增」的記載。

《鼻奈耶》、《根有律》與《四分律》相同。《鼻奈耶》中，緣起比丘言:「若與我作衣者，不足各作，可合作一領佳者。」《根有律》中記載:「事並同前。但以二人各辦衣價為異，令彼二價共為一衣。」「事並同前」是指緣起和上一條「增衣價戒」相同,「共為一衣」也沒有再增價之內涵。

《十誦律》緣起比丘語居士「若不能各作者，二人共作一衣與我」，與《四分律》類似。但是該律在隨後的居士譏嫌中，卻多了「隨所辦衣直，更出再三倍作衣」的記載，有兩家合衣價之後又增價的內涵。

《五分律》與《十誦律》類似。律中，緣起比丘言:「可合作一衣，令極好。」這一點亦與《四分律》亦類似，同樣多了居士譏嫌的內容——「雖求合

---

1 《四分律行事鈔資持記校釋》，1625 頁。

作一衣，而於我發心所許五倍、六倍猶不愜意」，亦有「合而再增」的內涵。

《僧祇律》中，「此中如上一居士中廣說，但二居士為異耳」，意為此戒和增衣價戒差別只是「二居士」，其他都相同。不過，該律中增衣價戒的直接緣起與諸律差異較大：有居士要「飯僧施衣」，緣起比丘先到居士家，勸說居士把衣服供養他個人，佛陀因此制戒。緣起很像其他律典「迴僧物入己戒」，沒有提到增衣價的內容。

《巴利律》中，緣起比丘語居士：「汝等若欲以衣與我披者，應與如是之衣。」沒有明確提及兩家合衣，但記載了兩居士想要供衣的事情。

總之，《四分律》、《鼻奈耶》、《根有律》三部律典明確記載了兩家合一，而沒有合而再增的內涵。《僧祇律》、《巴利律》緣起中對此沒有明文記載。《十誦律》、《五分律》緣起中，雖然緣起比丘勸居士時只提到「兩家合」，但是在隨後居士譏嫌中，卻有「合而再增」的內容。

2. 戒條

《四分律》、《四分僧戒本》、《新刪定四分僧戒本》、《四分律比丘戒本》的文本為「共作一衣」，並無「增」的內容。

《鼻奈耶》、《十誦律》、《五分戒本》、《十誦比丘戒本》、《僧祇律》、《僧祇比丘戒本》、《五分律》、《彌沙塞五分戒本》、《解脱戒經》、梵文《説出世部戒經》、梵文《有部戒經》、《巴利律》與《四分律》相似。

《根有律》、《根有戒經》、《根有律攝》對應詞條位置與《四分律》不同，但根據《根有律》「仁者可共買如是清淨衣」可知，其內涵亦與《四分律》類似。梵文《根有戒經》和藏文《根有戒經》中也沒有「增」的內涵。

因此，諸部律典中，只記載了「共作一衣」等類似內涵，沒有「合而再增」的記載。

3. 辨相

諸律辨相中沒有關於是否另增衣價的記載。《四分律》辨相中，比丘「若於貴價好衣中求不如者」是不犯的，《巴利律》也有同樣的記載。也就是説，《四分律》、《巴利律》中「減價求」被列入了開緣，而「不增價」沒有。從這個角度可以合理反推出「不增價」也犯，否則也應被列入開緣。

《僧祇律》「增衣價戒」辨相中，列了「知足好」、「粗足好」等正犯的情況，即減價的情況也正犯。「勸二家戒」的辨相與增衣價戒類似，從中可推出不增價也正犯。

（二）從戒律精神的角度分析

首先，倘若兩衣價合在一起不犯，再增價才正犯，則此戒的內涵與「增衣價戒」就類似了。合價之後再增價，居士額外付出了成本。這種情況增衣價戒完全可以涵蓋，那就沒有必要再單獨制戒。

其次，諸律中，勸二家戒都是緊跟增衣價戒，很多律典都用「同上一條戒」來描述勸二家戒的內容。這種情況很像「露地敷僧物戒」與「覆處敷僧物戒」，以及「打比丘戒」與「搏比丘戒」等戒條。這類戒條的一個共同特徵是同一煩惱以不同的方式表現出來。比如，佛陀制「打比丘戒」後，緣起比丘知道不能打了，但在瞋煩惱推動下，將「打」轉化為「搏」，佛陀於是再制「搏比丘戒」。勸二家戒和增衣價戒中，佛陀通過制戒，使比丘不得向居士增衣價，目的是約束比丘貪求好衣的煩惱。但隨後緣起比丘想出讓兩家衣價合在一起的方式，既不違背先制戒律，又達到了自己貪求好衣的目的。佛陀以此因緣，再次制戒攔截這種鑽漏洞的行為，於是便有了勸二家戒。

另外，比丘在沒有受自恣請的情況下，主動去二居士家索衣，要求其把衣價合在一起，為自己買更好的衣服。從居士的角度來看，比丘的這種行為本身就容易受到譏嫌。

綜上所述，從戒律精神的角度分析，「兩家合而犯」的理解更為合理。

（三）總結

綜上所述，諸律緣起中，《四分律》、《鼻奈耶》、《根有律》明確記載為「兩家合一」，沒有「合而再增」的內涵。《僧祇律》、《巴利律》文義模糊，無明確記載。《十誦律》、《五分律》有「合而再增」的可能性。在戒條和辨相層面，有明確記載的律典，皆是「兩家合一」，沒有提到「合而再增」。從戒律精神的角度分析，「合而再增」與增衣價的內涵有雷同之處；「合而不增」更能制約比丘鑽漏洞求好的煩惱，與佛陀制戒規律相符順。根據以上分析，本文認為「勸二家增衣價戒」的內涵為兩家合即犯。如果本戒名稱為「勸二家合衣價戒」，應該更準確。

四、總結

（一）諸律差異分析

1. 緣起

（1）結構差異

《四分律》有一個本制和一個隨制。其他律典都只有一個本制。《四分律》比其他律典多了一個居士自恣請的隨制。因此，本戒結構仍以《四分律》為準。

（2）情節差異

與《四分律》相比，《鼻奈耶》、《十誦律》、《五分律》缺少乞食比丘聽到供衣資訊，並告知緣起比丘的情節。《鼻奈耶》還缺少緣起比丘勸二家合衣後，居士、乞食比丘對其譏嫌，佛陀對其呵責等情節；但多了緣起比丘得衣後到僧中炫耀，諸比丘不知如何作答而白佛等情節。

《鼻奈耶》、《根有律》與《四分律》相似，都只有合衣，沒有「合而再增」的記載。《十誦律》、《五分律》中，從居士譏嫌可以看出有「合而再增」的內涵，《僧祇律》、《巴利律》無明文記載。

（3）結論

綜上所述，本戒緣起無需調整，仍取《四分律》的結構與情節。

2. 戒本差異

整體而言，除《鼻奈耶》作「若比丘，非親里長者婦女，先來許與作二領衣，使破為一而取者，捨墮」，其他律典雖在表達方式、內容詳略方面與《四分律》有一定差別，但律典大意是一致的。

不過這裏有一些值得注意的細節。《四分律》中，本戒和前一條「勸居士增衣價戒」的戒條差異主要體現為：一、前一條戒是一家的居士、居士婦，本戒是兩家的居士、居士婦；二、本戒中，比丘要求兩家合起來做一件衣服。

但是，《五分律》、《彌沙塞五分戒本》、《根有律》、《根有戒經》、《根有律攝》、梵文《說出世部戒經》、藏文《根有戒經》中，這兩條戒的所犯境都是兩家的居士，唯一的差別是比丘前往勸說前：前一條戒是兩家計劃「共作」，本戒則是「各各作」。

戒本調整方面，據《解脫戒經》將「與比丘辦衣價」中的「與」字改成「各各為」，以使本戒所犯境的特點表述得更為明確。為了文句更加簡明，據《根有戒經》將「持如是衣價」改為「當」；據《四分僧戒本》等將「辦如是如是衣價與我」一句中重複的「如是」二字刪去。其他修改與前一條「勸居士增衣價戒」相同。

3. 辨相差異

如「勸居士增衣價戒」所述。

4. 諸律內部差異

如「勸居士增衣價戒」所述。

（二）調整文本

通過以上諸律間觀點同異的對比與分析，文本在《四分律》的基礎上作如下調整：

1. 緣起

（1）本制

佛在舍衛國祇樹給孤獨園，一位乞食比丘聽到兩家居士夫婦各自打算供養跋難陀比丘衣服，就將這個消息告訴了跋難陀。於是跋難陀到兩居士家，勸兩家合做一件更好的衣服來供養自己。跋難陀的行為受到居士譏嫌，諸比丘將此事向佛匯報後，佛便制戒：「若比丘，二非親里居士、居士婦各各為比丘辦衣價，念言：『當買如是衣與某甲比丘。』是比丘為好故到二居士家作如是言：『善哉！居士，辦如是衣價與我，共作一衣。』若得衣者，尼薩耆波逸提。」

（2）隨制

有居士自恣請，欲為比丘作貴價衣，比丘有疑而不敢隨意索求。佛說，比丘可索取價格低一些的衣服，並因此增制此戒，規定比丘是在「先不受請」的情況下犯戒，如果先受請則不犯。

2. 戒本

若比丘，二非親里[1]居士、居士婦各各為[2]比丘辦衣價，念言[3]:「當[4]買如是衣與某甲比丘。」是比丘先不受[5]請，為好故[6]到二居士家作如是言：「善哉！居士，辦如是[7]衣價與我，共作一衣[8]。」若得衣者，尼薩耆波逸提。

3. 辨相

（1）犯緣

本戒具足五緣成犯：一、準備供衣的二非親里居士；二、欲求好衣之心；三、先不受請而往勸說；四、二居士合作一衣；五、得衣時，成犯。

（2）辨相結罪輕重

①準備供衣的二非親里居士

是二非親里居士，捨墮；若是親里居士，不犯。

若勸說比丘、比丘尼、式叉摩那、沙彌、沙彌尼增衣價，結突吉羅罪。

---

1 「非親里」，底本闕，據《十誦律》、《十誦比丘戒本》、《五分律》、《彌沙塞五分戒本》、梵文《有部戒經》、梵文《根有戒經》、巴利《戒經》、藏文《根有戒經》加。

2 「各各為」，底本作「與」，據《解脫戒經》改。

3 「念言」，底本闕，據《十誦比丘戒本》加。

4 「當」，底本作「持如是衣價」，據《根有戒經》、《根有律攝》改。

5 「受」後，底本有「居士自恣」，據《根有律》、《根有戒經》、《根有律攝》刪。

6 「為好故」，底本闕，據《僧祇比丘戒本》加。

7 「如是」，底本作「如是如是」，據《四分僧戒本》、《新刪定四分僧戒本》、《僧祇比丘戒本》、《解脫戒經》改。

8 「衣」後，底本有「為好故」，據《僧祇比丘戒本》刪。

②欲求好衣之心

比丘以欲求好衣之心令二家合做一衣，捨墮；若無求好衣之心，不犯。

若他為己求，或不求自得，無犯。

③先不受請而往勸說

比丘親自言語勸說，或通過遣使、書信等方式間接勸二居士合作一衣，捨墮；若先受請而往求索，不犯。

④二居士合做一衣

若居士聽從比丘的勸說，合做一衣，犯捨墮。

⑤得衣時，成犯

若比丘得衣，捨墮；若不得衣，突吉羅。

⑥犯戒主體

比丘、比丘尼若犯，結捨墮罪；式叉摩那、沙彌、沙彌尼若犯，結突吉羅罪。

⑦不犯

若從天等乞，不犯。

若居士欲做大，勸使小；欲高價買，勸令低價；若隨居士做，不犯。

如乞小片，他與大衣，不犯。

最初未制戒，癡狂、心亂、痛惱所纏時，不犯。

五、現代行持參考

比丘為了得到更好的物品，要求兩家居士將供養合在一起。這種行為雖然不一定增加居士個人的負擔，但是充分暴露了比丘貪求好物品的心理，很容易招致居士譏嫌。

比丘對於居士的供養，應該隨緣接受，對於生活必需品以及電子產品的選擇，應以實用為主。如果為了追求享受和高品味而讓兩家居士將供養合在一起，不僅會助長自己的貪心和奢靡的惡習，也會傷害居士的供養之心。

10

過限急索衣戒

一、緣起

(一) 緣起略述

佛在舍衛國祇樹給孤獨園時，羅閱城的一位大臣派使者供養跋難陀一筆用於做衣的錢財。跋難陀令其交給舍衛國的一位長者居士保管，但一直未做衣。大臣發現後告知跋難陀說，如果不做衣的話，他將收回供養的錢。跋難陀急忙趕到居士家，要求居士盡快做衣。居士剛好要去參加一個商業集會，若不參加就會被罰款，因此要求回來再做，但被跋難陀拒絕。結果，居士被罰了五百錢。此事引起長者居士以及不信佛者的譏嫌。佛陀得知此事後，制定了本戒。[1]

諸律緣起差異比較：

1. 制戒地點

《四分律》中，制戒地點為「舍衛國祇樹給孤獨園」，《鼻奈耶》[2]與其相同。《十誦律》[3]為「舍衛國」，《僧祇律》[4]為「舍衛城」，《五分律》[5]為「王舍城」，《根有律》[6]為「室羅伐逝多林」，《巴利律》[7]為「舍衛城祇樹給孤獨園」。

2. 緣起比丘

《四分律》中，緣起比丘為「跋難陀」，《十誦律》、《五分律》與其相同。

---

1 《四分律》卷 7，《大正藏》22 冊，612 頁中欄至 613 頁下欄。

2 《鼻奈耶》卷 6，《大正藏》24 冊，876 頁上欄至中欄。

3 《十誦律》卷 6，《大正藏》23 冊，46 頁下欄至 47 頁下欄；卷 53，《大正藏》23 冊，389 頁中欄。

4 《僧祇律》卷 9，《大正藏》22 冊，305 頁中欄至 306 頁下欄。

5 《五分律》卷 4，《大正藏》22 冊，28 頁下欄至 29 頁上欄。

6 《根有律》卷 20，《大正藏》23 冊，733 頁上欄至 735 頁下欄。

7 《經分別》卷 4，《漢譯南傳大藏經》1 冊，310 頁至 316 頁；《附隨》卷 1，《漢譯南傳大藏經》5 冊，53 頁。

《僧祇律》、《巴利律》為「優波難陀」，《根有律》為「鄔波難陀」，「優波難陀」與「鄔波難陀」，只是翻譯不同，指的都是同一個人。《鼻奈耶》為「諸比丘」，與其他律典不同。

3. 犯戒對象

《四分律》中，犯戒對象為舍衛城的一位長者居士。《鼻奈耶》中，緣起比丘沒有犯戒，《十誦律》為「估客子」（商人），《僧祇律》為「法豫優婆塞」，《五分律》為「執事人」，《根有律》為「賣香童子」，《巴利律》為「優婆塞」。

4. 緣起情節

《鼻奈耶》中有一個本制，故事情節與《四分律》雖然總體上相似，但也存在較大差異。此前，佛已制規矩：可以接受供養的衣，但不可以接受供養的衣價。使者問比丘：「諸賢無有人能買衣者那？」諸比丘皆回答沒有，之後便去問佛應怎麼處理。佛令其將購衣之事託付執事人，便制定了此戒。

《十誦律》有一個本制，故事情節與《四分律》基本一致，只是具體的人物、事件略有不同。律中，舍衛國的一位大居士供養跋難陀一些用於做衣服的錢。跋難陀把這些錢暫請估客子代為保管，之後後悔，次日一早便去索錢。當時舍衛國商人有一條日出後集會的規矩，遲到或不來者被罰金錢五十。估客子請求集會結束後再行辦理，但為跋難陀拒絕，因遲到被罰五十金。估客子於是呵罵跋難陀，並四處散布其事，佛陀得知此事後制戒。《十誦律》中，罰款金額是五十金，與《四分律》不同，並且居士的譏嫌更加嚴重。

《僧祇律》有一個本制和一個隨制。本制和隨制在故事情節上與《四分律》相似。律中，居士供養優波難陀用於做衣的錢，優波難陀將錢轉交優婆塞保管，由此引發優波難陀與優婆塞之間的糾紛。本律與《四分律》亦有較多不同之處：(1) 供養的居士是兩位大臣，供養的比丘也是兩位，除了優波難陀，還有難陀；(2) 供養的錢為八百錢；(3) 優波難陀沒有取錢做衣的原因為「多緣多事，忘不往取」；(4) 法豫優婆塞因臨時挪用做衣的錢而引發糾紛，與《四分律》中，居士因參加集會遲到被罰款不同；(5) 優波難陀請官府來抓優婆塞；(6) 本制中，佛制戒不許比丘去索錢；隨制中，優波難陀遲遲不去索要寄放到法豫優婆塞處的錢，對優婆塞也造成困擾，後在法豫優婆塞的建議下，佛增制此戒，開許比丘三語六默索衣。

《五分律》有一個本制，故事情節與《四分律》基本相同。

《根有律》有一個本制，主要情節與《四分律》一致。不同之處在於：(1) 行雨婆羅門供養跋難陀六十錢，且該供養跋難陀費了很大力氣才索得；(2) 跋難陀找到一賣香童子，請其代為保管錢財。

《巴利律》有一個本制，故事情節與《四分律》基本一致。

(二) 緣起比丘形象

《四分律》中，跋難陀得知大臣想將之前給的衣價要回去的消息後，立刻前往執事人處索要衣價。這反映出跋難陀看重錢財、貪求自利的性格特徵。

關於貪圖個人利益這一點，《五分律》中也有相關記載：「跋難陀言：『我甚須之。』便於非時到執事人所，語言：『我今須衣，可以見與。』」這段內容反映出跋難陀擔心衣價被要回去的急切心情。

《僧祇律》中，法豫優婆塞臨時挪用購衣款後，緣起比丘因無法得財而起瞋心。如律中記載：「優波難陀即瞋恚言：『汝不可寄付，此是我物，云何取輒用？』」反映出優波難陀斤斤計較、患得患失的心理。與其他律典不同的是，當眾人呵責優波難陀時，「優波難陀聞已羞愧，即便放去」。可見，優波難陀還是有慚愧心的。

《根有律》還記載了跋難陀的其他行為，當他求見舊時同學行雨大臣，被大臣家的守門人阻攔，跋難陀說：「癡人！為報者善；若更遲延，必當令汝招大杖罰。」當跋難陀前往寄存衣財的店鋪主那裏索要衣財而店鋪主請求暫緩時，跋難陀回答道：「不還我而便去者，違勝光王教更當罰汝六十金錢。」上述對話中，跋難陀用了兩種方式威脅對方：一是體罰，若不及時通報將受杖罰之苦；二是仰仗國王，若不還錢將會遭到金錢的處罰。這些威脅的話，最終使對方妥協退讓，滿足了自己的要求。這些內容表現出緣起比丘仗勢欺人的特點，而究其背後的原因，即是對於金錢的過分貪圖。

《十誦律》描寫了跋難陀不注重個人行儀，與在家人混迹在一起的「浪子」形象。律文中，「跋難陀釋子共估客子，在市肆中牀上坐」，這一行為對比丘而言，顯然是很不合適的。

《巴利律》中，執事人有急事要趕去辦理，請求跋難陀寬限一日，第二天必定付衣價。但跋難陀不同意，非要對方當天還錢，甚至動手去脅迫對方。律文記載了跋難陀的言行：「『今日，與我衣。』而執其衣帶。」反映出跋難陀急躁、蠻不講理的性格特點。

（三）犯戒內因

《四分律》中，緣起比丘跋難陀貪求衣價，恐衣價被大臣索回，疾速前往執事人處索取。可見，緣起比丘貪圖衣財、恐財失去的心理是其犯戒內因。《鼻奈耶》、《十誦律》、《僧祇律》、《五分律》、《根有律》、《巴利律》與《四分律》相同。

（四）犯戒外緣

《四分律》中，由於跋難陀一直沒有用大臣供養的錢做衣，大臣因此想要索回供養的衣錢。跋難陀得知大臣的想法後，便去找執事人，要求對方立刻做衣。而此時執事人要去參加集會，如果遲到會被罰很多錢。這就導致了比丘與執事人的糾紛，進而引發比丘犯戒。這是緣起比丘犯戒的主要外緣。《十誦律》、《五分律》、《根有律》以及《巴利律》與《四分律》相同。

《僧祇律》中，法豫優婆塞家中突遇急事而暫時挪用比丘的衣財，成為比丘犯戒的外緣。《鼻奈耶》中，諸比丘並未犯戒。

（五）犯戒後的影響

《四分律》中，緣起比丘過分索衣的行為，導致俗眾譏嫌，律中記載：「長者譏嫌言：『沙門釋子乃令眾人罰我錢五百。』時舍衛城中有諸居士，不信佛法眾者盡共譏嫌言：『沙門釋子不知止足，無有慚愧，外自稱言「我知正法」，如是何有正法？乃令居士不赴集會輸錢五百。自今已去不應親近，禮拜，問訊，承事，供養。』」

除《鼻奈耶》外，其他律典都有類似記載。如《十誦律》：「沙門釋子，惡名流布，遍舍衛城。」《鼻奈耶》中沒有提到居士譏嫌。

（六）佛陀考量

《四分律》中，佛陀教授緣起比丘如何懺悔，包括懺悔儀軌和懺悔時所說的言詞等（即捨墮衣的懺悔方法）。這些教誡充分體現出佛陀期望比丘盡快懺悔罪業，還復清淨的心情，反映出佛陀對於弟子的關懷愛護，也正是佛陀慈悲本性的流露。

《僧祇律》中，佛陀得知難陀比丘因索衣價而將法豫優婆塞告到官府，即對其嚴厲批評：「此是惡事。汝常不聞我無數方便呵責多欲，讚歎少欲？此非法，非律，不如佛教，不可以是長養善法。從今已後不聽往索。」佛陀以此因緣規定比丘不得向居士索要衣財。因此規定，難陀便不再向居士索取衣價，再次招致居士的譏嫌，於是佛陀針對此情況修正之前的規定，正式為弟子們制戒。戒中明確說明，合理地索衣是允許的，過限索取則犯戒。從整個過程中不難看出，佛陀面對出現的問題，都會及時處理，並隨着事情發展的具體情況，充分考慮比丘、居士等各方面的實際需求而制定戒律。整個過程中，佛陀的嚴謹、細緻、靈活都得到充分體現。

（七）文體分析

《四分律》有一個因緣，《僧祇律》有兩個因緣，其餘律典和《四分律》一致，均為一個因緣，《根有律》還有一個伽陀。

在行文風格上，諸部律典均是客觀敘述與對話描寫相結合的方式，心理描寫很少，但細節描寫很細膩。如《十誦律》中，估客子出門前先把物品整理好，律文中交代「時估客子繫物著一處，關閉肆戶，莊嚴欲去」，當比丘前來索要衣財時，「是估客子開肆戶，出是衣直，看數付與，還歸」。這些細節描寫將估客子做事細心、負責的性格特點刻劃得很生動。《僧祇律》中，對於法豫優婆塞暫用緣起比丘寄存衣財的緣由，也交代得詳細而有邏輯。律文記載，「到家已，待一日、二日、三日不來取。優波難陀多緣多事，忘不往取」，這便為法豫優婆塞遇到急事暫借衣財做好了鋪墊。「是優婆塞家中小儉，即便貸用後當還償」，這樣的描寫能幫助讀者體會法豫優婆塞當時的心理，他並不是因為品格低下才擅自挪用他人財物。

在行文結構上，《四分律》「過限急索衣戒」的緣起大致分為四部分：緣起比丘被贈衣財；將衣財暫存執事人處；比丘過分急切索要衣財；佛陀就此事制戒。《十誦律》、《五分律》和《巴利律》的情況與《四分律》類似。《僧祇律》中大致分為七部分，除《四分律》中的四部分外，還有「比丘索要衣財不得，將優婆塞告到官府」、「佛陀規定比丘不得向居士索討衣財」、「優婆塞譏嫌」三個部分。《根有律》中大致分為八部分，比《僧祇律》多出緣起比丘如何化緣得到金錢等內容。

此外，《根有律》敘述時使用了伽陀。文中，跋難陀比丘將要跟隨佛陀到他國遊化，由於擔心行雨大臣之前答應給自己六十金錢的事不能兑現，於是臨行前再次到大臣家中探問情況，當時跋難陀説了一段偈語：「摩揭陀人聞聲解，憍薩羅國睹形知；半字便了五王城，待言方解餘邊國。」聰明的行雨大臣聽完後，立刻明白：「此不為我離別生憂，但為六十金錢而起愁惱。」於是趕緊保證説：「大德，隨仁何處作安居了，我當奉送六十金錢。」這段伽陀的描寫，再次將跋難陀貪圖金錢的心情，淋漓盡致地表現出來。

二、戒本

《四分律》中，本戒的戒本為：「若比丘，若王，若大臣，若婆羅門，若居士、居士婦，遣使為比丘送衣價：『持如是衣價與某甲比丘。』彼使人至比丘所語比丘言：『大德，今為汝故送是衣價，受取。』是比丘應語彼使如是言：『我不應受此衣價。我若須衣，合時、清淨當受。』彼使語比丘言：『大德有執事人不？』須衣比丘應語言：『有。若僧伽藍民，若優婆塞，此是比丘執事人，常為諸比丘執事。』時彼使往至執事人所，與衣價已，還至比丘所，作如是言：『大德所示某甲執事人，我已與衣價。大德知時，往彼當得衣。』須衣比丘當往執事人所，若二反、三反，為作憶念，應語言：『我須衣。』若二反、三反，為作憶念，若得衣者善；若不得衣，四反、五反、六反，在前默然立。若四反、五反、六反，在前默然住，得衣者善；若不得衣，過是求得衣者，尼薩耆波逸提。若不得衣，從所得衣價處，若自往，若遣使往，語言：『汝先遣使持衣價與某甲比丘，是比丘竟不得。汝還取，莫使失。』此是時。」

（一）若比丘，若王，若大臣，若婆羅門，若居士、居士婦，遣使為比丘送衣價：「持如是衣價與某甲比丘。」彼使人至比丘所語比丘言：「大德，今為汝故送是衣價，受取。」

《四分律》、《四分律比丘戒本》[1] 作：「若比丘，若王，若大臣，若婆羅門，若居士、居士婦，遣使為比丘送衣價：『持如是衣價與某甲比丘。』彼使人至比丘所語比丘言：『大德，今為汝故送是衣價，受取。』」意思是：如果比

1　《四分律比丘戒本》，《大正藏》22 冊，1017 頁中欄至下欄。

丘，有王、大臣、婆羅門、居士或居士婦，派遣使者為比丘送買衣服的錢，（說）：『把這個買衣服的錢送給某位比丘。』這位使者到這位比丘那裏對比丘說：『大德，這是為您送來的買衣服的錢，請接受。』」

與《四分律》相似：

《四分僧戒本》[1] 作：「若比丘，若王、王大臣，若婆羅門，若居士、居士婦，遣使為比丘送衣價：『持如是衣價與某甲比丘。』彼使至比丘所語比丘言：『大德，今為汝故送是衣價，受取。』」

巴利《戒經》[2] 作 "bhikkhuṃ pan'eva uddissa rājā vā rājabhoggo vā brāhmaṇo vā gahapatiko vā dūtena cīvaracetāpanaṃ pahiṇeyya: Iminā cīvaracetāpanena cīvaraṃ cetāpetvā itthan-nāmaṃ bhikkhuṃ cīvarena acchādehī ti. So ce dūto taṃ bhikkhuṃ upasaṅkamitvā evaṃ vadeyya: Idaṃ kho bhante āyasmantaṃ uddissa cīvaracetāpanaṃ ābhataṃ, paṭiggaṇhātu āyasmā cīvaracetāpanan-ti"，意思是：「國王、大臣、婆羅門，或是居士，派遣使者為比丘送購衣錢，說：『將這個購衣錢換成衣服之後，某位比丘就能穿著（衣服）了』，那位使者到了比丘那裏之後說：『大德，我把指定給您的購衣錢帶來了，請大德接收購衣錢。』」此戒本缺少與「若比丘」直接對應的內容。

與《四分律》有部分差異：

《解脱戒經》[3] 作：「若比丘，若王，若大臣，若婆羅門，若長者，若居士，若商主，若長者婦，為比丘送衣價：『持此衣價與某甲比丘。』彼使至比丘所作是說：『大德，受此衣價，慈愍故。』」相比《四分律》，這裏列舉的供養人多出了「長者」和「商主」兩類。此外，《四分律》的「居士」、「居士婦」，這裏對應為「長者」、「長者婦」。

相比《四分律》，以下律典中少了施主對使者所說「持如是衣價與某甲比丘」的內容。

---

1 《四分僧戒本》，《大正藏》22 冊，1025 頁中欄。

2 Bhikkhu Ñāṇatusita, *Analysis of The Bhikkhu Pātimokkha,* p. 126.

3 《解脱戒經》，《大正藏》24 冊，661 頁中欄至下欄。

《新删定四分僧戒本》[1] 作：「若比丘，若王，若大臣，若婆羅門，居士、居士婦，遣使為比丘送衣價。彼使至比丘所言：『大德，今送衣價，可受取之。』」

除了缺少上述提到的「持如是衣價與某甲比丘」內容外，以下律典與《四分律》相比，使者回話中還多出描寫施主的內容。

《十誦律》作：「若為比丘故，若王、王臣，若婆羅門、居士，遣使送衣直。是使到比丘所言：『大德，若某王、王臣，若婆羅門、居士送是衣直，汝當受取。』」《十誦比丘戒本》作：「若比丘，若王，若王臣，若婆羅門，若居士，遣使送衣價。是使到是比丘所，語是比丘言：『大德知不？是衣價若王，若王臣，若婆羅門，若居士所送。大德受是衣價。』」[2] 這兩部律典相比於《四分律》還少了「居士婦」。

《僧祇律》作：「為比丘故，若王，若大臣，遣使送衣直與比丘，使到比丘所白言：『尊者，是衣直，若王，若大臣所送，尊者受是衣價。』」《僧祇比丘戒本》作：「為比丘故，若王、大臣遣使送衣直與是比丘，使到言：『如是衣直，若王、大臣送，尊者應受。』」[3] 這兩部律相比《四分律》還少了「婆羅門、居士、居士婦」。

《五分律》作：「若王，若大臣、婆羅門、居士，為比丘故，遣使送衣直。使到比丘所言：『大德，彼王、大臣、婆羅門、居士送此衣直。大德受之。』」《彌沙塞五分戒本》作：「若王，若大臣、婆羅門、居士，為比丘故，遣使送衣直。使到比丘所言：『大德，彼王、大臣送此衣直，大德受之。』」這兩部律相比《四分律》少了「居士婦」。[4]

《根有律》、《根有戒經》[5]、《根有律攝》[6] 作：「若復苾芻，若王，若大臣、

---

1 《新删定四分僧戒本》，《卍續藏》39 冊，265 頁中欄。

2 《十誦比丘戒本》，《大正藏》23 冊，473 頁上欄至中欄。

3 《僧祇比丘戒本》，《大正藏》22 冊，551 頁中欄。

4 《彌沙塞五分戒本》，《大正藏》22 冊，196 頁中欄。

5 《根有戒經》，《大正藏》24 冊，502 頁下欄至 503 頁上欄。

6 《根有律攝》卷 6，《大正藏》24 冊，558 頁上欄至中欄。

婆羅門、居士等，遣使為苾芻送衣價。彼使持衣價至苾芻所白言：『大德，此物是某甲王、大臣、婆羅門、居士等遣我送來，大德哀愍為受。』」

梵文《說出世部戒經》[1]作“bhikṣuṃ kho punar uddiśya anyataro rājā vā rājabhogyo vā dūtena cīvaracetāpanāni preṣeya| so bhikṣus tenopasaṃkramitvā taṃ bhikṣum evaṃ vadeya imāni khalv āryam uddiśya itthaṃnāmena rājñā ca rājabhogyena vā dūtena cīvaracetāpanāni preṣitāni, tāni āryo pratigṛhṇātu”，意思是：「任何一國王或是大臣派遣使者為任何一比丘（送）購衣錢，（使者）前往這個比丘那裏以後，對這個比丘這樣說：『哦，這的確是某位國王或大臣派使者送購衣錢給尊者的，（請）尊者接受。』」

梵文《有部戒經》[2]作“bhikṣuṃ punar uddiśya rājñā vā rājamahāmātreṇa vā brāhmaṇena vā gṛhapatinā vā dūtasya haste cīvaracetanakāni preṣitāni syuḥ sa dūtas taṃ bhikṣum upasaṃkramyaivaṃ vaded imāni te āyuṣm(a)ṃ rājñā vā rāja(mah)ā(m)ā(tr)eṇa vā brāhm(a)ṇ(e)na (vā) gṛhapati(nā vā cī)varacetanakāni preṣitāni pratigṛhṇātv āyuṣmāṃ cīvaracetanakāny anukampām upādāya”，意思是：「國王，或大臣，或婆羅門，或居士，令使者手持購衣錢送給任何一位比丘，這個使者前往比丘那裏，這樣說：『哦，大德，國王，或大臣，或婆羅門，或居士送購衣錢給您，（請）大德慈悲接受（這一）購衣錢。』」

梵文《根有戒經》[3]作“bhikṣuṃ khalū(ddiśya rājñā) vā rājamātreṇa vā brāhmaṇena vā gṛhapatinā vā naigamena vā jānapadena vā dhaninā vā śreṣṭhinā vā sārthavāhena vā dūtasya haste cīvaracetanakāni anupreṣitāni syuḥ| atha sa dūtas tāni cetanakāni (ādāya yena) sa bhikṣus tenopasaṃkrāmed upasaṃkramya taṃ bhikṣum evaṃ vaded yat khalv ārya jānīyāt (tvām uddiśya rājñā vā rājamātreṇa vā) brāhmaṇena vā gṛhapatinā vā naigamena vā jānapadena vā

1 Nathmal Tatia, *Prātimokṣasūtram of the Lokottaravādimahāsāṅghika School*, Tibetan Sanskrit Works Series, no. 16, p. 14.

2 Georg von Simson, *Prātimokṣasūtra der Sarvāstivādins Teil II*, Sanskrittexte aus den Turfanfunden, XI, p. 188.

3 Anukul Chandra Banerjee, *Two Buddhist Vinaya Texts in Sanskrit*, p. 27.

dhaninā vā śreṣṭhinā vā sārthavāhena vā cīvaracetanakena vānupreṣitāny āryaṃ pratigṛhṇātv anukampām upādāya”，意思是：「國王、大臣、婆羅門、居士、商人、鄉下人、富人、長者，或是商主，令使者手持購衣錢送給比丘，這個使者拿着這個價錢前往這個比丘那裏後，這樣說：『尊者，應該知道，國王、大臣、婆羅門、居士、商人、鄉下人、富人、長者，或是商主，急切地送購衣錢給您，（請）尊者慈悲接受。』」

藏文《根有戒經》[1] 作 “དགེ་སློང་གི་ཕྱིར་རྒྱལ་པོ་འམ། བློན་པོ་ཆེན་པོ་འམ། བྲམ་ཟེ་འམ། ཁྱིམ་བདག་གམ། གྲོང་རྡལ་གྱི་མི་འམ། ཡུལ་མི་འམ། ནོར་ཅན་ནམ། ཚོང་དཔོན་ནམ། དེད་དཔོན་གྱིས་ཕོ་ཉའི་ལག་ཏུ་གོས་ཀྱི་རིན་དག་བསྐུར་བར་གྱུར་ལ། དེ་ནས་ཕོ་ཉ་དེ་གོས་ཀྱི་རིན་དེ་དག་ཁྱེར་ནས་དགེ་སློང་དེ་ག་ལ་བ་དེར་སོང་སྟེ་ཕྱིན་ནས་དགེ་སློང་དེ་ལ་འདི་སྐད་ཅེས། འཕགས་པ་མཁྱེན་པར་མཛོད་ཅིག །ཁྱོད་ལ་རྒྱལ་པོ་འམ། བློན་པོ་ཆེན་པོ་འམ། བྲམ་ཟེ་འམ། ཁྱིམ་བདག་གམ། གྲོང་རྡལ་གྱི་མི་འམ། ཡུལ་མི་འམ། ནོར་ཅན་ནམ། ཚོང་དཔོན་ནམ། དེད་དཔོན་ཆེ་གེ་མོས་གོས་ཀྱི་རིན་འདི་དག་བསྐུར་གྱིས། འཕགས་པས་ཐུགས་བརྩེ་བའི་སླད་དུ་འདི་དག་བཞེས་ཤིག་ཅེས་ཟེར་ན”，意思是：為了比丘，國王、大臣、婆羅門、居士、城裏人、鄉下人、富人、商人、船主，通過使者之手，寄送一些購衣錢，於是，那個使者帶着這些購衣錢，去了那個比丘所在的地方之後，對那個比丘說這些話，「大德應當了知，為了你，某某國王、大臣、婆羅門、居士、城裏人、鄉下人、富人、商人、船主，寄送了這些購衣錢。因此，大德，慈悲故，請接受這些（購衣錢）」。

以上幾部非漢文戒本缺少與「若比丘」直接對應的內容。

與《四分律》差異較大：

《鼻奈耶》作「比丘欲買衣」，這裏所描述的所犯境和《四分律》及其他律典完全不同。

（二）是比丘應語彼使如是言：「我不應受此衣價。我若須衣，合時、清淨當受。」

《四分律》、《四分律比丘戒本》作：「是比丘應語彼使如是言：『我不應

1　麗江版《甘珠爾》（འཇང་བཀའ་འགྱུར།）第 5 函《別解脫經》（སོ་སོར་ཐར་པའི་མདོ།）9a-10a。

受此衣價。我若須衣，合時、清淨當受。』」意思是：「這個比丘應該對那位使者這樣說：『我不應該接受這個買衣服的錢。我如果需要衣服，（必須是）在合適時間（供養）並且清淨（的衣服）才能接受。』」

與《四分律》相似：

《四分僧戒本》作：「是比丘語彼使如是言：『我今不應受此衣價。若我須衣，合時、清淨當受。』」《新刪定四分僧戒本》作：「是比丘言：『我所不應。須衣合時、清淨當受。』」

與《四分律》有部分差異：

《十誦律》作：「比丘應言：『我比丘法，不應受衣直。若須衣時，得淨衣者，當自手受，速作衣持。』」《十誦比丘戒本》作：「是比丘應語使如是言：『諸比丘法，不應受衣價。我曹須衣時得清淨衣，應自手取物，疾作衣畜。』」《僧祇律》作：「是比丘應語使如是言：『諸比丘法，不應受衣價。我須衣時得清淨衣，須者得自手受，作比丘衣畜。』」以上律典與《四分律》相比，增加了「自手取物」、「疾作衣畜」或類似的內容，但缺少了「合時」的表述。

《解脫戒經》作：「比丘言：『我不應受此衣價。若我須衣時，得淨衣便受。』」與《四分律》相比，缺少了「合時」的表述。

以下律典相比《四分律》均缺少了「我若須衣」的意思。

《根有律》作：「是苾芻語彼使言：『仁者，此衣價我不應受。若得順時、清淨衣應受。』」《根有戒經》、《根有律攝》作：「是苾芻語彼使言：『仁，此衣價我不應受。若得順時淨衣應受。』」

巴利《戒經》作"tena bhikkhunā so dūto evam-assa vacanīyo: Na kho mayaṃ āvuso cīvaracetāpanaṃ paṭigganhāma, cīvarañ-ca kho mayaṃ paṭigganhāma, kālena kappiyan-ti"，意思是：「比丘這樣對那位使者說：『朋友，我們不能接受購衣錢。只有是清淨、合時的衣，我們才能接受。』」

梵文《根有戒經》作"tena bhikṣuṇā sa dūta idaṃ syād vacanīyaḥ -- gacchāyuṣman dūta bhikṣūṇāṃ cīvaracetanakāni patyante parigṛhītuṃ| cīvaraṃ tu vayaṃ labdhvā pratigṛhṇīmaḥ kāle kalpikaṃ"，意思是：「這個比丘對使者應說：『（你）走吧，大德。（我不應）接受給比丘的購衣錢。我們獲得合適、

合時的衣服以後才接受。』」

梵文《說出世部戒經》作“tena bhikṣuṇā so dūto evam asya vacanīyo na kho punar āyuṣman kṣamate bhikṣusya cīvaracetāpanāni pratigṛhṇituṃ| cīvaraṃ tu vayaṃ pratigṛhṇāmaḥ kālena samayena kalpikaṃ dīyamānaṃ”，意思是：「比丘對那個使者應該這樣說：『哦，大德，我不能接受給比丘的購衣錢。但是我們可以接受被給予時是合時、合適的衣服。』」

梵文《有部戒經》作“sa bhikṣus taṃ dūtam evaṃ vaden nāyuṣman dūta kalpante bhikṣūṇāṃ cīvaracetanakāni pratigṛhītuṃ cīvaraṃ tu vayaṃ labdhvā kālena kalpikaṃ svahastaṃ pratigṛhya kṣipram eva kṛtvā dhārayāmaḥ”，意思是：「這個比丘對使者說：『大德，（我不能）接受給比丘的購衣錢。我們遇到衣服合時、合適才直接親手接受後蓄存。』」

藏文《根有戒經》作“དགེ་སློང་དེས་ཕོ་ཉ་དེ་ལ་འདི་སྐད་ཅེས། ཚེ་དང་ལྡན་པ་ ཕོ་ཉ་དགེ་སློང་དག་ནི་གོས་ཀྱི་རིན་དག་ལེན་དུ་མི་རུང་སྟེ། བདག་ཅག་གོས་རུང་བ་དུས་སུ་རྙེད་ན་ནི་ལེན་ཏོ་ཞེས་བརྗོད་པར་བྱའོ།།”，意思是：「說完這些話以後；這一比丘對使者說了這些話：『大德，作為比丘接受這些購衣錢是不合適的，（但）在合適時間的合適衣服，我們是可以接受的。』」

《僧祇比丘戒本》作：「比丘言：『我不得受是衣直，送淨衣來者應受。』」《五分律》、《彌沙塞五分戒本》：「是比丘言：『我不應受衣直。若得淨衣，當手受持。』」這三部律典與《四分律》相比，還缺少「合時」的表述。

與《四分律》差異較大：

《鼻奈耶》沒有對應的內容。

（三）彼使語比丘言：「大德有執事人不？」須衣比丘應語言：「有。若僧伽藍民，若優婆塞，此是比丘執事人，常為諸比丘執事。」

《四分律》、《四分律比丘戒本》作：「彼使語比丘言：『大德有執事人不？』須衣比丘應語言：『有。若僧伽藍民，若優婆塞，此是比丘執事人，常為諸比丘執事。』」意思是：「這個使者對比丘說：『大德有（替比丘掌管財物的居士）執事人嗎？』需要衣服的比丘應該這樣回答：『有。或是專門守護寺院的守園人，或是男居士，（這些人）是比丘的執事人，常為比丘們掌管財物。』」

與《四分律》相似：

《四分僧戒本》作：「彼使語是比丘言：『大德有執事人不？』須衣比丘應言：『有。若守僧伽藍民，若優婆塞，此是比丘執事人，常為諸比丘執事。』」

《新刪定四分僧戒本》作：「彼使報言：『大德有執事人不？』比丘言：『有。若僧伽藍民，若優婆塞，此是比丘執事人。』」相比《四分律》，這裏缺少了「常為諸比丘執事」，但不影響文意。

《十誦律》作：「是使語比丘言：『大德有執事人能為比丘執事不？』是比丘應示執事人，若僧園民，若優婆塞：『此人能為比丘執事。』」《十誦比丘戒本》作：「使語比丘言：『大德有執事人常能為諸比丘執事不？』須衣比丘應示使執事人，若守僧房人，若優婆塞，應語言：『是人等常能為諸比丘執事。』」

《僧祇律》作：「使語比丘言：『尊者有執事人常為諸比丘執事不？』是比丘應示使執事人，若園民，若優婆塞，應語使者言：『是人等能為諸比丘執事。』」《僧祇比丘戒本》作：「使言：『尊者有執事人不？』比丘若須衣，應示使若園民，若優婆塞，言：『是人能為比丘執事。』」《解脫戒經》作：「使語比丘言：『大德有執事人不？』須衣比丘言：『有。若守園人，若優婆塞，此是比丘執事人。』」以上律典中「園民」、「守園人」對應《四分律》中的「僧伽藍民」，意思相似。

巴利《戒經》作"so ce dūto taṃ bhikkhuṃ evaṃ vadeyya: Atthi pan' āyasmato koci veyyāvaccakaro ti, cīvaratthikena, bhikkhave, bhikkhunā veyyāvaccakaro niddisitabbo ārāmiko vā upāsako vā: Eso kho āvuso bhikkhūnaṃ veyyāvaccakaro ti"，意思是：「那位使者這樣對這一比丘說：『請問大德，誰是您的執事人？』比丘們，需衣的比丘可以將僧團的園林主或者是男居士指定為執事人，（對使者）說：『朋友，這是比丘們的執事人。』」

《十誦律》及之後的律典中，比丘答覆的內容和《四分律》有所不同，但整體表達的意思基本一致。

與《四分律》有部分差異：

《根有律》作：「彼使白言：『大德有執事人不？』苾芻言：『有。若僧淨人，若鄔波索迦，此是苾芻執事人。』」《根有戒經》、《根有律攝》作：「彼使白言：『大德有執事人不？』須衣苾芻言：『有。若僧淨人，若鄔波索迦，此是苾芻執事人。』」這三部律典中的「僧淨人」對應《四分律》中的「僧伽藍民」。

《五分律》作：「便言：『大德有執事人不？』比丘即指示處。」《彌沙塞五分戒本》作：「使言：『大德有執事人不？』比丘即指示處。」這兩部律典的表達較為簡練，省去了《四分律》中「若僧伽藍民，若優婆塞，此是比丘執事人，常為諸比丘執事」的內容。

梵文《說出世部戒經》作"evam ukte so dūto taṃ bhikṣum evaṃ vadeya (sa)nti punar ārya kecid bhikṣūṇāṃ vaiyāpṛtyakarāti | ākāṃkṣamāṇena bhikṣuṇā santā vaiyāpṛtyakarā vyapadiśitavyāḥ ārāmikā vā | ete āyuṣman bhikṣūṇāṃ vaiyāpṛtyakarā ye bhikṣūṇāṃ vaiyāpṛtyaṃ karonti"，意思是：「這樣說完，使者對比丘應該這樣說：『尊者，有比丘的執事人嗎？』想要（衣）的比丘指示已有的執事人或是園林主，說：『大德，有執事人在為比丘們執事。』」相比《四分律》，這裏僅提到了「園林主」，而沒有「優婆塞」。

梵文《有部戒經》作"sa dūtas taṃ bhikṣum evaṃ vaded asty āyuṣmatāṃ kaścid vaiyyāpatyakaro yo bhikṣūṇāṃ vaiyyāpatyaṃ karoti | cīvarārthikena bhikṣuṇā vaiyyāpatyakaro vyapadeṣṭavya ārāmiko vā upāsako vā eṣa bhikṣūṇāṃ vaiyyāpatyaṃ karoti"，意思是：「這個使者對比丘這樣說：『大德有執事人在為比丘們執事嗎？』」求取衣服的比丘指示，園林主或居士是執事人，在為比丘們執事。

梵文《根有戒經》作"sa dūtas taṃ bhikṣum evaṃ vaded asti kaścid āryāṇāṃ vaiyyāvṛtyakaro ya āryāṇāṃ vaiyyāvṛtyaṃ pratyanubhavatīti | cīvarārthikena bhikṣuṇā vaiyyāvṛtyakaro vyapadeṣṭavya ārāmiko vā upāsako vā ete dūta bhikṣūṇāṃ vaiyyāvṛtyakarā ete bhikṣūṇāṃ vaiyyāvṛtyaṃ pratyanubhavantīti"，意思是：「這個使者對比丘這樣說：『尊者有執事人為尊者執事嗎？』求取衣服的比丘指示，園林主或居士是執事人，說：『有執事人在為比丘們執事。』」

藏文《根有戒經》作"གལ་ཏེ་ཕོ་ཉ་དེས་དགེ་སློང་དེ་ལ་འདི་སྐད་ཅེས། འཕགས་པ་རྣམས་ཀྱི་ཞལ་ཏ་བགྱིད་པ་འཕགས་པ་རྣམས་ཀྱི་ཞལ་ཏ་ཉམས་སུ་ལེན་པ་གང་ལགས་པ་འགའ་མཆིས་སམ་ཞེས་ཟེར་ན། དགེ་སློང་གོས་འདོད་པས་ཕོ་ཉ་ལ་འདི་སྐད་ཅེས། ཚེ་དང་ལྡན་པ་ཕོ་ཉ་འདི་ནི་དགེ་སློང་རྣམས་ཀྱི་ཞལ་ཏ་བྱེད་པ་སྟེ། འདི་ནི་དགེ་སློང་རྣམས་ཀྱི་ཞལ་ཏ་ཉམས་སུ་ལེན་པའོ་ཞེས་ཀུན་དགའ་ར་བ་པ་འམ། དགེ་བསྙེན་ཞལ་ཏ་བྱེད་པ་བསྟན་པར་བྱའོ།།"，意思是：「倘若這一使者對比丘說了這些話：『有為大德們服侍、執行的執事人嗎？』說了如上的話之後，想要衣服的比丘對使者說這樣的話：『大德，有這個（為大德們）服侍、執行的執事人。』（比丘）應指示，僧團的守護園林的人或者居士是執事人。」

與《四分律》差異較大：

《鼻奈耶》作：「當借近知識守園人，若五戒賢者。此比丘言：『此買衣人，此非買衣人。』」

（四）時彼使往至執事人所，與衣價已，還至比丘所，作如是言：「大德所示某甲執事人，我已與衣價。大德知時，往彼當得衣。」

《四分律》、《四分律比丘戒本》作：「時彼使往至執事人所，與衣價已，還至比丘所，作如是言：『大德所示某甲執事人，我已與衣價。大德知時，往彼當得衣。』」意思是：「這時那位使者前往（比丘指示的）執事人那裏，把做購衣錢交給他後，返回到比丘這裏，這樣說：『大德（您）指示的執事人，我已經把做衣服的錢交付給他了。您需要衣服的時候，前往他那裏就能得到衣服。』」

與《四分律》相似：

《四分僧戒本》作：「彼使詣執事人所，與衣價已，還到比丘所，作如是言：『大德所示某甲執事人，我已與衣價竟。大德知時，往彼當得衣。』」

《新刪定四分僧戒本》:「彼使詣執事人所，與衣價已，還到比丘所言:『大德所示某甲執事人，我已與衣價。大德知時，往彼當得衣。』」

巴利《戒經》作“so ce dūto taṃ veyyāvaccakaraṃ saññāpetvā taṃ bhikkhuṃ upasaṅkamitvā evaṃ vadeyya: Yaṃ kho bhante āyasmā veyyāvaccakaraṃ niddisi, saññatto so mayā. Upasaṅkamatu āyasmā kālena, cīvarena taṃ acchādessatī ti”，意思是：「那位使者對執事人聲明以後，再回到比丘處，這樣説：『大德，我已經告訴了大德指定的那位執事人，大德在合適的時候去執事人那裏，他就會將衣服送給您穿著。』」

與《四分律》有部分差異：

以下律典相比《四分律》多出了使者在執事人那裏的對話。

《十誦律》作：「是使往執事人所言：『善哉，執事，汝取是衣直作如是如是衣與某比丘。是比丘須衣時來，汝當與衣。』是使語已，還報比丘：『我已語竟。大德須衣時便往取，當與汝衣。』」

《僧祇比丘戒本》作：「使到勸言：『善哉，執事，如是衣價買如是淨衣與某甲比丘，是比丘來取衣時與。』使勸喻已，還到比丘所言：『尊者所示執事人，我已勸作已，須衣時往取。』」

《解脱戒經》作：「彼使詣執事人所，白言：『執事，此是某甲衣價，為某甲比丘作衣已，某時當與某甲比丘。』彼使與衣價已，至比丘所，語比丘言：『大德所示某甲執事人，我已與衣價。大德須衣時往取，當得衣。』」

《根有律》、《根有戒經》、《根有律攝》作：「彼使往執事人所，與衣價已，語言：『汝可以此衣價買順時、清淨衣與某甲苾芻，令其披服。』彼使善教執事人已，還至苾芻所白言：『大德所示執事人，我已與衣價，得清淨衣應受。』」

《十誦比丘戒本》作：「使向執事人所，語執事人言：『善哉，執事，如是如是衣價買作如是如是衣與某甲比丘。是比丘須衣時至當來，當與衣。』使若自勸喻，若使人勸喻已，還到比丘所，到已白言：『大德所示執事人，我勸喻作已。大德須衣時往取，當與大德衣。』」《僧祇律》作：「使到執事人所，語言：『善哉，執事，如是如是衣價買如是如是衣與某甲比丘。是比丘須衣時當來取，當與衣。』是使若自勸喻，若使人勸喻已，還到比丘所白言：『尊者所示執事人，我已勸喻作衣竟。尊者須衣時往取，當與尊者衣。』」這兩部律典相比《四分律》和其他律典，還多出了「使若自勸喻，若使人勸喻已」或類似的內容。

《五分律》、《彌沙塞五分戒本》作：「使便到執事所，語言：『某王、大臣送此衣直與某甲比丘。汝為受作，取便與之。』使既與已，還比丘所，白言：『大德所示執事人，我已與竟。大德須衣，便可往取。』」相比《四分律》，這兩部律典還多出了對施主的說明。

梵文《說出世部戒經》作"evam ukte so dūto yena vaiyāpṛtyakarās tenopasaṃkramitvā tān vaiyāpṛtyakarān evaṃ vadeya sādhu kho puna yūyam āyuṣmanto vaiyāpṛtyakarā imehi cīvaracetāpanehi cīvaraṃ cetāpayitvā itthaṃnāma bhikṣuṃ cīvareṇācchādetha kālena samayena kalpikenānavadyena| so ca dūto tān vaiyāpṛtyakarān saṃjñapayitvā yena so bhikṣus tenopasaṃkramitvā na bhikṣum eva vadeya ye khu te āryeṇa vaiyāpṛtyakarā vyapadiṣṭās te mayā saṃjñaptās tān upasaṃkrameyāmi| ācchādayiṣyanti te cīvareṇa kālena samayena kalpikenānavadyena"，意思是：「這樣告知以後，使者前往執事人處，對這個執事人這樣說：『哦，很好，大德，用這個購衣錢交換合時、合適、無過的衣服給某位比丘穿。』這個使者對執事人聲明以後，前往比丘那裏，對比丘這樣說：『我已經向尊者指示的執事人聲明了。您（可以）前往那裏，他會把合時、合適、無過的衣服送給您穿著。』」

梵文《有部戒經》作"sa dūtas taṃ vaiyyāpatyakaram upasaṃkramyaivaṃ vaded imāny āyuṣmaṃ vaiyyāpatyakara cīvaracetanakāni rājñā vā rājamahāmātreṇa vā brāhmaṇena vā gṛhapatinā vā evaṃnāmānaṃ bhikṣum uddiśya preṣitāni sādhv āyuṣmaṃ vaiyyāpatyakara tvam ebhiś cīvaracetanakair evaṃrūpam evaṃrūpaṃ cīvaraṃ cetayitvā| sa bhikṣus tvām upasaṃkramiṣyati kālena taṃ tvam ācchādaya cīvareṇa kalpikeneti| evaṃ sa dūtas taṃ vaiyyāpatyakaraṃ sādhu ca suṣṭhu ca samanuśiṣya taṃ bhikṣum upasaṃkramyaivaṃ vaded yo sāv āyuṣmatā vaiyyāpatyakaro vyapadiṣṭaḥ samanuśiṣṭaḥ sa mayā| taṃ tvam upasaṃkrama kālena ācchādayiṣyati tvāṃ cīvareṇa kalpikeneti”，意思是：「這個使者前往執事人那裏，這樣說：『大德，國王，或大臣，或婆羅門，或居士贈送給某位比丘的購衣錢，大德，將這個購衣錢買這樣的衣服以後，這個比丘前來，應將合時、合適的衣服送給他。』這個使者善巧地指導執事人以後，前往比丘那裏，這樣說：『大德，我已經前往執事人那裏聲明、指導過了，您（可以）在合適的時間前往那裏，他會以合適（的方式）把衣服送給您穿著。』」

梵文《根有戒經》作“atha sa dūtas tāni cīvaracetanakāny ādāya yena sa vaiyyāvṛtyakaras tenopasaṃkrāmet*| upasaṃkramya taṃ vaiyyāvṛtyakaram evaṃ vadet*| khalv āyuṣman vaiyyāvṛtyakara jānīyā ebhis taṃ cīvaracetanakair evaṃrūpam caivaṃrūpaṃ ca cīvaraṃ cetayitvā evaṃnāmā bhikṣur upasaṃkramiṣyati tam ācchādayethā cīvareṇa kāle kalpiteneti| atha sa dūtas taṃ vaiyyāvṛtyakaraṃ sādhu ca suṣṭhu ca samanuyujya samanuśiṣya yena sa bhikṣus tena saṃkrāmet*| upasaṃkramya taṃ bhikṣum evaṃ vaded yo ‘sāv āryeṇa vaiyyāvṛtyakaro vyapadiṣṭaḥ samanuśiṣṭaḥ samayena tam upasaṃkrāmethā ācchādayiṣyati sa satvāṃ cīvareṇa kāle kalpiteneti”，意思是：「於是這個使者持着購衣錢前往執事人那裏，前往這個執事人那裏後這樣說：『大德，應該知道購衣錢交換成這樣的衣服以後，某位比丘前往時，將合時、合適的衣服送給他。』然後這個使者善巧地詢問、指導那個執事人後，再前往比丘那裏，到比丘那裏這樣說：『我已經向尊者指示的執事人聲明了，您（可以）前往那裏，他會把合時、合適的衣服送給您穿著。』」

藏文《根有戒經》作“དེ་ནས་ཕོ་ཉ་དེས་གོས་ཀྱི་རིན་དེ་དག་ཁྱེར་ནས་ཞལ་ཏ་བྱེད་པ་ག་ལ་བ་དེར་འགྲོ་བར་བྱ་ཞིང་། ཕྱིན་ནས་ཞལ་ཏ་བྱེད་པ་ལ་འདི་སྐད་ཅེས། ཚེ་དང་ལྡན་པ་ཞལ་ཏ་བྱེད་པ་ཤེས་པར་གྱིས་ཤིག །ཁྱོད་ཀྱིས་གོས་ཀྱི་རིན་འདི་དག་གིས་གོས་འདི་དང་འདི་ལྟ་བུ་ཞིག་ཉོས་ལ་དགེ་སློང་མིང་འདི་ཞེས་བྱ་བ་འོངས་པ་དང་། དེ་ལ་གོས་ཙང་བ་དུས་སུ་སྐོན་ཅིག་ཅེས་བརྗོད་པར་བྱའོ། །དེ་ནས་ཕོ་ཉ་དེས་ཞལ་ཏ་བྱེད་པ་དེ་ལ་ཤིན་ཏུ་ལེགས་པར་ཡང་དག་པར་བསྒོ་ཞིང་། ཡང་དག་པར་བསྟན་ནས། དགེ་སློང་དེ་ག་ལ་བ་དེར་འགྲོ་བར་བྱ་ཞིང་ཕྱིན་ནས་དགེ་སློང་དེ་ལ་འདི་སྐད་ཅེས། འཕགས་པས་ཞལ་ཏ་བགྱིད་པ་བསྟན་པ་གང་ལགས་པ་དེ་ལ་བདག་གིས་ཡང་དག་པར་བསྟན་ལགས་ཀྱིས་དེའི་གན་དུ་བཞུད་ཅིག་དང་། དེས་ཁྱོད་ལ་གོས་ཙང་བ་དུས་སུ་བསྐོན་པར་འགྱུར་རོ་ཞེས་བརྗོད་པར་བྱའོ། །”，意思是：「然後，那個使者拿着這些購衣錢，到執事人所在的地方，對執事人說這樣的話：『大德，應當了

知，你應用這些購衣錢，買來一件等同這些價錢的衣服，並且，那位比丘到來時，可以把這件衣服及時給他穿上。』使者對執事人充分、善意、準確地言說並且準確地指示以後，到比丘所在的地方並對比丘說這樣的話：『大德所指示的執事人，我已經到他的面前，以準確的指示（令）他可以把衣服及時給你穿上。』」

與《四分律》差異較大：

《鼻奈耶》作「因直詣市市衣」，此律典對「執事人」拿錢去市場買衣的情節作了描寫，《四分律》及其他律典中均沒有提及。

(五) 須衣比丘當往執事人所，若二反、三反，為作憶念，應語言：「我須衣。」

《四分律》、《四分律比丘戒本》作：「須衣比丘當往執事人所，若二反、三反，為作憶念，應語言：『我須衣。』」意思是：「需衣比丘應前往執事人那裏，或兩次，或三次，為了（讓執事人）能夠想起來，應對他說：『我需要衣服。』」

與《四分律》相似：

《根有律》、《根有戒經》、《根有律攝》作：「苾芻須衣應往執事人所，若二，若三，令彼憶念，告言：『我須衣。』」

與《四分律》相比，以下律典中缺少「為作憶念」的內涵。

《四分僧戒本》作：「須衣比丘，當往執事人所，若二反、三反，語言：『我須衣。』」《五分律》、《彌沙塞五分戒本》作：「是比丘二返、三返到執事所，語言：『我須衣，我須衣。』」《解脫戒經》作：「須衣比丘往執事人所，二返、三返，語言：『我須衣。』」《僧祇比丘戒本》作：「比丘若須衣，應到執事所，言：『我須衣，我須衣。』」

梵文《說出世部戒經》作“ākāṃkṣamāṇena bhikṣuṇā cīvarārthikena (yena) te vaiyāpṛtyakarās tenopasaṃkramitvā te vaiyāpṛtyakarāḥ sakṛt* dvikkhutto trikkhutto codayitavyā vijñāpayitavyāḥ artho āyuṣmanto bhikṣusya cīvareṇeti”，

意思是：「想要的比丘前往執事人那裏索要衣服一次、兩次、三次，告知說：『哦，大德！(我要）給比丘的衣服。』」

梵文《有部戒經》作“cīvarārthikena bhikṣuṇā vaiyyāpatyakaram upasaṃkramya dvis triś codayitavyaḥ smārayitavyaḥ artho me vaiyyāpatyakara cīvareṇa”，意思是：「想要衣服的比丘前往執事人那裏，兩次、三次索要，告知說：『執事人，我（需要）衣服。』」

梵文《根有戒經》作“cīvarārthikena bhikṣuṇā vaiyyāvṛtyakara upasaṃkramya dvis triś codayitavyaḥ smārayitavyo ‘rthiko ‘smy āyuṣman vaiyyāvṛtyakara cīvareṇārthiko ‘smy āyuṣman vaiyyāvṛtyakara cīvareṇeti”，意思是：「想要衣服的比丘前往執事人那裏，兩次、三次索要，告知說：『大德，我要衣服。大德，我要衣服。』」

巴利《戒經》作“cīvaratthikena, bhikkhave, bhikkhunā veyyāvaccakaro upasaṅkamitvā dvattikkhattuṃ codetabbo sāretabbo: Attho me āvuso cīvarenā ti”，意思是：「比丘們！需要衣服的比丘兩、三次到執事人處督促，提醒：『朋友，我需要衣服。』」

藏文《根有戒經》作“དགེ་སློང་གོས་འདོད་པས་ཞལ་ཏ་བྱེད་པའི་གན་དུ་སོང་ནས་ཚེ་དང་ལྡན་པ་ཞལ་ཏ་བྱེད་པ་བདག་གོས་འདོད་དོ། །ཚེ་དང་ལྡན་པ་ཞལ་ཏ་བྱེད་པ་བདག་གོས་འདོད་དོ་ཞེས་ལན་གཉིས་ལན་གསུམ་དུ་བསྐུལ་བར་བྱ། དྲན་པར་བྱའོ། །”，意思是：「說完這樣的話，想要衣服的比丘到執事人的面前後，說：『大德，我想要衣服。』可以勸說，提醒二、三次。」

與《四分律》有部分差異：

《十誦律》作：「是比丘到執事所索衣，作是言：『我須衣。』」《十誦比丘戒本》作：「須衣比丘應到執事所索衣，作是言：『我須衣，我須衣。』」《僧祇律》作：「須衣比丘應到執事人所索衣，應作是言：『我須衣。』」上述律典中缺少《四分律》中「若二反、三反為作憶念」的表述。

《新刪定四分僧戒本》作「須衣比丘，當往執事人所」，與《四分律》相比有所簡化，省去了後半段的內容：「若二反、三反，為作憶念，應語言：『我須衣。』」

與《四分律》差異較大：

《鼻奈耶》作「此人若至市，若錢肆、金銀肆、銅鐵肆、綿絹絲肆。使人於中坐」，這一段表述在《四分律》和其他律典中沒有對應的內容。

(六) 若二反、三反，為作憶念，若得衣者善；若不得衣，四反、五反、六反，在前默然立。若四反、五反、六反，在前默然住，得衣者善；若不得衣，過是求得衣者，尼薩耆波逸提

《四分律》作「若二反、三反，為作憶念，若得衣者善；若不得衣，四反、五反、六反，在前默然立。若四反、五反、六反，在前默然住，得衣者善；若不得衣，過是求得衣者，尼薩耆波逸提」，意思是：如果兩次、三次（前往執事人那裏提醒，讓他回憶起來），如果得到了衣服，這樣便好；如果沒有得到衣服，再第四次、五次、六次（前往執事人那裏），在前默然地站立，如果第四次、五次、六次（前往執事人那裏），在前默然地站立，得到了衣服，這樣便好；如果沒得到衣服，再去索求得到衣服的話，犯捨墮罪。

與《四分律》相似：

《四分僧戒本》作「若二反、三反，為作憶念，得衣者善；若不得衣，四反、五反、六反，在前默然住，令彼憶念。若四反、五反、六反，在前默然住，若得衣者善；若不得衣，過是求得衣者，尼薩耆波逸提」，《四分律比丘戒本》作「若二反、三反，為作憶念，若得衣者善；若不得衣，應四反、五反、六反，在前默然住，令彼憶念。若四反、五反、六反，在前默然住，得衣者善；若不得衣，過是求得衣者，尼薩耆波逸提」。

《十誦律》作「至再三反亦如是，索得衣者善；不得者，四反、五反乃至六反，往執事前默然立。若四反、五反、六反，默然立，得衣者善；若不得衣，過是求得衣者，尼薩耆波逸提」，《十誦比丘戒本》作「第二、第三亦如是索。若得衣者，好；若不得，第四、第五，極至第六，在執事前默然立。

若第四、第五，極至第六，在執事前立，得衣者，好；若不得，為得衣故過是求，若得是衣，尼薩耆波夜提」，《解脱戒經》作「若二返、三返，為作憶念，得衣者善；若不得衣，四返、五返、六返，在前默然住，令彼憶念。若四返、五返、六返，在前默然住，得衣者善；若不得衣，過是求得衣，尼薩耆波逸提」。

《新刪定四分僧戒本》作「若一、二、三反，為作憶念，得衣者善；若不得衣，應四、五、六反，在前默然住，令彼憶念，得衣者善；若不得衣，過是求得衣者，尼薩耆波逸提」，《僧祇律》作「第二、第三亦如是索，若得衣者，好；若不得，第四、第五、第六，應在執事前默然立，得衣者，好；若不得，為得衣故過是求，若得是衣，尼薩耆波夜提」，《僧祇比丘戒本》作「第二、第三亦如是說。若得衣者，好；若不得，應第四、第五、第六，在執事人前默然立，得衣者，善；若不得，過是求，若得衣，尼薩耆波夜提」。以上三部律典與《四分律》相比，省去了「若四反、五反、六反在前默然住」這一重複內容。

《根有律》、《根有戒經》、《根有律攝》作「若得者善；若不得者，乃至四、五、六返，往彼默然隨處而住。若四、五、六返，得衣者，善；若不得衣，過是求得衣者，泥薩祇波逸底迦」，以上三部律典與《四分律》相比，省去了「若二反、三反為作憶念」的內容。

梵文《說出世部戒經》作“sakṛt dvikkhutto trikkhutto codayanto vijñāpayanto taṃ cīvaram abhiniṣpādeya ity etat kuśalaṃ, no ced abhiniṣpādeya catukkhutto pañcakhutto ṣaṭkhuttoparamaṃ tena bhikṣuṇā tūṣṇībhūtena uddeśe sthātavyaṃ| catukkhutto pañcakkhutto ṣaṭkkhuttoparamaṃ tūṣṇībhūto uddeśe tiṣṭhanto taṃ cīvaram abhiniṣpādeya, ity etat kuśalaṃ, no ced abhiniṣpādeya tad uttapanto vā vyāyamanto vā taṃ cīvaram abhiniṣpādeya, abhiniṣpanne cīvare nissargikapācattikaṃ”，意思是：一次、兩次、三次索要、告知後，得到這件衣服，這樣便好；如果沒有得到，比丘四次、五次，最多六次默然地站立，四次、五次，最多六次默然地站立後，得到了這件衣服，這樣便好；如果沒有得到，（而）超過（次數）或努力（去為）得到這件衣服，（如果）

得到了衣服，捨墮。

梵文《根有戒經》作“dvis triś codayataḥ smārayataḥ sacet tac cīvaram abhiniṣpadyate ity evaṃ kuśalaṃ no ced abhiniṣpadyeta catuṣpaṃcaṣaṭkṛtvaḥ paraṃ tūṣṇīm uddeśe sthātavyaṃ catuṣpaṃcaṣaṭkṛtvā paraṃ tūṣṇahīm uddeśe sthitasya sacet tac cīvaram abhiniṣpadyeta ity evaṃ kuśalaṃ no ced abhiniṣpadyeta na uttari dhyāyacchec cīvarasyābhinivartaye abhiṣpanne cīvare naisargikapāyantikā”，意思是：兩次、三次索要、告知後，如果得到了這件衣服，這樣便好；如果沒有得到，四次、五次，最多六次默然地站立，四次、五次，最多六次默然站立後，如果得到了這件衣服，這樣便好；如果沒有得到，不要再超過（次數）努力（去為）得到衣服，（如果）得到了衣服，捨墮。

巴利《戒經》作“dvattikkhattuṃ codayamāno sārayamāno taṃ cīvaraṃ abhinipphādeyya, iccetaṃ kusalaṃ. No ce abhinipphādeyya, catukkhattuṃ pañcakkhattuṃ chakkhattuparamaṃ tuṇhībhūtena uddissa ṭhātabbaṃ. Catukkhattuṃ pañcakkhattuṃ chakkhattuparamaṃ tuṇhībhūto uddissa tiṭṭhamāno taṃ cīvaraṃ abhinipphādeyya, iccetaṃ kusalaṃ; tato ce uttariṃ vāyamamāno taṃ cīvaraṃ abhinipphādeyya, nissaggiyaṃ pācittiyaṃ”，意思是：在兩三次督促、提醒之後，如果得到了衣，這樣便好；如果沒有得到，就第四、第五，最多第六次默然站立，四次、五次、最多六次默然站立後，得到了衣便好；在那之後，如果通過超過次數的努力而得到衣，捨墮。

梵文《有部戒經》作“dvis triś codayataḥ smārayataḥ saced abhiniṣpadyeta cīvaram ity evaṃ kuśalaṃ no ced abhiniṣpadyeta catuṣpañcaṣaṭkṛtvāparamaṃ tūṣṇīm uddeśe sthātavyaṃ tūṣṇīm uddeśe sthitasya saced abhiniṣpadyeta cīvaram ity evaṃ kuśalaṃ no ced abhiniṣpadyeta tata uttaraṃ vyāyameta cīvarasyābhiniṣpattaye abhiniṣpanne cīvare niḥsargikā pātayantikā”，意思是：兩次、三次索要、告知後，如果得到衣服，這樣便好；如果沒有得到，四、五，最多六次默然地站立，默然站立後如果得到了衣服，這樣便好；如果沒有得到，（而）超過（次數）努力（去為）得到衣服，（如果）得到了衣服，捨墮。

藏文《根有戒經》作“ལན་གཉིས་ལན་གསུམ་དུ་བསྐུལ་ཞིང་དྲན་པར་བྱས་པ་ན་གལ་ཏེ་གོས་དེ་གྲུབ་ན་དེ་ལྟ་ན་ལེགས། གལ་ཏེ་མ་གྲུབ་ན་ལན་བཞི་ལན་ལྔ་ལན་དྲུག་གི་བར་དུ་ཕྱོགས་སུ་ཅང་མི་སྨྲ་བར་བསྡད་པར་བྱའོ། །ལན་བཞི་ལན་ལྔ་ལན་དྲུག་གི་བར་དུ་ཕྱོགས་སུ་ཅང་མི་སྨྲ་བར་བསྡད་པ་ན། གལ་ཏེ་གོས་དེ་གྲུབ་ན་དེ་ལྟ་ན་ལེགས། གལ་ཏེ་མ་གྲུབ་ན་དེའི་འོག་ཏུ་གོས་བསྒྲུབ་པའི་ཕྱིར་བརྩལ་ཏེ་གོས་གྲུབ་ན་སྤང་བའི་ལྟུང་བྱེད་དོ། །”，意思是：勸說、提醒二、三次後，倘若（比丘）得到衣服的話，是善的；倘若沒有得到，可以往回那裏四、五、六次，默然隨處而住；往回那裏四、五、六次默然隨處而住之後，倘若（比丘）得到衣服的話是善的；倘若沒有得到，在那（六次）之後，（依然）為了得到衣服而竭力索求，得到衣服以後，捨墮。

《鼻奈耶》作「比丘當四往、五往、六往，默然在前立，得者，善；若過六更往求者，捨墮」，《五分律》、《彌沙塞五分戒本》作「若得者，善；若不得，四返、五返、六返到執事前，默然立，若得者，善。若過求得者，尼薩耆波逸提」。這三部律典與《四分律》相比，表述更為簡潔，不過文意不受影響。

（七）若不得衣，從所得衣價處，若自往，若遣使往，語言：「汝先遣使持衣價與某甲比丘，是比丘竟不得。汝還取，莫使失。」此是時

《四分律》作：「若不得衣，從所得衣價處，若自往，若遣使往，語言：『汝先遣使持衣價與某甲比丘，是比丘竟不得。汝還取，莫使失。』此是時。」

意思是：「如果沒有得到衣服，（應該）到到衣價（的供養人）那裏，或者自己去，或者派使者去，告知（他）說：『你先前派遣使者送給某位比丘做衣服的錢，比丘最終沒有得到（衣），你（可以）從（執事人）那裏取回，不要讓（自己受到）損失。』這樣是符合時宜的（處理方式）。」

與《四分律》相似：

《四分僧戒本》作：「若不得衣，從彼所來處，若自往，若遣使往，語言：『汝先遣使送衣價與某甲比丘，是比丘竟不得衣。汝還取，莫使失。』此是

時。」《新刪定四分僧戒本》作：「若不得衣，從所來處，若自往，若遣使往，語言：『汝先遣使送衣價與某甲比丘，是比丘竟不得衣。汝還取，莫使失。』此是時。」《四分律比丘戒本》作：「若不得衣，從所得衣價處，若自往，若遣使往，語言：『汝先遣使持衣價與某甲比丘，是比丘竟不得衣。汝還取，莫使失。』此是時。」

《五分律》、《彌沙塞五分戒本》作：「若不得衣，隨使來處，若自往，若遣信，語言：『汝為某甲比丘送衣直，是比丘竟不得。汝還自索，莫使失。』是事應爾。」《解脫戒經》作：「若不得衣，隨衣價所來處，若自往，若遣好使，往語施主言：『汝先遣使送衣價與某甲比丘，是比丘未曾得衣。施主還取，莫使失。』是名如法。」

《僧祇律》作：「若不得衣，隨衣價來處，若自去，若遣使往，應作是言：『汝為某甲比丘送衣價，某甲比丘竟不得。汝自知財，莫使失。』是事法爾。」《僧祇比丘戒本》作：「若不得，隨衣直來處，若自去，若遣使言：『汝為某甲比丘送衣直，是比丘於汝衣直竟不得用。汝自知，莫令失。』是事法爾。」

《根有律》、《根有戒經》、《根有律攝》作：「若竟不得衣，是苾芻應隨彼送衣價處，若自往，若遣可信人往，報言：『仁為某甲苾芻送衣價，彼苾芻竟不得衣。仁應知，勿令失。』此是時。」

《十誦律》作：「若不得衣，隨送衣直來處，若自往，若遣使，語：『汝所送衣直，我不得。汝自知物，莫使失。』是事應爾。」《十誦比丘戒本》作：「若不得衣，隨衣價來處，若自去，若遣使，應如是言：『汝為某甲比丘送衣價，是比丘於汝衣價竟不得用。汝自知財，莫使失。』是事法爾。」

《僧祇律》及之後的律典中，「汝自知」、「仁應知」、「汝自知物」或「汝自知財」的表述，與《四分律》中「汝還取」的表述略有差異，但意思相同。

梵文《說出世部戒經》作 “no ced abhiniṣpādeya yena se tāni rājñā vā rājabhogyena vā dūtena cīvaracetāpanāni preṣitāni tatra tena bhikṣuṇā svayaṃ vā gantavyaṃ, dūto vā pratirūpo preṣayitavyo, yāni khu āyuṣmantehi itthaṃnāmaṃ bhikṣum uddiśya dūtena cīvaracetāpanāni preṣitāni na khu tāni tasya bhikṣusya kiñcid arthaṃ spharanti, pratyanveṣatha, na svakaṃ dharmo|

vo vipraṇaśiṣyatīti iyam atra sāmīcī”，意思是：「如果沒有得到，比丘應該自己或是差遣使者前往贈送購衣錢的國王或是大臣（那裏），說：『大德，你派遣使者送給某位比丘的購衣錢，這個比丘沒有得到任何利益，你應該前去，以免讓自己的財物受到損失。』這樣是合適的行為。」

梵文《有部戒經》作“no ced abhiniṣpadyeta tena bhikṣuṇā yatas tāni cīvaracetanakāny ānītāni tatra svayaṃ vā gantavyaṃ dūto vā preṣitavyo yāni tāny āyuṣmatā mām uddiśya cīvaracetanakāni preṣitāni na tāny asmākaṃ kaṃcid arthaṃ prakurvanti prajānātv āyuṣmā(ṃ) svam arthaṃ mā te praṇaśyed iyaṃ tatra sāmīciḥ”，意思是：「如果沒有得到，比丘應該親自或差遣使者前往這個購衣錢的來處，說：『大德，送給我的購衣錢，大德，我們沒有得到任何利益。大德應該知道，以免讓自己的利益受到損失。』這樣是合適的行為。」

梵文《根有戒經》作“no ced abhiniṣpadyeta yasyā diśas tāni cīvaracetanakāny ānītāni tatra svayaṃ vā gantavyam āpto vā dūto ‘nupreṣitavyaḥ yāni tāny āyuṣmadbhir evaṃnāmānaṃ bhikṣum uddiśya cīvaracetanakāny anupreṣitāni na tāni tasya bhikṣoḥ kaṃcid arthaṃ spharanti prajānātv āyuṣmantaḥ svam arthaṃ mā vo ‘rthaḥ praṇaśyatv ity ayaṃ tatra sāmayaḥ”，意思是：「如果沒有得到，他應該親自去，或差遣信任的使者前往購衣錢的來處，說：『大德送給某位比丘的購衣錢，這位比丘沒有得到任何利益。大德應該知道，以免讓自己的利益受到損失。』這樣是合適的行為。」

巴利《戒經》作“no ce abhinipphādeyya, yat’assa cīvaracetāpanaṃ ābhataṃ, tattha sāmaṃ vā gantabbaṃ dūto vā pāhetabbo: Yaṃ kho tumhe āyasmanto bhikkhuṃ uddissa cīvaracetāpanaṃ pahiṇittha, na taṃ tassa bhikkhuno kiñ-ci atthaṃ anubhoti, yuñjant’āyasmanto sakaṃ, mā vo sakaṃ vinassā ti. Ayaṃ tattha sāmīcī”，意思是：「如果沒有得到，他應該親自去，或者差遣使者前往這個購衣錢的來處，說：『大德們，你們曾派使者送購衣錢給指定的那位比丘，那位比丘他沒有得到任何利益，大德們應該盡力為自己去（收回購衣錢），以免讓你們自己（的財物）受到損失。』這是合適（的流

程）。」

藏文《根有戒經》作“གལ་ཏེ་མ་ཐོབ་ན་ཕྱོགས་གང་ནས་གོས་ཀྱི་རིན་དེ་དག་འོངས་པ་དེར་བདག་འགྲོ་བར་བྱའོ། །ཡང་ན་ཡིད་བརྟན་པའི་ཕོ་ཉ་ལས་ཆེ་དང་ལྡན་པ་དག་གིས་དགེ་སློང་ཆེ་གེ་མོའི་ཕྱིར་གོས་ཀྱི་རིན་གང་དག་བསྐུར་བ་དེ་དག་ནི་དགེ་སློང་དེའི་དོན་ཅིར་ཡང་མ་གྱུར་གྱིས་ཤེས་པར་གྱིས་ཤིག །ཚེ་དང་ལྡན་པ་དག་གིས་རང་གི་ནོར་ཆུད་མ་གསན་ཅིག་ཅེས་སྨྲིང་བར་བྱ་སྟེ། དེ་ལ་དེ་ནི་ཚེ་ག་ཡིན་ནོ།།”，意思是:「倘若沒有得到，（比丘）應自己到購衣錢來源的地方（即送購衣錢處），或者（令）可信任的使者（到送購衣錢來源的地方），說：『大德為了某位比丘寄送的這些購衣錢，並沒有實現對於比丘的利益。大德應當了知，不應浪費自己的錢財。』這是為此（應該）的做法。」

與《四分律》有部分差異：

《鼻奈耶》作：「若不得衣，當自往，若遣信至得物家：『前所施衣直，因信來者，某甲比丘竟不得。還自往索，莫謂比丘得，莫費散物。』」該律典相比《四分律》缺少「此是時」。

三、辨相

(一) 犯緣

具足以下五個方面的犯緣便正犯本戒：

1. 所犯境

《四分律》的所犯境是為比丘掌管衣價的執事人。其餘律典的所犯境與《四分律》相同。

諸律中對執事人的描述如下：

(1)《四分律》為「若僧伽藍民，若優婆塞」;

(2)《鼻奈耶》為「近知識守園人，若五戒賢者」;

(3)《十誦律》為「若僧園民，若優婆塞」;

(4)《薩婆多論》中，犯戒對象是交與衣價的淨人；[1]

(5)《僧祇律》為「若園民，若優婆塞」;

(6)《五分律》中只提到是「執事」，沒有具體身分的描述；

(7)《根有律》為「若僧淨人，若鄔波索迦」;

(8)《根有律攝》為「若僧淨人，若鄔波索迦」; [2]

(9)《巴利律》為「淨人或優婆塞」;

(10)《善見論》為「若守僧房者，為僧驅使人也」; [3]

(11) 藏傳《苾芻學處》中，「所索衣境：施主、使者、執事人，均須具在家人之前五法」[4]，雖然列了三種人，但真正的犯戒對象為執事人。

---

1 《薩婆多論》卷 5，《大正藏》23 冊，532 頁下欄至 533 頁上欄。

2 《根有律攝》卷 6，《大正藏》24 冊，558 頁上欄至 559 頁上欄。

3 《善見論》卷 15，《大正藏》24 冊，775 頁中欄至 776 頁下欄。

4 《苾芻學處》，《宗喀巴大師集》卷 5，84 頁。

綜上所述，諸律執事人都是淨人或者優婆塞。以上記載中，《四分律》、《鼻奈耶》、《十誦律》、《僧祇律》、《五分律》、《根有律》、《根有律攝》和《巴利律》的內容，均是從戒條內提取出來的。

《毗尼母經》、《明了論》沒有關於此戒的內容，下不贅述。

2. 能犯心

（1）發起心

《四分律》中沒有和發起心相關的犯緣。

藏傳《苾芻學處》：「發起心，若過六返，或已告施主，執事人未允代慰施主令取，欲為自索取之心未間斷。」

其餘律典和《四分律》相同。

（2）想心

《四分律》中沒有和想心相關的犯緣。

藏傳《苾芻學處》中提到，想心為「想不錯亂」。

《巴利律》中，想心為對索衣次數的認知，若索衣次數實際過限作過想、疑想、減想，都正犯此戒。

其餘律典和《四分律》相同，沒有想心相關的犯緣。

3. 方便加行

《四分律》中，方便加行為向執事人過限索衣。

藏傳《苾芻學處》中，方便加行為「作索取方便」。

其餘律典和《四分律》相同，都是過限索衣。

另外，《根有律》中，「遣使往」和「以書印乞」這兩種乞衣價的方式也正犯此戒。《僧祇律》中提到，自語索、教他語索，自默索、教他默索，過限得衣都正犯此戒。

本戒對比丘向執事人索衣的程序作了規範。除《鼻奈耶》，諸律的索衣程序基本相同，有幾個共同點：(1) 比丘的索衣方式有兩種，語索（口頭告知）和默索（默然立）；(2) 比丘可以多次索衣，每次選擇語索和默索中的一種；

(3) 兩者加起來的總次數是有限制的，過此限制繼續索衣，便正犯本戒。

差異之處：《鼻奈耶》比較特殊，沒有語索。《摩得勒伽》記載，「四語五語六語、默然索」，從字面意思來理解，意思應該為：超過六次語索，或是超過六次默然索，均正犯。[1]

另外，《四分律》、《巴利律》、《善見論》中，語索和默索是可以互換的。一個語索折合成兩個默索，組合方式共有四種：六語索＋零默索，五語索＋二默索，四語索＋四默索，三語索＋六默索。

《薩婆多論》中則記載：「戒體正在三索三默無過；若七反，得衣成罪。」其含義與《四分律》等律典有較大差異。

表 4-5　諸律索衣方法同異一覽

律典	語索	默索	語默互換	次數限制
《四分律》	有	有	一語索＝二默索	三語六默或組合
《鼻奈耶》	無	有	無	六默
《十誦律》	有	有	無	三語六默
《薩婆多論》	有	有	無	三語三默
《摩得勒伽》	有	有	無	六語或六默
《僧祇律》	有	有	無	三語六默
《五分律》	有	有	無	三語六默
《根有律》	有	有	無	三語六默
《根有律攝》	有	有	無	三語六默
《巴利律》	有	有	一語索＝二默索	三語六默或組合
《善見論》	有	有	一語索＝二默索	三語六默或組合

1　《摩得勒伽》卷 9，《大正藏》23 冊，618 頁中欄。

〈續上表〉

律典	語索	默索	語默互換	次數限制
藏傳《苾芻學處》	有	有	無	三語六默
注：《五分律》、《根有律》、《根有律攝》的內容來源於戒條；《巴利律》的內容來源於關鍵詞。此外，《根有律》和《根有律攝》中，索取的物品應該是「衣價」，而非「衣」。				

4. 究竟成犯

《四分律》中，究竟成犯為得衣。

《鼻奈耶》中記載：「若過六，更往求者，捨墮。」從字面上來看，過限索衣即正犯，不需要得衣，不過「往求」之時尚未得到衣物，還無衣可捨，因此《鼻奈耶》中的究竟成犯也應該是得衣。

《摩得勒伽》沒有記載此戒的究竟成犯。

其餘律典與《四分律》相同。

5. 犯戒主體

《四分律》中，犯戒主體是比丘，比丘尼同犯。

《薩婆多論》、《五分律》、藏傳《苾芻學處》與《四分律》相同。

其他律典中的犯戒主體是比丘，沒有提到比丘尼。

此外，《摩得勒伽》中還提到，學悔沙彌也正犯此戒。

（二）輕重

1. 所犯境

（1）執事人相關

《四分律》中，從執事人處過限索衣，犯捨墮。諸律與《四分律》相同。

《根有律》、《根有律攝》還提到了執事人為人、非人，以及龍、外道等不同情況。《根有律》中，執事人為人或龍，犯捨墮；為非人，犯突吉羅。《根有律攝》中，執事人為人、非人、龍、外道，均犯捨墮。

《摩得勒伽》記載：「從非人索，突吉羅。或人與衣直，著沙門、婆羅門所，過五六語索，突吉羅；非人衣直，著沙門婆羅門所亦如是；沙門婆羅門衣直，著非人所亦如是；本犯戒人乃至污染比丘尼人亦如是。」

（2）衣價相關

《善見論》、藏傳《苾芻學處》提到，如果衣價一開始沒有按照戒條中所示的相關程序進行交付處理，比丘前往取衣，犯突吉羅。

《善見論》：「若使者語執事人：『可持此直買衣與某甲比丘。』比丘付執事人衣直已，不報比丘，比丘不得就執事人求衣，若求得衣，突吉羅罪。」

藏傳《苾芻學處》：「若使者未告令於執事人所取衣而往取，或使者交衣值時未捨，或使者未問便示知執事人……皆惡作罪。」

上述《四分律》、《鼻奈耶》、《十誦律》、《僧祇律》、《五分律》和《巴利律》的內容，均是從戒條內提取出來的。

（3）其他

《十誦律》記載：「若是衣價屬天、龍、夜叉、羅剎、餓鬼、拘槃荼、毗舍遮等非人，寄在人邊，是中勤求乃至過六返，得突吉羅。若是衣價屬出家外道，寄在人邊，是中勤求乃至過六返，得突吉羅。」

2. 能犯心

（1）發起心

《四分律》中沒有和發起心相關的判罪。除藏傳《苾芻學處》外，諸律與《四分律》相同。

藏傳《苾芻學處》中，「若過六返，或已告施主，執事人未允代慰施主令取，欲為自索取之心未間斷」，即犯捨墮。

（2）想心

《四分律》中沒有和想心相關的判罰。

《巴利律》中，索衣次數實際過限而有過限想，或過限疑，或非過限想，都犯捨墮；實際沒有過限而作過限想、過限疑，犯突吉羅，實際沒有過限而有不過限想，不犯。

藏傳《苾芻學處》中，「想不錯亂」，犯捨墮。

其餘律典與《四分律》相同。

3. 方便加行

《四分律》中，過限索衣，正犯捨墮。

藏傳《苾芻學處》中，「作索取方便」，犯捨墮。

其諸律典與《四分律》相同。

《根有律》還記載，「遣使往，或以書印乞」，以這樣的方式索衣，犯捨墮罪。

（1）方便罪

《根有律攝》記載：「若以不實等事詰彼而索衣價……皆得惡作。」

藏傳《苾芻學處》提到，語索過三次，結惡作罪：「或雖未過六返，然用語索過三返等，皆惡作罪。」其他律典都沒有提到語索超過三次結突吉羅罪的情況。

（2）施主相關

《根有律》、《根有律攝》、藏傳《苾芻學處》中還提到，如果比丘通過正常的三語六默程序不得衣，告知施主後，執事人若主動來提供衣服；那麼執事人要允諾將與施主進行溝通後，比丘才能取衣，否則比丘取衣也將犯捨墮。

《根有律》：「若苾芻遣使報已，彼執事人來至苾芻所作如是語：『聖者，可受此衣價。』苾芻應報彼曰：『此之衣價我已捨訖，汝當還彼送衣來處。』如是報者善，若取衣者，犯捨墮。若執事人作如是語：『聖者，仁可受此衣價，彼之施主我共平章，令其心喜。』若如是者，取衣無犯。」

《根有律攝》：「若執事人報云：『仁今可取衣直。』苾芻應言：『我已捨訖，宜還本主。』若云：『仁可取衣，我當語彼。』取時無犯。苾芻不作如是次第求衣，犯墮。」

藏傳《苾芻學處》：「於執事人所若過六返索衣；或雖未過六返，不得衣時，已告施主，爾時執事人送衣來，未允代慰施主心而取衣者：俱犯捨墮。」

《僧祇律》提到，比丘索衣不得衣後，如果故意作方便讓執事人知道自己要去告知施主，此時執事人如果給衣，比丘取衣則犯捨墮：「若比丘作方便現行相，持衣鉢、錫杖、水瓶過寄物人前。若彼人問言:『尊者欲那去？』答言:『欲去先送物主邊，語令自知此物，莫使失。』受寄者言：『久已辦物，不須復往。』即時與物，比丘取者，尼薩耆波夜提。」這種行為實質上是一種變相的索衣。此外，《僧祇律》中還提到：「受寄者若言：『任意去！設能破我如破多羅樹，亦不與汝一錢。』比丘爾時應到物主邊語，令自知此物莫使失。若是物主言：『我先施比丘，隨方便更索。』比丘爾時得如前三反語索、六反默然住。」

《根有律攝》、藏傳《苾芻學處》還提到，比丘三語六默後如果不得衣，不告知原施主，得惡作罪。《根有律攝》:「及不報主知，皆得惡作。」藏傳《苾芻學處》:「或經六返未得衣時未還施主……皆惡作罪。」

《善見論》則提到比丘自己應去通知施主，派人通報，得突吉羅罪：「若不得衣，應自往報衣主，不得使人往報，若使人報，犯突吉羅罪。」如果既不派人自己又不去報，推斷也會結突吉羅罪。

（3）自作教他

《僧祇律》中提到，自語索、教他語索，自默索、教他默索，過限得衣，都犯捨墮。

《根有律》記載:「若苾芻遣使往，或以書、印乞時，惡作;得，便捨墮。」《根有律攝》:「雖自不設方便，餘人為索，信而不遮，得罪如上。」即他人為自己索取，自己知道後不加以遮止，也犯捨墮。「若遣使、書、印乞衣價時，得惡作；得，亦犯捨」，意思是派人或者以寫信等方式為己索衣，也犯捨墮。

其他律典沒有與自做、教他相關的犯緣。

4. 究竟成犯

《四分律》中記載，比丘得衣時，犯捨墮。律中沒有記載犯輕的情況。

《薩婆多論》中記載：「若七反，得衣，成罪；不得，突吉羅。」

《根有律》中記載，比丘過限索，「乞衣價時，得惡作罪；得，便捨墮」。《根有律攝》與《根有律》相同。另外，《根有律攝》還記載：「若三語六默不得衣時，更欲從索，初，便惡作；語，得墮罪；得衣，犯捨。」

《巴利律》：「若越過此限求得此衣，得之，突吉羅；至手者，捨墮。」

《摩得勒伽》沒有記載此戒的究竟成犯。其他律典的究竟成犯判罪與《四分律》相同。

5. 犯戒主體

《四分律》、《薩婆多論》、《五分律》中，比丘、比丘尼犯此戒，得捨墮；式叉摩那、沙彌、沙彌尼，得突吉羅。

藏傳《苾芻學處》中，比丘、比丘尼犯此戒，得捨墮。

其他律典中只提到了比丘正犯此戒得捨墮。此外，《摩得勒伽》中還提到，學悔沙彌也犯捨墮。

（三）不犯

1. 想心不具足

《巴利律》中，實際沒有過限而有不過限想，不犯。

2. 方便加行不具足

《四分律》中，「不犯者，三反語索得衣，六反默然立得衣」，即不過限索衣而得衣，不犯。其餘律典在與《四分律》相同。

《根有律攝》記載：「無犯者，皆依數求得，或善方便而從索得。」但未明確記載什麼樣的方法為「善方便」。

《巴利律》中，「不催促而與，施主催促而與」，不犯。

另外，《十誦律》、《僧祇律》、《根有律》、《根有律攝》、《巴利律》中提到，執事人主動給衣，比丘得衣不犯。

《十誦律》：「是比丘語衣主已，有餘因緣往到是處，若執事人問比丘：『汝何故來？』比丘答言：『我有餘事故來。』若執事言：『汝持是衣直去。』是比丘言：『我已語衣主，汝自往共分了。』若執事言：『汝但持是衣直去，我自當往解語衣主。』若比丘爾時受衣直持去者，無犯。」

《僧祇律》中，比丘不得衣，去通知施主時，如果執事人正好看到並詢問比丘後，主動給衣，比丘取衣不犯：「若不作方便，道由彼前，若彼人問：『尊者那去？』答言：『欲至先送物主邊，語令自知此物，莫使失。』受寄者言：『久已辦物，不須復往。』即時與物，取者無罪。」

《根有律》：「若苾芻遣使報已……若執事人作如是語：『聖者，仁可受此衣價，彼之施主我共平章，令其心喜。』若如是者，取衣無犯。」

《根有律攝》：「若執事人報云：『仁今可取衣直。』苾芻應言：『我已捨訖，宜還本主。』若云：『仁可取衣，我當語彼。』取時無犯。」

3. 犯戒主體不具足

《四分律》：「不犯者，最初未制戒，癡狂、心亂、痛惱所纏。」

《五分律》、《根有律》與《四分律》相同。

《巴利律》：「癡狂者、最初之犯行者，不犯也。」

其他律典沒有提到這方面的問題。

四、原理

本戒是一條遮戒。

（一）保護發心

本戒中的執事人是為比丘保管錢財的在家居士。如果比丘頻繁地索取，或者索取的「衣直」超過施主實際供養的額度，可能給執事人正常的生活帶來諸多不便，傷害他們原本善良的意願，同時也破壞了比丘與執事人之間相互信任的關係。如《根有律攝》中總結說：「取不淨財，不護他意，致生惱亂。」針對這種情況，比丘向執事人索取時，佛陀規定了三語六默，目的是保護執事人的發心並約束比丘的貪欲。

（二）集會的輿論效應

《四分律》記載：「舍衛城中諸長者集會，先有制，其有不至者罰錢五百。」此種現象反映出，佛世時，商人已經組成了自己的同業公會，他們制定了行業公約，在社會生活中發揮着重要作用，並且有相當的社會影響力。[1] 這樣的集會對一位商人來說，既與經濟收入的多寡有關，同時也是社會地位高低的象徵。律中，比丘「不知時，不籌量」，不能體諒到長者的難處，一味「急索」，給長者帶來財產的損失與尊嚴的損害，也給自己招來了「惡名」：「一人語二人，二人語三人，如是展轉，沙門釋子惡名流布，遍舍衛城。」可見，長者的集會也是大眾傳布資訊的平台，比丘操行的優劣也能夠快速地從大眾的口碑中反映出來。

1　林承節：《印度古代史綱》，光明日報出版社，66 頁。

（三）「衣值」與蓄寶戒的協調

在「蓄寶戒」中，我們看到戒律對比丘蓄積錢財的遮止，而在此戒中，「衣值」作為錢寶被執事人這個中間人保管着，比丘並沒有接觸到錢寶。當比丘有了做衣等日常需求時，才可以由執事人來支付相關的費用。「衣值」由第三方保管，一方面使得錢財的使用公開透明，另一方面使比丘只關注自己必要的需求，避免貪著而更能專心辦道。「衣值」之類的錢寶在施主、執事人與比丘之間流通，既避免了比丘因蓄積錢財而可能帶來的貪求，也避免了比丘由於積聚大量錢財而可能引起社會大眾的譏嫌與責難。

（四）信任危機

上文提到的執事人，在比丘的修道生活與信眾的供養護持間起到了很好的連接作用，但偶爾也有不協調的時候，如執事人挪用比丘錢物為己所用。《僧祇律》中，緣起比丘「多緣多事，忘不往取」，執事人正好「家中小儉」，於是藉此便利，「即便貸用，後當還償」。緣起比丘得知後瞋怒言：「此是我物，云何取輒用？」比丘與執事人的關係是建立在信仰三寶的基礎上，這種信仰落實在生活中就是彼此之間的相互信任。然而，執事人身為一名在家居士，生活中難免會遇到一些急難之事。如果出現「特殊情況」，比丘不能冷靜、理性地面對，則無益於問題的解決。

五、總結

(一) 諸律差異分析

1. 緣起差異

(1) 結構差異

《四分律》只有一個本制，《鼻奈耶》、《十誦律》、《五分律》、《根有律》、《巴利律》與之相同。《僧祇律》有一個本制、一個隨制。

(2) 情節差異

《十誦律》、《五分律》、《巴利律》情節與《四分律》相似。

《鼻奈耶》、《僧祇律》、《根有律》情節與《四分律》有一些差異。其中，《鼻奈耶》沒有比丘強行索取衣價的情節。《僧祇律》中提到了優婆塞貸用緣起比丘暫存在己處的衣價，以及佛陀開許用「三反往索，六反默然住」的方法索錢；《四分律》的戒條中有比丘「三反六默」索錢的內容，而本制故事中缺乏相應的緣起情節，可將《僧祇律》這一情節補充到《四分律》中。《根有律》則是比丘主動索取供養，而不是居士供養比丘。

(3) 結論

綜上所述，本戒仍以《四分律》的緣起結構和情節為準，另外，補充《僧祇律》中佛陀開許比丘用「三反往索，六反默然住」的方法索錢的情節。

2. 戒本差異

除《鼻奈耶》以外，《四分律》與其他律典在表達上雖然詳略不同，但文意基本一致。《鼻奈耶》中描述的所犯境似乎是比丘自己想要買衣，而不是像其他律典中供養人主動派遣使者供養。此外，其中多出的買衣比丘「若至市，若錢肆、金銀肆、銅鐵肆、綿絹絲肆」這一描述，《四分律》和其他律典中都沒有提及。

為了使《四分律》的戒本更加簡潔、明瞭，避免歧義，特別借鑒《新刪定四分僧戒本》在原戒條的基礎上作如下調整。「遣使為比丘送衣價」之後的「持如是衣價與某甲比丘」，這一施主對使者的對話略顯多餘，故刪去。「使人」原意是「使者」，容易讓人誤以為是「指使他人」，故刪去其中的「人」字。刪去「至比丘所語比丘」中的第二個重複的「比丘」。「今為汝故送是衣價」一句刪改為「今送衣價」。「受取」一句為了避免文意不清，增改為「可受取之」。「是比丘應語彼使如是言」一句中的「應語彼使如是」略顯多餘，故刪去。「彼使語比丘」一句，改為「彼使報言」。「常為諸比丘執事」一句，略顯多餘，故刪去。「至比丘所作如是言」中的「作如是」，略顯多餘，故刪去。「執事人所」之後的「若二反、三反」表述不夠完整，故改為「一、二、三反」。「我須衣」之後的「若二反、三反為作憶念，若」一句略顯重複，故刪去。「四反、五反、六反」一句改為「應四、五、六反」。「汝先遣使持衣價」中「持」字改為「送」。「是比丘竟不得」之後補入「衣」字。

除了參照《新刪定四分僧戒本》以外，其他修改如下。「若比丘」一句略顯多餘，故依《五分律》等，將其刪除。「我若須衣，合時清淨當受」一句，借鑒《十誦律》、《五分律》、《根有律》等，改為「若得合時、清淨衣當受」。「須衣比丘應語言：『有。若僧伽藍民，若優婆塞。』」一句中「若僧伽藍民，若優婆塞」這一內容在對話中顯得比較奇怪，因此借鑒《十誦律》等，改為「是比丘應示執事人，若僧伽藍民，若優婆塞，言」。「彼使往至執事人所」的「至」字略顯多餘，依《十誦律》等刪除。「須衣比丘當往」中的「須衣比丘」，依《根有律》等改為「比丘須衣」。「為作憶念」之後的「應」字略顯多餘，依《根有律》等刪除。「若不得衣，四反、五反、六反在前默然立」其後的「若四反、五反、六反在前默然住」一句與前文重複，故依《僧祇律》等刪除。「從所得衣價處」一句表述不夠清晰，依《根有律》等改為「隨彼送衣價處」；「此是時」一句文意不夠明瞭，故依《十誦律》等改為「是事應爾」。

3. 辨相差異

（1）能犯心

①發起心

《四分律》中沒有明確提到本戒的發起心，其餘律典和《四分律》相同。藏傳《苾芻學處》中，發起心為：「若過六返，或已告施主，執事人未允代慰施主令取，欲為自索取之心未間斷。」本戒中，比丘因為對衣貪著而索取不斷，所以造成居士譏嫌。雖然本戒從數量上對可索取的次數作了限定，但意趣還是令比丘適可而止，不可過度索取。因而，本戒的犯緣應當包括如下的發起心：為己索取之心。

②想心

《巴利律》中，如果索衣次數實際過限，作過想、疑想、減想，都正犯此戒；不過限而有過限想、過限疑，則得突吉羅罪。此處，實際不過限，比丘作過限想或疑，但仍然去索衣，可認為比丘主觀意願上對戒律比較輕忽，屬於故意違犯，結突吉羅是合理的。藏傳《苾芻學處》中，「想不錯亂」才正犯。《四分律》及其餘律典均沒有與想心相關的犯緣。

對本戒來說，比丘索取次數過多很容易引發居士譏嫌。《巴利律》中，過限作減想，或疑，判為正犯。可見，該律典主要是從防護譏嫌的角度來判罪的。而藏傳《苾芻學處》中，想不錯亂，正犯。該律典將比丘的想心作為一個重要的參考因素。在具體的判法方面，若比丘作減想，或疑想，其主觀故意心較輕，但也可能會損惱居士，因此判為突吉羅較為合理，即過限作未過限想，或疑，或未過限作過限想，或疑，均突吉羅。

（2）方便加行

諸律中，本戒的方便加行都是過限索衣，不過在索取方式上略有差異。《鼻奈耶》中僅有默索，沒有語索。其他律典均有語索和默索兩種索衣方式。故本戒取大部分律典的觀點，即通過語索和默索兩種方式過限索衣。

4. 諸律內部差異

《十誦律》、《僧祇律》、《根有律》的緣起故事中，描述的都是緣起比丘向執事人直接索取衣價，而不是衣服，但對應的戒本中記載的都是比丘在需要衣服的情況下去向執事人索衣服。

《根有律》戒本中執事人為「僧淨人」和「鄔波索迦」兩種，辨相中除了對此二種執事人作界定之外，還提到了「非人」和「龍」等判為突吉羅的情況。

（二）調整文本

通過以上諸律間觀點同異的對比與分析，文本在《四分律》的基礎上作如下調整：

1. 緣起

佛在舍衛國祇樹給孤獨園，一位大臣派使者供養跋難陀衣價，跋難陀讓其將錢交給一位長者居士保管，但一直未做衣。大臣發現跋難陀沒有做衣，想要收回供養的錢。跋難陀便急到長者家，要求對方即刻為自己做衣。長者恰好要去參加一個集會，若遲到就會受罰，因而要求先去參加集會。跋難陀執意不許，強使長者先為自己做衣，導致長者被罰五百錢。此事引起長者、居士及不信佛者的譏嫌。佛陀得知此事後開許比丘可以「三反往索，六反默然住」索衣，並集僧制戒。

2. 戒本

若[1]王、大臣、婆羅門、居士、居士婦，遣使為比丘送衣價[2]。彼使[3]至比

1 「若」前，底本有「若比丘」，據《五分律》、《彌沙塞五分戒本》刪。

2 「價」後，底本有「持如是衣價與某甲比丘」，據《新刪定四分僧戒本》、《十誦比丘戒本》、《根有律》、《根有戒經》、《根有律攝》、梵文《說出世部戒經》、梵文《有部戒經》、梵文《根有戒經》、藏文《根有戒經》刪。

3 「使」後，底本有「人」，據《四分僧戒本》、《新刪定四分僧戒本》、《十誦律》、《十誦比丘戒本》、《僧祇律》、《僧祇比丘戒本》、《五分律》、《彌沙塞五分戒本》、《解脫戒經》、《根有律》、《根有戒經》、《根有律攝》刪。

丘所[1]言:「大德，今送衣價[2]，可受取之[3]。」是比丘[4]言:「我不應受此衣價，若得[5]合時、清淨衣[6]當受。」彼使報[7]言:「大德有執事人不？」是比丘應示執事人[8]，若僧伽藍民，若優婆塞，言[9]:「此是比丘執事人[10]。」彼使往[11]執事人所，與衣價已，還至比丘所[12]言:「大德所示某甲執事人，我已與衣價。大德知時，往彼當得衣。」比丘須衣[13]當往執事人所。若一、二、三反[14]，為作憶念[15]，語言:「我須衣[16]。」得衣者，善;若不得衣，應四、五、六反[17]，在前默然立[18]，得衣者，善;若不得衣，過是求得衣者，尼薩耆波逸提。若不得衣，隨彼送[19]衣價處，若自往，若遣使往，語言：「汝先遣使送[20]衣價與某甲比丘，是比丘竟

1 「所」後，底本有「語比丘」，據《新刪定四分僧戒本》、《十誦律》、《五分律》、《彌沙塞五分戒本》刪。

2 「今送衣價」，底本作「今為汝故送是衣價」，據《新刪定四分僧戒本》改。

3 「可受取之」，底本作「受取」，據《新刪定四分僧戒本》改。

4 「丘」後，底本有「應語彼使如是」，據《新刪定四分僧戒本》、《僧祇比丘戒本》、《五分律》、《彌沙塞五分戒本》、《解脱戒經》刪。

5 「若得」，底本作「我若須衣」，據《五分律》、《彌沙塞五分戒本》、《根有律》、《根有戒經》、《根有律攝》改。

6 「衣」，底本闕，據《十誦律》、《十誦比丘戒本》、《僧祇律》、《僧祇比丘戒本》、《五分律》、《彌沙塞五分戒本》、《解脱戒經》、《根有律》、《根有戒經》、《根有律攝》加。

7 「報」，底本作「語比丘」，據《新刪定四分僧戒本》改。

8 「是比丘應示執事人」，底本作「須衣比丘應語言：『有』」，據《十誦律》改。

9 「言」，底本闕，據《十誦比丘戒本》、《僧祇律》、《僧祇比丘戒本》加。

10 「人」後，底本有「常為諸比丘執事，時」，據《新刪定四分僧戒本》、《解脱戒經》、《根有律》、《根有戒經》、《根有律攝》刪。

11 「往」後，底本有「至」，據《十誦律》、《根有律》、《根有戒經》、《根有律攝》刪。

12 「所」後，底本有「作如是」，據《新刪定四分僧戒本》、《僧祇比丘戒本》刪。

13 「比丘須衣」，底本作「須衣比丘」，據《根有律》、《根有戒經》、《根有律攝》改。

14 「一、二、三反」，底本作「二反、三反」，據《新刪定四分僧戒本》改。

15 「念」後，底本有「應」，據《根有律》、《根有戒經》、《根有律攝》刪。

16 「衣」後，底本有「若二反、三反為作憶念，若」，據《新刪定四分僧戒本》刪。

17 「應四、五、六反」，底本作「四反、五反、六反」，據《新刪定四分僧戒本》、《鼻奈耶》改。

18 「立」後，底本有「若四反、五反、六反在前默然住」，據《僧祇律》、《僧祇比丘戒本》、《五分律》、《彌沙塞五分戒本》刪。

19 「隨彼送」，底本作「從所得」，據《根有律》、《根有戒經》、《根有律攝》改。

20 「送」，底本作「持」，據《四分僧戒本》、《新刪定四分僧戒本》、《解脱戒經》改。

不得衣[1]。汝還取，莫使失。」是事應爾[2]。

3. 辨相

（1）犯緣

本戒具足五緣成犯：一、為比丘掌管衣價的執事人；二、為己索取之心；三、過限索衣；四、作過限想；五、得衣時，成犯。

（2）辨相結罪輕重

①為比丘掌管衣價的執事人

向人過限索衣，得衣時，結捨墮罪；向非人過限索衣，得衣時，結突吉羅罪。

②為己索取之心

③過限索衣

比丘向執事人或語索，或默索，過限索衣，結捨墮罪；若教他人，或遣使，或以書、印等方式為自己過限索衣，結捨墮罪；不過限而索，得衣，不犯。

如果使者沒有通知比丘到執事人所取衣，或使者把「衣值」交給執事人時內心未捨，或使者尚未詢問比丘是否有執事人而比丘提前告知，上述這些情況下，比丘若前往執事人所取衣，結突吉羅罪。

④過限想

索衣次數實際過限，比丘作過限想，捨墮；過限作過限疑，或作不過限想，突吉羅；不過限作過限想，或疑，突吉羅；不過限作不過限想，不犯。

⑤得衣時

過限索，得衣者，結捨墮罪；不得，犯突吉羅。

如果三語六默索衣，不得衣，比丘不告知原施主，結突吉羅罪。

---

1 「衣」，底本闕，據《四分僧戒本》、《新刪定四分僧戒本》、《四分律比丘戒本》、《解脫戒經》、《根有律》、《根有戒經》、《根有律攝》加。

2 「是事應爾」，底本作「此是時」，據《十誦律》、《五分律》、《彌沙塞五分戒本》改。

若索衣次數已滿，並知告施主不得衣後，比丘不得繼續向執事人取衣，除非執事人承諾將告知原施主，否則比丘得衣後，結捨墮罪。

⑥犯戒主體

比丘、比丘尼若犯，結捨墮罪；式叉摩那、沙彌、沙彌尼若犯，結突吉羅罪。

⑦不犯

三語六默不得衣，告知施主後，施主將衣價布施給比丘，比丘以適當的方式索取，不犯。

施主供養的金錢不是用來為比丘做三衣，而是用於做助身衣，比丘在合適的時間，軟語、善巧地索衣，不犯。

施主主動給，或者執事人主動給，得衣，不犯。

最初未制戒，癡狂、心亂、痛惱所纏，不犯。

六、現代行持參考

和佛世的時候一樣，現代的比丘由於自身相對特殊的身分和持戒的要求，仍然需要委託信眾來幫忙做一些事情，包括財物方面的處理。比丘在和信眾互動的過程中，應以本戒的制戒意趣為指導。

如果比丘需要信眾幫忙處理一些個人財物方面的事情，在考察和確認對方可靠，正式作了委託之後，接下來比丘應該抱有得失隨緣的心態。在合理地索取之後，比丘就不應該對對方有太多的逼迫，以免造成彼此的對立，也正好藉此契機修自己的捨心，降低對外物的執著。其次，現代人一般都是愈來愈忙，負擔愈來愈重，信眾也有自己的社會責任要去承擔。在這樣的情況下，信眾積極發心承擔三寶事業，已屬難能可貴。比丘在與對方互動過程中，應盡量多站在對方的角度考慮，多體諒、同情對方，在對方達不到自己的要求時，也能泰然處之。

具體事項操作上，首先，應該對對方的能力大小和發心程度作正確的判斷，據此作出妥當的安排，避免把對方實際能力達不到的事情交給對方。關係重大的事項，應該託付給信心穩定、值得信賴的居士。其次，對於事項的預期結果、交付時間等具體標準和要求，事先要和對方作好溝通，這樣能幫助居士更好地判斷自己的承辦能力，並有時間提前統籌安排。通過這些舉措，有助合理控制風險，保證執行過程中雙方溝通的通暢，減少誤會的發生。

11

綿作臥具戒

一、緣起

（一）緣起略述

《四分律》有一個本制。佛在曠野國界，六群比丘為了做新臥具，前往養蠶人家索取蠶絲。養蠶人説等蠶熟後才有，六群比丘於是就在一旁等待。煮繭時，蠶蛹作聲，而比丘無動於衷，居士看見後譏嫌。佛陀因此制戒。[1]

諸律緣起差異比較：

1. 制戒地點

《四分律》中，制戒地點為「曠野國」，《鼻奈耶》[2]為「舍衛國祇樹給孤獨園」，《十誦律》[3]為「拘睒彌國」，《僧祇律》[4]為「毗舍離大林重閣精舍」，《五分律》[5]為「阿荼髀邑」，《根有律》[6]為「逝多林給孤獨園」，《巴利律》[7]為「阿羅毗邑阿伽羅婆精舍」。

2. 緣起比丘

《四分律》中，緣起比丘為「六群比丘」，《鼻奈耶》、《巴利律》與《四分律》相同。《十誦律》為「拘睒彌比丘」，《僧祇律》為「欲作氈的比丘」，《五分律》是「一比丘」，《根有律》為「諸苾芻」。

---

1 《四分律》卷 7，《大正藏》22 冊，613 頁下欄至 614 頁上欄。

2 《鼻奈耶》卷 10，《大正藏》24 冊，894 頁上欄。

3 《十誦律》卷 7，《大正藏》23 冊，47 頁下欄至 48 頁上欄；卷 53，《大正藏》23 冊，389 頁中欄至下欄。

4 《僧祇律》卷 9，《大正藏》22 冊，307 頁下欄至 308 頁中欄。

5 《五分律》卷 5，《大正藏》22 冊，34 頁下欄至 35 頁上欄。

6 《根有律》卷 20，《大正藏》23 冊，735 頁下欄至 736 頁上欄。

7 《經分別》卷 4，《漢譯南傳大藏經》1 冊，318 頁至 319 頁；《附隨》卷 1，《漢譯南傳大藏經》5 冊，53 頁至 54 頁。

3. 犯戒對象

《四分律》中，犯戒對象為「養蠶家」，《巴利律》與《四分律》相同。《僧祇律》為「憍舍耶家」，《五分律》為「綿家」，這兩部律與《四分律》表述相似。其他三部律則與《四分律》不同，其中，《鼻奈耶》為「長者」，《十誦律》為「居士」，《根有律》為「外道」。

4. 緣起情節

諸律與《四分律》相同，都只有本制沒有隨制。諸律中，只有《五分律》有兩個緣起。第一個緣起僅交代比丘們用蠶絲自做臥具，居士見了譏嫌。隨後本制中，一個比丘缺少蠶綿，即前往養蠶人家索取，並指使對方煮繭，引起養蠶人的反感和呵罵。長老比丘聽到後白佛制戒。

在情節方面，《十誦律》、《根有律》、《巴利律》與《四分律》相同，都是比丘因乞蠶絲而被譏嫌。

《僧祇律》、《五分律》與《四分律》相似。《僧祇律》中，諸比丘指使緣起比丘乞憍舍耶（蠶絲）。《五分律》中，比丘為了給諸比丘做臥具而乞蠶綿。這兩部律中的緣起比丘都不是為自己而乞，與其他律典不同。另外，《僧祇律》描寫了養蠶人譏嫌的過程，比其他律典的緣起情節更詳細。

（二）緣起比丘形象

《四分律》中，六群比丘「索未成綿，或索已成綿，或索已染、未染，或索新者，或索故者」，不管是成品還是半成品，是新還是舊，只要是蠶絲，六群比丘即乞索。這樣的描寫表現出六群比丘貪著蠶絲的形象。這樣強烈的貪求心，在《十誦律》、《五分律》、《根有律》、《巴利律》中也有類似的描述。

此外，《四分律》中，緣起比丘因貪求蠶絲，蠶未熟時，「在邊住待看」，「暴繭時蠶蛹作聲」，仍然無動於衷，不願離去，展現出對生命麻木的形象。《五分律》、《巴利律》中也有類似的描述。

《僧祇律》中，緣起比丘用羊毛做氈，因為羊毛不夠，於是諸比丘建議緣起比丘乞憍舍耶。乞到之後，緣起比丘自認為「於作中少利多過」，表現出對犯戒行為後悔的形象，這一形象與其他律典不同。

《五分律》中，緣起比丘「自煮，亦使人煮」。比丘親自煮繭的形象與其他律典不同。

《鼻奈耶》中無相關記載。

（三）犯戒內因

《四分律》中，比丘犯戒的主因是貪煩惱和癡煩惱：貪煩惱表現為對蠶絲的執著，癡煩惱表現為對煮繭殺生的無動於衷。《十誦律》、《僧祇律》、《五分律》、《根有律》、《巴利律》與《四分律》相同。

《鼻奈耶》中只提到比丘用絲布做卧具，沒有比丘乞索絲布傷害生命的記載，與《四分律》不同。但通過對長者譏嫌的描寫，從側面反映出了緣起比丘的貪煩惱，這一點與《四分律》相似。

（四）犯戒外緣

《四分律》中，犯戒外緣是養蠶人養蠶做面料。緣起比丘面對此境，產生索取蠶絲的心，進而引發犯戒行為。《僧祇律》、《五分律》、《巴利律》與《四分律》相似。

《十誦律》、《根有律》和《四分律》不同。《十誦律》記載：「此國綿貴，縷貴，衣貴，繭貴，多殺蠶故。」《根有律》記載「此物難得，復是貴價」。蠶絲價格昂貴是導致比丘犯戒的重要因素之一。

（五）犯戒後的影響

乞索行為會妨廢道業，這方面的影響在《四分律》、《十誦律》、《僧祇律》、《五分律》、《根有律》、《巴利律》中都有記載。《十誦律》中，比丘為了處理蠶絲，以致「妨廢讀經、坐禪、行道」。《根有律》中也有類似描述：「妨廢正修讀誦作意，數數從彼婆羅門居士等乞。」

《四分律》中，緣起比丘乞索很多蠶綿，不僅影響養蠶人的生計，也會讓其他居士的信心與供養的善心遭到損害。律中記載，諸居士譏嫌：「外自稱言：『我修正法。』如是何有正法？」在這一點上，《十誦律》、《僧祇律》、《五分律》、《根有律》與《四分律》相同。

（六）佛陀考量

佛陀制戒不僅能夠防止比丘對蠶絲卧具生起貪心，也防止其因乞絲殺蠶而造惡業，還可以避免居士的譏嫌。進一步來說，佛陀制戒只是不允許比丘做蠶綿卧具，並非不可以使用蠶綿卧具。如此恰當的制戒方式不會造成因居士主動供養蠶綿卧具而導致比丘犯戒的情況發生。從中可以窺見佛陀對緣起的準確把握。

（七）文體分析

《四分律》只有一個因緣，除《五分律》有兩個因緣外，其他律典與《四分律》相同。

《五分律》中，情節描寫步步深入，第一個緣起先說明用蠶絲做卧具是普遍現象，然後再以緣起比丘犯戒為緣制戒。

《十誦律》與其他律典相比，增加了制戒時社會大背景的介紹，如「此國綿貴，縷貴，衣貴，繭貴，多殺蠶故」。這裏的「多殺蠶」有可能是因為人們不願意從事殺生行業，所以蠶絲貴。

相對其他律典，《僧祇律》中，故事情節的描述更加豐富。律中，緣起比丘索取蠶絲的緣由和經過，記叙得較為詳盡，語言及動作的描寫也較為細緻。如：「即坐小待，復起，以指內釜中看湯熱不？即語言：『湯已熱，可著繭。』主人欲嗤弄比丘故，問言：『尊者，湯實熱，可著不？』答言：『實熱，可與。』」寥寥數語，比丘坐立不安、焦急等待和養蠶人不太情願的形象躍然紙上。另外還有「憍舍耶家」煮蠶前先問比丘的動機的描寫：「欲嗤弄比丘故。」律文通過大量的對話以及少量的心理描寫構建了生動的現場畫面。

二、戒本

《四分律》中，本戒的戒本為：「若比丘，雜野蠶綿作新卧具，尼薩耆波逸提。」

(一) 若比丘，雜野蠶綿

《四分律》、《四分僧戒本》[1]、《新刪定四分僧戒本》[2]、《四分律比丘戒本》[3]作「若比丘，雜野蠶綿」，意思是：如果比丘，(使用) 摻雜有野生蠶絲 (的材料)。

與《四分律》相似：

巴利《戒經》[4]作"yo pana bhikkhu kosiyamissakaṃ"，意思是：任何比丘，(製作) 混有蠶絲的 (卧具)。

與《四分律》有部分差異：

《十誦律》作「若比丘，以新憍施耶」，《十誦比丘戒本》[5]作「若比丘，新憍奢耶」；《五分律》、《彌沙塞五分戒本》[6]作「若比丘，新憍賒耶」；《根有律》、《根有戒經》[7]、《根有律攝》[8]作「若復苾芻，用新高世耶絲綿」。這裏的「憍施耶」、「憍奢耶」、「憍賒耶」和「高世耶」都是梵文"kauśeya"的音譯，意思都是：蠶絲、絲綢。

《十誦律》等律典均強調用新的蠶絲，而《四分律》則指的是用混有野生蠶絲的材料。

---

1 《四分僧戒本》，《大正藏》22 冊，1025 頁中欄。

2 《新刪定四分僧戒本》，《卍續藏》39 冊，265 頁中欄。

3 《四分律比丘戒本》，《大正藏》22 冊，1017 頁下欄。

4 Bhikkhu Ñāṇatusita, *Analysis of The Bhikkhu Pātimokkha,* p. 136.

5 《十誦比丘戒本》，《大正藏》23 冊，473 頁中欄。

6 《彌沙塞五分戒本》，《大正藏》22 冊，196 頁下欄。

7 《根有戒經》，《大正藏》24 冊，503 頁上欄。

8 《根有律攝》卷 6，《大正藏》24 冊，559 頁上欄。

《解脱戒經》[1] 作「若比丘，雜憍奢耶」。相比《四分律》，沒有強調混用「野生」的蠶絲。

梵文《有部戒經》[2] 作 "yaḥ punar bhikṣur [navaṃ] kauśeyaṃ [saṃstaraṃ kārayen]"，意思是：任何比丘，(製作新的) 蠶絲 (卧具)。

梵文《根有戒經》[3] 作 "yaḥ punar bhikṣur [navaṃ] kauśeya[saṃstaraṃ kārayen]"，意思是：任何比丘，(製作新的) 蠶絲 (卧具)。

藏文《根有戒經》[4] 作 "ཡང་དགེ་སློང་གང་སྲིན་བལ་གྱི་[སྟན་སར་པ་བྱེད་ན་]"，意思是：任何比丘，(製作) 蠶絲的 (新卧具)。

上述三部梵藏戒本中都沒有描述蠶絲特性的內容。

與《四分律》差異較大：

《僧祇律》作「若比丘，以憍舍耶雜純黑羊毛」，《僧祇比丘戒本》[5] 作「若比丘，憍奢耶雜純黑羺羊毛」。

梵文《說出世部戒經》[6] 作 "yo puna bhikṣuḥ kauśeyamiśrāṇām eḍakalomānāṃ"，意思是：任何比丘，(以) 蠶絲混合羊毛。

《僧祇律》等三部律典表述的是用蠶絲與羊毛混合，《僧祇律》、《僧祇比丘戒本》中更限定為「純黑羊毛」和「純黑羺羊毛」。《四分律》及其他律典中均沒有相關內容。

《鼻奈耶》作「若比丘，以拘施」。此處的「拘施」指絲布，[7] 即蠶絲與麻、葛等材料混織而成的布。

---

1 《解脱戒經》，《大正藏》24 冊，661 頁下欄。

2 Georg von Simson, *Prātimokṣasūtra der Sarvāstivādins Teil II,* Sanskrittexte aus den Turfanfunden, XI, p. 192.

3 Anukul Chandra Banerjee, *Two Buddhist Vinaya Texts in Sanskrit,* p. 28.

4 麗江版《甘珠爾》(འཇང་བཀའ་འགྱུར།) 第 5 函《別解脫經》(སོ་སོར་ཐར་པའི་མདོ།) 10a。

5 《僧祇比丘戒本》，《大正藏》22 冊，551 頁中欄。

6 Nathmal Tatia, *Prātimokṣasūtram of the Lokottaravādimahāsāṅghika School,* Tibetan Sanskrit Works Series, no. 16, p. 15.

7 《鼻奈耶》卷 6，《大正藏》24 冊，876 頁中欄。

（二）作新卧具，尼薩耆波逸提

《四分律》、《四分律比丘戒本》作「作新卧具，尼薩耆波逸提」，意思是：製作新的卧具，犯捨墮罪。

與《四分律》相似：

《新刪定四分僧戒本》作「作新卧具者，尼薩耆波逸提」。

《鼻奈耶》作「新作卧具者，捨墮」。

《僧祇律》、《僧祇比丘戒本》作「作新敷具，尼薩耆波夜提」，這裏的「敷具」對應《四分律》的「卧具」。

梵文《說出世部戒經》作“navaṃ santhataṃ kārāpeya nissargikapācattikaṃ”，意思是：製作新卧具，捨墮。

梵文《根有戒經》作“navaṃ [kauśeya]saṃstaraṃ kārayen naisargikapāyantikā”，意思是：製作新的（蠶絲）卧具，捨墮。

梵文《有部戒經》作“navaṃ [kauśeyaṃ] saṃstaraṃ kārayen niḥsargikā pātayantikā”，意思是：製作新的（蠶絲）卧具，捨墮。

藏文《根有戒經》作“[སྲིན་བལ་གྱི་]སྟན་སར་པ་བྱེད་ན་སྤང་བའི་ལྟུང་བྱེད་དོ།།”，意思是：製作（蠶絲的）新卧具，捨墮。

與《四分律》有部分差異：

《四分僧戒本》作「作卧具者，尼薩耆波逸提」，《五分律》、《彌沙塞五分戒本》作「作卧具，尼薩耆波逸提」。

巴利《戒經》作“[kosiyamissakaṃ] santhataṃ kārāpeyya, nissaggiyaṃ pācittiyaṃ”，意思是：製作（混有蠶絲的）卧具，捨墮。

《十誦律》作「作敷具者，尼薩耆波夜提」，《十誦比丘戒本》作「作敷具，尼薩耆波夜提」，《根有律》、《根有戒經》、《根有律攝》作「作敷具者，泥薩衹波逸底迦」。

相比《四分律》，以上諸律少了「新」的修飾限定。此外，《十誦律》及之後的幾部律典，對於「卧具」的翻譯與《四分律》不同。

與《四分律》差異較大：

《解脫戒經》作「作卧具，若使他作，成者，尼薩耆波逸提」。這裏的「若使他作」，《四分律》及其他律典中都沒有對應的內容。

三、關鍵詞

野蠶綿

梵文戒經中均對應“kauśeya”一詞，「憍奢耶」、「高世耶」等都為該詞的直接音譯，意思是：蠶絲、絲綢（英譯：silk）。巴利《戒經》中為“kosiya”，詞意與梵文相同。

藏文《根有戒經》中對應為“སྲིན་བལ་”，意思是絲棉（英譯：silk）。《藏漢大詞典》中解釋為“སྲིན་བུ་ལས་བྱུང་བའི་བལ།”，意思是剝取蠶繭表面亂絲而製成的綿。

《四分律》中沒有直接的解釋。從制戒緣起來看，應該指蠶絲，但緣起中記載的是家養的蠶，不是野生的。至於《四分律》中「野蠶綿」的翻譯，根據《一切經音譯》[1]中對「憍奢耶」的注釋，應是相對「家蠶」而言。一種可能的解釋為，由於家蠶是從棲息於桑樹的原始野蠶馴化而來，因此早期的蠶絲根據來源不同可以分為家蠶絲和野蠶絲。另外，《四分律》翻譯時所處的姚秦時期，家蠶的養殖技術已經相當專業和普及，所以，律中稱佛陀時代古印度生產自「野蠶」的蠶絲為「野蠶綿」，可以看作是古德翻譯時的一種精準的修飾。

《五分律》中，「憍賒耶者，蠶所作綿」，是從來源描述的。《薩婆多論》解釋為「是綿名也」[2]，只説是一種綿的名字，沒有更進一步的解釋。

《僧祇律》記載：「憍舍耶有二種：一者生，二者作。生者，細絲；作者，紡絲。」此律對憍舍耶進行了分類。《十誦律》為「憍施耶」，雖然沒有直接的注解，但制戒緣起故事中提到，「作新憍施耶敷具……多殺蠶故」，證明「憍施耶」就是蠶絲的意思。《根有律》戒本中作「高世耶絲綿」，同樣可以從制戒緣起中找到其是蠶絲的直接描述或證明。

1 《一切經音義》卷 17，《大正藏》54 冊，413 頁上欄。

2 《薩婆多論》卷 5，《大正藏》23 冊，533 頁上欄。

《善見論》記載：「憍賒耶毛者，絲中微細者是也，此敷具是氈作，非織物也。」[1] 律中指出憍賒耶毛的特徵是微細，並說明由此材料製成的敷具，工藝上只能氈作，不能織作。

綜上所述，從詞源上看，梵巴藏戒經指的都是蠶絲。漢譯律典中，只有《五分律》有解釋，其餘律典沒有記載，但從制戒緣起中可以推斷出其為蠶絲。《十誦律》記載了「細絲」與「紡絲」的兩種類別，《善見論》則強調了其「微細」的特徵，並說明製作成敷具要使用氈作的工藝。

---

1 《善見論》卷 15，《大正藏》24 冊，776 頁下欄。

四、辨相

（一）犯緣

具足以下五個方面的犯緣便正犯本戒：

1. 所犯境

此戒的所犯境分為製作材料與所作對象兩點，當這兩個要素同時具足時，正犯此戒。

（1）製作材料

《四分律》及其他律典中，製作材料均為蠶綿。不過，《四分律》、《僧祇律》、《巴利律》、《善見論》中，本戒的所犯境是「雜野蠶綿」，即只要混雜使用蠶絲，乃至完全使用純蠶綿，都犯捨墮；而《薩婆多論》、《摩得勒伽》、《根有律攝》及藏傳《苾芻學處》中，所犯境僅是純蠶絲。

此外，《十誦律》中強調，不僅蠶的「綿」，乃至「縷」、「衣」、「繭」，同樣正犯；《根有律》、《根有律攝》[1] 中規定，蠶絲的量是「一繭」、「小團」、「大聚」時，都正犯。這些都是《四分律》和其他律典沒有提及的。

（2）所作對象

如果是製作臥具或敷具，諸律對此一致判為正犯。此外，《僧祇律》中提到，三衣同樣正犯。藏傳《苾芻學處》中還提到，「或纖成，或貯褥」，即做上衣，填充褥子也正犯。另外，《薩婆多論》中還提到，做衣，「下至四肘」才正犯。

其他律典未提及相關內容。

---

1 《根有律攝》卷 6，《大正藏》24 冊，559 頁上欄。

2. 能犯心

（1）發起心

《四分律》中，通過「為他作，成不成，突吉羅」，可以反推出發起心是欲為自己做的心。藏傳《苾芻學處》[1] 定義得最為明確，發起心為「欲為自作」，且「欲作之心未間斷」時，才判正犯。《根有律攝》中，「為求好故、為堅牢故、為換易故」三種動機，同屬正犯；此外還有「若為他……咸得輕罪」，可以推出，為己作，正犯。《巴利律》中，「為他人作」，不正犯此戒，《摩得勒伽》[2] 中，「為他作，突吉羅」，都可從中推出此戒的發起心，即為己做蠶綿臥具之心。

《五分律》的發起心為「發心欲作」，也就是欲作蠶絲臥具之心。

其他律典沒有記載此戒的發起心。

（2）想心

想心方面，《根有律攝》中，蠶絲蠶絲想和蠶絲蠶絲疑這兩種情況，正犯。藏傳《苾芻學處》中，「想不錯亂」，正犯。

其餘律典沒有關於能犯心方面的直接說明。

3. 方便加行

《四分律》中，方便加行為，自作或教他作臥具。

對於「自作」，諸律中皆為正犯。

對於「教他作」，在《四分律》中，「若語他人作」，即告知他人作、指使他人作，正犯。《薩婆多論》[3]、《僧祇律》、《五分律》、《根有律》、《根有律攝》、《巴利律》及藏傳《苾芻學處》與之相同。其中，僅《五分律》沒有直接的表述，但在制戒緣起中交代了「自作亦使人作」。

對於行為方式，《四分律》中僅表述為「作」。《十誦律》除了「作」以外，

1 《苾芻學處》，《宗喀巴大師集》卷 5，81 頁至 82 頁。

2 《摩得勒伽》卷 2，《大正藏》23 冊，573 頁中欄至下欄；卷 9，《大正藏》23 冊，618 頁中欄至下欄。

3 《薩婆多論》卷 5，《大正藏》23 冊，533 頁上欄至下欄。

增加了「擘」、「治」的表述。其中，「擘」意為「分開、剖開」，「治」意為「作、為」。《根有律》、《根有律攝》中，對「作」解釋得最為詳盡：「或披，或擘，或以弓彈。」其中，「披」是指「揭開、剖開」。

此外，《五分律》中，受用蠶絲臥具也正犯此戒。

4. 究竟成犯

《四分律》中，「新臥具成」時正犯，《摩得勒伽》、《五分律》、《根有律》、《根有律攝》、《巴利律》及藏傳《苾芻學處》與之一致。

其他律典沒有相關內容的表述。

5. 犯戒主體

《四分律》中，犯戒主體為比丘，其他律典與《四分律》相同。

（二）輕重

1. 所犯境

本戒的所犯境分為製作材料與所做對象兩點，當這兩個要素同時具足時，正犯捨墮。

（1）製作材料

諸律對於使用純蠶綿正犯捨墮的判罰沒有異議（詳細情況參考上文犯緣部分），但對於混雜使用的情況卻存在差異。

《四分律》中，本戒的所犯境是「雜野蠶綿」，即只要混雜使用蠶絲，乃至完全使用純蠶綿，都犯捨墮。《僧祇律》、《巴利律》、《善見論》與此一致。《僧祇律》中提及，蠶絲和羊毛混合使用，經緯、中邊等任何混織、搭配方式，都犯重。《巴利律》中「雖雜一絹絲」，《善見論》中「乃至雜憍賒耶一毛」，皆犯捨墮。

《薩婆多論》、《摩得勒伽》、《根有律攝》及藏傳《苾芻學處》中，僅限定使用純蠶絲。如《根有律攝》中，「新造高世耶者，謂純高世耶蠶絲」才犯重；如果用「毛」、「麻紵」等其他材料「和雜者」，結突吉羅。同樣，《薩婆多論》中，「合駝毛、羊毛、牛毛」或「合芻摩衣、麻衣、劫貝衣、褐衣、欽婆羅衣」，結突吉羅。《摩得勒伽》卷 9 中，「不淨物雜作」，突吉羅。《摩得勒伽》卷 2 中：「若瞿那雜作，突吉羅；若劫貝雜作，突吉羅；頭鳩羅雜作，突吉羅（頭鳩羅者紵也）；若髮，若毛雜作，突吉羅；佛衣作尼師檀，突吉羅。」兩卷意思相同。藏傳《苾芻學處》中，蠶絲「清淨、應量，是自所有，希貴，未壞，未糝雜壞者，非他人先作餘者」才判捨墮，而「用壞驕世耶作敷具，或雜少許白羊毛」等情況，僅結突吉羅，這點與上述《四分律》、《僧祇律》、《巴利律》和《善見論》明顯不同。

《十誦律》中，如果蠶絲腐壞，或是製作蠶絲臥具時混入其他材料，犯突吉羅，如律文「若憍施耶腐壞、若憍施耶作劫貝、若憍施耶作鉢妒路慕、若憍施耶作突突路，若經淨緯不淨、緯淨經不淨、若二俱不淨。不淨者，駱駝毛、牛毛、羖羊毛、若雜織作敷具，得突吉羅」。

《五分律》和《根有律》在是否雜蠶綿才犯捨墮的問題上，沒有直接的論述。

（2）所做對象

《四分律》和其他律典中，製作臥具或敷具犯捨墮，這一點諸律一致。

《僧祇律》中，做三衣同樣正犯捨墮。《薩婆多論》中，做三衣則判無罪，其中還提到所做衣「下至四肘」，才犯捨墮。《摩得勒伽》中，如果用蠶綿製作等量的修伽陀衣，結突吉羅。

2. 能犯心

（1）發起心

發起心方面，《四分律》中，「為他作，成不成，突吉羅」；可以反推出：為己作，犯捨墮。《摩得勒伽》、《根有律攝》、《巴利律》與《四分律》相同，為他作，犯突吉羅；由此可推出：為己作，犯捨墮。

《五分律》中「發心欲作」，即有欲作蠶絲臥具之心，犯捨墮。

藏傳《苾芻學處》中，滿足「欲為自作敷具，或纖成，或貯褥，欲作之心未間斷」的條件時，才結捨墮。

其他律典沒有發起心的記載。

（2）想心

想心方面，《根有律攝》中，蠶絲蠶絲想和蠶絲蠶絲疑，判捨墮；非蠶絲蠶絲想和非蠶絲蠶絲疑，僅犯波逸提墮罪，蠶絲作非蠶絲想，不犯。藏傳《苾芻學處》中，「想不錯亂」才判捨墮。

其他律典未提及相關內容。

3. 方便加行

《四分律》、《薩婆多論》、《僧祇律》、《五分律》、《根有律》、《根有律攝》、《巴利律》和藏傳《苾芻學處》中提及，自作和指使他人作都結捨墮。其他律典只記載了自作犯捨墮。

如果不是自作只是受用：《五分律》判捨墮；《僧祇律》、《巴利律》中結突吉羅；《四分律》、《十誦律》、《薩婆多論》、《根有律》及《根有律攝》則判無罪。在這一點上，諸律的判罰明顯不同。

《十誦律》中，如果製作的蠶絲卧具尺寸不夠大，犯突吉羅，如律文「若減量作，突吉羅」。

《根有律》中還規定，只要「乞」蠶絲和打理蠶絲時，即結突吉羅罪。《薩婆多論》中，「若乞繭賣，故有生蟲者」，即乞得蠶繭販賣，由於有活的蠶蛹，結突吉羅；如果沒有活蟲了，則無罪。「若乞繭自作綿」，不犯；乞得做成的衣，也不犯。

《根有律》、《根有律攝》中，僅新做才結捨墮，不包括已經做好的、他人用過的，以及修補舊的。

《根有律攝》中還提到一點，如果別人提出要為比丘做「高世耶衣」，比丘「意欲得故，默而不止，遂貪心故，得惡作罪」。此外，此律還記載，「兩人共作」，犯突吉羅。

《巴利律》中還記載了「自作未成而他人令作成」和「他人未作成而他人令作成」兩種正犯捨墮的情況，即自己做完別人遺留下來未完成的蠶衣，以及指使別人完成其他人未完成的蠶衣。這裏暗含了一個條件，所做物最終還是歸比丘本人所有，屬於為己做的範疇；否則如果是為別人做，《巴利律》中不判正犯。

此外，《摩得勒伽》還記載：「遣使，手印作，突吉羅。」「他作未成，為成，突吉羅。」

其他律典沒有涉及相關內容。

4. 究竟成犯

《四分律》、《摩得勒伽》、《五分律》、《根有律》、《根有律攝》、《巴利律》及藏傳《苾芻學處》中，製作完成時，犯捨墮。《四分律》、《五分律》、《根有律》、《根有律攝》、《巴利律》中，未完成，結突吉羅。

其他律典沒有涉及相關內容。

5. 犯戒主體

諸律中，比丘犯此戒，得捨墮罪。

《四分律》和《薩婆多論》中，比丘尼、沙彌尼、沙彌、式叉摩那得突吉羅罪。《五分律》中僅提及沙彌結突吉羅。

（三）不犯

1. 所犯境不具足

《根有律攝》記載，「於其處高世耶絲綿易得」，即如果某地蠶絲使用比較普遍，容易獲得，則不犯。

《薩婆多論》中，如果乞得蠶繭、蠶絲材質的布、製作完成的蠶絲衣，不犯。如果繭內已經不存在活的生命，比丘取用這種蠶繭，也不犯。如律文：「若乞得繭、絹、已成者，無罪。若憍奢耶蟲壞，作敷具無罪。」

所做衣物方面，《薩婆多論》中認為製作三衣不犯。

《巴利律》中，以蠶絲「作傘蓋、地毯、幕、長枕、枕」，也不犯。

2. 能犯心不具足

僅《根有律攝》中提及蠶絲非蠶絲想，判不犯。

3. 方便加行不具足

《四分律》中，如果得到已經做好的蠶絲卧具，不犯。《十誦律》、《薩婆多論》、《根有律》、《根有律攝》與《四分律》一致。《僧祇律》、《巴利律》中，使用蠶絲卧具，結突吉羅，《五分律》則判捨墮。《四分律》中，如果將蠶絲卧具用斧、斤切碎和泥，用來塗抹牆壁，不犯。

《根有律》、《根有律攝》中還提到，得到已經作好的、別人用過的、修補舊的，不犯。《根有律攝》還提及，給別人絲綢、給蠶綿讓別人為自己織，同樣不犯。不過，給蠶綿讓別人為自己織和單純地指使別人為自己織，在《根有律攝》中判罪不同，前者判不犯，後者則判捨墮。《薩婆多論》中，乞得蠶繭自己作綿，不犯；乞得蠶繭，但裏面蛹都已死而販賣，不犯。

4. 犯戒主體不具足

《四分律》中，「最初未制戒，癡狂、心亂、痛惱所纏」這四種情況，不犯。《五分律》、《根有律》與《四分律》相同。《巴利律》中僅提到「癡狂」和「最初之犯行」這兩種情況。

（四）捨墮物的處理

《四分律》中，處理捨墮物的方式是「若以斧，若以斤，細剉斬和泥，若塗壁，若塗埵」，即將其剁碎後和泥，糊牆或土堆。

《十誦律》中，捨墮物需要捨掉，而墮罪需要懺悔。《僧祇律》與之相同，此外律中還強調，如果不捨即懺悔，結一個突吉羅。

《僧祇律》中，捨給僧團的氈衣，僧不得用，也不歸還給犯戒比丘，但可以做成簾、帳、幔，用來遮窗戶。《五分律》與《僧祇律》相似，僧團取得捨墮物後，可以鋪地或敷在繩牀、卧牀上。犯戒比丘不能坐卧，其他僧眾可以隨戒臘次第坐卧。

《巴利律》中，捨墮物可捨與僧團、別眾（不足四人僧）和他人，而捨與僧團、別眾或他人後，對方還應歸還給犯戒比丘。其中還記載了這一羯磨的對話文辭：「『諸大德，此雜絹絲之卧具由我自作，應捨之。我今以此捨於僧。』『〔僧〕當還與。』『〔別眾〕當還與。』『我當還與大德。』」

其他律典沒有相關內容的表述。

五、原理

（一）總述

「綿作臥具戒」、「黑毛臥具戒」、「白毛臥具戒」、「減六年臥具戒」以及「坐具戒」均為遮戒。從佛陀制戒的意趣來看，這五條戒雖然都是因臥具、坐具而制，本質上都是為了對治比丘對臥具的貪著，但卻各有側重。「綿作臥具戒」側重於避免因貪而傷害物命；「黑毛臥具戒」和「白毛臥具戒」強調避免奢華和鋪張；而「減六年臥具戒」及「坐具戒」則提倡節約與惜福，避免喜新厭舊。

（二）臥具引發的貪著與違緣

1. 防護譏嫌

比丘四事全賴信眾供養。居士節衣縮食傾力供養本已不易，比丘卻為製作精美奢華的臥具而處處乞索，因此引起居士的譏嫌，這在「綿作臥具戒」、「黑毛臥具戒」、「白毛臥具戒」中均有體現。如《十誦律》中，居士呵責：「是中我等失利供養，是難滿難養無厭足人。」

「減六年臥具戒」中，緣起比丘因為「營求臥具，藏積眾多」，招致少欲比丘的嫌責。《根有律攝》總結為：「遮不用故、愛新好者，制斯學處。」「坐具戒」的制定也是因為比丘嫌棄原有的坐具並將其隨意丟棄，然後做新坐具，引起僧團其他比丘或白衣的譏嫌。

如上所述，比丘的行為都違背了少欲知足的精神，破壞了三寶形象和居士的信心，不利於佛法的弘傳，故佛制戒遮止。

2. 貪心的表現

「黑毛臥具戒」、「白毛臥具戒」中，緣起比丘的貪心體現在過度追求臥具品質以及貪圖物品的舒適度。如黑羊毛價格昂貴、材質特別，擁有黑羊毛卧具在當時能夠凸顯擁有者的身分和社會地位。如《五分律》中，居士呵責緣起比丘的黑羊毛卧具「如國王，如大臣，如豪族乘車馬時之所服飾」，《四分律》中，居士嫌責緣起比丘的白羊毛卧具「似王，若王大臣」。比丘使用黑白羊毛卧具，實為名利心與虛榮心之所驅動。《根有律攝》也總結說：「由愛上色，復求細軟，廢業長貪。遮無益故……制斯學處。」

佛制「減六年卧具戒」則是因為比丘喜新厭舊，無厭無足，故《薩婆多論》中說：「此戒體，斷多貪多畜。」

3. 妨廢道業

製作卧具的工序複雜，比丘必然會大費周折，因此妨廢道業，有違佛意。《十誦律》中，居士譏嫌比丘：「擇擘布貯，多事多務，妨廢讀經、坐禪、行道。」「減六年卧具戒」中，老病比丘因「糞掃卧具極重」，影響遊行，且卧具隨着使用年限的增加，必然伴隨着損耗、朽壞，以致「敷具久冷，不堪寒苦，為此營功，並皆停息」。故佛陀結戒時，慈悲開許僧中作羯磨後，比丘可以做新卧具，以滿足日常所需。

4. 護生意識

「綿作卧具戒」中，《四分律》的緣起比丘受譏嫌的主要原因是「無有慚愧，害眾生命」。因為製作蠶綿卧具，勢必會殘害眾多蠶蟲的生命，這與佛陀宣揚的慈悲精神相違背。其他律典也與《四分律》相同，比丘的行為分別引起了居士、養蠶人乃至外道等社會大眾的譏嫌。如《巴利律》中，養蠶人感歎道：「此於我等亦是福薄不善之業，我等為生活、為妻子之故而多造此小生物之殺生。」從中能看出底層人民為生計迫不得已為之的無奈，說明他們內心還是不願意殺生的，殺死蠶蟲，會讓他們有負罪感。

《南海寄歸內法傳》也記載：「西國時俗，皆以商人為貴，不重農夫。由其耕墾多傷物命，又養蠶屠殺，深是苦因，每一年中損害巨億，行之自久不以為非，未來生中受苦無極。不為此業，名為無罪也。」[1]

（三）生活與修行：卧具的實用性

諸律中，直接跟卧具相關的戒條除了這四條捨墮戒，還有兩條波逸提戒（「露地敷僧物戒」和「覆處敷僧物戒」）。可見，卧具對佛世時的比丘非常重要，卧具與比丘的生活起居、修行辦道密切相關，因此，比丘非常容易觸犯這些戒。

1. 安身常用

比丘休息、睡眠皆需用到卧具，《瑜伽師地論》記載：「卧具能治諸勞睡苦，及能對治經行住苦。」[2] 然而，萬事皆需中道，不可超過限度，如《毗尼母經》記載，有比丘因卧具舒適而貪著睡眠，懈怠懶惰，廢捨三業；於是，佛陀告訴比丘，食人信施，不應懈怠，初夜、後夜是坐禪、誦經、經行的用功時間，中夜才是睡覺休息的時間。[3] 另外，佛世比丘過着遊化的生活，卧具就顯得很重要。如果卧具太重，不便攜帶，比丘也可以通過僧中白二羯磨，捨重做輕，棄故換新。[4] 對比丘來説，卧具是日常生活中的必需品，缺乏或者不合適會使比丘的修行受到影響。

2. 修行必備

佛陀時代的比丘上午外出乞食，午後誦經，坐禪。卧具等資生之具齊

1 《南海寄歸內法傳》卷 4，《大正藏》54 冊，230 頁上欄。

2 《瑜伽師地論》卷 33，《大正藏》30 冊，466 頁中欄。

3 《毗尼母經》卷 5：「爾時復有諸比丘，貪著睡眠樂故，廢捨三業。金剛力士默作此念：『如來三阿僧祇劫種種苦行乃得成佛。今諸比丘貪著睡卧樂故不復行道，云何得爾？』心念口言，諸比丘聞已，具以上事往白佛世尊。佛告諸比丘：『食人信施，不應懈怠。夜三時中，二時應坐禪，誦經，經行，一時中以自消息。』是名卧具。」《大正藏》24 冊，829 頁上欄。

4 《五分律》卷 5：「佛以是事集比丘僧，告諸比丘：『此比丘欲至娑竭陀邑，卧具重，見中利，不能捨；復不能持去。僧應白二羯磨，與易輕者。』」《大正藏》22 冊，35 頁中欄。

備，坐禪的比丘就不再為外物所牽絆，他們坐禪入定就更容易獲得成就。[1] 另外，卧具也是比丘平穩度過安居的物質基礎。比丘安居期間外出減少，便可集中精力用功辦道。佛陀還規定，沒有卧具不得入雨安居。[2]

總之，正如《薩婆多論》記載：「凡房舍、卧具、飲食、湯藥，是世間法，非是離世難得之法。是故一淨戒比丘若暫受用，已畢施恩。」[3] 所以，比丘在面對卧具等供養時，恰當的態度應該是：「飲食知止足，受用下卧具；勤修增上定，此是諸佛教。」[4]

（四）關係分析

1. 比丘與居士的關係

在以上諸戒的緣起故事中，比較突出的是比丘與居士間的關係。

如《十誦律》中，比丘數數乞討蠶絲，居士卻認為綿縷等原材料很貴，且製作過程中會殺生，自己的供養並不能夠得到功德利益：「是中我等失利供養，是難滿難養無厭足人。」這在「黑毛卧具戒」中也有體現，如《僧祇律》中，緣起比丘因為估客信佛——「知有罪福行業果報」，便「強勸令施」，致使「折減錢本」，「生理頓弊」，其婦也抱怨道：「而今夫主在家中住，畏人乞羊毛，實在言行，實覺言眠。」

可見，比丘對蠶絲、黑羊毛之類的貴重物品的求索，對居士來說是一個很重的負擔。居士雖然有供養比丘以求福德的願望，但是供養貴重衣料超出

1 《大方廣十輪經》卷 3：「爾時，佛告阿若憍陳如：『我今聽汝清淨比丘受於第一牀敷卧具、飲食肴膳，能除一切眾生疾疫。何以故？若坐禪比丘闕少眾具，一切心數多起散亂，但念諸惡而不能得成就禪定，乃至到於阿鼻地獄受諸罪報。若眾緣備足修諸禪定，則易成就心得專一。』」《大正藏》13 冊，693 頁下欄。

2 《犍度》卷 3：「爾時，諸比丘無卧具、牀座入雨安居，為寒冷所困而疲，為炎熱所困而疲。彼等以此事白世尊，〔世尊曰：〕『諸比丘！無卧具、牀座不得入雨安居，入者墮惡作。』」《漢譯南傳大藏經》3 冊，206 頁。

3 《薩婆多論》卷 7，《大正藏》23 冊，545 頁中欄。

4 《根有律》卷 50，《大正藏》23 冊，904 頁中欄。

他們的預期或者承受能力，實屬不妥。因此，不如法的乞求，必然會給比丘與居士的僧俗關係蒙上一層陰影。相反，比丘如果能夠一心專注於道業，對外在之物毫不掛懷，則會贏得居士的尊重。如《根有律》中「坐具戒」記載，比丘整夜打坐致使坐具穿破，一位商人看到後「極生敬重」，並且發心供養僧團五百張好布。[1]

2. 比丘與外道的關係

佛世時，佛教與外道處於一種微妙的關係，既互相競爭，又互相學習。如南傳《律藏．犍度》中，因為世人喜歡外道臥具的顏色，故佛開許比丘模仿。[2] 其背後的意趣顯然來自弘法的需要。而《根有律》折射出的比丘和外道的關係，卻值得比丘去省思。如外道譏嫌乞蠶絲的比丘言：「諸人當知，此沙門釋子是殺生者，不捨害業，自作，使人用新野蠶絲作臥具。若用此者，殺多有情，如何以好衣食施彼禿人斷物命者？」雖然外道譏毀的言辭難免帶有些嫉妒和貶低的味道，但很值得比丘們反躬自省。

1 《根有律》卷 21：「時給孤獨長者將諸商人周遍觀看，時彼商人見諸苾芻於牀褥上尼師但那中間穿破，問長者曰：『何意諸大耆宿苾芻尼師但那中間穿破？』長者報曰：『諸尊宿苾芻夜多端坐乃至天明，由此因緣並多穿壞。』時諸商客極生敬重，便將五百妙疊奉施眾僧。」《大正藏》23 冊，737 頁中欄。

2 《經分別》卷 16：「爾時，諸外道之卧具為白色，地為黑色，壁塗紅土子。甚多人欲見此卧處而往。諸比丘以此事白世尊，〔世尊曰：〕『諸比丘！許精舍塗白色、黑色、紅土子。』」《漢譯南傳大藏經》4 冊，206 頁。

六、專題

卧具

「綿作卧具戒」等幾條卧具戒中的「卧具」，諸律的用詞並不統一。《四分律》、其他幾部四分律典，以及《鼻奈耶》、《五分律》、《彌沙塞五分戒本》、《解脫戒經》均譯為「卧具」，《十誦律》、《僧祇律》、《僧祇比丘戒本》、《五分戒本》、《根有律》、《根有律攝》、《根有戒經》中則譯作「敷具」。

這些卧具戒中的「卧具」或者「敷具」，具體指什麼物品，向來有一定爭議。道宣律師認為卧具並非前人所理解的被褥，而是三衣，因此在《戒本疏》中有「迷名者也」[1]的感慨。道宣律師的主要依據之一是，《薩婆多論》中「敷具者，衣名也」的記載。該論對「減六年卧具戒」又這樣評述：「此戒體，若作三衣已，六年內不得從檀越乞羊毛縷種種衣具作應量衣，則隨織成已，捨墮，除僧羯磨。」《僧祇律》緣起故事中記載：「爾時，諸比丘一切作氈衣僧伽梨、鬱多羅僧、安陀會、尼師檀，唯除漉水囊及絡囊，一切氈作。諸比丘處處乞羊毛作氈衣，如是眾多，為世人所厭。」「減六年卧具戒」中，比丘「老病持重氈僧伽梨」，因此佛陀開許比丘乞僧羯磨提前作新敷具，這些都是將敷具和三衣等同的文本依據。

而義淨三藏根據印度留學見聞，在《南海寄歸內法傳》中明確指出卧具是「褥」，而非三衣：「而有說云：『律中卧具，即是三衣。』……此諸敷具，非三衣也。」[2]並在《根本說一切有部百一羯磨》中插注說，佛制三衣為割截

1 《四分律含注戒本疏行宗記校釋》，1099 頁。

2 《南海寄歸內法傳》卷 2：「而有說云：『律中卧具，即是三衣。見制野蠶，便生異意，剩謂法衣非絹，遂即覓布殷勤。寧委本文元來是褥，高世耶乃是蠶名，作絹還受斯號，體是貴物，制不聽用。作褥之法有其兩種：或縫之作袋貯毛在中，或可用絲織成，即是氍毹之類。其褥樣闊二肘長四肘，厚薄隨時。自乞乃遮，他施無罪。全不許用者，大事嚴科。此諸敷具，非三衣也。』」《大正藏》54 冊，213 頁上欄。

衣，而卧具的材料不能割截，因此卧具不能是三衣。[1]

（一）詞源分析

「卧具」一詞，《漢語大詞典》解釋為「枕席被褥的統稱」，並引用了《戰國策》中的使用範例。可見「卧具」一詞在《四分律》翻譯之前即已存在並被使用。

三部梵文戒本及《巴利律》均使用"santhata"一詞。巴利文"santhata"一詞的原意是覆蓋、鋪、墊，為動詞"santharati（散布、鋪開）"的過去分詞，引申為毯子、墊子等鋪墊物品，與漢語「卧具」一詞是相互對應的。此外，大多數《巴利律》戒本的英譯中，將"santhata"譯為"rug（小塊毛毯）"、"mat（墊）"、"felt（毛毯、氈）"或"blanket（毛毯）"，未見譯為"robe（衣袍）"的版本。

藏文《根有戒經》中對應「敷具」的詞為"སྟན་"。它的本意是「墊子」，英譯作"mat（墊）"。前加"ཁྲི་（座）"，成為復合詞"ཁྲི་སྟན་（坐墊）"；如果前加"མལ་（牀）"，即成為"མལ་སྟན་（卧褥）"。此外"སྟན་（墊子）"這個詞有時也指「座位或椅子」，但是其本身並沒有卧具、被褥、三衣等含義。

綜合上述，從戒條的詞源分析看，「卧具」或者「敷具」並無三衣的內涵，都是指卧褥墊子之類的用品。

（二）律典對卧具（或敷具）的描述

大部分律典對卧具（或敷具）作了一定的定義和解釋。

《四分律》的幾條卧具戒中沒有直接描述何為卧具，在其他部分則記載：

1 《根本説一切有部百一羯磨》卷9：「如世尊説：『汝等苾芻應持割截衣。』時有苾芻得重大毛毯，遂持刀針往晝日住處欲為割截。世尊因至其所問言：『汝作何事耶？』苾芻以緣白佛，佛言：『諸苾芻！有五種衣不應割截：一、高福婆（毯類也）；二、厚被帔（以毛織成）；三、粗重厚緂；四、雀眼疏布（西國諸人不披百納）；五、謂物少截而不足，斯等五物我今聽許諸苾芻等帖葉而持。於此五中除其第五，更以厚褥為第五，便是五種皆不可截』（有以卧具為三衣者，雖曰深思，誠為臆斷。律云：卧具乃是眠褥，如何割截？用作三衣，不合截打。此文明顯，恐懷先惑，聊復註文）。」《大正藏》24冊，495頁中欄。

「卧具者，或用坐，或用卧。」「卧具者，草敷、葉敷，下至地敷、卧氈。」可見，卧具是墊身之物。材質方面，除了這幾條卧具戒提到的材質，佛陀對邊地還開許使用皮卧具等，乃至用草、葉鋪就也可稱為「卧具」。律典中還提到僧房舍內卧具的管理方法等等。這些都説明卧具和三衣是不能劃等號的。

《十誦律》、《薩婆多論》、《摩得勒伽》在幾條卧具戒中用的是「敷具」一詞，而在律典的其他部分用的是「卧具」。其中，《十誦律》、《摩得勒伽》對敷具並沒有直接的描述，《薩婆多論》則記載：「此國以綿作衣，凡有二種：一、擗綿布貯，如作氈法；二、以綿作縷，織以成衣。作此二衣，名作敷具。敷具者，衣名也。」「坐具戒」中又記載：「故敷具者，僧祈藏中有種種故棄衣服卧具，盡名敷具。」對於卧具，《十誦律》記載：「卧具法者，佛所聽諸比丘卧具，粗陛繩牀、細陛繩牀、氈褥、卧具，種種覆處。」《薩婆多論》記載：「僧卧具者，粗細繩牀、木牀，種種被、褥、枕。」《摩得勒伽》：「云何卧具？世尊聽諸比丘畜氈褥氍氀，若僧有，若自有。」

《僧祇律》和《十誦律》等律典類似，幾條卧具戒中都用「敷具」，如：「敷具者，氈也。」律典其他部分則用「卧具」，比如提到僧物中的重物時，即包括卧具：「牀卧具者，卧牀、坐牀、小褥、大褥、拘氈枕。」

《五分律》中，卧具戒用的是「卧具」，如：「卧具者，卧褥乃至始成，三振不壞，名為卧具。」《五分戒本》中對應戒條則都用「敷具」。可見，《五分律》中並沒有對卧具和敷具作明確區分，卧具和三衣顯然也無直接關係。

《根有律》記載：「敷具者，謂是大牀、氈褥、被緂、氍毹、偃枕等。」「敷具者，謂大牀、氈褥、被毯等。」《根有律攝》與之基本相同：「言敷具者，謂是卧褥。」又：「言敷具者，謂牀座、被褥、枕囊、小褥等。」另外，《根有律》提到尼師壇屬敷具，如：「尼師但那者，謂敷具也。」出家人六種必備物品中，三衣和敷具並列，故不是同一種物品，如：「『然出家者須得六物。』問言：『何者為六？』答曰：『三衣、鉢盂、水羅、敷具。』」

《巴利律》記載：「『卧具』者，卧褥、治彌利加布、外套、地毯、座、獸皮、尼師壇（"nisīdana"〔坐具〕）、毛氈、莚、葉座。」《巴利律・犍度》中記載：「〔世尊曰：〕『諸比丘，無卧具、牀座不得入雨安居，入者墮惡作。』」

可見，《巴利律》中卧具顯然不是三衣。

《善見論》中，三衣和敷具並列：「諸比丘自作是念：『如來聽畜三衣，我今長雨衣、尼師檀、覆瘡衣、敷具、手巾、朱羅波利迦羅衣，不知當云何？』」

《毗尼母經》對敷具的定義為：「敷具者，牀、繩牀，草敷、木葉敷，及道人所有敷具，皆名敷具。」此律典中，敷具和三衣不是同一類物品，如律文有三衣和敷具並列的記載：「養生眾具相應者，三衣、鉢、敷具、針氈筒、盆、瓶、篋，如是等比丘所須物名為養生具相應法。」對「減六年卧具戒」的闡述，直接用尼師壇指代敷具，也從側面說明敷具不是三衣，而是墊身之物，如：「六歲相應法者，尼師壇滿六年應畜，若過、不滿、破，應用施人。」

從上述諸律的文本描述看，《四分律》、《五分律》、《根有律》、《根有律攝》、《巴利律》、《善見論》、《毗尼母經》中，卧具（敷具）和三衣區別明顯，不能互相等同。從這個角度看，這幾部律中卧具戒所制的「卧具」，即是通常意義上的卧具、敷具等坐卧用品，三衣不屬卧具戒所攝。

《十誦律》、《薩婆多論》、《摩得勒伽》、《僧祇律》中，對「卧具」和「敷具」兩個詞作了區別使用。「卧具」的含義比較明確，即通常意義上卧敷具之類的墊身物品，和其他律典相同。但是這幾部律典卧具戒中的「敷具」內涵到底為何，和三衣有什麼關係，需進一步從不同角度進行分析。

（三）卧具、敷具的材料和製作工藝

從《薩婆多論》、《僧祇律》的文本描述可以看出，「敷具」在這些律典的卧具戒中更多是作為一種衣料來描述的。

《薩婆多論》記載了做衣的兩種工藝：「此國以綿作衣，凡有二種：一、擗綿布貯，如作氈法；二、以綿作縷，織以成衣。作此二衣，名作敷具。敷具者，衣名也。」後文又提到「此二種衣，得作三衣中受持」，即通過兩種方法製作得到的衣料統稱「敷具」，三衣可以用「敷具」製作並受持。

《僧祇律》中，「敷具者，氈也」，即上文《薩婆多論》中的作氈法。該律多處對三衣材質進行描述，其中就有氎衣，如：「衣者，欽婆羅衣、氎衣、芻摩衣、憍舍耶衣、舍那衣、麻衣、軀牟提衣。」這一描述和卧具戒緣起的描述一致：「爾時，諸比丘一切作氈衣僧伽梨、鬱多羅僧、安陀會。」可見，《僧祇律》和《薩婆多論》類似，敷具為材料，三衣為製成品。

律典中的「氈」或「氀」（下面以現代用語「氈」替代）在《漢語大辭典》中的解釋是：「羊毛或其他動物毛經濕、熱、壓力等作用，縮製而成的塊片狀材料。有良好的回彈、吸震、保溫等性能。可用作鋪墊及製作禦寒物品、鞋帽料等。」這一材料由於壓製而成，不太適合水洗且較為厚重，因此一般情況下多用來製作墊、毯、褥等，用它來做三衣的好處則是比較保暖。

這種製作工藝在其他律典中也有對應的描述。如《根有律》、《根有律攝》提到敷具有兩種做法：「此有二種：一者貯褥；二者扞成。」「扞」即碾壓，使物舒展。《巴利律》中說：「『卧具』者，攤開而製作，非織物也。」指的也是做氈之法。又如《善見論》：「此敷具是氈作，非織物也。」

（四）部派差異、可能原因和結論

卧具和三衣作為比丘的兩種隨身物，各自的定位和界限在最初是明確的。如前面的文本分析所示，大部分律典明顯地區分了卧具（敷具）和三衣，三衣不為「卧具戒」所攝。而《薩婆多論》、《僧祇律》中，三衣由於可以用氈布製作，也被納入了「卧具戒」的含攝範圍。於是，在卧具戒的內涵上就產生了部派差異。

這種差異的產生，應該和佛教不斷向外傳播，不同地區的比丘面臨不同的氣候條件有關。佛陀在世時，僧團比丘多活動於恒河兩岸，當時氣候相對炎熱，比丘睡卧鋪蓋三衣就已經足夠了。但隨着部派佛教傳播到更高緯度的北方地區，普通材質的三衣在睡卧時已不足以禦寒。由於氈的保溫性好，用來製作三衣是一種比較好的選擇。

按現代學者呂澂的觀點，佛教僧團最初分出三支派系，之後往北方發展出以摩偷羅為中心的西系。一般認為《十誦律》即是中印度摩偷羅有部的廣律。《薩婆多論》是解釋《十誦律》的論典，因此《薩婆多論》理應出現地更晚些。氣候變化對比丘衣著的影響在《僧祇律》中也有體現，如文中記載，舍衛國和毗舍離的比丘，除濾水囊和絡囊外，其他衣物「一切氎作」[1]。舍衛國和毗舍離均屬印度北方地區，緯度在 25 至 27 度之間，冬天氣候比較寒冷，用氎製作衣物是很合理的選擇。值得注意的是，《僧祇律》中對三衣種類、材質的規定有多處介紹，有的地方包括氎衣，有的地方不包括，前後並不一致，這一點也反映了製作三衣的材質前後可能存在演變。

綜上所述，本專題認為，卧具戒在最初就是針對卧具而制，後來部分地區卧具和三衣在製作材質上逐漸趨同，《薩婆多論》、《僧祇律》等律典將三衣納入到了卧具相關的戒條中。不過大多數律典文本中「卧具」還是指被褥、坐墊之類，並不與三衣混同。

1 《僧祇律》卷 9：「佛住毗舍離大林重閣精舍，廣説如上。爾時諸比丘一切作氎衣僧伽梨、鬱多羅僧、安陀會、尼師檀，唯除漉水囊及絡囊，一切氎作。」《大正藏》22 冊，307 頁中欄；卷 9：「復次佛住舍衛城，廣説如上。有諸比丘到北方讚歎佛……聞已，有六十比丘欲來禮拜，即問來比丘：『我欲往彼少供養梵行人，齎何等物當得適彼所須？』答言：『長老！彼諸比丘一切皆著氎衣，唯除漉水囊及絡囊，可持羊毛往彼。』」《大正藏》22 冊，309 頁下欄。

七、總結

（一）諸律差異分析

1. 緣起差異

（1）結構差異

《四分律》、《鼻奈耶》、《十誦律》、《僧祇律》、《根有律》、《巴利律》中有一個本制。《五分律》中有一個緣起、一個本制。

（2）情節差異

《鼻奈耶》的情節與《四分律》差異較大，為緣起比丘因使用蠶綿和蒲台等材料做臥具，沒幾天就生蟲。

《十誦律》、《僧祇律》、《五分律》、《根有律》、《巴利律》的情節與《四分律》相似，都是比丘因乞絲受到譏嫌。《十誦律》、《根有律》少了「煮繭求絲」、居士譏嫌比丘殺害生命的情節。《五分律》比《四分律》多了以下情節：僧團中很多比丘為了做蠶絲臥具，「自作亦使人作，自擔繭亦使人擔，自煮亦使人煮」，被居士譏嫌。

（3）結論

綜上所述，本戒緣起無需調整，仍取《四分律》的結構與情節。

2. 戒本差異

《四分律》和諸律戒本之間的差異，主要集中在「雜野蠶綿」和「新臥具」的陳述上。

關於「野蠶綿」的問題已在關鍵詞中予以解釋。漢文的廣律雖多採用音譯，但實指的含義是相同的。不過，《十誦律》、《十誦比丘戒本》、《五分律》、《彌沙塞五分戒本》、《根有律》、《根有戒經》、《根有律攝》對蠶綿還多出「新」的修飾。《四分律》中「雜」的表述，除《解脫戒經》、巴利《戒經》與之一致外，多數律典中沒有與之直接對應的內容。《僧祇律》、《僧祇比丘戒本》和梵文《說出世部戒經》則表述為用羊毛來混雜蠶絲。

《四分律》中的「卧具」在《十誦律》、《十誦律比丘戒本》、《僧祇律》、《僧祇比丘戒本》、《根有律》、《根有戒經》、《根有律攝》中翻譯為「敷具」，具體解釋和分析在專題「卧具」中有詳述。對於「新卧具」中的「新」字，《四分僧戒本》、《十誦律》、《十誦比丘戒本》、《五分律》、《彌沙塞五分戒本》、《解脱戒經》、《根有律》、《根有戒經》、《根有律攝》以及巴利《戒經》缺少這一限定。

此外，《解脱戒經》在句末還多出了「若使他作」的內容。

戒本調整方面，《四分律》中「雜野蠶綿」中的「野」字，容易讓人誤以為本戒的所犯境不包括家養蠶的蠶絲，故依《解脱戒經》等將其刪去。此外，為了讀誦流暢和統一，依《十誦律》等在句末罪名之前，增補一個「者」字。

3. 辨相差異

（1）所犯境

本戒的所犯境分為製作材料與所做對象兩點，當這兩個要素同時具足時，正犯捨墮。

製作材料方面，《四分律》、《僧祇律》、《巴利律》和《善見論》中，使用純蠶綿，或者混雜使用蠶絲，都犯捨墮。而《薩婆多論》、《摩得勒伽》、《根有律攝》及藏傳《苾芻學處》中，純蠶絲才正犯，否則僅結突吉羅罪。其他律典對此問題沒有直接論述。從蠶絲角度的來説，純蠶絲和混雜蠶絲的區別只是量的不同，性質都相同。漢地所奉行的大乘佛法向來遵從不殺與護生的慈悲精神，而且食純素、服棉帛的出家人形象也早已深入人心，因此《四分律》從嚴的標準，更符合當下的實踐。

所做對象方面，諸律中對於做卧具一致判為捨墮。《僧祇律》中，做三衣同樣正犯捨墮，但《薩婆多論》中判無罪。《摩得勒伽》則記載，如果用蠶綿製作等量的修伽陀衣，結突吉羅。藏傳《苾芻學處》記載，做上衣、填充褥子等等，只要是做個人穿著、使用的衣物，均正犯。從結果來看，三衣等衣物所用的蠶絲與卧具所用的蠶絲沒有區別，由此造成的譏嫌及殺生的過患也都相同。基於此，參照《僧祇律》、藏傳《苾芻學處》的觀點，有必要將正犯的所做物品從臥具擴展到三衣及個人其他相關絲織品。

（2）能犯心

發起心方面，有記載的幾部律典中，發起心都是欲為己作之心。只不過有些律典沒有直接説明，但是通過為他作犯輕，可得知，為己作正犯。

想心方面，僅《根有律攝》和藏傳《苾芻學處》有發起心的記載。《根有律攝》中，蠶絲蠶絲想和蠶絲蠶絲疑這兩種情況，正犯；非蠶絲蠶絲想和非蠶絲蠶絲疑，犯波逸提墮罪；蠶絲作非蠶絲想，不犯。而藏傳《苾芻學處》中僅描述「想不錯亂」，即當蠶絲蠶絲想時才正犯。此兩部律對想心的判法值得參考。「蠶絲蠶絲想」，應當判為正犯；非「想不錯亂」的情況，包括「蠶絲蠶絲疑」和「非蠶絲蠶絲想、疑」，比丘認知有誤或者並不確定，判為突吉羅更合理；對於「蠶絲作非蠶絲想」，若比丘作非蠶絲想，則缺少犯戒的發起心，應當判為不犯。

此外，《根有律攝》中還提到一個細節，如果別人主動提出要為比丘作絲織品，比丘有想得的心而默許沒有回絕，則因為貪心的緣故，結突吉羅罪。這一點，在現實中容易遇到，可作為本戒的補充。

（3）方便加行

本戒的方便加行，自作正犯捨墮，諸律一致；多數律典也提及，指使他人為自己作同樣正犯。

諸律差異主要集中在自己不做，而是接受別人已做好衣物的判罰上。《四分律》、《十誦律》、《薩婆多論》、《根有律》、《根有律攝》中，判無罪；《僧祇律》、《巴利律》結突吉羅；《五分律》判捨墮。本戒的制戒意趣主要是避免居士的譏嫌及比丘的殺業。律典緣起中，居士的譏嫌主要是因為比丘用蠶絲自做臥具，或者到居士家乞絲這兩種行為，對於他人已做好的衣物，則規避了這兩方面的譏嫌。因此，遵從《四分律》及大多數律典的意見，對於非自做而受用的情況，判無罪。

（4）究竟成犯

《四分律》及大多數律典均記載，製作完成時正犯捨墮，否則結方便突吉羅。

4. 諸律內部差異

《四分律》、《巴利律》辨相中，除自作外，教他作正犯，為他人作得突吉羅。而緣起和戒條中都是比丘自作。《僧祇律》除了辨相中沒有「為他人作」的情況之外，其他與《四分律》相同。

《五分律》緣起中包括比丘自作以及教他作，而戒條和辨相中無教他作。另外，辨相中還提到，即使不是自作教他，接受他人布施的蠶綿臥具也正犯。《根有律》緣起和辨相中，自作教他作，正犯，戒條中沒有教他作的情況。

《十誦律》戒條中，若用「新憍施耶」做敷具，正犯；緣起和辨相中，則是「綿、縷、衣、繭」，範圍更廣。《僧祇律》緣起和戒條中，「以憍舍耶雜純黑羊毛，作新敷具」，正犯；辨相中，除了做敷具，做三衣，也正犯。

（二）調整文本

通過以上諸律間觀點同異的對比與分析，文本在《四分律》的基礎上作如下調整：

1. 緣起

佛在曠野國，六群比丘到養蠶人家索要蠶繭或絲綿，用以做臥具。養蠶人煮繭時，蠶蛹作聲。六群比丘在一旁觀看，被居士譏嫌「害眾生命」。佛因此制戒。

2. 戒本

若比丘，雜[1]蠶綿作新臥具者，尼薩耆波逸提。

---

1 「雜」後，底本有「野」，據《解脫戒經》、巴利《戒經》刪。

3. 關鍵詞

（1）雜蠶綿：混雜蠶絲。

（2）卧具：指被褥等用品。

4. 辨相

（1）犯緣

本戒具足五緣成犯：一、蠶絲或含蠶絲製品；二、作蠶絲想；三、為己做之心；四、做卧具或衣物等；五、做成時，成犯。

（2）辨相結罪輕重

①蠶絲或含蠶絲製品

比丘使用的材料為蠶絲或含蠶絲製品，結捨墮罪。

②作蠶絲想

蠶絲作蠶絲想，正犯；蠶絲作蠶絲疑，突吉羅；非蠶絲作蠶絲想或疑，突吉羅；蠶絲作非蠶絲想，不犯。

③為己做之心

為自己做，結捨墮罪；為他人做，結突吉羅罪。

④做卧具或衣物等

自做或指使他人，做卧具或衣物等，均結捨墮罪。

⑤做成時

做成，結捨墮罪；未完成，結突吉羅罪。

⑥犯戒主體

比丘若犯，捨墮；比丘尼、式叉摩那、沙彌、沙彌尼若犯，突吉羅。

⑦不犯

別人供養已作好的絲綢製品，不犯。

最初未制戒，癡狂、心亂、痛惱所纏，不犯。

八、現代行持參考

現代比丘仍然需要嚴守本戒。

比丘應該避免主動求索以及購買絲綢製品。現在物資豐富，比丘的日常生活資料不一定依賴於動物製品。在主張眾生平等的大乘經典長期熏習下，僧俗二眾早已養成了慈悲護生的優良傳統。比丘如果主動求索絲綢製品，便易引起譏嫌。

現代社會的絲綢製品產銷分離，生產過程工業化，普通大眾對相關工藝並不熟悉。與此同時，一些現代常用的人造纖維面料在觀感上和絲綢製品差異並不大。因此，結合大部分律典的觀點以及實際緣起，比丘接受和使用居士主動供養的絲綿製品，是可以開許的。

此外，對生命倫理的尊重以及對自然、動物的善待等相關觀念，已經愈來愈被現代的社會大眾所接受。以殘忍的、引起動物極大痛苦的方式獲取產品，如動物皮草等，經常會遭到公眾輿論的譴責和抵制。因此，本戒的相關行持原則應擴展到此類物品，特別是皮草等。在大部分地區，比丘穿著這類物品容易引來譏嫌，所以應該避免穿著。

12

黑毛卧具戒

一、緣起

（一）緣起略述

《四分律》只有一個本制。佛在毗舍離獼猴江側住樓閣舍時，毗舍離的「梨車子」經常行邪淫，他們用純黑糯羊毛做「氈被」，夜裏行邪淫時，披在身上以免被人看見。緣起比丘看到後效仿梨車子用純黑糯羊毛做卧具，被梨車子譏嫌。佛陀因此制戒。[1]

諸律緣起差異比較：

1. 制戒地點

《四分律》中，制戒地點為「毗舍離獼猴江側住樓閣舍」，《鼻奈耶》[2] 為「舍衛國祇樹給孤獨園」，《十誦律》[3] 為「王舍城」，《僧祇律》[4]、《巴利律》[5] 為「毗舍離大林重閣精舍」，《五分律》[6] 為「拘舍彌城」，《根有律》[7] 為「室羅伐城逝多林給孤獨園」。

2. 緣起比丘

《四分律》中，緣起比丘為「六群比丘」，《鼻奈耶》、《十誦律》、《巴利律》與《四分律》相同，《僧祇律》為「一比丘」，《五分律》為「跋耆諸比丘」，《根有律》為「諸苾芻」。

---

1 《四分律》卷 7，《大正藏》22 冊，614 頁上欄至下欄。

2 《鼻奈耶》卷 6，《大正藏》24 冊，876 頁中欄。

3 《十誦律》卷 7，《大正藏》23 冊，48 頁上欄；卷 53，《大正藏》23 冊，389 頁下欄。

4 《僧祇律》卷 9，《大正藏》22 冊，306 頁下欄至 307 頁中欄。

5 《經分別》卷 4，《漢譯南傳大藏經》1 冊，320 頁至 321 頁；《附隨》卷 1，《漢譯南傳大藏經》5 冊，54 頁。

6 《五分律》卷 5，《大正藏》22 冊，35 頁上欄。

7 《根有律》卷 21，《大正藏》23 冊，736 頁上欄至中欄。

3. 緣起情節

《四分律》有一個本制。其他律典與《四分律》相同，都只有一個本制，不同的是其他律典都沒有緣起比丘效仿梨車子的情節。

《十誦律》中，緣起比丘以純黑羺羊毛做敷具，被居士譏嫌道：「此國黑羊毛貴、縷貴、氈貴。比丘取是黑羊毛，擇擘布貯，多事多務，妨廢讀經、坐禪。」少欲比丘向佛陀匯報，佛陀因此制戒。《根有律》與《十誦律》類似。

《五分律》中，因為純黑毛氈光澤可愛，所以「跋耆子」都拿來做「服飾、卧具」。緣起比丘效仿跋耆子，也做「服飾、卧具」，諸居士入房參觀時，看到後便大畏怖，謂是「豪族遊集」。居士得知是比丘的卧具後，對緣起比丘非常譏嫌。長老比丘種種呵責，佛陀因此制戒。

《巴利律》的緣起與《五分律》類似，「諸人」巡行精舍時嫌責說，「宛如在家受欲者」。少欲比丘聽到後責難緣起比丘，佛陀因此制戒。

差別較大的是《僧祇律》，此律緣起內容非常豐富。緣起比丘為了做「氈衣」，入聚落乞羊毛，遇到一「估客」，便強行向其索得羊毛。估客認為「折減錢本，寧坐家住，可全其本」，於是關門回家。估客婦見其夫起初瞋責，在知道緣由後默然無語。此時，尊者舍利弗次第乞食到她家門口，於是估客婦就向尊者抱怨說，「家內悉佳，但生理頓弊」，並將事情原委告訴了尊者。尊者廣為說法令其歡喜，並如實秉白佛陀，佛陀呵責緣起比丘後制戒。

《鼻奈耶》中，故事情節非常簡略，只記錄了緣起比丘用黑羊毛作卧具，佛不允許，並制戒。

（二）緣起比丘形象

《四分律》、《鼻奈耶》、《十誦律》、《五分律》、《根有律》和《巴利律》都沒有直接描寫緣起比丘形象的內容。

《僧祇律》中，緣起比丘有些霸道無理，他知道估客有羊毛，就「強勸令施」，還說：「知有罪福行業果報而不與我，誰當與我？」另外，他還會開示說法，宣說佛的法要，是個能言善辯的比丘。

（三）犯戒內因

《四分律》中沒有明確記載緣起比丘的犯戒內因。但從緣起比丘看見梨車子為了行邪淫而做黑糯羊毛卧具，就跟着效仿，絲毫不顧忌是否會引發譏嫌來看，其犯戒內因是：做事考慮不周全，沒有顧及到自己的行為對僧團造成的負面影響。

《鼻奈耶》、《十誦律》、《僧祇律》、《五分律》、《根有律》與《巴利律》中，緣起比丘貪心粗重。不同的是，《十誦律》、《根有律》中，緣起比丘因價格貴而貪著羊毛，如《十誦律》記載：「此國黑羊毛貴，黑羊毛縷貴，黑羊毛氈貴，諸比丘數數乞。」《五分律》中，緣起比丘貪因羊毛「光澤可愛」，可以彰顯身分而生貪著，如律文中，居士看到後以為緣起比丘是「豪族遊集」。《巴利律》中，緣起比丘應該是貪圖黑羊毛卧具帶來的「受欲」。而《鼻奈耶》中，緣起比丘貪的表現應該是喜新厭舊，如律文記載緣起比丘「作新卧具」。

（四）犯戒外緣

《四分律》中，緣起比丘的犯戒外緣是梨車子作黑羊毛氈被，緣起比丘「見已便效」，最後犯戒。

《五分律》中，犯戒外緣是羊毛「光澤可愛」，做出的衣物被稱為「貴人服飾」，可以彰顯地位，所以「諸比丘亦效作之」，最終犯戒。

《十誦律》和《根有律》類似，犯戒外緣是羊毛價格貴，如《十誦律》記載「此國黑羊毛貴，縷貴，氈貴」，《根有律》記載黑羊毛「難得復是貴價」。

《僧祇律》中，犯戒外緣為「估客手執戶鉤來向市肆開自店舍」，比丘於是上前強索羊毛。

《鼻奈耶》沒有明確記載，推測是緣起比丘的卧具破舊，所以才「作新卧具」。《巴利律》既沒有記載，也難以推斷。

（五）犯戒後的影響

《四分律》中，緣起比丘被諸梨車子譏嫌：「大德，我等在於愛欲，為淫欲故作黑羊毛氈。汝等作此純黑羊毛氈何所為耶？」

《十誦律》、《五分律》、《巴利律》中，緣起比丘被俗眾所譏嫌。如《十誦律》記載，「諸居士厭患呵責」。《巴利律》記載，「諸人巡行精舍，見而……非難」。《五分律》中，居士譏呵說：「無沙門行，破沙門法！」

《僧祇律》中，因為緣起比丘的索供，估客不敢繼續上街做生意，回到家還被妻子責罵：「如是懶墮何由得活男女、充官賦役？」

《根有律》中，緣起比丘為了製造黑羊毛敷具，「多諸事業，妨廢正修讀誦作意」。

《鼻奈耶》沒有任何關於犯戒後影響的記載。

（六）佛陀考量

《僧祇律》中，當佛陀核實情況以後，呵責緣起比丘：「汝常不聞我以無數方便，呵責多欲，讚歎少欲耶？此非法、非律、不如佛教，不可以是長養善法。」最後，佛陀才制戒。緣起比丘犯戒的原因表面上是羊毛太貴，而實際上是多欲多求的貪煩惱作祟，這種貪欲與比丘的解脫之道是背離的。所以佛陀制戒目的，是通過禁止用黑羊毛作卧具的方式，來對治比丘內在的貪欲，使其以道攝心，正念而行。

（七）文體分析

諸律都採用了因緣的敘述方式，且均只有一個因緣。另外，《僧祇律》有一個伽陀。

《僧祇律》中，用一連串的語句描寫了羊毛的昂貴，如：「又毛大貴，或一錢得一兩，乃至二、三、四金錢得一兩，然此毛極細軟，觸眼睛不淚出，甚為難得。……尊者，我夫主及諸親屬，為求是毛故，或時得還，或死不還。以毛難得，是故極貴。」律文突出了作為吠舍階層「估客」的艱辛，以及估客婦內心的委屈：「諸比丘人人來乞，破我家業，遂至窮乏。」這些描寫使得故事中的人物鮮活生動，也使得緣起情節貼近於現實生活。

《根有律》的表述比較簡潔、直接，着重對比丘製作黑羊毛敷具所產生的不良後果作了記載，也有一定的教育意義，如：「時諸苾芻為營造故，多諸事業，妨廢正修讀誦作意，數數從他婆羅門、居士等乞黑羊毛。」

《鼻奈耶》的緣起故事最為簡潔，幾乎沒有任何細節描寫，直接記錄戒條，並且將另外三條卧具戒集中在一起。因此很難還原緣起比丘的犯戒經過，也很難通過緣起故事了解背後佛陀的制戒意趣。

二、戒本

《四分律》中，本戒的戒本為：「若比丘，以新純黑羺羊毛作新卧具，尼薩耆波逸提。」

（一）若比丘，以新純黑羺羊毛

《四分律》、《新刪定四分僧戒本》[1]、《四分律比丘戒本》[2] 作「若比丘，以新純黑羺羊毛」。其中的「羺」特指「胡羊」，整句的意思是：如果比丘使用新的、純黑色的胡羊毛（作為材料）。

與《四分律》相似：

《四分僧戒本》[3] 作「若比丘，新純黑羺羊毛」，比《四分律》省略了「以」字，但意思相同。

與《四分律》有部分差異：

《十誦律》作「若比丘，以純黑羺羊毛」，《十誦比丘戒本》[4]、《僧祇比丘戒本》[5]、《五分律》、《彌沙塞五分戒本》[6]、《解脱戒經》[7] 作「若比丘，純黑羺羊毛」。相比《四分律》，這幾部律典中少了對羊毛「新」的描述。

《僧祇律》作「若比丘，純黑羊毛」，《根有律》、《根有戒經》[8]、《根有律攝》[9] 作「若復苾芻，用純黑羊毛」。

---

1 《新刪定四分僧戒本》，《卍續藏》39 冊，265 頁中欄。
2 《四分律比丘戒本》，《大正藏》22 冊，1017 頁下欄。
3 《四分僧戒本》，《大正藏》22 冊，1025 頁中欄。
4 《十誦比丘戒本》，《大正藏》23 冊，473 頁中欄。
5 《僧祇比丘戒本》，《大正藏》22 冊，551 頁中欄。
6 《彌沙塞五分戒本》，《大正藏》22 冊，196 頁下欄。
7 《解脱戒經》，《大正藏》24 冊，661 頁下欄。
8 《根有戒經》，《大正藏》24 冊，503 頁上欄。
9 《根有律攝》卷 6，《大正藏》24 冊，559 頁上欄。

梵文《說出世部戒經》[1]作“yo puna bhikṣuḥ śuddhakālakānām eḍakalomānāṃ [navaṃ santhataṃ kārāpeya]”，梵文《有部戒經》[2]作“yaḥ punar bhikṣuḥ śuddhakāḍānām eḍakalomnāṃ [navaṃ saṃstaraṃ kārayen]”，梵文《根有戒經》[3]作“yaḥ punar bhikṣuḥ śuddhakālakānām eḍakaromnāṃ [navaṃ saṃstaraṃ kārayen]”。三部梵文戒本意思都是：任何比丘，（作新的）純黑羊毛的（卧具）。

巴利《戒經》[4]作“yo pana bhikkhu suddhakāḷakānaṃ eḷakalomānaṃ [santhataṃ kārāpeyya]”，意思是：任何比丘，（作）純黑羊毛的（卧具）。

藏文《根有戒經》[5]作“ཡང་དགེ་སློང་གང་ལུག་བལ་ནག་པོ་འབའ་ཞིག་གི་[སྟན་སར་པ་བྱེད་ན་]”，意思是：任何比丘，（作新的）純黑羊毛的（墊子）。

《僧祇律》及以下的律典，相比《四分律》都少了對羊毛「新」、「糯」的修飾。

與《四分律》差異較大：

《鼻奈耶》作「不得用純黑羊毛（作卧具）」。

（二）作新卧具，尼薩耆波逸提

《四分律》、《四分律比丘戒本》作「作新卧具，尼薩耆波逸提」，意思是：製作新的卧具，犯捨墮。

與《四分律》相同：

《五分律》、《彌沙塞五分戒本》作「作新卧具，尼薩耆波逸提」。

---

1 Nathmal Tatia, *Prātimokṣasūtram of the Lokottaravādimahāsāṅghika School*, Tibetan Sanskrit Works Series, no. 16, p. 16.

2 Georg von Simson, *Prātimokṣasūtra der Sarvāstivādins Teil II*, Sanskrittexte aus den Turfanfunden, XI, p. 192.

3 Anukul Chandra Banerjee, *Two Buddhist Vinaya Texts in Sanskrit*, p. 28.

4 Bhikkhu Ñāṇatusita, *Analysis of The Bhikkhu Pātimokkha*, p. 137.

5 麗江版《甘珠爾》（འཇང་བཀའ་འགྱུར།）第 5 函《別解脱經》（སོ་སོར་ཐར་པའི་མདོ།）10a。

與《四分律》相似：

《十誦比丘戒本》、《僧祇比丘戒本》作「作新敷具，尼薩耆波夜提」，《十誦律》、《僧祇律》作「作新敷具者，尼薩耆波夜提」，《根有律》、《根有戒經》、《根有律攝》作「作新敷具者，泥薩祇波逸底迦」。以上律典中的「敷具」，對應《四分律》的「臥具」。

梵文《說出世部戒經》作“[śuddhakālakānām eḍakalomānāṃ] navaṃ santhataṃ kārāpeya nissargikapācattikaṃ”，梵文《有部戒經》作“[śuddhakāḍānām eḍakalomnāṃ] navaṃ saṃstaraṃ kārayen niḥsargikā pātayantikā”，梵文《根有戒經》作“[śuddhakālakānām eḍakaromnāṃ] navaṃ saṃstaraṃ kārayen naisargikapāyantikā”。以上三部梵文戒本的意思都是：作新的（純黑羊毛）臥具，（犯）捨墮。

藏文《根有戒經》作“[ལུག་བལ་ནག་པོ་འབའ་ཞིག་གི་]སྣན་སར་པ་བྱེད་ན་སྤང་བའི་ལྟུང་བྱེད་དོ།།”，意思是：作新的（純黑羊毛的）墊子，（犯）捨墮。

與《四分律》有部分差異：

《四分僧戒本》、《新刪定四分僧戒本》作「作臥具者，尼薩耆波逸提」，《鼻奈耶》作「作臥具者，捨墮」。

巴利《戒經》作“[suddhakāḷakānaṃ eḷakalomānaṃ] santhataṃ kārāpeyya, nissaggiyaṃ pācittiyaṃ”，意思是：作（純黑羊毛的）臥具，（犯）捨墮。

上述律典，相比《四分律》缺少了作對臥具「新」的修飾。

與《四分律》差異較大：

《鼻奈耶》作「（不得用純黑羊毛）作臥具，作臥具者，捨墮」。

《解脫戒經》作「作臥具，若使人作，尼薩耆波逸提」，相比《四分律》和其他律典，多出了「若使人作」的情況。

三、關鍵詞

純黑羊毛

梵文《有部戒經》作“śuddha（純）kāḍānām（黑）eḍaka（羊）lomnāṃ（毛）”，意思是「純黑的羊毛（英譯：pure black sheep's wool）」。其他兩部梵文戒本語詞稍有不同，但文意相同。巴利《戒經》作“suddha（純）kalaka（黑）elaka（羊）lomana（毛）”，意思與梵文戒經完全相同。

藏文《根有戒經》作“ལུག་（綿羊）བལ་（羊毛）ནག་པོ་（黑色）འབའ་ཞིག་གི་（純的）”，意思是「純黑的綿羊毛（英譯：entirely of black wool of goats）」。

《四分律》中，「純黑毛」的意思有兩種：天生的黑毛（如黑羊身上的毛）、染黑的毛。《五分律》與《四分律》相同，如：「純黑者，生黑及染黑。」《巴利律》記載：「『黑』者，有二黑，生黑或染黑也。」此律只是單獨解釋「黑」，意思與《四分律》相同。

《十誦律》記載：「黑羺羊毛者，有四種，謂生黑、藍染黑、泥染黑、木皮染黑，是名四種黑。」律中，黑羺羊毛總體可分為生黑與染黑，但染黑又按照黑的程度不同分為三類。《薩婆多論》和《四分律》相同。《根有律》記載：「純黑者，有四種黑：一、性黑色；二、性青色；三、泥色；四、牻色。」這一點與《十誦律》相同，也是將黑按照程度不同分為四類，但沒有提及染黑。《根有律攝》與《根有律》相同。

《僧祇律》只是單獨解釋了什麼是「純」，列舉了「相續羊」等十種羊，這幾種羊所產的毛是「純」的。《善見論》解釋為「不雜餘毛」，內涵和《僧祇律》相同。

綜上所述，詞源分析中，諸部戒經內涵一致，都是指純黑的羊毛。漢譯律典中，《四分律》、《十誦律》、《薩婆多論》、《五分律》、《巴利律》內涵相同，也是指純黑的羊毛，而且可以分為生黑和染黑兩類。《十誦律》、《薩婆多論》、《根有律》、《根有律攝》中將「黑」按照程度不同分為四類，而《僧祇律》、《善見論》則側重於說明羊毛是純的，沒有摻雜其餘的毛。

四、辨相

（一）犯緣

具足以下五個方面的犯緣便正犯本戒：

1. 所犯境

此戒的所犯境分為製作材料與所作對象兩個方面，當這兩個要素同時具足時，正犯此戒。

（1）製作材料

《四分律》中，製作材料為「純黑糯羊毛」。《十誦律》、《五分律》和《善見論》[1]與之相同。其中，《十誦律》的所犯境還包括「黑糯羊毛縷、黑糯羊毛氈」。

《摩得勒伽》[2]中，所犯境為「純淨黑糯羊毛」。

《鼻奈耶》、《僧祇律》、《根有律》、《根有律攝》[3]這四部律的戒條中，所犯境為「純黑羊毛」。

《巴利律》為「純黑色羊毛」。

《薩婆多論》[4]的所犯境為「黑羊毛」。

藏傳《苾芻學處》[5]中，所犯境為「清淨，應量，是自所有，希貴，未壞，未糁雜壞者」、「非染成黑」的「純黑羊毛」。

《四分律》中，天然黑或染黑的羊毛，都正犯此戒。《十誦律》、《薩婆多論》、《僧祇律》、《五分律》、《巴利律》與《四分律》相同。而藏傳《苾芻學處》

---

1 《善見論》卷 15，《大正藏》24 冊，776 頁下欄。

2 《摩得勒伽》卷 9，《大正藏》23 冊，618 頁下欄。

3 《根有律攝》卷 6，《大正藏》24 冊，559 頁上欄至中欄。

4 《薩婆多論》卷 5，《大正藏》23 冊，533 頁中欄。

5 《苾芻學處》，《宗喀巴大師集》卷 5，82 頁。

中，必須是天然黑的羊毛，才正犯。

《毗尼母經》、《明了論》中沒有記載本戒相關內容，下不贅述。

（2）所作對象

《四分律》中，製作卧具，正犯。《鼻奈耶》、《五分律》、《巴利律》與之相同。

《十誦律》中，製作敷具，正犯。《薩婆多論》、《摩得勒伽》、《僧祇律》、《根有律》、《根有律攝》和藏傳《苾芻學處》與之相同。

《薩婆多論》中對做衣的量作了限定，「作衣下至四肘」，正犯此戒。

2. 能犯心

（1）發起心

《四分律》中沒有記載此戒的發起心，但是從「為他作」不正犯可以推出：為自己作，正犯此戒。此外，《根有律攝》中，「為求好故、為堅牢故、為換易故」，正犯。

藏傳《苾芻學處》中，發起心是「欲為自作敷具，或纖成，或貯褥，欲作之心未間斷」。

其他律典沒有記載發起心。

（2）想心

《四分律》中沒有想心的內容。

藏傳《苾芻學處》中，想心為「想不錯亂」。

《根有律攝》中，純黑羊毛作純黑羊毛想、疑，正犯。

其他律典沒有記載想心。

3. 方便加行

《四分律》中，自作教他，都正犯。《薩婆多論》、《僧祇律》、《五分律》、《根有律》、《根有律攝》、《巴利律》、藏傳《苾芻學處》與之相同。

4. 究竟成犯

《四分律》中，卧具作成，正犯。《薩婆多論》、《摩得勒伽》、《僧祇律》、《五分律》、《根有律》、《根有律攝》和藏傳《苾芻學處》與之相同。

《巴利律》中，「已作者」，正犯。

《鼻奈耶》、《十誦律》和《善見論》沒有説明此戒的究竟成犯。

5. 犯戒主體

《四分律》的犯戒主體是比丘。其他諸律與《四分律》相同。

《摩得勒伽》中，犯戒主體還包括「學戒人」。

（二）輕重

1. 所犯境

此戒的所犯境分為製作材料與所作對象兩個方面，當這兩個要素同時具足時，正犯捨墮。

（1）製作材料

《四分律》中，所犯境是「純黑糯羊毛」時，犯捨墮。

《十誦律》戒條中，「純黑糯羊毛」，犯捨墮。《摩得勒伽》中，「純淨黑糯羊毛」，犯捨墮。《五分律》、《善見論》與《十誦律》相同，其中《五分律》的內容來自戒條。

《鼻奈耶》戒條中，「純黑羊毛」，犯捨墮。《僧祇律》、《根有律》、《根有律攝》三部律的戒條中與《鼻奈耶》相同。《巴利律》中，「純黑色羊毛」，犯捨墮。

《薩婆多論》中，「黑羊毛」，犯捨墮。

藏傳《苾芻學處》中，「清淨，應量，是自所有，希貴，未壞，未糝雜壞者」「非染成黑」的「純黑羊毛」，犯捨墮。

《四分律》中，天然黑或染黑的羊毛，都犯捨墮。《十誦律》、《薩婆多論》、《僧祇律》、《五分律》、《巴利律》在這一點上與《四分律》相同。而藏傳《苾芻學處》中，只有天然黑色的羊毛，才犯捨墮；此外，此律說，「意樂、加行、究竟支均如前」，故可借鑒「綿作臥具戒」中所犯境判輕罪的情況，即用壞純黑羊毛作敷具，或雜少許白羊毛等，結惡作罪。

《十誦律》中，除羊毛外，「黑羺羊毛縷、黑羺羊毛氈」，都犯捨墮。此外，「羺羊毛腐壞作，得突吉羅。若經淨緯不淨、緯淨經不淨，若二俱不淨——不淨者，駱駝毛、牛毛、羖羊毛，若雜織作敷具——得突吉羅」。

《薩婆多論》記載：「若以駝毛、羖羊毛、牛毛合作，突吉羅；若芻麻衣、劫貝衣、褐衣、欽婆羅衣合作，突吉羅。」

《根有律攝》中，「若毛，若麻紵，若不淨物而和雜者」，突吉羅。又記載：「若一繭或小團，或大聚，或披，或擘，或以弓彈乃至未成，但得輕罪；竟，得捨墮。」

（2）所作對象方面，諸律的記載如上犯緣，此處不再贅述。

2. 能犯心

（1）發起心

《四分律》中，「為他作」突吉羅，由此推出：為己作，犯捨墮。《根有律攝》在這點上與之相同；此外，「為求好故、為堅牢故、為換易故」，也犯捨墮。

藏傳《苾芻學處》中，「欲為自作敷具，或纖成，或貯褥，欲作之心未間斷」，犯捨墮。

《薩婆多論》中，「若為塔，若為僧」，突吉羅。

其他律典中沒有關於發起心的內容。

（2）想心

《四分律》沒有提及想心。

《根有律攝》中，純黑羊毛作純黑羊毛想、疑，捨墮；非純黑羊毛作純黑羊毛想、疑，得波逸提罪；純黑羊毛作非純黑羊毛想，無犯。

藏傳《苾芻學處》中，「想不錯亂」，捨墮。

其他律典中沒有關於想心的內容。

3. 方便加行

《四分律》中，自作教他，都犯捨墮。《薩婆多論》、《僧祇律》、《五分律》、《根有律》、《根有律攝》、《巴利律》、藏傳《苾芻學處》與之相同。

《十誦律》:「若減量作，突吉羅；若如來衣等量作，得突吉羅。」

《薩婆多論》中，「若得以成者」，突吉羅。

《五分律》:「他施而受，尼薩耆波逸提。」

《根有律攝》中，「若兩人共作」，突吉羅。

4. 究竟成犯

《四分律》中，「成者」，捨墮。《薩婆多論》、《摩得勒伽》、《僧祇律》、《根有律》、《根有律攝》和藏傳《苾芻學處》與之相同。

《巴利律》中，「已作者」，捨墮。

《四分律》中，「作而不成者」，突吉羅。

《根有律》中，「作時惡作罪」。《根有律攝》與《根有律》相同：「乃至未成，但得惡作。」此外，《根有律攝》還記載，「若作未成而捨棄」，突吉羅。

《五分律》記載：「發心欲作及方便，皆突吉羅；作成，尼薩耆波逸提。」

《摩得勒伽》記載：「未受具戒時作，未受具戒時成，突吉羅；未受具戒時作，受具戒時成，突吉羅。」

《僧祇律》中，受用時，越毗尼罪。

《鼻奈耶》、《十誦律》和《善見論》中沒有與究竟成犯有關的內容。

5. 犯戒主體

《四分律》中，比丘犯捨墮。其餘律典在這一點上與《四分律》相同。

《四分律》中，比丘尼及下三眾，犯突吉羅。《薩婆多論》在這點上與《四分律》相同。

《摩得勒伽》中，「學戒人」，犯捨墮；「本犯戒、本不和合、賊住、污染比丘尼人作」，皆突吉羅。

《五分律》中，沙彌，犯突吉羅。

（三）不犯

1. 所犯境不具足

《四分律》記載：「若細薄疊作兩重，若以作褥，若作枕，若作方小坐具，若作臥氈，或作攤鉢氈，或作剃刀囊，或作帽，或作襪，或作攝熱巾，或作裹革屣巾，盡不犯。」

《薩婆多論》中，「若得朽壞黑羊毛，作敷具」，無犯。

2. 能犯心不具足

《十誦律》中，「若為塔作，為僧作」，不犯。

《根有律攝》中，純黑羊毛作非純黑羊毛想，不犯。

3. 犯戒主體不具足

《四分律》中，「最初未制戒，癡狂、心亂、痛惱所纏」，不犯。《五分律》、《根有律》與之相同。

《巴利律》中，「最初之犯行者」，不犯。

4. 得已成的黑羊毛製品

《四分律》中，「若得已成者」，不犯。《十誦律》、《根有律》、《根有律攝》在這點上與之相同。

《四分律》中，「若割截壞」，不犯。

《根有律》中，「或舊用物，或是舊物更新料理者」，不犯。

《根有律攝》中，根據辨相中的「餘並同前」，借鑒上文「綿作臥具戒」不犯的情況，「或他已用，或修故物」，或是其他人布施的黑羊毛臥具，均不犯此戒。

5. 其他

《根有律攝》中，根據辨相中的「餘並同前」，借鑒上文「綿作臥具戒」不犯的情況：如果比丘所在地純黑羊毛易得，不犯。

五、原理

見「綿作卧具戒」原理部分。

六、總結

（一）諸律差異分析

1. 緣起差異

（1）結構差異

《四分律》有一個本制。其他律典與《四分律》一致，均有一個本制。

（2）情節差異

《四分律》中，梨車子用純黑羺羊毛作氈卧具以方便行邪淫。緣起比丘效仿梨車子，也用純黑羺羊毛作氈卧具。梨車子看到後便譏嫌比丘。頭陀比丘知道後報告了佛陀，佛陀因此制戒。

《十誦律》、《根有律》類似，均為緣起比丘經常向居士乞貴價的黑羊毛、黑羊毛縷、黑羊毛氈，因此妨廢了道業，引發居士譏嫌。這也是佛陀制定本戒的一個重要因素，可以補充到《四分律》的緣起情節中。《五分律》、《巴利律》類似，均為緣起比丘用純黑毛氈作服飾、卧具，受到居士譏嫌。這二部律的不同點為：《五分律》中，居士譏嫌比丘的服飾像國王、大臣、豪族的衣服一樣；《巴利律》中，諸人譏嫌比丘像受欲者。《僧祇律》中，緣起比丘向估客多乞、強乞羊毛，使其家業破弊，生活窮乏，受到估客婦的嫌責。

（3）結論

綜上所述，本戒仍以《四分律》的緣起結構和情節為準，另外，補充《十誦律》中比丘乞貴價黑羊毛，妨廢道業，引發居士譏嫌的情節。

2. 戒本差異

諸律間戒本的差異不大。《四分律》、《四分僧戒本》、《新刪定四分僧戒本》、《四分律比丘戒本》中，要求黑羊毛是「新」的；其他戒本中都缺少這一限定。對於《四分律》「作新卧具」的表述，《四分僧戒本》、《新刪定四分僧戒本》、《鼻奈耶》、巴利《戒經》中，「卧具」都沒有「新」的限定。

此外，《解脫戒經》在最後增加了「若使人作」的情況，這一內容在《四分律》和其他律典中都沒有提到。《十誦律》、《十誦比丘戒本》、《僧祇律》、《僧祇比丘戒本》、《根有律》、《根有律攝》、《根有戒經》都將《四分律》的「臥具」翻譯為「敷具」。

由於《四分律》中「新純黑糯」的「新」字，容易讓人誤以為只有用新羊毛才會觸犯本戒，而「糯」字特指「胡羊」，但是廣律辨相中並沒有特別限定羊毛的種類。為了避免誤解，借鑒《鼻奈耶》、《僧祇律》、《根有律》等將其修改為「純黑」。

3. 辨相差異

（1）所犯境

《四分律》、《十誦律》、《摩得勒伽》、《五分律》和《善見論》的所犯境為「純黑糯羊毛」。此外，《十誦律》的所犯境還包括「黑糯羊毛縷、黑糯羊毛氈」。《鼻奈耶》、《僧祇律》、《根有律》、《根有律攝》為「純黑羊毛」。《巴利律》為「純黑色羊毛」。《薩婆多論》的所犯境為「黑羊毛」。藏傳《苾芻學處》中，所犯境為「清淨、應量、是自所有、希貴、未壞、未糝雜壞者」「非染成」的「純黑羊毛」。

《四分律》等諸律限定為「糯羊」，《僧祇律》等則並不限定羊的種類，而純黑的羊也並非僅有「糯羊」一種。因此，從本戒制意來看，以純黑羊毛為所犯境較為合適。

（2）能犯心

①發起心

《四分律》中，本戒的發起心是為己作臥具之心。《根有律攝》中，「為求好故、為堅牢故、為換易故」正犯。這些都屬於比丘為自己而做。藏傳《苾芻學處》與此類似，其發起心是「欲為自作敷具，或纖成，或貯褥，欲作之心未間斷」。因此，借鑒諸律的規定，本戒的發起心為「為己作臥具之心」。

②想心

《根有律攝》中，本戒想心為「純黑羊毛純黑羊毛想、疑」。藏傳《苾芻學處》為「想不錯亂」。《四分律》等其他律典中沒有明確提到本戒的想心。從實踐的角度來看，對純黑羊毛分辨不清的想心並不常見。因此，本戒以《四分律》為準，不考慮對純黑羊毛的認知。

4. 諸律內部差異

《四分律》辨相中，除自作外，教他作，正犯；為他人作，得突吉羅。而緣起和戒條中都是比丘自作。《僧祇律》除辨相中沒有「為他人作」的情況外，其他與《四分律》相同。《根有律》緣起和辨相中均有自作、教他作的記載，而戒條中未提到教他作。

《十誦律》戒條中，用「純黑羺羊毛」作新敷具，正犯。緣起和辨相中，材質還包括「黑羺羊毛縷」以及「黑羺羊毛氈」，這兩種情況均正犯。《僧祇律》緣起中，比丘所做除「漉水囊及絡囊」之外，還包括三衣等其他衣。而戒條和辨相中，均為「敷具」。《五分律》緣起中，比丘用「純黑毛氈」做服飾和臥具。戒條中，作臥具，正犯。辨相中，無相關記載。

（二）調整文本

通過以上諸律間觀點同異的對比與分析，文本在《四分律》的基礎上作如下調整：

1. 緣起

佛在毗舍離獼猴江側住樓閣舍，毗舍離的梨車子經常行邪淫，他們用純黑羺羊毛作「氈被」，夜裏披在身上以免被人看見。緣起比丘效仿梨車子做純黑羺羊毛臥具，梨車子看到後譏嫌，他們是「為淫欲故」才用純黑羺羊毛做氈子，比丘為何也用純黑羺羊毛作臥具？

緣起比丘經常向居士乞貴價的黑羊毛、黑羊毛縷、黑羊毛氈，因此妨廢了道業，引發居士譏嫌：「比丘取是黑羊毛，擇擘布貯，多事多務，妨廢讀經、坐禪、行道。」佛陀因此集眾，呵斥緣起比丘後制此戒。

2. 戒本

若比丘，以純黑[1]羊毛作新臥具者，尼薩耆波逸提。

3. 關鍵詞

純黑羊毛：純黑色羊毛，包括天生的黑毛和染黑的毛。

4. 辨相

（1）犯緣

本戒具足四緣成犯：一、是純黑羊毛；二、為己作之心；三、製作臥具；四、作成時，成犯。

（2）辨相結罪輕重

①純黑羊毛

是純黑羊毛，捨墮；若不純的黑毛，如混雜駝毛、羖羊毛、牛毛等，突吉羅。

②為己作之心

為自己製作臥具，捨墮；為他人作，突吉羅；若為塔、為僧作，不犯。

③製作臥具

自己製作，或是教他製作，均捨墮。

④作成時

製作完成時，捨墮；未完成，突吉羅。

⑤犯戒主體

比丘若犯，捨墮；比丘尼及下三眾若犯，突吉羅。

---

1 「純黑」，底本作「新純黑糯」，據《鼻奈耶》、《僧祇律》、《根有律》、《根有戒經》、《根有律攝》、梵文《說出世部戒經》、梵文《有部戒經》、梵文《根有戒經》、巴利《戒經》、藏文《根有戒經》改。

⑥不犯

若得到已經作好的黑毛卧具，不犯。

若作之前，已打算好以後要割截壞掉，充作他用，不犯。

若打算作雙層卧具，一層是純黑羊毛，另一層是較差的布料，作成，不犯。

若作小方坐具、卧氈、帽、襪等，不犯。

最初未制戒，癡狂、心亂、痛惱所纏，不犯。

七、現代行持參考

依據「黑毛卧具戒」和「白毛卧具戒」兩戒的制戒精神，比丘的卧具及日用品，應當以簡樸實用為上，避免追求奢華。除非有居士發心供養，比丘不宜自己採購，使用這類奢侈品。奢侈品既容易增長比丘的貪心，又容易引來社會大眾的譏嫌。值得注意的是，佛陀制定「白毛卧具戒」的意趣還在於警策比丘不應有鑽漏洞的心態。因此，比丘對待戒律應該保持恭敬。

13

白毛卧具戒

一、緣起

（一）緣起略述

《四分律》只有一個本制。佛在舍衛國祇樹給孤獨園，緣起比丘用純白羊毛做卧具，被居士譏嫌「似王，若王大臣」，佛以此因緣制戒。[1]

諸律緣起差異比較：

1. 制戒地點

《四分律》中，制戒地點為「舍衛國祇樹給孤獨園」。《鼻奈耶》[2]、《巴利律》[3]與《四分律》相同。《十誦律》[4]為「王舍城」，《僧祇律》[5]為「毗舍離大林重閣精舍」，《五分律》[6]為「拘舍彌城」，《根有律》[7]為「室羅伐城逝多林給孤獨園」。

2. 緣起比丘

《四分律》中，緣起比丘為「六群比丘」。《鼻奈耶》、《十誦律》、《巴利律》與《四分律》相同。《僧祇律》為「諸比丘」，《五分律》為「跋耆諸比丘」，《根有律》為「諸苾芻」。

---

1 《四分律》卷 8，《大正藏》22 冊，615 頁上欄至下欄。

2 《鼻奈耶》卷 6，《大正藏》24 冊，876 頁中欄。

3 《經分別》卷 4，《漢譯南傳大藏經》1 冊，321 頁至 323 頁；《附隨》卷 1，《漢譯南傳大藏經》5 冊，54 頁。

4 《十誦律》卷 7，《大正藏》23 冊，48 頁上欄至中欄；卷 53，《大正藏》23 冊，389 頁下欄。

5 《僧祇律》卷 9，《大正藏》22 冊，307 頁中欄至下欄。

6 《五分律》卷 5，《大正藏》22 冊，35 頁上欄至中欄。

7 《根有律》卷 21，《大正藏》23 冊，736 頁中欄。

3. 緣起情節

《四分律》有一個本制。其他律典與《四分律》相同，都只有一個本制，情節也都比較簡單，不同的是，都沒有居士譏嫌的情節。

《十誦律》中，緣起比丘因佛「不聽純黑羺羊毛作敷具」，於是就鑽漏洞，用「少白羺羊毛、雜黑羺羊毛作敷具」。少欲比丘知道後對緣起比丘種種呵責，然後向佛匯報了這一情況，佛因此集眾制戒。《巴利律》與《十誦律》類似，如律文記載：「世尊禁止作純黑色羊毛之卧具。於是，彼等僅於邊緣加白色羊毛，仍以純黑色羊毛令作卧具。」

《五分律》中，緣起比丘作黑羺羊毛卧具，加了點「少白色及下色毛」，就說「已淨」。諸比丘質問：「純黑少雜，何足為異？」然後對其種種呵責，並以此白佛。佛以此事集僧制戒。《根有律》與《五分律》類似，如律文記載：「時諸苾芻用四分黑毛，隨着少許餘色雜毛作新敷具。」但沒有諸比丘質問緣起比丘的情節。

差別較大的是《鼻奈耶》，律中只記錄了緣起比丘「復以純白羊毛作卧具」，佛因此制戒。

差別最大的是《僧祇律》，律中沒有比丘犯戒的任何情節。律中只記載，佛未制戒前（應該是未制「純黑羊毛戒」之前），諸比丘著氈衣，「露地如庵慢安隱住」；制戒以後，諸比丘「不復著氈衣故，多病不安隱住」。阿難尊者知道此事後，到佛所具實以白，並祈請世尊「聽諸比丘還得著氈衣」，佛以此因緣制戒。

（二）緣起比丘形象

《四分律》、《鼻奈耶》沒有直接記錄緣起比丘形象的內容。而《僧祇律》則是沒有比丘犯戒，因此也無相關記錄。

《十誦律》、《五分律》、《根有律》、《巴利律》中，緣起比丘都有一個特點，就是愛鑽漏洞。如《十誦律》中，緣起比丘心想：「佛結戒，不聽純黑羺羊毛作敷具。我今當以少白羺羊毛雜黑羺羊毛作敷具。」略微不同的是，《五分律》中，緣起比丘不僅愛鑽漏洞，還善於狡辯。如律文中，緣起比丘往黑糯羊毛卧具中加了點「少白色及下色毛」，就說「已淨」。當諸長老比丘質問緣起比丘：「汝不聞佛制純黑糯羊毛作卧具耶？」緣起比丘答：「聞。但我已著白色及下色毛，非復純黑。」

（三）犯戒內因

《四分律》中沒有明確説明犯戒內因，但從居士譏嫌的話中能夠看出來，緣起比丘是貪心作祟，如律文記載，「新白羊毛卧具，似王，若王大臣」。由此可見，白羊毛卧具在當時是達官貴人的專用物品，比丘追求這種奢侈的卧具，應該是被貪心所驅使。《鼻奈耶》、《十誦律》、《五分律》、《根有律》、《巴利律》與《四分律》類似。《僧祇律》中沒有比丘犯戒。

（四）犯戒外緣

《四分律》、《鼻奈耶》沒有明文記載。

《十誦律》、《五分律》、《根有律》、《巴利律》的犯戒外緣一樣，都是因為佛禁止比丘使用純黑糯羊毛作卧具，所以比丘就在黑羊毛中加少許白羊毛製作卧具。如《根有律》記載：「佛制諸苾芻不得用純黑羊毛作新敷具……隨着少許餘色雜毛作新敷具。」

差別最大的是《僧祇律》，律中沒有比丘犯戒。佛制此戒的原因是，有比丘的報體欠佳，如果禁止比丘「著氈衣」，會導致比丘「多病不安隱」，故佛慈悲「聽諸比丘雜作」，最後制戒。

（五）犯戒後的影響

《四分律》中，緣起比丘被居士譏嫌：「不知慚愧，無有厭足……似王，若王大臣。」其他律典與《四分律》相似。

（六）佛陀考量

《僧祇律》中，佛陀因為尊者阿難的祈願，制定了新戒條。考慮到有的比丘報體欠佳，如果完全禁止「著氈衣」，不僅不利於這部分比丘的生活起居，而且還可能造成這部分比丘因生病而「不安隱住」，影響比丘的道心。於是佛「聽諸比丘雜作」，並且規定了相應的比例，方便比丘實際操作。

（七）文體分析

《四分律》與其他律典都只採用了因緣的敘述方式，且都只有一個因緣，故事情節簡潔明瞭。《五分律》的戒條與其他律典相比，沒有「若比丘不用」的重複表述，而是以「若過是作」的方式代替，顯得比較精煉，這也是該部律典的一貫風格。《鼻奈耶》與《五分律》類似，如律文「若違限作」。

《鼻奈耶》、《根有律》中沒有記載任何心理活動和對話，《僧祇律》雖然有一些對白，但採用了「廣說如上」的方式，概括性比較強。

《鼻奈耶》對本戒的記錄與上一條「黑毛卧具戒」相似。

二、戒本

《四分律》中，本戒的戒本為：「若比丘，作新卧具，應用二分純黑羊毛、三分白、四分尨。若比丘不用二分黑、三分白、四分尨作新卧具者，尼薩耆波逸提。」

（一）若比丘，作新卧具

《四分律》、《四分僧戒本》[1]、《新刪定四分僧戒本》[2]、《四分律比丘戒本》[3]作「若比丘，作新卧具」，意思是：如果比丘製作新的卧具。

與《四分律》相同：

《五分律》、《彌沙塞五分戒本》[4]作「若比丘，作新卧具」。

與《四分律》相似：

《僧祇比丘戒本》[5]作「若比丘，作新敷具」，《根有律》、《根有戒經》[6]、《根有律攝》[7]作「若復苾芻，作新羊毛敷具」。

上述戒本中的「敷具」對應《四分律》的「卧具」。此外，《根有律》、《根有戒經》、《根有律攝》還多出了對「羊毛」的描述，但從戒本的整體來看，並不影響文意。

與《四分律》有部分差異：

《解脫戒經》[8]作「若比丘，作卧具」，比《四分律》少了「新」的修飾限定。

---

1 《四分僧戒本》，《大正藏》22 冊，1025 頁中欄至下欄。

2 《新刪定四分僧戒本》，《卍續藏》39 冊，265 頁中欄。

3 《四分律比丘戒本》，《大正藏》22 冊，1017 頁下欄。

4 《彌沙塞五分戒本》，《大正藏》22 冊，196 頁下欄。

5 《僧祇比丘戒本》，《大正藏》22 冊，551 頁中欄。

6 《根有戒經》，《大正藏》24 冊，503 頁上欄。

7 《根有律攝》卷 6，《大正藏》24 冊，559 頁中欄。

8 《解脫戒經》，《大正藏》24 冊，661 頁下欄。

《十誦律》作「若比丘，作敷具」，《十誦比丘戒本》[1]、《僧祇律》作「若比丘，欲作新敷具」，這三部戒本中的「敷具」對應《四分律》的「卧具」。此外，相比《四分律》，《十誦律》少了「新」的修飾限定，《十誦比丘戒本》、《僧祇律》則多出了「欲」這一想心的描述。

梵文《說出世部戒經》[2] 作 "navaṃ santhataṃ bhikṣuṇā kārāpayamāṇena"，梵文《根有戒經》[3] 作 "navaṃ bhikṣuṇā saṃstaraṃ kārayatā"，兩部戒本的意思都是：（如果）比丘作新卧具。

梵文《有部戒經》[4] 作 "navaṃ punar bhikṣuṇā saṃstaraṃ kārayatā"，意思是：若有比丘作新卧具。巴利《戒經》[5] 作 "navaṃ pana bhikkhunā santhataṃ kārayamānena"，意思是：若有比丘作新卧具。

藏文《根有戒經》[6] 作 "དགེ་སློང་གིས་སྣན་སར་པ་བྱེད་ན་"，意思是：如果比丘作新的墊子。

與《四分律》差異較大：

《鼻奈耶》作「不得以純白羊毛作卧具。若作卧具者」。

（二）應用二分純黑羊毛、三分白、四分尨

《四分律》、《新刪定四分僧戒本》、《四分律比丘戒本》作「應用二分純黑羊毛、三分白、四分尨」，意思是：應該使用兩份純黑的羊毛，第三份是白色的，第四份是雜色的。

與《四分律》相似：

《四分僧戒本》作「應用二分純黑羊毛，三分白，四分牻」，《解脫戒經》

1 《十誦比丘戒本》，《大正藏》23 冊，473 頁中欄。
2 Nathmal Tatia, *Prātimokṣasūtram of the Lokottaravādimahāsāṅghika School*, Tibetan Sanskrit Works Series, no. 16, p. 16.
3 Anukul Chandra Banerjee, *Two Buddhist Vinaya Texts in Sanskrit*, p. 28.
4 Georg von Simson, *Prātimokṣasūtra der Sarvāstivādins Teil II*, Sanskrittexte aus den Turfanfunden, XI, p. 192.
5 Bhikkhu Ñāṇatusita, *Analysis of The Bhikkhu Pātimokkha*, p. 137.
6 麗江版《甘珠爾》（འཇང་བཀའ་འགྱུར།）第 5 函《別解脫經》（སོ་སོར་ཐར་པའི་མདོ།）10a。

作「應用二分黑羊毛、第三分白、第四分尨」，《鼻奈耶》作「兩分黑羊毛、三分白羊毛、四分牻」，這裏「牻」是指「雜色不純」，與「尨」的意思相似。

與《四分律》有部分差異：

《十誦律》作「應用二分黑、第三分白、第四分下」，《十誦比丘戒本》、《僧祇律》、《五分律》、《彌沙塞五分戒本》作「應用二分純黑糯羊毛、第三分白、第四分下」，《僧祇比丘戒本》作「應用二分純黑糯羊毛、三分白、四分下」。這幾部律典中的「下」指下等、質量低的羊毛，與《四分律》的「尨」字有些差異。此外《十誦比丘戒本》及之後的律典還強調是「糯羊毛」，《四分律》對此則沒有明確的限定。

《根有律》、《根有戒經》、《根有律攝》作「應用二分純黑、第三分白、第四分粗」，這裏的「粗」代指毛糙、粗劣的羊毛，與《四分律》的「尨」字有些差異。

梵文《說出世部戒經》作“śuddhakālakānām eḍakalomānāṃ dve bhāgā ādayitavyās tṛtīyo odātikānāṃ caturtho gocarikāṇāṃ”，梵文《有部戒經》作“dvau bhāgau śuddhakāḍānām eḍakalomnām ādātavyau tṛtīyo ’vadātānāṃ caturtho gocarikānām”，梵文《根有戒經》作“dvau bhāgau śuddhakālakānām eḍakaromnām ādātavyau tṛtīyo ’vadātānāṃ caturtho gocarikāṇām”。以上三部梵文戒本的意思都是：應該取兩份純黑羊毛，第三份是白的，第四份是粗劣的。

巴利《戒經》作“dve bhāgā suddhakāḷakānaṃ eḷakalomānaṃ ādātabbā, tatiyaṃ odātānaṃ catutthaṃ gocariyānaṃ”，意思是：應該取兩份純黑羊毛，第三份是白的，第四份是粗劣的。

藏文《根有戒經》作“ཆ་གཉིས་ནི་ལུག་བལ་ནག་པོ་འབའ་ཞིག་ལས་གཞུག་པར་བྱ། གསུམ་པ་ནི་དཀར་པོ་ལས། བཞི་པ་ནི་འཁོབ་བལ་ལས་གཞུག་པར་བྱའོ། །”，意思是：應用兩份純黑羊毛，第三份白、第四份粗劣的毛來作。

（三）若比丘不用二分黑、三分白、四分尨作新卧具者，尼薩耆波逸提

《四分律》、《四分律比丘戒本》作「若比丘不用二分黑、三分白、四分尨作新卧具者，尼薩耆波逸提」，意思是：如果比丘不用兩份黑色、第三份白色、第四份雜色的羊毛來製作新的卧具，犯捨墮罪。

與《四分律》相似：

《四分僧戒本》作「若比丘，作新卧具，不用二分純黑羊毛、三分白、四分牻作新卧具者，尼薩耆波逸提」，《新刪定四分僧戒本》作「若比丘不用二分純黑羊毛、三分白、四分尨作新卧具者，尼薩耆波逸提」。

與《四分律》有部分差異：

《十誦律》作「若比丘，不用二分黑、第三分白、第四分下作敷具者，尼薩耆波夜提」，《十誦比丘戒本》、《僧祇律》作「若比丘，不用二分純黑羺羊毛、第三分白、第四分下作新敷具者，尼薩耆波夜提」，《根有律》、《根有戒經》、《根有律攝》作「若苾芻，不用二分純黑、第三分白、第四分粗作新敷具者，泥薩祇波逸底迦」。

梵文《根有戒經》作“anādāya ced bhikṣur dvau bhāgau śuddhakālakānām eḍakaromnāṃ tṛtīyo 'vadātānāṃ caturtho gocarikāṇāṃ navaṃ saṃstaraṃ kārayen naisargikapāyantikā”，意思是：如果比丘不取兩份純黑羊毛，第三份白，第四份粗劣，作新卧具，捨墮。

巴利《戒經》作“Anādā ce bhikkhu dve bhāge suddhakāḷakānaṃ eḷakalomānaṃ tatiyaṃ odātānaṃ catutthaṃ gocariyānaṃ navaṃ santhataṃ kārāpeyya, nissaggiyaṃ pācittiyaṃ”，意思是：若比丘不取兩份純黑羊毛、第三份白、第四份粗劣，作新卧具，捨墮。

藏文《根有戒經》作“གལ་ཏེ་དགེ་སློང་གིས་ཆ་གཉིས་ལུག་བལ་ནག་པོ་འབའ་ཞིག་ལས་མ་བཙུག་གམ། གསུམ་པ་དཀར་པོ་ལས། བཞི་པ་ནི་འབོབ་བལ་ལས་མ་བཙུག་པར་སྟན་སར་པ་བྱེད་ན་སྤང་བའི་ལྟུང་བྱེད་དོ། །”，意思是：如果比丘作新的墊子，不用兩份純黑羊毛，不摻雜白色以及粗劣的羊毛，捨墮。

梵文《有部戒經》作“anādāya ced bhikṣur dvau bhāgau śuddhakāḍānām eḍakalomnām tṛtīyam avadātānāṃ caturthaṃ gocarikānāṃ navaṃ saṃstaraṃ kārayet kalyāṇakāmatām upādāya niḥsargikā pātayantikā”，意思是：如果比丘不取兩份純黑羊毛，第三份白，第四份粗劣，作新臥具，欲求好的而取用，捨墮。相比《四分律》和其他律典多出了「欲求好的而取用」。

與《四分律》差異較大：

《鼻奈耶》作「若違限作者，捨墮」，《五分律》、《彌沙塞五分戒本》作「若過是作，尼薩耆波逸提」，《僧祇比丘戒本》作「若過分，尼薩耆波夜提」。

梵文《說出世部戒經》作“taduttarim ādiyeya nissargikapācattikaṃ”，意思是：過量取用，捨墮。

《解脫戒經》作「若使人作，尼薩耆波逸提」，這一表述與《四分律》和其他律典都不相同，比較特別。

三、關鍵詞

(一)白(羊毛)

梵文《有部戒經》、梵文《根有戒經》使用“avadāta”一詞，該詞的意思是「白色的（英譯：white）」。梵文《說出世部戒經》為“odātika”，與巴利《戒經》的“odāta”相近，意思是「白色的」。藏文《根有戒經》作“དཀར་པོ”，意思是「白色的毛（英譯：white wool）」。

《四分律》中，「白者，或生白，或染令白」，意為白色的羊毛。

《十誦律》：「白者，謂脊毛、脅毛、項毛。」《根有律》：「言白者，謂脅傍脊上及項邊毛。」《根有律攝》與《根有律》相似。《薩婆多論》：「白羊毛：背毛、脅毛、頸毛。」[1] 以上諸部律典對「白」的解釋，強調的都是從羊身上取毛的部位。這些律中，「白」的含義可能是指「白羊」身上這些部位的毛。

綜上所述，梵巴藏詞源分析都是指白色的羊毛。《四分律》中，「白」包括生白和染白。《十誦律》、《根有律》、《根有律攝》以及《薩婆多論》四部律典含義一致，都是強調羊身上特定部位的毛。

(二)尨(羊毛)

三部梵文戒經均作“gocarika”，和巴利《戒經》中的“gocariya”意思相同，都是指「粗劣的（毛）」。

藏文《根有戒經》作“འཁོབ་བལ”，意思是：粗劣的毛、色澤混濁的毛（英譯：motley-coloured wool）。

《四分律》：「尨色者，頭上毛、耳毛，若腳毛，若餘尨色毛。」

---

1 《薩婆多論》卷 5，《大正藏》23 冊，533 頁中欄。

《十誦律》:「下者，謂頭毛、腹毛、腳毛。」《根有律》:「粗者，謂頭、足、腹毛。」《根有律攝》:「言第四分粗者，謂頭、足、腹毛，由頭、足、腹是行動處，毛粗惡故。」《薩婆多論》:「下者，頭毛、腹毛、腳毛。」這四部律的內涵相同，都將尨解釋為：頭毛、腹毛、腳毛。

綜上所述，詞源分析中，諸部律典內涵一致，「尨」都是指粗劣的毛，強調的是毛的品質。漢譯律典中，《四分律》、《十誦律》、《薩婆多論》、《根有律》、《根有律攝》內涵相同，強調的是取毛的部位，「尨」都解釋為：頭毛、腹毛和腳毛。其中，《根有律攝》還解釋了原因：這些部位的毛質量差。結合緣起可知，佛陀制戒，應該對毛的顏色有要求，而對毛的顏色的不同要求往往也代表了對毛的質量高低的限制，這在制戒緣起中也是有體現的。另外，佛世時期的比丘一般自己製作衣物，涉及到直接的生產環節，對毛的顏色或品質的要求，實踐中不容易把握，所以律典在注釋時着重説明所用原料的部位，方便比丘把握和行持，本意也是要説明這些部位毛的顏色和品質符合佛陀制戒的要求。所以，諸部律典的內涵一致，都是對毛的顏色和品質的要求，而符合這一要求的毛主要出自羊的頭、腹和腳三個部位。

四、辨相

(一) 犯緣

具足以下五個方面的犯緣便正犯本戒：

1. 所犯境

此戒的所犯境分為製作材料與所作對象兩個方面，當兩個要素同時具足時，正犯。

（1）製作材料

《四分律》中，本戒所犯境為三種羊毛，即黑羊毛、白羊毛和尨羊毛。《鼻奈耶》與《四分律》相同。

《十誦律》、《薩婆多論》[1]、《僧祇律》、《五分律》、《根有律》、《根有律攝》[2]、《巴利律》中，所犯境也是三種羊毛，但所記載的羊毛種類與《四分律》略有差異。其中，《十誦律》、《薩婆多論》、《僧祇律》、《五分律》為黑羊毛、白羊毛和下羊毛；《根有律》、《根有律攝》為黑羊毛、白羊毛和粗羊毛；《巴利律》為黑羊毛、白羊毛和褐色羊毛。

藏傳《苾芻學處》[3]中，所犯境為黑羊毛、白羊毛和粗羊毛三種羊毛，同時要求羊毛「清淨，應量，是自所有，希貴，未壞，未糝雜壞者，非他人先作餘者」。

《摩得勒伽》[4]中沒有此戒的正犯記載，僅有兩句關於所犯境和方便加行犯輕的記載。

《毗尼母經》、《明了論》、《善見論》[5]中沒有提及本戒的辨相內容，下文

1 《薩婆多論》卷 5，《大正藏》23 冊，533 頁中欄至下欄。
2 《根有律攝》卷 6，《大正藏》24 冊，559 頁中欄。
3 《苾芻學處》，《宗喀巴大師集》卷 5，82 頁。
4 《摩得勒伽》卷 2，大正藏 23 冊，573 頁下欄。
5 《善見論》卷 15，《大正藏》24 冊，776 頁下欄。

不再重述。

（2）所作對象

《四分律》中為做卧具，《鼻奈耶》、《五分律》、《巴利律》與《四分律》一致。

《十誦律》、《薩婆多論》、《僧祇律》、《根有律》、《根有律攝》、藏傳《苾芻學處》中為做敷具。

2. 能犯心

（1）發起心

《四分律》中沒有明顯的有關發起心的記載，但從律中「若為他作，成不成，突吉羅」推斷，本戒的發起心是為自己而作。

《根有律》、《根有律攝》、《巴利律》與《四分律》相同。《巴利律》中，「為他」犯突吉羅。《根有律》和《根有律攝》中，「不為己」，不犯。由此推出發起心都是為自己而作。

藏傳《苾芻學處》的發起心為「欲為自作敷具，或纖成，或貯褥，欲作之心未間斷」，強調發起心要相續到究竟。

其餘律典中沒有關於發起心的記載。

（2）想心

《四分律》中沒有關於想心的明確記載。

《僧祇律》中，「多用黑毛而作等想，等用作減想而更益；第三分白者，多用白毛而作等想，等用作減想而更益；第四分下者，少用下毛而作等想」，這三種想心正犯此戒。

藏傳《苾芻學處》中，「想不錯亂」，正犯本戒。

其餘律典與《四分律》一致。

3. 方便加行

諸律中三種羊毛搭配的比例都是 2：1：1；而對於正犯的判定，諸律則有所不同。

《四分律》中記載，黑羊毛、白羊毛和尨羊毛的比例，違規便正犯此戒；

方式有自作和使他作兩種。

《鼻奈耶》與《四分律》類似，其戒條記載：「不得以純白羊毛作臥具。若作臥具者，兩分黑羊毛、三分白羊毛、四分牻。若違限作者，捨墮。」只要違規就正犯。

《十誦律》、《薩婆多論》中，若黑羊毛超過一兩，正犯；若下羊毛減少一兩，也正犯。另外，這兩部律典均只記載了自作一種方式。

《僧祇律》中，若黑羊毛或白羊毛過限，或下羊毛不足，均正犯。

《五分律》中，若增加黑羊毛的比例，如「作四十波羅臥具，應用二十波羅純黑」，若黑羊毛多出一波羅量，正犯此戒；方式有自作、使他作和他施而受三種。

《根有律》、《根有律攝》、《巴利律》、藏傳《苾芻學處》中，增加黑羊毛的比例，正犯。其中，《根有律》、《根有律攝》中只記載了自作一種方式；而《巴利律》、藏傳《苾芻學處》中，自作、教他作，均正犯。

其餘律典沒有相關記載。

4. 究竟成犯

《四分律》中記載，臥具做成即正犯本戒。

《鼻奈耶》、《十誦律》、《摩得勒伽》中沒有提及本戒的究竟成犯。其餘律典與《四分律》相同。

5. 犯戒主體

《四分律》中，犯戒主體為比丘。諸律典與《四分律》一致。

（二）輕重

1. 所犯境

此戒的所犯境分為製作材料與所作對象兩個方面，當兩個要素同時具足時，正犯捨墮。

（1）製作材料

《四分律》中記載，所犯境為三種羊毛——黑羊毛、白羊毛和尨羊毛時，結捨墮罪。《鼻奈耶》與《四分律》相同。

其餘律典記載的結捨墮罪的所犯境，如犯緣中所述。

另外，《十誦律》還記載：「經淨緯不淨、緯淨經不淨，若二俱不淨——不淨者，駱駝毛、牛毛、羖羊毛、雜織作敷具——得突吉羅。」《摩得勒伽》記載，不淨毛作敷具，得突吉羅。

（2）所作對象

如上犯緣所述，諸律沒有犯輕的記載。

2. 能犯心

（1）發起心

《四分律》中，若為己作，捨墮；若為他作，突吉羅。《巴利律》與《四分律》相同。

《根有律》、《根有律攝》中，為己作，捨墮；若不為已，不犯。

藏傳《苾芻學處》記載，「欲為自作敷具，或纖成，或貯褥，欲作之心未間斷」，捨墮。

其餘律典沒有關於發起心判罪的記載。

（2）想心

《四分律》中沒有有關想心判罪的明確記載。

《僧祇律》記載，「多用黑毛而作等想，等用作減想而更益；第三分白者，多用白毛而作等想，等用作減想而更益；第四分下者，少用下毛而作等想」，尼薩耆波逸提。

藏傳《苾芻學處》中，「想不錯亂」，結捨墮罪。

其餘律典與《四分律》相同。

3. 方便加行

《四分律》中，做臥具時沒有按照 2：1：1 的比例取用三種羊毛，不論自作或使他作，都結捨墮罪。

其餘律典結捨墮罪的方便加行，如犯緣中所述。

藏傳《苾芻學處》記載：「於二分之餘半數中，白毛與粗毛應等分作。若白毛多者，犯學處惡作罪。如是上來作驕世耶及純黑羊毛等所犯罪，是於彼時、處價貴而制，若白等價貴者，即依彼等而成罪。」

《十誦律》、《薩婆多論》中，若白羺羊毛過限，「乃至一兩作敷具」，得突吉羅。《摩得勒伽》記載：減與白，突吉羅。

《僧祇律》中，受用，犯越毗尼罪。

《五分律》記載：「雖不自作，不使人作，他施而受，尼薩耆波逸提。」

《巴利律》記載：「自作未成而自令作成者，捨墮；自作未成而他人令作成者，捨墮；他人未作成而自令作成者，捨墮；他人未作成而他人令作成者，捨墮。……為他人作或令作者，突吉羅；由他人作而獲得受用者，突吉羅。」

4. 究竟成犯

《四分律》中，卧具做成，結捨墮罪；不成，突吉羅。

《薩婆多論》、《僧祇律》、《巴利律》和藏傳《苾芻學處》均記載，卧具作成時，結捨墮罪。《五分律》記載，發心欲作及方便時，突吉羅；作成，捨墮。《根有律》、《根有律攝》中記載，作時，犯突吉羅；做成，犯捨墮，得惡作。

《鼻奈耶》、《十誦律》、《摩得勒伽》中沒有明顯的提及本戒的究竟成犯。

5. 犯戒主體

《四分律》中，比丘若犯此戒，結捨墮罪；比丘尼，突吉羅；式叉摩那、沙彌、沙彌尼若犯，得突吉羅。《薩婆多論》與《四分律》相同。

《五分律》中，比丘若犯此戒，結捨墮罪；沙彌，得突吉羅。

其餘律典只記載，比丘犯本戒，結捨墮罪，沒有提到比丘尼和下三眾。

（三）不犯

1. 發起心不具足

《根有律》、《根有律攝》中，「若不為己」，不犯。

2. 方便加行不具足

（1）製作對象

《四分律》記載：「若割截壞，若作壞色，若作枕，若作褥，若作臥氈，若作小方坐具，若作襯鉢裹氈，若作剃刀囊，或作襪，或作攝熱巾，或作裹革屣巾，一切不犯。」

《根有律攝》記載：「若後二分用作褥時，隨意少多，無犯。」

《巴利律》中，「作傘蓋、地毯、幕、長枕、枕」，不犯。

（2）所用比例

《四分律》記載：「不犯者，若二分黑、三分白、四分尨作新臥具，若白不足以尨足之，若作純尨者，若得已成者。」

《十誦律》記載：「若取下羊毛多，若純用下羊毛者，不犯。」「若少取黑羊毛，不犯。」

《薩婆多論》記載：「若倩人如法作，無罪。」

《根有律》、《根有律攝》記載：「或得先成，或黑者易得餘者難求，兩數增減，並皆無犯。」《根有律攝》還記載：「無犯者，若作十斤毛褥，五斤純黑、二斤半白、二斤半粗，若更增減，准此而說。」

《巴利律》中，「入白色羊毛一多羅和褐色羊毛一多羅而作，入其以上之白色羊毛和其以上之褐色羊毛而作，以純白色羊毛和純褐色羊毛而作」，不犯。

3. 犯戒主體不具足

《四分律》中，最初犯人，癡狂、心亂、痛惱所纏，不犯。

《五分律》、《根有律》與《四分律》相同。

《巴利律》中，癡狂比丘和最初犯比丘，不犯。

五、原理

見「綿作卧具戒」原理部分。

六、總結

（一）諸律差異分析

1. 緣起差異

（1）結構差異

《四分律》和其他律典都只有一個本制。

（2）情節差異

與《四分律》相比，其他律典都沒有居士譏嫌的情節。

《鼻奈耶》、《僧祇律》的情節與《四分律》差別較大。其中《鼻奈耶》只記載了緣起比丘「復以純白羊毛作卧具」的情節。《僧祇律》中，佛未制此戒前，諸比丘著氈衣，「露地如庵幔安隱住」，制戒以後就「不復著氈衣故，多病不安隱住」，然後就把這事告訴了尊者阿難。阿難尊者將此事向佛匯報。

《十誦律》、《五分律》、《根有律》、《巴利律》的情節與《四分律》相似，不同點是，《十誦律》、《五分律》、《根有律》、《巴利律》中緣起比丘鑽漏洞，用「少白羺羊毛，雜黑羺羊毛作敷具」。

（3）結論

綜上所述，本戒緣起無需調整，仍取《四分律》的結構與情節。

2. 戒本差異

諸律的戒本基本一致。《四分律》中「四分尨」的「尨」字，除了《四分僧戒本》、《新刪定四分僧戒本》、《四分律比丘戒本》、《鼻奈耶》、《解脱戒經》與《四分律》相同或相似外，其他律典都表述為「下劣的」或「粗劣的」。此外，對於《四分律》中「不用二分黑、三分白、四分尨作新卧具者」一句，《鼻奈耶》、《五分律》、《彌沙塞五分戒本》、《僧祇比丘戒本》、梵文《說出世部戒經》中表述為「若過是作」或類似的意思；《解脱戒經》中則對應為「若使人作」，與《四分律》及其他律典都不相同。

結合《四分律》中緣起、辨相部分的論述，以及參照其餘律典戒本可以得知，黑、白、尨三種羊毛正確的混合比例應該是 2：1：1。但是《四分律》「應用二分純黑羊毛、三分白、四分尨」的表述很容易讓人誤以為三者的比例是 2：3：4。因此借鑒《十誦律》、《僧祇律》、《五分律》等，在「三分白」和「四分尨」之前都增加「第」字，變為「二分純黑羊毛、第三分白、第四分尨」。此外，「四分尨」中的「尨」字，由於過於生僻，據《根有律》等將其修改為「粗」字。

3. 辨相差異

（1）所犯境

《四分律》中，本戒所犯境為三種羊毛，即黑羊毛、白羊毛和尨羊毛。「尨」指雜色；「尨羊毛」，是取自頭、耳、腳等處的毛，屬於品質一般的雜色羊毛。

其他諸律中亦提到黑羊毛和白羊毛；而第三種，諸律與《四分律》有所不同。《十誦律》、《薩婆多論》、《僧祇律》、《五分律》記載的是「下羊毛」。《十誦律》解釋：「下者，謂頭毛、腹毛、腳毛。」《根有律》、《根有律攝》和藏傳《苾芻學處》為「粗羊毛」。《巴利律》則從顏色區分，記載為「褐色羊毛」。此處仍以《四分律》的「尨羊毛」為準。

（2）能犯心

①發起心

《四分律》中沒有直接記載發起心，但根據為他作犯輕可得知，為己作即正犯本戒。《根有律》、《根有律攝》、《巴利律》的發起心情況與《四分律》類似。藏傳《苾芻學處》的發起心是「欲為自作敷具，或纖成，或貯褥，欲作之心未間斷」。因此，借鑒諸律的規定，本戒的發起心為「為己作卧具之心」。

②想心

本戒只有《僧祇律》和藏傳《苾芻學處》記載了想心。《僧祇律》中，「多用黑毛而作等想，等用作減想而更益；第三分白者，多用白毛而作等想，等用作減想而更益；第四分下者，少用下毛而作等想」，均犯捨墮。也就是說，多用好毛或少用次毛，內心以為按規定比例取用，正犯本戒。藏傳《苾芻學處》記載，「想不錯亂」，正犯。

現實持戒過程中，比丘很可能對實際取用比例的認知發生偏差，這是本戒需要防範的情況。因此，本戒應將羊毛比例方面的想心列為犯緣之一，具體判罪可借鑒「綿作卧具戒」中對想心的判法。

（3）方便加行

諸律中三種羊毛搭配的比例都是 2：1：1。不同的是，三種比例的羊毛在諸律中遮止的重點有所不同。有些羊毛所佔的比例不可更改，有些卻可以靈活調整。

《四分律》中，三種羊毛應當按照比例來做，違犯便正犯；「白不足以尨足之，若作純尨者」不犯。《十誦律》和《薩婆多論》中，黑羊毛不可多用，「下羊毛」不能少用，否則兩種情況均正犯。《僧祇律》中，若黑羊毛或白羊毛過限，或下羊毛不足，均正犯。《五分律》中限定不能多用黑羊毛，「若黑，長一波羅」，正犯；沒提到其他羊毛的限定。《根有律》、《根有律攝》、《巴利律》、藏傳《苾芻學處》中，則是黑羊毛超過一半就正犯。從中可以看出，此處主要防護多用黑羊毛。

另外，《十誦律》、《薩婆多論》和藏傳《苾芻學處》中提到，若白羊毛過限，犯突吉羅。

此處綜合諸律中的規定，就三種羊毛的比例而言，黑羊毛不能過限，而尨羊毛不能少，否則便正犯；若白羊毛過限，犯突吉羅。

4. 諸律內部差異

《四分律》辨相中，除自作外，教他作，正犯；為他人作，得突吉羅。而緣起和戒條中都是比丘自作。《僧祇律》除了辨相中沒有「為他人作」的情況之外，其他與《四分律》相同。此外，《僧祇律》緣起中，比丘所做除了「漉水囊及絡囊」之外，還包括三衣等其他的衣。而戒條和辨相中，均為「敷具」。

（二）調整文本

通過以上諸律間觀點同異的對比與分析，文本在《四分律》的基礎上作如下調整：

1. 緣起

佛在舍衛國祇樹給孤獨園，六群比丘用純白羊毛作新臥具，居士譏嫌「似王，若王大臣」，佛因此制戒。

2. 戒本

若比丘，作新臥具，應用二分純黑羊毛、第[1]三分白、第[2]四分粗[3]。若比丘，不用二分黑、第[4]三分白、第[5]四分粗[6]作新臥具者，尼薩耆波逸提。

3. 關鍵詞

白（羊毛）：白色的羊毛，包括天生的白毛和染白的毛。

4. 辨相

（1）犯緣

本戒具足四緣成犯：一、黑、白、尨三種羊毛；二、為己作臥具之心；三、未按照 2:1:1 的比例作，其中黑羊毛過限，或尨羊毛不足；四、臥具作成時，成犯。

---

1 「第」，底本闕，據《十誦律》、《十誦比丘戒本》、《僧祇律》、《五分律》、《彌沙塞五分戒本》、《解脱戒經》、《根有律》、《根有戒經》、《根有律攝》、梵文《說出世部戒經》、梵文《有部戒經》、梵文《根有戒經》、巴利《戒經》、藏文《根有戒經》加。

2 「第」，底本闕，據《十誦律》、《十誦比丘戒本》、《僧祇律》、《五分律》、《彌沙塞五分戒本》、《解脱戒經》、《根有律》、《根有戒經》、《根有律攝》、梵文《說出世部戒經》、梵文《有部戒經》、梵文《根有戒經》、巴利《戒經》、藏文《根有戒經》加。

3 「粗」，底本作「尨」，據《根有律》、《根有戒經》、《根有律攝》、梵文《說出世部戒經》、梵文《有部戒經》、梵文《根有戒經》、巴利《戒經》、藏文《根有戒經》改。

4 「第」，底本闕，據《十誦律》、《十誦比丘戒本》、《僧祇律》、《根有律》、《根有戒經》、《根有律攝》、梵文《說出世部戒經》、梵文《有部戒經》、梵文《根有戒經》、巴利《戒經》、藏文《根有戒經》加。

5 「第」，底本闕，據《十誦律》、《十誦比丘戒本》、《僧祇律》、《根有律》、《根有戒經》、《根有律攝》、梵文《說出世部戒經》、梵文《有部戒經》、梵文《根有戒經》、巴利《戒經》、藏文《根有戒經》加。

6 「粗」，底本作「尨」，據《根有律》、《根有戒經》、《根有律攝》、梵文《說出世部戒經》、梵文《有部戒經》、梵文《根有戒經》、巴利《戒經》、藏文《根有戒經》改。

（2）辨相結罪輕重

①黑、白、尨三種羊毛

②為己作臥具之心

為自己作，捨墮；為他人作，突吉羅。

③未按照 2：1：1 的比例，其中黑羊毛過限，或尨羊毛不足

黑、白、尨三種羊毛未按 2：1：1 的比例，自己作，教他作，均結捨墮。其中，若黑羊毛超過二分，或尨羊毛不足一分，捨墮；若白色羊毛超過一分，突吉羅。

黑羊毛過限作過限想或尨羊毛不足作不足想，捨墮；黑羊毛過限作過限疑或尨羊毛不足作不足疑，突吉羅；黑羊毛不過限作過限想或、疑，或尨羊毛足作不足想、疑，突吉羅；黑羊毛過限作不過限想，或尨羊毛不足作足想，不犯。

④臥具作成時

作成時，結捨墮；未作成，突吉羅。

⑤犯戒主體

比丘若犯，捨墮；比丘尼、式叉摩那、沙彌、沙彌尼若犯，突吉羅。

⑥不犯

若黑、白、尨三種羊毛的比例為 2：1：1，不犯。

白羊毛不足時，用尨羊毛補足，不犯。

若全部用尨羊毛作，不犯。

若得到已作成的臥具，不犯。

若作之前，已打算好以後要割截壞掉，充作他用，不犯。

打算作雙層臥具，一層是黑、白、尨未按 2：1：1 比例搭配的布料，另一層是較差的布料，作成，不犯。

作枕、褥、臥氈等小物件，不犯。

最初未制戒，癡狂、心亂、痛惱所纏，不犯。

七、現代行持參考

見「黑毛卧具戒」的現代行持參考部分。

14

減六年臥具戒

一、緣起

（一）緣起略述

《四分律》中有一個本制和一個隨制。佛在舍衛國時，六群比丘嫌棄舊臥具，在未將其捨棄的情況下，做新臥具，因此積蓄了很多臥具。佛呵責並因此制戒。後來一比丘得乾痟病，有因緣外出，但糞掃臥具極重，攜帶不便，因此很苦惱。其他比丘知道後，向佛報告，佛陀因此增制本戒。[1]

諸律緣起差異比較：

1. 制戒地點

《四分律》中，制戒地點為「舍衛國祇樹給孤獨園」，《鼻奈耶》[2]、《巴利律》[3]與《四分律》相同。《十誦律》[4]為「王舍城」，《僧祇律》[5]為「舍衛城」，《五分律》[6]為「拘舍彌城」，《根有律》[7]為「室羅伐城逝多林給孤獨園」。

2. 緣起比丘

《四分律》中，緣起比丘為「六群比丘」，《鼻奈耶》、《十誦律》與《四分律》相同。《僧祇律》為「一比丘」，《五分律》為「跋耆諸比丘」，《根有律》為「諸苾芻」，《巴利律》為「諸比丘」。

---

1 《四分律》卷 8，《大正藏》22 冊，615 頁下欄至 616 頁下欄。

2 《鼻奈耶》卷 6，《大正藏》24 冊，876 頁中欄。

3 《經分別》卷 4，《漢譯南傳大藏經》1 冊，323 頁至 326 頁；《附隨》卷 1，《漢譯南傳大藏經》5 冊，53 頁至 54 頁。

4 《十誦律》卷 7，《大正藏》23 冊，48 頁中欄至 49 頁中欄；卷 53，《大正藏》23 冊 389 頁下欄。

5 《僧祇律》卷 9，《大正藏》22 冊，308 頁中欄至 309 頁上欄。

6 《五分律》卷 5，《大正藏》22 冊，35 頁中欄至下欄。

7 《根有律》卷 21，《大正藏》23 冊，736 頁中欄至 737 頁上欄。

3. 緣起情節

《十誦律》只有一個本制，與《四分律》本制相似。

《僧祇律》與《四分律》的本制和隨制內容基本相同。《五分律》、《巴利律》和《四分律》相同，有一個本制、一個隨制。這兩部律的隨制和《四分律》的隨制都相同，不同之處在於本制。《五分律》中，本制是佛陀允許比丘用二分純黑羺羊毛等作卧具，緣起比丘於是便多乞三色毛，引發居士譏嫌，佛陀因此制戒。《巴利律》中，本制是緣起比丘年年做卧具，引發居士譏嫌，佛陀因此制戒。這與《四分律》中比丘嫌棄已有卧具有所不同。

《根有律》中也有一個本制和一個隨制。與《四分律》的不同之處在於，其隨制中是因為卧具使用時間太久不能禦寒，因此佛陀予以開緣，和《四分律》中病比丘卧具太重不便攜帶有所差別。

《鼻奈耶》中只有一個本制，制戒緣起很短，和諸部律典差別很大。律中只記載了三句話：六群比丘「棄故卧具，作新卧具」，比丘白世尊，世尊制戒。

（二）緣起比丘形象

《四分律》中描寫六群比丘嫌卧具或重，或輕，或薄，或厚。從這樣的描述中可以看出，六群比丘對生活舒適度的要求比較高，畏苦嫌寒。《十誦律》、《根有律》中，緣起比丘形象和《四分律》相似。

《僧祇律》、《五分律》、《巴利律》緣起比丘形象與《四分律》略有差異。《僧祇律》中「故氈處處在地」，《五分律》中「於所住處，無處不有」，《巴利律》中「年年令作卧具」，集中體現了緣起比丘「貪多」的形象。

《鼻奈耶》中緣起比丘的形象刻劃很簡單，只是概況性的描述。

（三）犯戒內因

《四分律》中，緣起比丘犯戒內因是貪圖好卧具的煩惱。具體表現在嫌棄已有卧具或重，或輕等，貪求更好的卧具。

《十誦律》、《僧祇律》、《根有律》與《四分律》相同。

《五分律》、《巴利律》中緣起比丘「貪多」，沒有明確說「貪好」，與《四分律》略有不同。《鼻奈耶》只是用一句話簡要描述──「棄故卧具，作新卧具」──沒有說明其原因。

（四）犯戒外緣

《四分律》中，犯戒外緣為使用舊卧具。緣起比丘面對「舊卧具」這個外境，在貪圖好卧具的內因推動下，產生種種嫌棄，從而引發犯戒行為。

《十誦律》、《僧祇律》、《五分律》、《根有律》、《巴利律》與《四分律》相同。

（五）犯戒後的影響

《四分律》中沒有記載居士的譏嫌，但是《五分律》和《巴利律》中都有描述。尤其在《巴利律》中，緣起比丘每年都乞羊毛作卧具，居士譏嫌：「我等卧具，作一次存用五年或六年。」並且居士家的卧具還可能會被小孩、老鼠弄壞，但仍然會使用很長時間，居士想不通「何以沙門釋子年年令作卧具」。

此外，《根有律》中還記載了犯戒行為對緣起比丘個人產生的影響。律中記載比丘「作褥事務繁重」，佔用很多修行時間，妨廢道業。

其他律典無明文記載。

（六）佛陀考量

除《鼻奈耶》、《十誦律》外，《四分律》和其他律典都有病比丘的開緣。諸律中，比丘由於生病不能很好地行持戒律，而非自身煩惱所致，與犯戒緣起中比丘因貪心而做新卧具不同。比丘雖然生病，但依然嚴格持守戒律，佛陀因此為病比丘開緣。佛陀固然希望弟子們重視戒律，卻也時刻關照戒律對所有弟子的適用性。可見佛陀制定戒律並不是一成不變，而是會根據當地的環境和當時的因緣作出適當的調整。

（七）文體分析

《四分律》、《僧祇律》、《五分律》、《根有律》、《巴利律》有兩個因緣，《鼻奈耶》和《十誦律》有一個因緣。從語言風格看，除了《鼻奈耶》，各部律多採用對話的形式，也有少量的心理描寫。總體上，語言簡潔，結構完整。

從敘述結構看，諸律基本一致，都是比丘犯戒，居士或者少欲知足比丘譏嫌，白佛制戒，佛陀開緣的模式。不同的是，《十誦律》和《鼻奈耶》無開緣的故事；《僧祇律》比較特別，佛陀巡視比丘的房間，發現比丘犯戒，然後制戒，再開緣。

《根有律》中還提到，比丘因持戒而不敢做新臥具，以至於「由忍寒故，所有營作悉皆停息」。《僧祇律》中，其他比丘勸緣起比丘「汝不捨此衣當乏死」。這兩部律典通過語言描繪出緣起比丘持戒的堅決意志。

《鼻奈耶》和諸部律的寫作特點完全不同，此律文字十分簡潔，關於緣起比丘和譏嫌比丘的表述與之前的戒條相同。

二、戒本

《四分律》中，本戒的戒本為：「若比丘，作新卧具持至六年。若減六年，不捨故，更作新者，除僧羯磨，尼薩耆波逸提。」

（一）若比丘，作新卧具持至六年

《四分律》、《四分律比丘戒本》[1] 作「若比丘，作新卧具持至六年」，意思是：如果比丘，製作新的卧具，（應當）持到（第）六年。

與《四分律》相似：

《四分僧戒本》[2] 作「若比丘，作新卧具應六年持」，《新刪定四分僧戒本》[3] 作「若比丘，作新卧具應滿六年持」。

《僧祇律》、《僧祇比丘戒本》[4] 作「若比丘，作新敷具應至六年持」。這裏的「敷具」對應《四分律》的「卧具」。

《五分律》、《彌沙塞五分戒本》[5] 作「若比丘，作新卧具應六年畜」。這裏的「畜」，對應《四分律》的「持」。

巴利《戒經》[6] 作 "navaṃ pana bhikkhunā santhataṃ kārāpetvā chabbassāni dhāretabbaṃ"，意思是：任何比丘，做新卧具後要使用六年。

與《四分律》有部分差異：

《根有律》、《根有戒經》[7]、《根有律攝》[8] 作「若復苾芻，作新敷具，縱心

---

1 《四分律比丘戒本》，《大正藏》22 冊，1017 頁下欄。

2 《四分僧戒本》，《大正藏》22 冊，1025 頁下欄。

3 《新刪定四分僧戒本》，《卍續藏》39 冊，265 頁下欄。

4 《僧祇比丘戒本》，《大正藏》22 冊，551 頁下欄。

5 《彌沙塞五分戒本》，《大正藏》22 冊，196 頁下欄。

6 Bhikkhu Ñāṇatusita, *Analysis of The Bhikkhu Pātimokkha*, p. 138.

7 《根有戒經》，《大正藏》24 冊，503 頁上欄。

8 《根有律攝》卷 6，《大正藏》24 冊，559 頁中欄。

不樂，應六年持」。這裏的「敷具」對應《四分律》的「卧具」，此外，還多出了「縱心不樂」的描述。

梵文《説出世部戒經》[1]作“navaṃ santhataṃ bhikṣuṇā kārāpayamāṇena akāmaṃ ṣaḍvarṣāṇi dhārayitavyaṃ”，意思是：比丘作新的卧具，（即使）不情願（也應該）持用六個夏安居。

梵文《有部戒經》[2]作“navaṃ punar bhikṣuṇā saṃstaraṃ kārayitvā akāmaṃ ṣaḍ varṣāṇi dhārayitavyaṃ”，意思是：比丘作新的卧具後，（即使）不情願（也應該）持用六個夏安居。

梵文《根有戒經》[3]作“navaṃ bhikṣuṇā saṃstaraṃ kārayatā akāmaṃ ṣaḍ varṣāṇi kṛtvā dhārayitavyam”，意思是：比丘作新的卧具，（即使）不情願，作完後（也應該）持用六個夏安居。以上三部梵文戒經的「夏安居」對應《四分律》的「年」，雖然表述不同，但內涵一致。

藏文《根有戒經》[4]作“དགེ་སློང་གིས་སྟན་སར་པ་བྱེད་ན་མི་འདོད་བཞིན་དུ་ལོ་དྲུག་ཏུ་བཅང་བར་བྱའོ། །”，意思是：如果比丘作新墊子，即使不情願（也）應該持（用）六年。

上述四部梵藏戒本同樣增加了描述比丘主觀上不願意的內容。

《鼻奈耶》作「若比丘，作卧具當滿六歲」，《解脱戒經》作「若比丘，作卧具，應六年持」。這兩部律典相比《四分律》少了「新」的修飾限定，其中《鼻奈耶》還少了「持」的描述。

《十誦律》作「若比丘，欲作新敷具，故敷具必令滿六年畜」，《十誦比丘戒本》[5]作「若比丘，欲作新敷具，故敷具必應滿六年畜」。

---

1 Nathmal Tatia, *Prātimokṣasūtram of the Lokottaravādimahāsāṅghika School*, Tibetan Sanskrit Works Series, no. 16, p. 16.

2 Georg von Simson, *Prātimokṣasūtra der Sarvāstivādins Teil II*, Sanskrittexte aus den Turfanfunden, XI, p. 193.

3 Anukul Chandra Banerjee, *Two Buddhist Vinaya Texts in Sanskrit*, p. 29.

4 麗江版《甘珠爾》（འཇང་བཀའ་འགྱུར།）第 5 函《別解脱經》（སོ་སོར་ཐར་པའི་མདོ།）10a。

5 《十誦比丘戒本》，《大正藏》23 冊，473 頁中欄。

（二）若減六年

《四分律》、《四分僧戒本》、《新刪定四分僧戒本》、《四分律比丘戒本》作「若減六年」，意思是：如果少於六年。

與《四分律》相同：

《僧祇律》、《僧祇比丘戒本》、《解脫戒經》、《根有律》、《根有戒經》、《根有律攝》作「若減六年」。

與《四分律》相似：

《五分律》、《彌沙塞五分戒本》作「未滿六年」。

《鼻奈耶》作「六歲已還」。

《十誦律》作「若比丘，減六年」，《十誦比丘戒本》作「若比丘，六年內」。

巴利《戒經》作“orena ce channaṃ vassānaṃ”，意思是：如果在六年以內。

梵文《根有戒經》作“arvāk ced bhikṣuḥ ṣaṇṇāṃ varṣāṇāṃ”，梵文《有部戒經》作“arvāk ced bhikṣuḥ ṣaḍbhyo varṣebhyaḥ”，意思都是：如果比丘在六個夏安居以內。

藏文《根有戒經》作“གལ་ཏེ་དགེ་སློང་ལོ་དྲུག་ཚུན་ཆད་ད་”，意思是：如果比丘六年以內。

梵文《說出世部戒經》作“tato ca bhikṣuḥ pratyoreṇa”，意思是：然後比丘又（在這）之內。與《四分律》表述上有差別，但表達的意思相同。

以上《五分律》及之後的律典在表述上與《四分律》有所差別，但表達的意思相同。

（三）不捨故，更作新者

《四分律》、《四分僧戒本》、《新刪定四分僧戒本》、《四分律比丘戒本》作「不捨故，更作新者」，意思是：沒有捨掉原有的（臥具），又作新的。

與《四分律》相同：

《根有律》、《根有戒經》、《根有律攝》作「不捨故，更作新者」。

與《四分律》有部分差異：

《十誦律》作「若捨故敷具，若不捨，更作敷具」，《十誦比丘戒本》作「故敷具若捨，若不捨，更作新敷具」，《僧祇律》、《僧祇比丘戒本》作「故敷具若捨，若不捨，作新敷具」，《五分律》、《彌沙塞五分戒本》作「若捨，若不捨，更作新臥具」。

梵文《說出世部戒經》作“taṃ purāṇaṃ santhataṃ visarjayitvā vā avisarjayitvā vā anyaṃ navaṃ santhataṃ kārāpeya”，意思是：這個舊的臥具捨棄或不捨棄，另作新的臥具。

梵文《有部戒經》作“purāṇasaṃstaraṃ niḥsṛjya vā aniḥsṛjya vā anyaṃ navaṃ saṃstaraṃ kārayed”，意思是：舊的臥具捨棄或不捨棄，另作新的臥具。

梵文《根有戒經》作“taṃ purāṇasaṃstaraṃ ni(ḥ)sṛjya vā ani(ḥ)sṛjya vā anyaṃ navaṃ saṃstaraṃ kārayed”，意思是：這個舊的臥具捨棄或不捨棄，另作新的臥具。

巴利《戒經》作“taṃ santhataṃ visajjetvā vā avisajjetvā vā aññaṃ navaṃ santhataṃ kārāpeyya”，意思是：這個舊的臥具捨棄或不捨棄，另作新的臥具。

藏文《根有戒經》作“སྟན་རྙིང་པ་དེ་སྤངས་ཀྱང་རུང་། མ་སྤངས་ཀྱང་རུང་། སྟན་སར་པ་གཞན་བྱེད་ན་”，意思是：（無論）這個舊墊子捨棄或不捨棄，如果作其他新的墊子。

以上律典與《四分律》相比，多出了「捨」舊有臥具的情況。

與《四分律》差異較大：

《鼻奈耶》作「捨，更作者」，強調的情況正好與《四分律》相反。

《解脫戒經》作「更作臥具」，與《四分律》相比，缺少「不捨故」。

（四）除僧羯磨，尼薩耆波逸提

《四分律》、《四分僧戒本》、《新刪定四分僧戒本》、《四分律比丘戒本》作「除僧羯磨，尼薩耆波逸提」，意思是：除了僧（做）羯磨（同意外），犯捨墮罪。

與《四分律》相同：

《五分律》、《彌沙塞五分戒本》作「除僧羯磨，尼薩耆波逸提」。

與《四分律》相似：

《僧祇律》、《僧祇比丘戒本》作「除僧羯磨，尼薩耆波夜提」，《十誦律》作「除僧羯磨者，尼薩耆波夜提」。

《根有律》、《根有戒經》、《根有律攝》作「除得眾法，泥薩祇波逸底迦」。這裏的「除得眾法」，對應《四分律》的「除僧羯磨」。

梵文《根有戒經》作"anyatra saṃghasaṃmatyā naisargikapāyantikā"，意思是：除非僧團同意，捨墮。

巴利《戒經》作"aññatra bhikkhusammutiyā, nissaggiyaṃ pācittiyaṃ"，意思是：除非在僧團的授權下（做新卧具），捨墮。

藏文《根有戒經》作"དགེ་འདུན་གྱིས་གནང་བ་མ་གཏོགས་ཏེ་སྤང་བའི་ལྟུང་བྱེད་དོ། །"，意思是：僧團同意除外，捨墮。

《十誦比丘戒本》作「尼薩耆波夜提；除僧羯磨」，相比《四分律》在語序上有所不同，但內涵一致。

與《四分律》有部分差異：

梵文《說出世部戒經》作"kalyāṇakāmatām upādāya, anyatra namatasaṃmutīye nissargikapācattikaṃ"，意思是：（因為）欲求好的，除非羯磨通過，捨墮。

梵文《有部戒經》作"anyatra saṃghasaṃmatyā kalyāṇakāmatām upādāya niḥsargikā pātayantikā"，意思是：除非僧團同意，（因為）欲求好的，捨墮。

這兩部梵文戒本相比《四分律》都多出了「欲求好的」的描述。

與《四分律》差異較大：

《鼻奈耶》作「捨墮。若大壞敗，當白眾，眾許者得作。若不許而作者，捨墮」。

《解脫戒經》作「尼薩耆波逸提」。

三、辨相

(一) 犯緣

具足以下五個方面的犯緣便正犯本戒：

1. 所犯境

《四分律》中，本戒的所犯境是卧具。

《鼻奈耶》、《五分律》、《巴利律》與《四分律》相同。

《十誦律》、《摩得勒伽》[1]、《僧祇律》、《根有律》、《根有律攝》為「敷具」。藏傳《苾芻學處》為「所作物是敷具因，清淨，應量，未壞，是自所有，非先已作餘者」。[2] 以上諸律與《四分律》翻譯或者表達不同，但所指一樣，都是卧具。

《薩婆多論》為「應量衣」[3]，與《四分律》不同。

《善見論》和《明了論》無此戒的內容，《毗尼母經》[4] 中也只有簡短的一兩句描述，沒有判罪等內容，下不贅述。

2. 能犯心

(1) 發起心

《四分律》中，由「為他作」不正犯，可以反推出：為己作，正犯此戒。《摩得勒伽》與《四分律》相同。《巴利律》中，為他作不犯，由此反推：為自己作正犯此戒。《五分律》中，有「欲作」白羊毛卧具之心，正犯此戒。《僧祇律》中此戒的發起心為「為好故」，也就是希求更好的敷具之心。

---

1 《摩得勒伽》卷 2，《大正藏》23 冊，573 頁下欄；卷 9，《大正藏》23 冊，618 頁下欄。

2 《苾芻學處》，《宗喀巴大師集》卷 5，82 頁至 83 頁。

3 《薩婆多論》卷 5，《大正藏》23 冊，533 頁下欄。

4 《毗尼母經》卷 8，《大正藏》24 冊，844 頁下欄。

藏傳《苾芻學處》中，發起心為「欲作襯成之敷具」。

其他律典並未記載此戒的發起心。

（2）想心

藏傳《苾芻學處》為「想不錯亂」。

其他律典沒有相關記載。

3. 方便加行

《四分律》中，方便加行為：六年內，比丘不捨舊卧具，自作或使他作新卧具。

《根有律攝》戒條中記載，「若減六年，不捨故更作新者」正犯，而開緣中提到「捨前作後」不犯。[1] 綜合這兩點可知，《根有律攝》除少了「使他作」的方便加行外，其他與《四分律》相同。

其餘律典與《四分律》有所不同，分為兩個方面：

（1）六年內，是否捨舊卧具

《鼻奈耶》戒條中，捨舊卧具作新卧具，正犯此戒。如律文：「六歲已還，捨更作者，捨墮。」

《十誦律》、《僧祇律》、《五分律》、《根有律》、《巴利律》、藏傳《苾芻學處》記載，無論卧具捨或不捨，皆正犯。《薩婆多論》和《摩得勒伽》沒有記載。

（2）自作、使他作

《僧祇律》、《五分律》、《巴利律》、藏傳《苾芻學處》與《四分律》相同，自作、使他作，正犯。《鼻奈耶》、《十誦律》、《薩婆多論》、《摩得勒伽》和《根有律》中，只有自作，沒有教他作的記載。

4. 究竟成犯

《四分律》中，新卧具作成，正犯。《鼻奈耶》和《摩得勒伽》沒有記載

---

1 《根有律攝》卷 6，《大正藏》24 冊，559 頁中欄至下欄。

此戒的究竟成犯，其餘律典與《四分律》相同。

5. 犯戒主體

《四分律》中，犯戒主體是比丘。《摩得勒伽》中，犯戒主體為比丘和學悔沙彌，其餘律典與《四分律》相同。

（二）輕重

1. 所犯境

《四分律》中，作新臥具，結尼薩耆波逸提罪。《薩婆多論》中，作應量衣，結尼薩耆波逸提。其他律典和《四分律》相同。

《四分律》中又記載：「若作非臥具，一切突吉羅。」

《十誦律》中，作不淨臥具，犯突吉羅。如律文：「若經淨緯不淨，若緯淨經不淨，若二俱不淨——不淨者，若駱駝毛、牛毛、羖羊毛、雜織作——得突吉羅。」《摩得勒伽》也有類似判罪，「不淨雜淨雜淨」，犯突吉羅。

2. 能犯心

（1）發起心

《四分律》和《摩得勒伽》中，由「為他作」犯突吉羅，可以反推出：為己作，犯捨墮。《巴利律》中，為他作不犯，由此可知：為自己作犯捨墮。

《五分律》中，有「欲作」白羊毛臥具之心，犯捨墮。

《僧祇律》中，發起心為「為好故」時，犯捨墮。

藏傳《苾芻學處》中，「欲作襳成之敷具」，犯捨墮。

其他律典沒有相關判罪記載。

（2）想心

藏傳《苾芻學處》中，想不錯亂，犯捨墮。其他律典沒有記載。

3. 方便加行

《四分律》中，六年內比丘不捨舊卧具，自作或使他作新卧具，結尼薩耆波逸提罪。

除犯緣中正犯的記載外，《僧祇律》還記載一種特殊情況：「是老病比丘僧羯磨已，應當自疏記先受持故氈年月日數，病差已還受持此故氈，從前滿六年。若是比丘病差不還補六年，尼薩耆波夜提。」若比丘生病，僧作羯磨開緣，病好後依然受持原有卧具，病好後和羯磨前受持舊卧具的日子計滿六年；如果不補齊羯磨開緣的日子，也要結尼薩耆波逸提罪。

4. 究竟成犯

（1）常見情況

《四分律》中，新卧具作成，結尼薩耆波逸提罪；不成者，結突吉羅罪。

《十誦律》、《根有律》、《巴利律》與《四分律》相同。

《五分律》中，「發心欲作及方便，皆突吉羅；作成，尼薩耆波逸提」。《根有律攝》與《五分律》相同：「若初造第二褥時，得惡作罪；成，得捨墮。」

除《鼻奈耶》和《摩得勒伽》沒有記載此戒的究竟成犯外，其餘律典中，卧具做成時，比丘犯捨墮罪。

（2）轉根、還俗等結罪情況

《根有律攝》還記載了一些特殊的結罪情況：「或已興方便，後便還俗，重受近圓，更復修造；或先轉根，後還依舊，重造成者：得惡作罪。」《摩得勒伽》也有類似記載：「作方便已，罷道，更出家已，成，突吉羅。」此律還記載：「作時轉根作女人，復轉根作男子，成，突吉羅。」《十誦律》記載：「餘人先作未成，比丘足成竟，得突吉羅；若作未成便反戒，得突吉羅。」

（3）其他情況

此外，《十誦律》還記載了一些比較特殊的判罪。如《十誦律》中，如果舊卧具未滿六年，比丘便造新敷具，可是七年之後才造好，此時結罪輕重為：「初作時，突吉羅；作竟，無犯。」

藏傳《苾芻學處》記載：「若與聽許之敷具同時作，或在後時略一作，或後者先作完時，無究竟罪；二俱作完時，方犯捨墮。」

《僧祇律》記載：「受用，越毗尼罪。」

5. 犯戒主體

《四分律》中，比丘若犯，結尼薩耆波逸提罪。對此諸律相同。

《摩得勒伽》中，「學戒」人，也犯捨墮。此外，律中又記載：「作時轉根作女人，復轉根作男子，成，突吉羅。本犯戒人乃至污染比丘尼人，突吉羅。」「未受具戒人作方便，未受具戒時，成，突吉羅。」

另外，《四分律》和《薩婆多論》還記載，比丘尼、式叉摩那、沙彌、沙彌尼若犯，結突吉羅罪。《五分律》中，沙彌若犯，結突吉羅罪。

（三）不犯

1. 所犯境不具足

《巴利律》中，作傘蓋、地毯、幕、長枕、枕，不犯。

2. 能犯心不具足

《巴利律》中，為他人作或令作，不犯。《根有律攝》中也有類似記載：「或為他作者，無犯。」

3. 方便加行不具足

《四分律》記載：「若復無者，更自作；若他作與；若得已成者：無犯。」此外，「減六年，捨故更作新者」，也不犯。

《薩婆多論》中，「自與」，不犯。

《根有律攝》中，「若捨前作後」，不犯。

《巴利律》中，「由他人作而獲得受用」，不犯。

4. 犯戒主體不具足

《四分律》記載：「無犯者，最初未制戒，癡狂、心亂、痛惱所纏。」

《五分律》、《根有律》與《四分律》相同。

《巴利律》記載：「癡狂者、最初之犯行者，不犯也。」

《摩得勒伽》中，「六年內罷道，還復受戒」或「六年內轉根為女人者」，均不犯。此外，「狂癡」者，也不犯此戒。

5. 開緣

諸律共同記載，滿六年作和僧羯磨作，不犯。

《薩婆多論》記載：「自有衣財作，不犯；若買得衣財作，不犯。」

（四）捨墮物的處理

比丘犯「減六年臥具戒」，得尼薩耆波逸提，需要捨財懺悔。

《四分律》和《巴利律》中都規定犯戒比丘需捨財懺悔，但捨財的對象稍有不同。其中，《四分律》規定需要在僧中捨，如果不成捨，結突吉羅；而《巴利律》規定「應捨於僧、別眾或人」。

對於比丘捨財後的臥具，諸律的處理方式不同。《四分律》中規定，應將臥具還給捨財的比丘，如果不還，得突吉羅，如律文：「若有人教言：『莫還。』……若轉作淨施，若遣與人，若數數敷壞……一切突吉羅。」《巴利律》中也記載，應當歸還犯戒比丘。但是《僧祇律》記載有所不同：「僧不應還，僧得受用，但不得襯身。」

四、原理

見「綿作卧具戒」原理部分。

五、總結

（一）諸律差異分析

1. 緣起差異

（1）結構差異

《四分律》、《五分律》、《根有律》、《巴利律》有一個本制、一個隨制。《鼻奈耶》、《十誦律》只有一個本制。《僧祇律》有一個緣起、一個本制。

（2）情節差異

《鼻奈耶》的本制情節與《四分律》差異較大，只記載了緣起比丘棄故卧具，作新卧具。

《十誦律》、《僧祇律》、《五分律》、《巴利律》的情節與《四分律》相似。《十誦律》少了病比丘未滿六年乞做新卧具羯磨的情節。《四分律》的本制情節是緣起比丘嫌棄已有卧具。《五分律》的本制情節是佛陀允許比丘用二分純黑羺羊毛等做卧具，於是緣起比丘便多乞三色毛，引發居士譏嫌。《巴利律》的本制情節是緣起比丘年年做卧具，引發居士譏嫌。

《根有律》的本制情節和《四分律》相似，都是緣起比丘嫌棄舊卧具，做新卧具。隨制情節略有不同，《四分律》為病比丘卧具太重，《根有律》為緣起比丘卧具不能禦寒而開緣。

《四分律》本制情節中，比丘不捨故卧具，更做新者，捨墮。也就是說，如果捨去舊卧具，則不犯。這種情形下，比丘可以多次捨去舊卧具，而常做新者，這不能有效對治比丘貪蓄新卧具的煩惱。因而採用《五分律》、《根有律》中若捨，若不捨均正犯的判罰。

（3）結論

綜上所述，本戒以《四分律》的緣起結構和情節為主，另外將本制中不捨舊卧具的描述去除。

2. 戒本差異

在《四分律》「持至六年」的表述上，《根有律》、《根有戒經》、《根有律攝》以及四部梵藏戒本中都多出了「縱心不樂」或類似意思的描述。

此外，《四分律》的「不捨故，更作新者」中僅僅描述了「不捨」的情況；而《十誦律》、《十誦比丘戒本》、《僧祇律》、《僧祇比丘戒本》、《五分律》、《彌沙塞五分戒本》和五部梵巴藏戒本中則囊括了「捨」與「不捨」舊臥具的兩種情況。《鼻奈耶》恰好相反，強調「捨」去舊臥具。《解脫戒經》中則缺乏對應的內容。

最後，《四分律》中「除僧羯磨」這一開緣條件的表述，對應《鼻奈耶》中的「若大壞敗，當白眾，眾許者得作。若不許而作」，而《解脫戒經》中則缺乏與之對應的內容。

對於《四分律》中的「作新臥具，持至六年」和「若減六年」，為使文意更為清晰，分別據《根有律》和《五分律》等修定為「作新臥具，應六年持」和「未滿六年」。

《四分律》中「不捨故，更作新者」，即捨去舊的臥具就不會觸犯本戒。而《十誦律》「若捨故敷具，若不捨，更作敷具」、《五分律》「若捨、若不捨，更作新臥具」等，即不管是否捨棄舊的臥具，只要不滿六年製作新的臥具都會觸犯本戒。此處取《十誦律》等的表述（見辨相差異部分的分析），將其改為「故臥具若捨，若不捨」。

3. 辨相差異

（1）所犯境

各律典中本戒的所犯境為「臥具」或「敷具」，二者內涵是一致的。只有《薩婆多論》中為「應量衣」。本戒取多數律典的觀點，「臥具」是指被褥、坐墊之類。因此，本戒的所犯境應為「臥具」，非指三衣。

（2）能犯心

《四分律》等大多數律典中，發起心都是為己作臥具之心。《僧祇律》中，發起心是「為好故」。藏傳《苾芻學處》為「欲作纖成之敷具」。後二者的律典原文，也表達出「為己」的意思。如《僧祇律》記載：「為好故者，嫌太小、太大……我有檀越，有人作，我有羊毛，當更作新敷具。」兩個「我有」也暗示了是為己做。藏傳《苾芻學處》記載：「所作物是敷具因，清淨，應量，未壞，是自所有，非先已作餘者。」明確指出了所作物「是自所有」。綜上所述，此戒的發起心是「為己作之心」。

《四分律》、《摩得勒伽》中，為他作，結突吉羅罪。《根有律攝》、《巴利律》中，為他作，不犯。比丘為別人作卧具，也有可能引發他人的譏嫌。因而，此處取《四分律》等的觀點，即為他作，突吉羅。

（3）方便加行

諸律的方便加行共有三種情況：《四分律》中，比丘在不捨舊卧具的情況下做新卧具，犯捨墮；《十誦律》、《僧祇律》等律中，無論卧具捨或不捨，作新卧具，都犯捨墮；《鼻奈耶》中，捨舊卧具，做新卧具，正犯。《薩婆多論》記載，「此戒體，斷多貪、多畜」。本戒所要制止的，是比丘多貪、多蓄的心理和行為。若捨舊卧具就可以做新卧具，雖然可以斷除比丘蓄積的行為，但比丘還是可以不斷地得到新卧具，因而對於比丘的貪心無法有效地對治。因此，從對治煩惱的角度，《十誦律》等律典所記載的觀點更為可取，不論捨與不捨，作新卧具，皆犯。

此外，《四分律》、《僧祇律》、《五分律》、《巴利律》、藏傳《苾芻學處》中提到，使他作，正犯。從斷除比丘貪蓄之心的角度看，這種判法也應當採納。

4. 諸律內部差異

《四分律》辨相中，除自作外，教他作，正犯；為他人作，得突吉羅。而緣起和戒條中都是比丘自作。《僧祇律》除了辨相中沒有「為他人作」的情況之外，其他與《四分律》相同。

《鼻奈耶》戒條中記載，如果卧具「大壞敗」，通過僧的許可，減六年作，則不犯。緣起中則只記載了比丘「棄故卧具，作新卧具」。《十誦律》戒條和辨相中，有「僧羯磨」的開緣，而緣起中，無相關記載。

《根有律》緣起中，比丘對舊敷具不滿，便作新敷具，因不斷地「棄故造新」而耽誤了修行。而戒條中「不捨故，更作新者」才正犯，即捨棄舊敷具，做新的就不犯。可見戒條的細節規定和緣起制意並不完全相符。辨相中則不論「或捨不捨，更作新者」皆為正犯，與緣起更加一致。

（二）調整文本

通過以上諸律間觀點同異的對比與分析，文本在《四分律》的基礎上作如下調整：

1. 緣起

（1）本制

佛在舍衛國祇樹給孤獨園，六群比丘嫌棄舊臥具或重，或輕，或厚，或薄，經常求取新臥具，因此積蓄了很多臥具。諸比丘將此事向佛匯報，佛因此制戒：「若比丘，作新臥具應六年持。未滿六年，故臥具若捨，若不捨，更作新者，尼薩耆波逸提。」

（2）隨制

後來一比丘得乾痟病，有因緣外出，但糞掃臥具極重，攜帶不便，因為世尊制戒不滿六年不能做新臥具，病比丘不知怎麼辦。諸比丘將此事向佛匯報，佛聽許僧為此比丘作「減六年做新臥具」羯磨，之後佛制戒。

2. 戒本

若比丘，作新臥具應六年持[1]。未滿[2]六年，故臥具若捨，若不捨[3]，更作新

1 「應六年持」，底本作「持至六年」，據《四分僧戒本》、《解脫戒經》、《根有律》、《根有戒經》、《根有律攝》改。

2 「未滿」，底本作「若減」，據《五分律》、《彌沙塞五分戒本》改。

3 「故臥具若捨，若不捨」，底本作「不捨故」，據《十誦比丘戒本》、《僧祇律》、《僧祇比丘戒本》、梵文《說出世部戒經》、梵文《有部戒經》、梵文《根有戒經》、巴利《戒經》、藏文《根有戒經》改。

者，除僧羯磨，尼薩耆波逸提。

3. 辨相

（1）犯緣

本戒具足五緣成犯：一、舊卧具未滿六年；二、為己做之心；三、無因緣；四、做新卧具；五、新卧具做成時，成犯。

（2）辨相結罪輕重

①舊卧具未滿六年

受持卧具不滿六年，無論捨或不捨，做新卧具，均犯捨墮；若滿六年，不犯。

②為己做之心

為己做，捨墮；為他做，突吉羅。

③無因緣

若無因緣而做，捨墮；若有老、病等因緣，經僧許可，不犯。

④做新卧具

自作或教他作，捨墮。

⑤新卧具做成

新卧具做成，捨墮；未做成，突吉羅。

⑥犯戒主體

比丘若犯，捨墮；比丘尼、式叉摩那、沙彌、沙彌尼若犯，突吉羅。

⑦不犯

比丘之前沒有卧具，不犯。

別人為比丘作的卧具，不犯。

若是得到已做好的卧具，不犯。

最初未制戒，癡狂、心亂、痛惱所纏，不犯。

六、現代行持參考

本戒的制戒精神在於比丘不應喜新厭舊，以及經常更換原本可以長期使用的物品。在緣起故事中，居士家的臥具五六年才更換一次，而緣起比丘年年更換新臥具，這樣多求多乞的行為遭到了居士的譏嫌。

在現代社會，比丘所受用物資的種類和形式相比過去都大大增加。如果比丘喜新厭舊的煩惱難以調伏，將更加容易發生頻繁更換受用資具的情況。這樣的行為，不僅荒廢了自己的道業，同樣也可能受到他人的譏嫌。

二不定法與
三十捨墮（上）

比丘戒研究　第四冊

作　者

淨業編委會

責任編輯

林沛暘　潘沛雯

裝幀設計

Sands Design Workshop

排　版

Sands Design Workshop

出　版

明報出版社有限公司

發　行

明報出版社有限公司
香港柴灣嘉業街 18 號
明報工業中心 A 座 15 樓
電話：2595 3215
傳真：2898 2646
網址：http://books.mingpao.com/
電子郵箱：mpp@mingpao.com

版　次

二〇二四年一月初版

印　刷

美雅印刷製本有限公司

I S B N

978-988-8829-04-0

© 版權所有 • 翻印必究

本書之內容僅代表作者個人觀點及意見，並不代表本出版社的立場。本出版社已力求所刊載內容準確，惟該等內容只供參考，本出版社不能擔保或保證內容全部正確或詳盡，並且不會就任何因本書而引致或所涉及的損失或損害承擔任何法律責任。